LE COUPLE :
SA VIE, SA MORT

Du même auteur, à la même librairie :

La relaxation (PBP 66).
Les thérapies du couple (PBP 336).

SCIENCE DE L'HOMME
Collection dirigée par Gérard Mendel

JEAN-G. LEMAIRE

LE COUPLE : SA VIE, SA MORT

LA STRUCTURATION DU COUPLE HUMAIN

PAYOT, PARIS
106, BOULEVARD SAINT-GERMAIN
—
1979
—

*A la mémoire de mon père, à qui
je dois le goût de l'observation clinique.*

A Evelyne.

Premier tirage : avril 1979.

INTRODUCTION

Le titre même de notre recherche apparaît ambitieux, peut-être même téméraire si l'on se réfère à la complexité des phénomènes psychiques qui animent l'homme et contribuent à la formation et à la déformation du couple humain. Et, au moment où nous passons à la rédaction de cette étude, un sentiment de gêne ralentit notre plume à la pensée de tous les aspects qu'il ne sera pas possible de traiter ici.

Il est clair que de nombreuses problématiques s'entrouvrent à partir d'une réflexion sur cette attitude de l'homme, qui conduit la plupart des individus à établir une relation privilégiée avec un autre. Toutes les dimensions sont présentes, visibles ou invisibles, derrière ce comportement, ce choix, qui pour le plus grand nombre, est porteur d'innombrables significations. Il faudrait pouvoir entrer — mais entrer simultanément — dans toutes les dimensions humaines, comprendre les dimensions biologiques et sociologiques, comprendre les aspects philosophiques et psychologiques depuis les plus visibles et les plus conscients, jusqu'aux plus profondément enracinés dans l'archaïsme du psychisme humain. Face à cette diversité, nous serons obligé de faire des choix et de fixer des limites à notre recherche. Nous nous rassurerons en pensant qu'aucun lecteur ne serait assez naïf pour croire que tous les aspects de la relation qui lie deux partenaires peuvent être scientifiquement étudiés et décrits en un seul volume.

Aussi convient-il que nous précisions dès ici ce qui a présidé au choix des plans que nous voulons étudier, et à la définition de leurs limites, qu'on pourra toujours considérer comme arbitraires, mais que la vaste étendue de notre sujet nous oblige à bien fixer.

Il faut dire qui nous sommes et d'où nous partons; la conscience contemporaine est sensible à cette limite des sciences qui vient de l'homme scientifique lui-même, de ses origines, de ses motivations qui ne sont évidemment pas indépendantes du monde auquel il appartient, ni des résultats auxquels il parvient. Il n'y a pas de science en soi, il n'y a pas de science dans l'absolu, encore moins de science humaine dans l'absolu, et toute recherche doit livrer ses origines et ses prétentions sous peine, précisément, de ne plus être scientifique.

Notre recherche est d'abord celle d'un clinicien; d'un clinicien qui, après un crochet vers les sciences physico-mathématiques s'est orienté, à partir de la médecine, vers la psychopathologie et la psychologie clinique, plus spécialement vers la psychopathologie de l'enfant, ce vaste champ, dernier-né de la psychologie, mais aussi champ mouvant, aux frontières indéfinies où s'entrecroisent, sans toujours se rencontrer, les influences des diverses et souvent divergentes sciences humaines. C'est de la problématique de l'aide à l'enfant en difficulté qu'est venue notre première inspiration. Cette problématique était peu abordée à cette époque, et restaient encore dans l'ombre les difficultés de l'intervention en sa faveur, notamment celles qui provenaient du milieu et principalement du milieu familial de cet enfant.

Quand, après des origines brumeuses oscillant entre la défectologie, la génétique et la pédagogie, est apparue la psychopathologie de l'enfant, l'influence du courant psychanalytique y a été dominante. Il est difficile de nier aujourd'hui que la compréhension psychanalytique a été et reste encore le premier tuteur de cette nouvelle branche de la psychopathologie. Mais il est apparu à l'expérience que l'application stricte des méthodes thérapeutiques inspirées de la psychanalyse étaient insuffisantes à répondre à tous les cas, l'enfant étant en fait extrêmement dépendant de son environnement, et le milieu familial, souvent sans en prendre conscience, ressentant toute intervention portant sur un de ses membres comme une mise en question de l'ensemble de son équilibre.

Très concrètement cela signifiait pour nous, il y a une quinzaine d'années, notre embarras devant nos premiers échecs ou ceux de nos collègues, et plus tard de nos élèves, dans les interventions thérapeutiques auprès des enfants. Nous parlons ici d'échecs devant des efforts thérapeutiques sérieux, et apparaissant à l'époque comme cohérents de la part de collègues compétents. C'est alors que nous est apparu plus clairement dans le champ de la psychothérapie de l'enfant, le grand risque d'une conception trop centrée sur une relation individuelle du thérapeute à l'enfant, isolé du groupe familial dont il dépend.

Une telle attitude, en effet, a plusieurs conséquences néfastes, l'une des principales étant sans doute d'entraîner une profonde culpabilisation du groupe familial et notamment des parents. Cette culpabilisation était, à l'époque où nous amorcions notre recherche, un phénomène sociologique encore peu apparent, tout au moins en France, en un temps où l'impact de la psychanalyse était beaucoup plus faible. Il est facile de le constater et de remarquer combien fréquente est l'interruption de traitements individuels entrepris auprès de l'enfant, en raison de cette grande mobilisation d'affects chez les parents, dont les sentiments de culpabilité sont renforcés par une importante résonance dans le milieu socio-culturel.

Aussi fâcheux que soit ce phénomène, il est difficile à éviter, la déformation des notions issues de la psychanalyse et de la psychologie étant liée aux difficultés de leur traduction dans un langage accessible au grand public. Quoi qu'il en soit, cette réaction des parents et notamment cette culpabilisation ont une influence très fâcheuse pour l'enfant et pour la prévention de ses troubles : le groupe familial, sans en prendre conscience, se sent menacé et fuit toute consultation psychologique de l'enfant, dans la mesure où il cherche à éviter une interrogation sur lui-même, à plus forte raison devant un tiers qu'il suppose, à tort, devoir les condamner. Bien sûr il nous est facile, à nous cliniciens, de comprendre qu'il ne s'agit là que des effets de diverses projections : nous ne condamnons jamais les parents, et dans la plupart des cas, au contraire, notre intervention vise à les déculpabiliser, à dédramatiser un problème qu'ils ressentent à tort comme un échec personnel et une blessure d'ordre narcissique.

Mais si notre action dans le champ culturel reste limitée et lente, par contre, nous avons quelque chose à faire quand nous sommes confrontés, en clinique, au groupe familial ou aux parents de l'enfant; or cela suppose un véritable changement de perspective et une sorte de décentrage par rapport à l'enfant. C'est ce décentrage qui a été à l'origine de notre recherche sur le fonctionnement du groupe familial, et qui nous a amené à réfléchir sur celui du groupe originaire.

Sans doute convient-il que nous restions un instant sur ce décentrage. Dès l'origine, les découvertes psychanalytiques ont fait peur, dans la mesure où, comme les découvertes coperniciennes, elles ébranlaient les certitudes du milieu culturel; plus encore, elles faisaient peur parce qu'elles mettaient en cause les motivations sous-jacentes de tous les comportements humains et en particulier les plus « normaux », plus faciles à légitimer rationnellement; ainsi la psychanalyse entraînait-elle naturellement des « résistances » surtout dans les groupes rattachés très étroitement à une idéologie ou à une doctrine précise : par exemple, il était déjà exprimé par certains que la conception psychanalytique risquait de « privatiser » les rapports humains et de « réduire » les processus sociaux ou culturels les plus vastes à une dimension duelle ou intersubjective. Ces objections, toutefois, ne retiraient pas toute leur légitimité aux interventions psychothérapiques imposées par la souffrance d'un enfant. Aussi, lorsque ces thérapies apparaissaient nécessaires, mais qu'elles étaient contrecarrées par l'attitude réticente de certains parents, la première tentative des thérapeutes était de protéger leur travail thérapeutique individuel contre des interventions perturbatrices venant de la famille.

Par exemple, si l'intensité des processus identificatoires du thérapeute à l'enfant aboutit à une position conflictuelle à l'égard des parents, un travail en équipe s'organise permettant l'intervention d'un second thérapeute, cette fois auprès des parents. Cette organisation permet des ajustements, des explications, parfois des thérapies parallèles, mais pas toujours la poursuite du traitement de l'enfant jusqu'à sa guérison : en effet, ce qui empêche les parents de faire traiter leur enfant, ce ne sont pas des objections d'ordre théorique, mais beaucoup plus une blessure narcissique ou une réaction affective inconsciente qui leur fait redouter l'autonomisation d'un enfant par la thérapie, et ces blessures mobilisent le jeu dynamique inconscient des forces assurant la structuration du couple lui-même.

Cette perception, à l'époque, nous a conduit à réfléchir plus profondément sur la nécessité d'un véritable changement de perspective, pour permettre au groupe familial de trouver une nouvelle forme d'équilibre et de satisfaction, ne s'appuyant plus désormais sur le symptôme de l'enfant. Ainsi, une réorganisation des liens interpersonnels au sein de la famille apparaît comme la condition primordiale à une amélioration de l'enfant : condition pas toujours suffisante, mais en tout cas nécessaire à la réalisation d'une aide psychologique à l'un des membres du groupe, souvent, mais pas toujours à l'enfant lui-même. Il s'avérait ensuite que les effets thérapeutiques, débordant le sort de l'enfant porteur du symptôme, pouvaient déboucher sur la famille et sur le couple parental, qui, sans s'en rendre clairement compte, vivait jusque-là une situation de souffrance latente, inexprimée et inexprimable sans la présence et l'intervention d'un thérapeute. C'est ce changement de perspective qui est à l'origine de nos efforts cliniques, thérapeutiques et méthodologiques pour mettre au point des modalités pratiques d'intervention auprès du couple.

Ces considérations, sans être encore très communes, commencent cependant à être aujourd'hui plus connues, au moins en certains pays ; mais une réflexion de caractère théorique sur les processus en cause dans la structuration du couple reste encore très rare et manque à la compréhension, partant à la thérapeutique du groupe familial ou parental, tant au point de vue pratique que théorique.

Dans notre effort de réflexion autour de cette délicate jonction entre les processus individuels et les processus de ces micro-groupes particuliers que sont les couples, nous nous sommes, bien entendu, heurté à un certain nombre d'obstacles.

Le premier est d'ordre terminologique. Les concepts issus de la psychanalyse, dont la valeur opératoire est liée méthodologiquement à l'intervention thérapeutique individuelle, ne sont plus tout à fait suffisants et leur extension au champ de la psychologie sociale n'est pas toujours possible. De même, les concepts adaptés à l'intervention auprès de groupes plus vastes ou de groupes artificiels ne sont pas suffisants à la compréhension des familles et des couples. Les nouvelles théories portant sur les effets pathogènes des communications et les interventions dans les familles dites de schizophrènes, apportent des concepts nouveaux, mais leur articulation, indispensable pourtant, avec les théories du mouvement psychanalytique est difficile. Peut-être est-ce la raison pour laquelle les processus précis de la structuration du couple ne sont guère étudiés profondément dans la littérature contemporaine.

Sur un tout autre plan, il était fréquemment admis, tant dans le grand public que dans les milieux spécialisés, que le trouble de l'enfant était dû à la désunion parentale. Il n'est pas question de nier le fait statistique indubitable établissant une corrélation entre réaction pathologique de l'enfant et mésentente parentale. Cependant, l'origine de cette liaison est très complexe, comme en témoignent les enfants qui supportent fort bien, sur le plan de leur « équilibre » psychique, des situations familiales catastrophiques. Et il y a aussi des enfants souffrant de certains types de structuration du couple parental, qui sont malades en raison d'un lien parental de forme particulière.

A ce niveau, il n'est pas possible de parler de pathologie du couple, sauf à donner à ce terme une extension telle qu'elle lui retire tout sens. Il y a des couples « très unis » dont les enfants souffrent, non certes parce que l'entente parentale est globalement bonne, mais parce qu'elle a une forme telle que l'enfant ne peut plus ajuster ses propres désirs et ses propres défenses à cet ensemble organisé entre les parents. Il y a des couples fusionnels qui ne laissent pas à l'enfant la possibilité de trouver sa place dans l'univers affectif dont il a besoin. Plus souvent encore, il y a des partenaires qui colmatent si adroitement leurs diffi-difficultés personnelles en formant couple, qu'ils ne peuvent supporter la moindre évolution de leur lien conjugal, dont par ailleurs l'enfant souffre : si la structuration de tels couples a un aspect thérapeutique ou adaptatif pour les parents, elle a un effet perturbateur, sinon pathogène, pour l'enfant issu de ce couple dont il est cependant aimé. Ainsi nous est-il apparu impossible de réduire les processus en cause en termes simples de pathologie; impossible, de même, de réduire la thérapeutique à une amélioration rendant plus agréable la relation directe entre les parents. La problématique d'ensemble du groupe familial est plus complexe.

Un autre obstacle à notre recherche est né des aspects idéologiques du problème du couple. Les polémiques passionnées qui se manifestent à l'heure actuelle autour de ces questions font parfois sourire le thérapeute, quand elles expriment essentiellement la problématique personnelle des individus qui les émettent. Néanmoins nul ne peut être épargné sur ce terrain où il ne peut y avoir de neutralité qu'idéale, théorique, et le clinicien n'y peut pas échapper plus que les autres. L'objectivité aussi, en ce domaine, est asymptotique, comme une ligne vers laquelle on tend sans jamais pouvoir l'atteindre. La plus minime « découverte », en ce champ investi passionnellement, est inévitablement « récupérée » par un courant idéologique ou par un autre. Aussi les uns s'emparent du thème de la

Famille et de sa défense, ainsi que de la veuve et de l'orphelin, pour venir au secours des structures d'un pouvoir politique qu'ils trouvent trop faible. D'autres réagissent, soulignant le lien entre l'organisation familiale et l'ordre social pour accabler la famille et, à la limite, le couple, en les accusant de tous les maux et abus, tant sociaux qu'individuels. Il est connu que les institutions sociales ont des liens entre elles et qu'elles ne peuvent être indifférentes au sort de l'une d'entre elles. L'Etat n'échappe pas à la règle : les pouvoirs politiques puissants et violents tendent à utiliser au maximum la force souvent contraignante de l'institution familiale et conjugale. Et pour pouvoir détruire ou atteindre ce pouvoir politique et sa violence, d'autres sont aujourd'hui persuadés qu'il faut détruire aussi les liens familiaux et jusqu'aux liens amoureux. Mais comment alors survivre, individuellement comme collectivement? Ne jette-t-on pas le bébé avec l'eau du bain?

L'avenir dira quelle forme prendront plus tard les liens amoureux qu'établiront les hommes et les femmes. Il dira peut-être aussi quels nouveaux compromis sont tolérables pour que ces liens n'écrasent pas l'enfant, et que ce dernier, en n'accablant pas les parents, puisse rester l'objet de désir de leur part. Le présent n'a pas trouvé cette forme qu'il recherche entre des périls contraires.

Le mariage à l'époque classique, était davantage un contrat alliant deux familles et aboutissant à une forme d'organisation assurant la procréation, la distribution du patrimoine et sa conservation, sans que pour autant les deux partenaires aient une très grande « obligation » de relations amoureuses. Seule l'obligation sexuelle faisait officiellement ou implicitement partie du contrat, telle que l'exprimait la morale courante jusqu'au début de ce siècle quand elle parlait du devoir conjugal. Le lien ne comportait pas nécessairement une union psychique profonde, comme on l'exige fréquemment aujourd'hui. Cela n'empêchait pas qu'elle se réalisât parfois chez un certain nombre de couples. Mais la durée moyenne de vie du couple humain étant à peu près trois fois moindre il y a deux siècles, le problème de la persistance d'un lien d'une telle intensité psychique se posait donc peu à l'époque classique. De même, à propos du divorce : une quinzaine d'années de vie moyenne probable du couple avait peu de chances de le rendre nécessaire, d'autant moins qu'une coexistence sans lien psychique profond restait possible.

Le problème se pose différemment de nos jours où l'exigence d'intimité est grande, en même temps que mari et femme voient se prolonger leur vie commune pendant des décennies, un demi-siècle en moyenne, après s'être unis très tôt dans leur existence, et fait plus remarquable, à âge comparable. Pendant ce temps, il est demandé au couple de fournir l'ensemble de ce qui est objet de désir sur le plan affectif, l'amour passion, l'amour tendresse, l'amitié, la connivence intellectuelle, le partage du travail, l'éducation en commun des enfants; à quoi s'ajoute encore non plus l'ancienne obligation sexuelle mais l'obligation de la jouissance; et tout cela dans un monde plus réglementé, compartimenté où l'intériorisation des « normes » psychopathologiques est déjà plus marquée que celle des normes morales auxquelles elles se surajoutent. En outre, le monopole de la vie affective au sein du groupe familial est d'autant plus absolu que, hors quelques milieux militants, les objets idéaux vers lesquels s'orientaient bien des affects et des tensions, il y a encore peu de temps, se sont précipitamment effacés, dans un vide idéologique où s'engouffre le néant de la mort. Les Eglises, tant politiques que religieuses, font moins recette et ne partagent plus avec la Famille la charge de la vie affective.

Quoi d'étonnant que le couple en soit surchargé?

Dans un premier temps, nous avons espéré — et sans doute reste-t-il quelque trace de cet espoir utopique — que la Clinique pourrait apporter réponse à ces vastes questions humaines, où les processus intra-psychiques, groupaux, sociaux, économiques, politiques s'entrechoquent à des niveaux inconscients et dont pourtant dépendent bien des réponses conscientes aux niveaux philosophique, spirituel et politique. Mais quelle Clinique? Quelle méthodologie, quelle science? Plus que toute autre, la Clinique psychologique dépend elle-même de l'environnement social, économique et culturel, et n'existe pas en dehors de lui. Comment pourrait-elle apporter réponse à de si vastes questions, liées précisément à la Société et à son organisation?

La Thérapeutique dépend du contexte socioculturel : il fallait Vienne pour inventer la psychanalyse, et aujourd'hui le style des thérapies n'est pas le même à New York qu'à Paris, ni qu'à Genève ou Londres. L'évolution socioculturelle impose sans cesse des adaptations nouvelles et même des inventions méthodologiques, comme elle entraîne des changements dans la présentation symptomatologique elle-même.

Ainsi la Clinique psychologique se montre-t-elle tributaire des temps et ne sera donc jamais un critère absolu ni définitif. Nous n'essaierons pas de la brandir pour défendre notre cause et nous ne lui reconnaîtrons pas une valeur absolue. Mais elle reste cependant notre seul moyen d'appréhender la réalité psychique intime, et le rempart sans lequel nos propositions s'écrouleraient dans le bourbier de la théorie utopique ou de la pseudo-science. Elle est en tout cas, malgré ses faiblesses, la base tangible de notre recherche, comme elle en a été son origine. C'est en connaissant ses limites, et les nôtres, que nous pourrons le mieux sans doute avancer nos hypothèses. Dans ce champ de contradictions, d'antagonismes et d'équivoques où nous nous situons, une évolution historique apportera peut-être un jour certaines réponses ultérieures à quelques-unes des questions qu'aujourd'hui, modestement, nous posons.

PREMIÈRE PARTIE

MÉTHODOLOGIE

CHAPITRE PREMIER

LE CHAMP D'EXPÉRIENCE

L'ambition pour le clinicien de parvenir à un véritable travail scientifique se heurte à de nombreux obstacles. Dans le domaine psychologique en particulier, le clinicien ne peut ni expérimenter, ni même comparer statistiquement des données strictement limitées, vérifiables et quantifiables. Le matériel clinique qui se présente à lui dépend de nombreux paramètres liés aux conditions sociales, aux conditions culturelles, et à ses dispositions propres, en particulier à sa capacité d'écoute et à sa formation personnelle. C'est dire l'importance de la critique du recueil d'un matériel dit clinique. Nous commencerons donc par préciser ce qui a été notre principal champ d'expérience, puis nous tenterons, en vue d'une exploitation plus rigoureusement scientifique, d'en faire la critique : nous essaierons de voir dans quelle mesure ces faits cliniques sont étroitement liés à des conditions temporelles et spatiales déterminées, et dans quelle mesure, au contraire, ils sont susceptibles d'être base de constatations plus générales.

Le champ d'expérience est lié aux deux pôles principaux de notre activité comme clinicien et comme formateur. Il comprend un matériel clinique que nous allons décrire d'abord, composé d'une part d'entretiens individuels soit isolés et ponctuels, soit systématisés en cure psychanalytiques ou psychothérapiques, d'autre part d'entretiens de groupe, là aussi parfois isolés et ponctuels, plus souvent organisés en thérapies, thérapies familiales ou thérapies du couple.

Nous commencerons par examiner le matériel recueilli à *l'occasion des entretiens conjoints* qui constituent peut-être la partie la plus spécifique, sinon la plus vaste des cas sur lesquels s'est construite l'élaboration de ce travail. Les entretiens conjoints sont parfois des entretiens isolés, dans lesquels deux personnes formant couple souhaitent faire une mise au point, évoquer un problème, tenir conseil, ou plus exactement, en présence d'un tiers supposé compétent, avoir l'occasion de débattre de problèmes dans lesquels ils ne voient plus très clair. Il s'agit là en général d'un entretien prolongé, plus souvent de quelques entretiens, l'élaboration du problème en question ne pouvant se faire sans une compréhension plus générale de l'évolution du couple, qui nécessite elle-même une exploration de la personnalité de chacun des membres.

Par opposition à ces entretiens peu nombreux ou isolés, nous avons eu l'occasion de pratiquer un assez grand nombre de *thérapies du couple*, c'est-à-dire de thérapies d'inspiration psychanalytique où les deux partenaires sont présents régulièrement et conjointement, pendant une durée assez variable suivant les cas : certains couples ont besoin d'une relativement grande fréquence, environ une fois par semaine, rarement plus, d'autres préfèrent à juste titre des entretiens plus espacés, environ tous les mois ; le plus souvent, la fréquence se situe entre ces deux marges. Il y a des exceptions pour des couples qui font une évolution très dense après chaque entretien et peuvent se contenter d'entretiens plus espacés encore.

Ces constatations témoignent de l'effet dynamique extrêmement prononcé de ce type d'intervention en couple, qui mobilise des forces considérables. Il permet le renouvellement souvent radical d'une problématique enchevêtrée ayant des effets inhibiteurs massifs sur chacun des deux partenaires. Mais ces effets dynamiques des interventions en thérapie de couple ne sont possibles qu'après une compréhension en profondeur à la fois des processus interpersonnels et intrapersonnels de chaque partenaire. Du point de vue de notre recherche, cette particularité est intéressante, puisqu'*elle impose au clinicien une perception synthétique de l'organisation dyadique en même temps qu'une perception des processus psychiques inconscients de chaque sujet*, et donc une investigation très complète.

Un autre intérêt de ces entretiens conjoints, dans le cadre de notre étude, vient des motivations des couples à consulter. Quelques-uns sont conduits à des entretiens conjoints du fait de problèmes psychopathologiques individuels qu'ils masquent derrière l'alibi du couple, parce qu'ils refusent au premier abord d'en reconnaître l'existence et se refusent donc à toute démarche officiellement thérapeutique. Beaucoup d'autres couples, au contraire, viennent consulter directement du fait de difficultés véritables du fonctionnement de leur dyade, difficultés d'ordre et de degrés divers.

Certaines de ces difficultés sont suffisamment importantes pour qu'une décision de divorce ait déjà été prise avant la consultation, qui a dès lors pour fonction de faciliter les mises au point et, plus largement, la communication entre les partenaires : même s'ils sont divorcés ou s'ils ont l'intention de le faire, ils restent obligés à des relations relativement importantes, par exemple lorsqu'ils ont des enfants jeunes à charge qui imposent de fréquentes rencontres. Même s'ils n'ont plus l'intention de vivre ensemble et s'ils ont expérimenté leur vie commune comme trop pénible, ils se sentent suffisamment liés l'un et l'autre à leurs enfants pour avoir besoin de trouver un mode d'échanges moins conflictuel dans l'intérêt de ces derniers. Cette recherche est d'ailleurs aussi de leur intérêt propre lorsqu'ils n'ont pas d'enfants, car il est toujours difficile d'assumer un divorce et de faire un trait sur le passé en méconnaissant un vécu qui, pour conflictuel qu'il ait été, reste en général marqué par une très grande intensité ; d'où leur demande de consultation.

D'autres viennent pour des problèmes moins dépassés mais restés aigus, à l'occasion de mésententes graves, durables, soit avec l'espoir d'améliorer leur fonctionnement dyadique, soit avec la perspective de parvenir à une plus claire séparation ou à une totale autonomie individuelle, permettant une moindre souffrance. Vivant une telle grave mésentente, beaucoup viennent consulter avec la perspective d'une séparation radicale ou d'un divorce, sans en avoir encore fermement l'intention, pour examiner s'il leur est possible d'améliorer leurs relations mutuelles, ou s'il est préférable d'y mettre un terme.

D'autres encore viennent à l'occasion de « problèmes » qui mettent en question leur couple, mais problèmes de caractère plus partiel, les partenaires souhaitant vivement modifier leurs relations mutuelles, sans pour autant y mettre un terme. Ils sont prêts alors à s'engager beaucoup plus profondément et osent reconnaître certaines de leurs caractéristiques personnelles, dans la mesure où ils comprennent que cette élaboration de leur problématique personnelle permettra à chacun une meilleure compréhension, et au couple un meilleur fonctionnement. Ceux-là apportent évidemment à l'investigation le plus riche matériel clinique.

Enfin une dernière catégorie de consultants vient consulter sur un mode beaucoup plus préventif, soit à l'occasion d'un conflit passager, soit à l'occasion d'un incident de la vie de leur couple, survenu sans qu'ils l'aient prévu, par exemple difficulté sexuelle passagère. Quelquefois ils consultent plus précocement encore, avant de former couple, en sachant la difficulté de l'organisation d'un couple. Ils rapportent alors surtout des faits récents et une problématique moins définie, en même temps qu'ils témoignent de plus riches possibilités évolutives, mais ils s'appuient souvent sur une idéalisation partielle encore vive, et du partenaire, et du couple lui-même, ce qui limite l'approfondissement.

Une fraction non négligeable des couples consultants est représentée par des couples non officiellement mariés. Si l'on écarte le cas de ceux dont la demande d'aide au couple n'est qu'un alibi pour amorcer la thérapie individuelle d'un partenaire encore incapable de l'assumer, et le cas de ceux qui, cohabitant déjà ou non, ont l'intention prochaine de se marier, il reste les couples qui se refusent au mariage institutionnel d'une part, et d'autre part ceux à qui les conditions légales précisément interdisent le mariage. En deçà des rationalisations, par ailleurs intéressantes, du refus d'institutionnaliser leur lien et où l'élément idéologique est important, les motivations moins conscientes d'un tel choix apparaissent à l'investigation.

On relève alors un matériel clinique riche et spécifique, notamment en ce qui concerne la fonction psychique du couple, indépendamment des effets positifs et négatifs liés à l'institutionnalisation du lien amoureux en un mariage légal ou religieux. On peut ainsi mieux discerner les facteurs qui, dans la vie conjugale de la plupart des couples, relèvent du lien conjugal spontané, de ceux qui proviennent du rapport institutionnalisé avec la société, avec ses lois, avec ses pressions matérielles et idéologiques.

L'ensemble de ces consultants représente donc un éventail important des différentes circonstances, en particulier des circonstances critiques de la vie d'un couple. Il est évident que l'expression précise, détaillée, circonstanciée de leur vie réelle ou fantasmatique les conduit à envisager le problème de chacun par rapport à des tiers : tiers qui peuvent être des membres de leurs familles, parents, beaux-parents, etc., ou même leurs propres enfants, ou d'autres personnes influentes auxquelles ils sont liés par des relations d'amitié ou de rivalité, de collaboration, de travail, etc., soit encore d'autres partenaires connus dans des expériences extra-conjugales platoniques ou sexuelles ; mais il faut en réalité considérer aussi l'existence d'autres tiers, moins faciles à définir parce que ce ne sont point des personnes concrètes, mais au sens psychanalytique, des objets puissamment investis par l'un ou l'autre des partenaires : la pratique d'un sport, un travail particulièrement important, une activité sociale, culturelle, politique ou religieuse, ou encore l'image d'un père ou d'une mère décédé et idéalisé ; ou encore une représentation plus ou moins imagée de Dieu ou d'un « héros » familial autour duquel s'articule une représentation mythique du groupe familial.

On voit par là que le matériel apporté par les entretiens conjoints est fort riche, expressif, évocateur à la fois de la problématique personnelle de chacun des partenaires et en même temps particulièrement significatif de l'organisation interne des processus inconscients de la dyade. Ce matériel si abondant peut être analysé dans des registres divers, et l'observateur, toujours présent en la personne du thérapeute, peut ainsi noter soit pendant la séance, soit après la séance, les différentes problématiques sous-jacentes ; par exemple, dans une perspective psychanalytique individuelle, on peut saisir pour quoi et par quoi tel partenaire a recherché en son conjoint tel trait de caractère ; en fonction de l'histoire propre d'un sujet rapportée par l'anamnèse, on peut repérer sans peine sur quoi s'appuie son besoin de protéger ou d'idéaliser son partenaire, pourquoi il a eu besoin de sauver tel trait chez son conjoint, et de méconnaître tel autre trait chez lui-même. Ailleurs on comprendra ce qui le pousse à son insu à induire un comportement redouté chez son partenaire, ou à provoquer tel passage à l'acte. En même temps l'autre partenaire a sa problématique propre et une même lecture peut être faite pour lui, dans le cadre d'une réflexion psychanalytique.

Mais, par ailleurs, un autre mode de lecture peut avoir pour point de départ la compréhension des processus communs et de leur interrelation : elle exigera alors de considérer cette dyade comme un groupe et les propos de chacun des partenaires comme expressifs d'un « discours » du groupe, témoignant d'un certain contenu latent de ce discours collectif. Ainsi peut être entendue une certaine dynamique de l'évolution propre au couple.

Enfin d'autres modes de lecture peuvent encore être envisagés ; lecture « horizontale » (¹) par laquelle les propos significatifs d'un individu peuvent aussi être entendus comme l'expression de ses déterminismes sociaux, socio-économiques ou socio-culturels, et de ses appartenances de classe : tel propos ou tel geste expressif d'un consultant peut être entendu comme traduisant en même temps, d'une part ses besoins personnels, d'autre part la problématique dyadique, enfin son appartenance plus ou moins conflictuelle à tel groupe social, et sa participation latente à tel conflit de classe.

Telle séquence dans une séance de thérapie peut traduire en même temps la problématique propre de chaque partenaire, la dynamique propre de la dyade et aussi le malaise commun ou non des partenaires, liés à leur appartenance à des groupes sociaux en lutte les uns avec les autres. Par exemple, on note souvent les contradictions internes des femmes d'origine familiale aisée, du fait de leur double appartenance simultanée, d'une part à un groupe social privilégié par la fortune, et d'autre part à l'ensemble des femmes de plus en plus conscientes d'être dominées, exploitées et culturellement écrasées dans une société phallocratique.

Une attitude embarrassée et ambiguë traduit souvent dans leurs comportements cette contradiction non dialectique entre des positions conservatrices, héritées par tradition familiale, et des positions de révolte non assumées, sans qu'aucune synthèse ne permette une traduction claire pour le partenaire, ni une adaptation correcte à la réalité sociale.

De même, l'opposition ville-campagne peut être perçue à l'intérieur d'un couple par ailleurs relativement soudé, et plus généralement

---

(¹) La lecture endopsychique que permet l'interprétation psychanalytique est parfois envisagée comme « verticale » en tant qu'elle serait liée à l'histoire du sujet et à la répétition de ses expériences vécues dans un passé lointain, profondément enfoui dans l'inconscient. Mais cette présentation de la compréhension psychanalytique comme « verticale » n'est qu'une métaphore dont l'effet risque de masquer la réalité vécue de la cure psychanalytique : la psychanalyse tire ses capacités mobilisatrices de ce qu'elle reproduit dans le *hic* et *nunc* du transfert ce qui a précisément été enfoui ; elle doit donc être considérée comme « horizontale dans le temps ». Même sans évoquer ici les débats entre différentes écoles analytiques sur l'historicité ou l'anhistoricité de la cure, on sait qu'il ne s'agit jamais d'une répétition simple d'une réalité historique qui permettrait une reconstitution du même ordre : ce serait méconnaître radicalement la distinction entre réalité et réalité psychique ainsi que la dimension fondamentale du fantasme qui structure l'existence du sujet et même sa propre perception de la supposée réalité.

l'opposition entre deux groupes culturels, même lorsque ces groupes ne sont pas très différents.

De la même façon, on peut comprendre en partie la persistance ou même le réveil de conflits de classes latents à l'intérieur d'un couple, lorsqu'il s'agit de sujets d'origines sociales différentes par le niveau d'instruction, ou par la manière dont les biens matériels sont acquis : héritage, capital, capacité professionnelle, etc. Encore ne faut-il pas se contenter d'une lecture trop rapide à ce niveau, lecture qui ne peut être que partielle et ne doit pas être réductrice, ni exclusive : d'une part, ces attitudes extérieures sont aussi en grande partie déterminées par les processus inconscients au sens psychanalytique ; d'autre part, cette notion de classe est difficile à interpréter au niveau des processus du couple, les positions de dominance et de soumission étant à la fois très importantes, mais extrêmement complexes dans les rapports entre les partenaires. Par exemple, l'apparence de la dominance n'est pas la dominance, et les conflits de pouvoir peuvent être ainsi masqués ou inversés, comme le montre l'exemple fréquent de ces pères de famille auxquels est laissée l'illusion d'un pouvoir de décision devant les étrangers ou les enfants, la véritable décision ayant été prise auparavant par une mère plus informée, plus habile et plus résolue. Nous aurons l'occasion d'approfondir ces aspects, en nous contentant, en ce chapitre méthodologique introductif, d'évoquer la diversité des interprétations et des modes de lecture possible du matériel clinique si riche qu'apportent les différentes formes de thérapies du couple.

Une autre source du matériel recueilli ici provient des *thérapies familiales* ou des *traitements de groupes*. Nous avons déjà signalé le point de départ de notre recherche dans les interventions rendues nécessaires auprès des parents d'enfants suivis ou traités dans nos consultations d'enfants. Nous en dirons peu de choses spécifiques, non que ce matériel soit sans intérêt, mais parce qu'il ne présente guère de particularités remarquables, et corrobore assez étroitement celui des thérapies de couple d'une part, et celui des entretiens et thérapies individuels d'autre part. Par exemple, à l'occasion des interventions en groupe, il peut se faire que les participants laissent à l'un d'entre eux le soin d'exprimer ce qui est le fantasme commun du couple et plus ou moins la préoccupation de la plupart de ses membres. Si le thème officiel ou officieux de la réunion, ou encore l'organisation de cette collectivité, s'est faite autour de problèmes familiaux connus dans un service de guidance, ou dans des groupes de formation, par exemple, il va de soi que les aspects spécifiques de la formation du couple peuvent y être abordés et soulignés. Néanmoins le matériel apporté là au chercheur ne présente pas de particularité spécifique par rapport au matériel apporté par les autres formes de thérapie. De même, les thérapies familiales qui restent fidèles à leur ligne méthodologique stricte au long de leur évolution s'avèrent riches pour le traitement et la compréhension du processus familial dans son ensemble. Elles n'apportent cependant pas plus que les thérapies du couple pour l'analyse des processus spécifiques de la dyade.

Il resterait à dire un mot ici du matériel clinique tiré de *quelques interventions atypiques* qui s'apparentent à celles qui concernent les processus du couple. Ainsi nous avons été parfois consulté par de petits groupes apparentés au couple, par exemple auprès de « trios », de « quatuors » ou autres rassemblements de quelques personnes ayant entre elles des relations intimes extrêmement denses, avec une participation sexuelle suivant des formules variées, que l'époque contemporaine a vu se multiplier. Nous n'avons pas eu l'occasion d'intervenir personnellement auprès de ce qu'il est convenu d'appeler aujourd'hui des « communes », mais seulement auprès de petits groupes plus restreints, souvent aussi mal délimités, dont les membres ont entre eux des relations riches, ambivalentes, érotisées et souvent assez conflictuelles. Ces cas sont de fait peu nombreux, ces groupes étant souvent trop informels ou trop peu désireux d'une existence prolongée pour envisager une véritable remise en question, à l'occasion de conflits importants ; il est donc compréhensible que les consultations demandées par de tels groupes soient peu fréquentes, mais certains groupes ont estimé utile la participation d'un clinicien — psychologue, psychiatre ou conseiller conjugal — pour permettre la mise à jour de processus inconscients dans le groupe ; élaboration sans laquelle certains membres du groupe estimaient ne pas pouvoir poursuivre leur tentative de cohabitation quasi familiale. Le matériel clinique apporté par ces interventions a quelquefois montré, un peu plus spécifiquement que d'autres formes d'interventions, la nature des motivations qui conduisent certains sujets dans le choix d'un second partenaire, ou d'un style particulier de relations intimes. Ce matériel a en outre la particularité de souligner l'importance des composantes homosexuelles latentes, autant dans l'organisation dynamique des différentes dyades hétérosexuelles que dans celle du groupe quasi familial qui les englobe.

Quelle que soit la spécificité du mode d'intervention en couple et la grande richesse du matériel clinique apporté par les entretiens conjoints, surtout au cours de thérapies de couple d'assez longue durée, il reste qu'une autre partie du matériel clinique a été recueilli au cours d'*entretiens individuels*. Ces derniers n'apportent pas toujours la même possibilité de lecture que les entretiens en couple ou en petits groupes, mais ils ont parfois l'avantage de permettre une investigation individuelle plus approfondie, d'où leur importance, notamment en ce qui concerne l'évolution des relations d'Objet, aboutissant au choix d'un partenaire.

Cependant il est impossible de glisser sous la même rubrique différentes formes d'entretiens individuels dont l'apport, en ce qui concerne notre sujet, est extrêmement différent. Il n'est plus niable aujourd'hui que la cure psychanalytique soit le mode d'investigation le plus profond des processus de l'inconscient. Elle rend possible d'abord la compréhension des processus, des désirs et des défenses de l'analysant, et par là toute l'organisation défensive avec ses compromis dont fait évidemment partie le choix de l'Objet d'amour. L'approfondissement de la cure met à jour le rôle des pulsions partielles, leur organisation et leurs principaux modes de satisfactions. Les sujets mariés — ou vivant une existence de type conjugal — utilisent et métabolisent une partie des énergies liées aux pulsions partielles dans leur relation au partenaire principal; mais intéressante aussi est l'observation des autres usages de ces énergies plus ou moins intégrées à l'ensemble de la personnalité, et intéressante aussi la part orientée vers d'autres types d'Objets, par exemple les partenaires secondaires.

L'analyste a souvent l'occasion de constater le rôle des pulsions partielles mal intégrées à l'ensemble pulsionnel notamment au cours des passages à l'acte, et dans les différentes formes d'expression « partielle » de la vie libidinale. Par exemple, les pulsions prégénitales, restées à l'écart de l'ensemble du courant pulsionnel plus ou moins soumis à la primauté du génital, et dont l'existence est attestée par l'ensemble des mécanismes de défense, jouent un rôle décisif dans le choix des caractéristiques des partenaires secondaires. Dans les cures psychanalytiques ou psychothérapiques de sujets mariés, ce qui nous est apparu le plus frappant dans la relation au partenaire principal est l'observation du rôle de l'organisation défensive contre ces pulsions partielles.

A côté des cures psychanalytiques stricto sensu, nous avons évidemment pratiqué des *cures psychothérapiques plus brèves.* Très intéressantes pour notre recherche ont été les observations faites au cours d'entretiens avec des personnes *dont le conjoint est par ailleurs en analyse* — ou en thérapie profonde — auprès d'un autre analyste. Ainsi nous avons eu l'occasion de prendre en charge ou de recevoir en consultation un grand nombre de personnes dont l'équilibre psychologique avait pu paraître satisfaisant jusque-là, mais qui ont traversé une phase de décompensation à l'occasion de l'analyse de leur partenaire, ou encore à l'occasion d'une modification induite dans la relation au partenaire par des circonstances extérieures (chômage, promotion sociale ou professionnelle, modification de l'équilibre familial et du nombre des enfants, etc.). Il est même arrivé que des sujets soient venus consulter à l'occasion d'un changement sensible et quelquefois rapide de leur partenaire, engagé dans une thérapie brève, ou après quelques entretiens de conseil conjugal. Ainsi la réaction de ce partenaire a été l'occasion d'observations intéressantes, dans la mesure où elle a montré l'intrication nette entre les processus inconscients, défensifs, des deux membres du couple. Ainsi la pratique personnelle de l'analyse et des thérapies individuelles, puis la pratique des thérapies familiales et de couple depuis une quinzaine d'années ont permis le recueil d'un matériel clinique varié dont nous ferons plus loin la critique, ainsi que celle de son échantillonnage. Il va de soi cependant qu'un tel recueil de cas resterait insuffisant s'il était réalisé par un seul observateur. La correction de l'échantillonnage d'une part, la nécessité d'un travail plus critique d'autre part, imposaient un travail plus collectif et si possible avec des collaborateurs de formations assez différentes pour être l'occasion d'apports étrangers; c'est dire combien nous sommes redevables du travail d'un nombre important de collaborateurs, notamment de celui d'Evelyne Lemaire-Arnaud qui s'est attachée à l'étude du lien entre la réaction d'un partenaire — éventuellement sa décompensation — et la désintrication des processus inconscients des deux membres du couple.

De même avons-nous eu l'occasion d'enrichir beaucoup notre expérience personnelle par des réflexions collectives organisées en divers lieux : groupes de recherche stricte, surtout groupes de supervision de thérapies de couples, ou d'interventions sur un groupe familial. Ces rencontres fructueuses ont été réalisées soit dans le cadre de l'Association Française des Centres de Consultations Conjugales (2), soit à la Consultation de la Clinique des Maladies Mentales de l'Hôpital Sainte-Anne (3), soit dans le cadre de l'Institut de Psychanalyse (4), soit à la Consultation Médico-Psychologique des Enfants et Adolescents du Centre Hospitalier de Versailles (5); de même bien qu'à intervalles plus espacés, nous avons bénéficié de rencontres régulières ou occasionnelles avec des collègues ou élèves à l'étranger, notamment en Suisse (Lausanne, Cret Bérard, Zurich), en Belgique (Fédération Belge des Centres de Consultations Conjugales), en Italie (Milan), ainsi qu'à la Commission Spécialisée de l'Union Internationale des Organismes Familiaux (6).

Ainsi à une centaine de thérapies régulières de couples entreprises personnellement depuis une quinzaine d'années, et à deux autres centaines de couples examinés ou traités de manière moins régulière, ainsi qu'aux quelques centaines d'observations obtenues dans des conditions différentes (entretiens isolés, thérapies brèves, cures psychanalytiques, entretiens auprès des partenaires, thérapies familiales et de groupe, etc.), convient-il d'ajouter un nombre considérable d'*autres observations, apportées par les supervisions* des groupes ou des collaborateurs, de pratique et de formation quelque peu différentes, qui, par leur insertion socio-géogra-

(2) Association reconnue d'utilité publique, 34 Av. Reille, Paris 14e, présidée par Mme M.-R. Roussier.

(3) Consultation dirigée par le Dr Sadoun, dans le service du Pr P. Pichot (C.H.U. Cochin, Paris 5e).

(4) Séminaire animé par nous-même à propos des aspects psychanalytiques des problèmes de couple.

(5) Consultation récemment organisée en Centre Médico-Psycho-Pédagogique, avec la collaboration du Dr Guran, et longtemps rattachée au service de Psychiatrie du Pr Brion (C.H.U. de Paris-Ouest, Paris 5e).

(6) Présidée par Mr N. Tyndall, Directeur du National Marriage Guidance Council, Rugby, G.B.

phique diversifiée et par leurs conceptions propres, ont fourni à notre échantillon un élargissement considérable.

Une recherche et son élaboration théorique sur l'organisation des processus de couple sont-elles possibles à partir d'une réflexion de caractère principalement clinique? Certes il aurait été intéressant d'apporter des observations étalées sur un plus grand nombre d'années; mais ce serait aussi remettre à bien tard un travail qui, de toute façon, ne peut être considéré comme ayant une validité définitive, dans un domaine évolutif, sujet à modifications rapides, en rapport avec les faits sociaux et culturels. Nous apportons ici une base clinique et réflexive, laissant à d'autres le soin d'en dire plus tard la continuité ou la modification. Toute recherche doit se situer dans le temps et ne peut être qu'une pierre d'un édifice construit collectivement par des générations de chercheurs.

Plus que cette critique concernant le temps et la durée, il faut approfondir la critique concernant l'échantillonnage de la population consultante.

Plusieurs remarques sont à faire :

1. La consultation conjugale est encore fort peu connue en France, malgré les efforts récents pour faire connaître et faciliter de telles possibilités de consultation. C'est dire que l'échantillonnage actuellement consultant est, à cet égard, privilégié, puisque la majorité de la population française ou bien ignore encore, ou bien ne connaît que très superficiellement la possibilité d'être aidée dans le domaine des processus du couple. Nos consultants sont donc mieux informés sur ce plan qui les concerne de plus près, que l'ensemble de la population.

2. L'échantillon n'est pas non plus statistiquement représentatif en ce qui concerne la proportion des différentes couches sociales. Comme dans toutes les consultations psychologiques, y compris celles qui sont réalisées en dispensaire ou en hôpital, on constate une sur-représentation des classes moyennes et des milieux culturels moyens ou relativement favorisés. On constate parallèlement une sous-représentation des classes économiquement défavorisées, et peut-être aussi des classes très aisées. En outre, les conditions de travail et d'observation dans la région parisienne assurent aussi une sur-représentation des populations urbaines de cette région. Du fait d'un exercice principal à Versailles, l'auteur a eu l'occasion cependant de recevoir en consultation nombre de couples de milieux peu favorisés habitant les banlieues industrielles de la capitale, ainsi que de milieux ruraux peu éloignés de l'agglomération parisienne.

3. Sur le plan intellectuel, la moyenne de nos consultants dispose d'un niveau relativement élevé, plus que ne le laisserait supposer quelquefois l'appartenance socio-culturelle. On peut ajouter quelques remarques : *dans l'ensemble l'échantillon est composé de consultants disposant d'une bonne*

capacité verbale. En outre, la plupart comprennent l'importance de l'échange verbal, non seulement comme moyen de compréhension des processus sociaux, mais encore comme agent de transformation des relations inter-humaines. Cette perspective est assez générale et peut être retrouvée statistiquement aux différents niveaux économiques de notre échantillon, dans des proportions nettement supérieures à la moyenne de la population générale. Par exemple, dans notre échantillon, les consultants provenant des classes ouvrières sont particulièrement remarquables à cet égard, à la fois par leur haute capacité de verbalisation et par leur conviction de l'importance fondamentale de l'échange verbal, capacité et attitude qui sont loin d'être toujours aussi marquées dans les milieux économiquement exploités et culturellement écrasés dont ils sont issus. On sait que, lorsque la possibilité est offerte de rencontrer quelqu'un à qui parler, elle est souvent vécue par les membres de ces couches sociales comme une sorte de luxe réservé à d'autres classes.

De même en est-il au sein des classes moyennes : notre échantillon de population est également remarquable sur le plan de la richesse de verbalisation, même parmi les techniciens, chez qui la verbalisation est souvent conçue exclusivement comme un moyen de transmettre des « informations », sans référence aux fonctions expressives du langage ; nos consultants issus de ces milieux sont relativement plus ouverts que la moyenne à ces différentes dimensions du langage. Un autre signe en est d'ailleurs la proportion relativement élevée de personnes ayant acquis un bagage culturel important, sans pour autant disposer d'une technique professionnelle ; par exemple, fréquence des consultants ayant des revenus modérés liés à une qualification professionnelle modeste ou à une profession peu rémunératrice, mais disposant par ailleurs d'une bonne culture générale, d'une capacité de lecture et d'intérêts artistiques fort développés (peintres, sculpteurs, musiciens, critiques...). Cette dernière remarque qui souvent s'applique aux femmes, dans la société industrielle où nous vivons, ne s'explique pas seulement ici par une fréquence plus grande de femmes consultantes, puisqu'une grande partie des entretiens qui forment notre champ d'expérience est faite en couples.

Cette caractéristique générale sur le plan intellectuel et culturel qui colore notre échantillon consultant peut se remarquer jusqu'à un certain degré chez les consultants des cliniciens « psy », psychiatres, psychologues, psychanalystes. Mais pour avoir également l'expérience clinique d'autres consultants, venant chercher d'autres types d'aide, soit en pratique libérale, soit en milieux hospitaliers ou en service public, nous pouvons dire que cette caractéristique globale concernant la valeur accordée à l'échange verbal est plus répandue encore parmi ceux qui formulent une demande d'aide à propos de problèmes de couple.

Cela peut sans doute s'expliquer en partie par la corrélation de deux facteurs évoqués plus haut : d'une part la consultation conjugale étant encore peu fréquente en France, ceux qui consultent se rangent alors généralement dans les groupes les mieux informés de la population; d'autre part et inversement, à quelque milieu économique qu'ils appartiennent, ceux qui méconnaissent les capacités de transformation introduites par l'échange verbal, se trouvent peu disposés à consulter et s'en abstiennent trop souvent, malgré les difficultés de leur couple.

Ainsi en est-il en particulier des jeunes hommes des différentes classes socio-économiques qui, soumis aux pressions de l'idéologie dominante, donnent une priorité absolue aux richesses matérielles ou aux études techniques et commerciales susceptibles d'un haut rendement financier; ils ont souvent perdu la capacité de comprendre les rapports sociaux ou les aspects relationnels de l'existence. Bien qu'ils semblent avoir plus souvent que les autres des difficultés dans leur vie affective, familiale ou conjugale, ils consultent moins facilement, faute sans doute de pouvoir comprendre le travail qui se fait dans une consultation, faute aussi d'une préparation susceptible de leur en faire saisir l'importance.

Au contraire, au sein des classes économiquement défavorisées et notamment ouvrières, tranchant nettement avec les membres plus écrasés culturellement de ces mêmes classes, consultent plus souvent des sujets ou des couples militants, formant une sous-catégorie assez typée : population relativement jeune, disposant de possibilités de verbalisation remarquables et de certaines acquisitions culturelles, avec une bonne capacité d'analyse et de compréhension des processus sociaux et relationnels. Si ces caractéristiques ne leur ont pas toujours évité des difficultés dans leur vie de couple, elles leur ont donné la possibilité de tirer grand bénéfice d'une thérapie. Mieux que d'autres, ils nous ont permis de saisir, au sein des conflits du couple, l'impact des conflits sociaux et économiques, des rapports d'exploitation, de dominance, et à la limite, l'impact des luttes de classes, manifestant combien chaque individu à l'intérieur de lui-même, et chaque couple globalement, est marqué à son insu par l'ensemble de ses conditions socio-économico-culturelles.

Malgré ces disproportions relatives dans la représentation des différentes couches sociales, et ces caractéristiques plus spécifiques, ce matériel clinique est-il utilisable pour notre recherche? Nous croyons pouvoir l'affirmer, et ceci pour plusieurs raisons :

1º Sa qualité principale vient de ce qu'il est composé de plusieurs centaines de *sujets qui ont en commun leur intérêt pour la problématique de leur couple.* Ce sont bien ces personnes ou ces couples qui peuvent nous apporter la meilleure information en ce domaine, car ils sont prêts à toute investigation utile, et investissent suffisamment le travail thérapeutique pour y participer intensément. Par ailleurs il s'agit, nous l'avons vu, d'un échantillon caractérisé dans presque toutes les couches sociales par une capacité, supérieure à la moyenne, d'élaboration verbale et de compréhension des processus relationnels.

2° Dans l'ensemble des cas, un petit nombre seulement peut être considéré comme relevant de la psychopathologie traditionnelle. La majorité de l'échantillon est composée de sujets qui présentent des difficultés relationnelles dans le domaine du couple, mais non pas des difficultés pathologiques personnelles perceptibles dans tous les secteurs de leur vie sociale. *D'un point de vue strictement psychiatrique, la majorité d'entre eux ne présente pas de perturbation importante,* en tout cas pas plus importante cliniquement que le reste de la population. L'aspect psychopathologique du problème nous tenant particulièrement à cœur, nous avons évidemment porté attention à ceux qui sont atteints de tels troubles, pour une réflexion concernant plus spécifiquement ces problèmes de pathologie que nous aborderons en un chapitre spécial. Mais le reste de notre échantillon, c'est-à-dire sa large majorité, est composée, soulignons-le, de personnes qui ne présentent pas de troubles qualifiables du point de vue psychiatrique (⁷), ou *tout au moins pas de troubles plus importants que ceux du reste de la population.*

Il faut même mentionner, parmi nos consultants, et nous y ferons allusion à propos de la fonction psychique du couple, que nombre de sujets parviennent à polariser toutes leurs difficultés relationnelles dans le cadre de leur couple et ne manifestent alors ni difficulté relationnelle en dehors de leur vie familiale, ni trouble psychiatrique.

En résumé, disons que, pour la majorité de notre échantillon non porteur de troubles psychopathologiques, nous avons la possibilité d'observer des processus personnels et des interactions dyadiques, et par là de percevoir un certain nombre de phénomènes qui se trouvent dans le fonctionnement de tous les couples humains, que ces couples présentent ou non des difficultés particulières. C'est en ce sens que notre échantillon nous paraît particulièrement intéressant.

3° Si notre échantillon ne présente pas une distribution tout à fait analogue à la population générale en ce qui concerne le niveau socio-économique, il n'est pas spécifiquement différent de ce que sont la plupart des échantillons cliniques qu'on peut observer soit dans la pratique privée, soit dans la pratique hospitalière ou en dispensaire. La question qui se pose théoriquement est de savoir si cette distribution, non exactement standard

---

(⁷) Il est évident qu'au sein de cette majorité non pathologique, chacun présente des dispositions structurales, des traits de personnalité plus ou moins marqués de caractère obsessionnel, hystéroïde, phobique, sensitif, masochique ou de composantes dépressives, mais dans des conditions telles qu'ils ne peuvent pas être considérés comme formant un tout pathologique structuré. Il reste extrêmement important de bien faire la distinction entre le diagnostic de structure et l'affirmation d'une anomalie caractérisée sur le plan psychiatrique, sous peine de tout « psychiatriser », et en fin de compte de tout confondre.

sur ce plan, rend caduques l'interprétation de nos résultats et la validité d'une recherche sur le couple dans ces conditions. Nous estimons qu'il n'en est rien, car l'expérience nous a montré, que, au niveau de l'organisation psychique et de l'organisation dyadique, il n'y a pas de différence caractérisée suivant l'appartenance sociale. Il est évident que la forme du couple et l'organisation familiale varient beaucoup suivant les conditions économiques, les facteurs culturels, les traditions familiales, etc. Mais à un examen minutieux, la *structuration dyadique elle-même ne se montre pas spécifiquement différente d'une classe à l'autre*, tout au moins au sein de la population française que nous avons pu étudier principalement. Cette constatation fondamentale rend donc possible notre recherche et ses conclusions, même si nous avons, sur certains plans, à corriger nos réflexions à cause de la particularité statistique de distribution évoquée plus haut.

D'ailleurs serait-il méthodologiquement possible de faire un échantillonnage présentant une distribution normale de la population et de soumettre cet échantillon à notre type d'investigation ? Certainement pas, car ce qui fait la valeur de notre matériel clinique vient de ce qu'il est *composé de consultants concernés personnellement par un problème de couple,* et susceptibles de s'engager dans une thérapie ou une série d'entretiens, et de s'y engager volontairement de bonne foi. Cette attitude ne pourrait pas être celle de sujets choisis au hasard et qui seraient soumis à une enquête de type sociologique, même à visée scientifique. Face à l'enquêteur, l'interrogé est susceptible d'apporter des informations au niveau objectif ou au niveau subjectif conscient, mais est conduit à se défendre, au moins inconsciemment, contre une investigation qui met en jeu son équilibre intérieur, ses choix défensifs et les valeurs sur lesquelles il appuie son couple, et que l'investigateur serait conduit à mettre en question. Celui qui subit l'enquête n'exprime pas de demande et doit se protéger lui-même, protéger ses choix d'Objets et son couple, contrairement au consultant qui demande aide au clinicien. Il faut donc rejeter le projet de soumettre un échantillon standard de la population à un mode d'investigation concernant les processus profonds, intimes, et quel que soit notre souci de l'échantillonnage, bien distinguer l'entretien psychologique et l'enquête sociologique.

A propos de la critique du matériel clinique et de l'échantillonnage, il reste encore à faire une remarque : la plupart de nos consultants investissent leur couple comme on investit un lien amoureux de longue durée. Pour la majorité d'entre eux, ce lien amoureux présente cette caractéristique d'être déjà relativement long, étalé sur plusieurs années, ou s'il ne l'est pas encore, il est vécu comme devant s'étaler sur plusieurs années ; il existe une intention soit clairement exprimée, soit latente, d'améliorer la relation avec le partenaire, de telle manière que la dyade puisse établir son fonctionnement sur des années. Beaucoup d'entre eux, il est vrai, évoquent l'éventualité d'une rupture ou d'un divorce; certains même l'ont déjà effectué ou sont résolus à le faire, et pourtant, même ceux-là vivent leur lien conjugal, passé ou présent, comme un lien de longue durée. Nous aurons l'occasion, en comparant cette majorité avec les autres, d'ébaucher certaines distinctions à faire entre les divers types de liens amoureux dont les caractéristiques psychologiques sont très différentes. Mais le principal de notre étude portera sur un lien amoureux de longue durée, susceptible de devenir conflictuel, s'il ne l'est déjà.

C'est sans doute autour de cette notion de durée et de conflictualisation possible, que peut se faire la distinction entre ce qui est le lien de type conjugal et les autres types de liens amoureux. Disons déjà, en règle générale, qu'une relation amoureuse conçue comme passagère doit apporter au sujet des satisfactions immédiates, et qu'elle est abandonnée dès qu'elle ne les donne plus, ou dès qu'elle s'accompagne de difficultés considérables. Ce qui caractérise au contraire le lien que nous appellerons « conjugal », c'est cette capacité de supporter la souffrance et le conflit. Il peut se maintenir malgré cette grande souffrance et une conflictualisation massive. On pressent déjà par là le rôle des pulsions agressives dans le fonctionnement de la relation amoureuse de longue durée, la possibilité d'assumer cette charge agressive étant indispensable à l'organisation d'un tel lien. Ainsi, *sur le plan psychologique, la distinction la plus importante n'est pas à faire entre les liens « conjugaux » de sujets mariés, et de sujets non mariés.* Mais la distinction est à faire entre lien amoureux passager, sans intention latente de durée d'une part, et d'autre part lien amoureux implicitement considéré comme devant durer, et donc surpasser l'éventualité de conflits.

Les aspects idéologiques du problème, souvent passionnellement mis en avant, ne sont pas les plus importants ici. Sur le plan de la structuration dyadique, il n'y a pas de différence très caractérisée entre ceux qui, pour des raisons philosophiques, religieuses ou sociales, tiennent à considérer leur lien comme un lien de caractère définitif et leur éventuelle séparation comme un échec, et ceux qui, refusant tout acte officiel ainsi que tout engagement, se comportent pourtant de manière telle que le lien au partenaire soit et reste une relation privilégiée, prioritaire, susceptible d'évoluer et de traverser des crises sans se rompre. Ce qui caractérise leur lien, que nous appellerons conjugal, c'est bien, dans un cas comme dans l'autre, une certaine intention latente, parfois peu consciente, parfois même niée, de durer, susceptible de surpasser la situation génératrice de conflits. Nous conviendrons donc d'appeler lien conjugal un *lien amoureux marqué par une intention avouée, ou non avouée de durée,* et non pas forcément un engagement irrémédiable et institutionnel concernant l'existence entière.

En conclusion, nous pensons que le champ de notre expérience clinique nous permet d'étudier et de définir les principaux processus qui, sur le plan psychologique, conduisent à la formation, à l'évolution, ou à la disparition du couple humain, avec un accent particulier sur les processus qui se vivent pendant les périodes de crise : ces derniers spécifient le lien conjugal comme lien amoureux de longue durée; ils sont à la fois conditions éventuelles de destruction du couple et conditions indispensables à sa création, ou à sa re-création répétée. A cette étude, nous ajouterons un certain nombre de réflexions à propos d'aspects plus particuliers, concernant la pathologie, les modes de communication, les rapports de pouvoir, etc., ainsi que des considérations préventives ou thérapeutiques qui peuvent donner à notre travail une signification humaine et sociale que ne présenterait pas une étude abstraite et spéculative.

CHAPITRE II

LANGAGES ET MODES D'INTERPRÉTATION

Le couple est un haut lieu d'expression de l'ambivalence du désir. Mais son langage est complexe et contradictoire. Qu'il soit entendu comme venant du groupe ou de chaque individu, le discours qui s'y exprime utilise simultanément de multiples canaux de communication et plusieurs réseaux de signifiants. Celui des signifiants non linguistiques et celui des signifiants non verbaux ont une importance comparable à celui des signifiants linguistiques. A travers quelle grille une interprétation peut-elle être proposée, tant à leurs convergences qu'à leurs contradictions?

Dans le cadre d'une réflexion méthodologique, s'impose une réflexion sur le langage. La « gamologie » ou l' « hyménologie » sont des disciplines étroitement dépendantes de la psychologie clinique. Elles sont concernées de très près par tous les processus inconscients, et à ce titre ne peuvent pas être explorées sans la compréhension profonde des processus inconscients qu'a apportée l'ensemble des travaux psychanalytiques. Certains peuvent mettre en doute l'efficacité thérapeutique de la psychanalyse, mais on ne peut plus aujourd'hui méconnaître l'immense apport qu'elle a réalisé sur le plan de la compréhension des processus affectifs humains.

Or, pour rester scientifique dans ce domaine particulièrement complexe, la psychanalyse est obligée de préciser constamment son vocabulaire, composé en général, comme celui de la psychologie clinique, des termes de la langue courante, mais qu'elle doit utiliser dans des sens bien particuliers. La psychologie, et encore moins la psychanalyse, n'ont été capables de fabriquer de toutes pièces un langage artificiel comme ont pu le faire progressivement, au cours des siècles, les mathématiques. Nous n'en sommes pas encore là, si nous devons jamais y parvenir. Mais dans ces conditions, la poursuite du travail scientifique dans le domaine de la psychologie clinique, et encore plus dans le domaine plus spécifique de la psychanalyse, impose le maintien d'une terminologie précise. Et c'est là que nous éprouverons quelques difficultés, car, si on ne peut plus réfléchir à la psychologie du couple sans faire référence à l'apport psychanalytique, il faut cependant tenir compte du fait que son langage a été mis au point pour la compréhension de ce qui se passe dans la cure psychanalytique.

Ce langage mérite sans doute l'extension qu'il a acquise en dehors de l'usage de cette cure lorsqu'il permet des discussions scientifiques au sujet de l'inconscient individuel et de la vie psychique en général, mais il est né d'une compréhension de la psychologie individuelle ; la « métapsychologie » freudienne concerne l'intrapsychique, et sa dimension relationnelle principale est une dimension transférentielle, au sens strict de la relation entre patient et psychanalyste. L'ensemble de cette théorie a pu être définie comme *one body psychology*, suivant l'expression de Rickman, et l'extension de la compréhension psychanalytique à divers processus sociaux, et en particulier au groupe, a entraîné des difficultés qui ne sont pas seulement des difficultés de vocabulaire. Balint soutenait, dès avant guerre, l'idée qu'il existait en psychanalyse un très grand décalage entre une technique fondée sur la communication, et sur les relations de personne à personne d'une part, et d'autre part sa théorisation en termes de processus intrapsychiques et non plus véritablement relationnels. Presque tous les concepts analytiques concernent l'évolution de l'individu isolé, sauf ceux de relation d'Objet.

Aussi n'est-il pas étonnant que cette notion d'Objet et surtout de relation d'Objet, entendue dans son sens profond, ait pris une extension beaucoup plus grande lorsque l'interprétation psychanalytique a été utilisée à la compréhension des processus de groupe. Il faut d'ailleurs remarquer que c'est Freud qui, le premier là aussi, a ouvert le chemin en étudiant très précocement les problèmes posés au Sujet par l'Objet. C'est dans son texte sur la psychologie collective qu'il a donné de l'amour une définition particulièrement éclairante. En outre, les travaux de l'école Kleinienne, en soulignant les réactions réciproques de l'Objet sur le Sujet, les processus de clivage, de projection et d'introjection, et surtout leur dimension fantasmatique, permettent une utilisation beaucoup plus large et dynamique de ce concept de relation d'Objet qui trouve dans l'étude du couple une application décisive.

De même on pourra regarder le partenaire comme support des projections d'un bon Objet internalisé, mais aussi comme support des projections d'un Objet absorbant, ou même comme support des projections d'un mauvais Objet intériorisé.

Enfin, même s'il faut être prudent dans l'extension du sens de concepts nés de la pratique psychanalytique, il nous a paru légitime de recourir à l'usage de quelques-uns d'entre eux, que, tant l'école de Klein et de Bion que celle de Anzieu et collaborateurs, utilisent dans la compréhension des phénomènes de groupe.

Ainsi l'étude du couple humain ne peut se concevoir sans appui sur la psychanalyse, mais ne peut pas, non plus, être réduite à la dimension psychanalytique, puisqu'il s'agit d'un groupe humain, obéissant au moins partiellement aux lois des groupes du monde social. Ces lois sont des développements d'inspirations très diverses, au vocabulaire encore imprécis, mal codifié. Quelles que soient les intuitions initiales qui aient permis leur découverte, elles sont exprimées dans un langage de plus en plus inspiré du vocabulaire freudien et surtout kleinien. Pour éviter l'excès d'une extrapolation du langage psychanalytique en un temps où la psychanalyse risque de s'abâtardir, il convient sans doute de distinguer le moment où ce langage est parfaitement adapté, de celui où son extension à des processus psychosociaux plus larges est plus discutable (¹).

C'est ainsi que dans l'étude du couple humain comme groupe, nous sommes conduit également à utiliser les concepts d'autres études, nées d'horizons différents. La théorie des systèmes, les théories de la communication, notamment les études faites autour des problèmes familiaux fournissent aujourd'hui un canevas dont il conviendra de voir jusqu'à quel point il est adaptable au couple. Enfin, dans une perspective résolument différente, une analogie des conflits au sein du couple avec les « rapports de forces » et les « délégations de pouvoir » qui se manifestent dans les groupes sociaux, et qui paraît au clinicien du plus haut intérêt, amène parfois, dans sa description du couple, à utiliser des concepts d'une tout autre origine.

Précisément notre ambition serait d'étudier ce qu'une compréhension d'origine psychanalytique peut apporter à ces perspectives et ce qu'elle peut elle-même en retirer.

Lorsqu'on parle de la « révolution freudienne » ou de la « révolution copernicienne », c'est en fonction du décentrage qu'elles introduisent par cette coupure culturelle en notre mode de pensée : la terre n'est plus le centre du monde, au grand scandale des autorités morales, et la conscience humaine n'est plus ce fait universel, constant, raisonnable, reçu en héritage par chaque homme, qui détermine son comportement et à quoi se résume sa vie psychique. Le fait de conscience devient un élément parmi d'autres, peut-être un couronnement à quoi l'homme a quelques raisons d'accorder grande importance, mais qui ne lui permet plus de se rassurer, ni de s'admirer lui-même, en se croyant maître de sa pensée ou responsable de

---

(¹) Nous pensons rester fidèle aux grandes intuitions de Freud en concevant la psychanalyse, non pas seulement comme un moyen thérapeutique adapté à un tout petit nombre d'individus, mais comme un mode de compréhension de la vie psychique, dont les conséquences peuvent s'étendre bien au-delà du champ des thérapies individuelles. La puissance du courant psychanalytique ne vient pas principalement de ceux des psychanalystes qui travaillent en ghetto au perfectionnement d'un outil déjà inventé, mais de ceux qui mettent cette compréhension révolutionnaire au service d'autres recherches, et qui, en les confrontant avec d'autres méthodes, permettent l'approfondissement d'autres inspirations.

son « âme ». Ce conscient, qualité particulière et aspect partiel de quelques états psychiques, est sous-tendu, ballotté, mû et plus ou moins déterminé par d'intenses forces inconscientes. Ainsi les grands actes qui décident de la vie, les grandes orientations, même les plus rationnelles, sont organisés déjà quelque part avant de voir le jour.

Cependant il est encore peu d'études faites pour repérer les processus globaux et inconscients qui nous régissent, par comparaison au grand nombre de travaux qui nous ont permis d'agir sur la nature et le monde physique. Nous savons mieux produire, mais nous ne savons pas distribuer nos productions, encore moins prévoir nos réactions sociales, ni nous élever, ni nous protéger des catastrophes que la nature ne provoque plus, mais que nous provoquons nous-mêmes.

Et aussi nous aimons, nous sommes aimés, ce qui nous permet de vivre ou de survivre, mais sans comprendre, et même sans toujours être capables d'en jouir et de nous en émerveiller ; et nous savons bien mal créer ou protéger les conditions qui permettent à cet amour de se développer, de s'amplifier, de s'approfondir.

Si le psychique n'a qu'une petite part consciente, le fait social a aussi ses déterminations inconscientes. Or un fait social domine l'organisation des sociétés humaines, en même temps qu'une grande part de la vie affective de la majorité de nos contemporains : c'est l'association communautaire en petits groupes qu'on nomme familles et dont les formes varient un peu dans le temps et dans l'espace, spécialement ces dernières décennies dans les grands rassemblements urbains.

L'organisation familiale obéit à plusieurs déterminismes qui se contre-disent parfois et peuvent nous donner le sentiment d'une autodétermination.

Le vocabulaire utilisé pourrait laisser croire que la forme de vie de chacun dépend essentiellement de son libre choix, ou à l'inverse qu'elle est abandonnée au plus grand hasard : « il a décidé de se marier avec une femme qui »..., « elle est tombée sur un mari qui »... Ces rationalisations tardives conduisent à méconnaître les forces inconscientes, structurantes qui sous-tendent ces apparentes déterminations. Mais quelles sont ces forces ?

Une question méthodologique se pose alors : devant le fait commun par lequel deux personnes en s'unissant fondent une famille, comment étudier le faisceau disparate des forces qui les y poussent : pressions sociales, culturelles, déterminismes économiques, pulsions, affects, ou encore celles qui plus tard tendront à les dissocier : intérêts matériels, conflits de famille, pulsions agressives, projections plus ou moins délirantes...

Il importe de distinguer les concepts issus de points de vue différents. Il importe aussi de ne pas négliger un de ces éclairages qui ont apporté une lumière partielle. Le fait « couple » ne peut se référer à une problématique unique, et, sans prétendre être exhaustif, il est indispensable de le lire dans plusieurs sens, en nous inspirant des grands courants de la psychologie contemporaine, courants qui ont leurs synapses, mais aussi leurs discontinuités. Réfléchissant aux principales influences qui tentent de mettre en lumière les processus inconscients dans les groupes, nous pouvons schématiquement distinguer plusieurs courants ou plusieurs modes d'interprétations.

I) Le premier à la fois en date et en importance est, nous l'avons déjà évoqué, d'inspiration psychanalytique. Freud a lui-même tenté d'interpréter les processus qui se jouent dans les groupes : par exemple l'identification des membres à un même Idéal du Moi, comme base de la cohésion d'un groupe, le rôle du fantasme. Avant tout, il a fourni un premier schéma du fonctionnement mental appuyé sur la relation à chaque parent organisé dans le triangle de l'Œdipe, pivot universel de la structuration de l'inconscient. Ses successeurs, notamment les Kleiniens soulignant le rôle des pulsions de mort et les angoisses les plus primitives ont permis la compréhension de phémomènes régressifs très archaïques, perceptibles dans les groupes. Les expériences des analystes de groupe ont mis en avant le rôle des concordances fantasmatiques et leur utilisation possible. En ce qui concerne le couple, il est évident que la dimension de l'inconscient individuel y est particulièrement importante, beaucoup plus que dans un groupe thérapeutique artificiellement rassemblé, ou dans un groupe de plus grande dimension. C'est dire que nous serons conduit à utiliser beaucoup l'apport psychanalytique ainsi qu'une réflexion sur notre pratique psychanalytique personnelle, sans oublier que le plus riche de cet apport dépasse de beaucoup la dimension thérapeutique individuelle.

II) Mais la lecture psychanalytique des processus du couple ne peut résumer l'ensemble des phénomènes inconscients qui s'y jouent. Parmi les grands courants théoriques de la psychologie, celui qu'a inauguré Kurt Lewin a apporté en un temps un espoir. Révisant les *a priori* individualistes qui imprégnaient massivement les premières conceptions psychologiques nées de la clinique médicale, y compris de la clinique psychanalytique, Lewin soulignait que les comportements humains ne sont pas seulement le résultat des forces psychologiques individuelles, mais aussi celui des forces des divers groupes dont fait partie l'individu. Définir alors le groupe comme un champ de forces, irréductible aux individus qui le composent, et comme un double système d'interdépendance entre les membres et entre les variables du champ de forces, était une intuition féconde, même si le décalque sur les sciences physiques était abusif.

Cette inspiration, qui a permis le développement d'une psychosociologie et de nombreux travaux expérimentaux thérapeutiques sur la dynamique de groupe, est rejointe aujourd'hui par celle de cliniciens qui, d'un point de vue radicalement différent, se sont, comme Bateson à propos de la famille, intéressés aux modèles homéostatiques. En commun, reste l'idée qu'une modification de l'un des éléments peut entraîner celle de l'ensemble du groupe, et réciproquement. Les théories dites familiales de la schizophrénie — quelles que soient les réserves terminologiques et cliniques qu'on puisse faire — proposent un modèle de compréhension qui a inspiré le dynamique courant dit antipsychiatrique. L'étude de la structuration du couple à l'origine du groupe familial ne peut négliger cet éclairage, même lorsqu'il n'est pas facile de rassembler théoriquement tous ces aspects. Ces théories dites familiales permettent de mettre l'accent sur des phénomènes microsociologiques très importants, que le seul éclairage intrapsychique ne permet pas de saisir clairement : la théorie des troubles de la communication en est un exemple, les déplacements symptomatiques un autre. Cette schématisation suppose, comme le suggèrent beaucoup, que le groupe familial — et à son départ par conséquent le couple — soit considéré comme un ensemble structuré, comme une unité en lui-même, différent de la simple somme de ses éléments. Cette compréhension nous paraît indispensable, même si elle peut apparaître difficile à quelques cliniciens déformés par les excès d'une perspective exclusivement individualiste. A ce niveau, la tradition médicale peut être une gêne pour quelques thérapeutes, tradition parfois renforcée chez certains par un dogmatisme psychanalytique qui, à notre avis, n'est pas du tout dans l'œuvre de Freud. Ainsi, appeler antipsychanalytique une telle conception, comme cela se murmure dans certains cercles, est une véritable méconnaissance du dynamisme de la profondeur des découvertes psychanalytiques qui ont permis, en fin de compte. non pas de détruire, mais d'utiliser et de féconder des apports extérieurs non psychanalytiques à l'origine. Ainsi des travaux comme ceux de Moreno, de Rogers, et même de Lewin, ont bien été repris, repensés, « récupérés » et utilisés dans le cadre d'une compréhension psychanalytique (²).

Ainsi la compréhension de certains processus fondamentaux de la relation amoureuse exige que nous dépassions la perspective intrapsychique définissant un Sujet et un Objet. Non seulement il n'est pas suffisant de limiter l'explication de ce choix singulier par l'interprétation qui le réduit aux tentatives du Sujet de « retrouver » en l'Objet ce qu'il trouvait, et qu'il a « perdu » quand il s'est séparé du premier Objet d'amour, il faut aussi comprendre quels bénéfices l'Objet trouve, ou « retrouve », dans leur union; mais surtout il faut bien saisir comment et pourquoi la dyade s'organise afin de maintenir la méconnaissance commune d'une certaine réalité, et par là l'idéalisation conjointe des

(²) La lecture des actes des séances ou des congrès montre qu'en tout temps il y a eu au sein des sociétés psychanalytiques des conservateurs dogmatiques qui ont condamné à l'origine tout dynamisme novateur chez leurs collègues. C'est pourtant grâce à ces derniers que des inspirations, à l'origine étrangères à la psychanalyse, sont devenues des modes thérapeutiques compréhensibles : les thérapies de groupe, la relaxation, le psychodrame, etc. Que d'anathèmes jetés cependant! Ainsi en est-il souvent aujourd'hui des thérapies familiales et des thérapies du couple.

partenaires, même lorsque l'un « choisit » la défaillance même de l'autre pour se masquer la sienne propre. Nous sommes obligé de nous intéresser à l'ensemble qu'ils forment surtout lorsqu'il s'agit entre ces deux partenaires de relations particulièrement denses, mettant en jeu les processus les plus fondamentaux de l'être et les plus riches en charges affectives. Sans renoncer dès lors à la compréhension psychanalytique, nous sommes bien davantage conduit à l'étendre aux apports que peut nous amener l'éclairage d'une compréhension systémique.

III) Mais cette seconde approche centrée sur le groupe familial ou la dyade comme unité intégrée est aussi une schématisation artificielle. Pour être opératoire, elle suppose un éclairage qui, mettant en relief la spécificité groupale, l'isole mais risque de l'absolutiser. Une véritable mythologie du couple et de la famille aveugle certains auteurs. Sans être des expérimentalistes comme Lewin, qui espérait en laboratoire retrouver les lois éternelles du groupe, les cliniciens plus empiristes qui souvent animent ce courant, risquent parfois d'être victimes de leur méthode et de cet éclairage. Le couple ne peut être réduit à cette dimension dyadique, pas plus qu'il ne peut être interprété exclusivement dans le vocabulaire d'une métapsychologie élaborée à partir des phénomènes intrapsychiques individuels. Il reste à voir son enracinement dans le *socius*, les déterminismes qu'induisent les facteurs macrosociologiques, les facteurs culturels et idéologiques, les facteurs économiques, les rapports de production, etc.

L'absence de cette troisième perspective rend caduques ou infertiles bien des tentatives trop partielles de compréhension des processus familiaux. Les grandes modifications auxquelles nous assistons et assisterons ne peuvent se comprendre que si nous plaçons l'institution familiale, avec ses réalités matérielles, nourricières, économiques, dans le cadre de l'ensemble du fonctionnement social, c'est-à-dire dans l'ordre socio-politique. S'il est trop partiel, excessif et donc faux de réduire la problématique des conflits dyadiques et familiaux à des problèmes de Société de nature exclusivement politique — comme on l'entend dire dans certains milieux militants — la méconnaissance de l'aspect institutionnel, de ses liens avec l'organisation socio-politique et ses mécanismes de prise de pouvoir, la méconnaissance des aspects de « superstructure », de « reflet » de l'institution familiale, au sens marxien du terme, aboutissent à une majoration idéaliste de la dimension groupale dyadique dans l'existence individuelle : méconnaissance et idéalisation qui sont le reflet elles-mêmes d'une idéologie cherchant sans doute à minimiser le rôle des conflits de classes dans la vie affective des individus.

Certains cas illustrent des types de relations entre structure du couple et structure sociale. Souvent les conflits à l'intérieur du couple reproduisent les conflits des groupes plus larges ou des classes sociales. D'autres fois, le groupe apparaît comme structure refuge, dont le fonctionnement s'oppose aux autres structures sociales — et peut être chargé par elles d'apporter les satisfactions que l'organisation sociale est incapable de fournir? —, phénomène qui peut lui-même trouver une explication sociale, même lorsqu'il se transmet au sein de la dyade à travers des processus psychiques individuels. Mais la recherche à ce niveau en est encore à ses débuts et la littérature psychologique sur ce thème est presque muette; là aussi les concepts macro-sociologiques déjà difficilement adaptés à l'analyse des rapports de force au sein des couches ou des classes sociales sont difficilement adaptables aux conflits à l'intérieur de la dyade. Notre apport en ce champ sera sans doute modeste aussi.

Cependant, ces trois perspectives principales dans lesquelles nous avons regroupé les différents éclairages possibles sur le couple, ne peuvent en aucun cas être assimilées, réduites les unes aux autres. Nous ne pensons nullement qu'il y ait contradiction à les évoquer successivement et même à les confronter, à condition précisément de ne pas les confondre. Comme des projecteurs placés en des lieux différents, elles éclairent des faces différentes de l'Objet et laissent dans l'ombre d'autres aspects. Seule la multiplicité des angles d'observation permet la réduction de ces zones d'ombre. Sans oublier qu'il y a cependant des jonctions et des zones de continuité entre les aspects intrapsychiques, les aspects psychosociologiques dyadiques et les aspects économico-culturels.

DEUXIÈME PARTIE

INCONSCIENT
ET STRUCTURATION DU COUPLE
LE CHOIX DU PARTENAIRE

CHAPITRE PREMIER

DONNÉES SOCIOLOGIQUES

Le clinicien du couple est constamment confronté à cette obligation inhérente à sa pratique : il doit intervenir *hic* et *nunc* au cours d'une crise plus ou moins aiguë, en n'utilisant que ce qui est actuellement assimilable par ses consultants, alors qu'il doit en même temps sans l'exprimer, saisir le dynamisme et l'évolution des relations en cours. La première découverte, la plus souvent renouvelée, révèle que les conflits qu'il observe trouvent leurs traces et souvent leur origine, dans les compromis inconscients ayant conduit les deux personnes à se préférer, à se coaliser plus ou moins étroitement dès le moment de leur choix mutuel.

Inconscient et choix spontané.

L'observation courante, confirmée aujourd'hui par les sociologues, se heurte là à la conscience commune des intéressés et aux préjugés habituels. Demander à deux partenaires en dehors d'une phase critique, ce qui les a rassemblés, n'apporte qu'un discours explicite d'une grande pauvreté. Comme s'il était déjà l'objet d'une commune censure, le récit rapporté n'évoque le plus souvent que la description d'un cadre de circonstances spatio-temporelles, avec l'évocation chez les plus raisonneurs d'une référence plus ou moins magique au fatalisme du « Hasard ». Le respect de ce culte inavoué a pour principal effet de recouvrir la méconnaissance des affects inconscients qui ont si profondément « attiré » l'un vers l'autre les deux sujets, en général sur un mode aussi passionnel qu'ambivalent.

Si cette question directe est vaine, sauf pour comprendre la mythologie propre à chaque partenaire et son attitude actuelle par rapport à ce choix initial, il est cependant d'autres écoutes possibles. Le discours global spontané du couple en laisse entendre beaucoup à qui sait l'entendre, tant dans ses aspects négatifs — oublis, silences, lapsus — que dans ses aspects positifs — associations d'idées spontanées, références latentes, contestation d'un détail circonstantiel, etc. Une oreille analytique entendra ici l'attente implicite de chaque Sujet au moment du choix, et ce contre quoi il se protégeait sans le savoir en « préférant » spontanément son partenaire, avant toute réflexion consciente et tout effort rationnel. Rarement la « rationalité » de l'inconscient se fait-elle jour si clairement au thérapeute, alors qu'elle apparaît si mal, ou si invraisemblable à l'auteur du discours.

« Qu'importe, affirmera le raisonneur, c'est du passé » ! C'est bien là son erreur, car les forces qui l'ont poussé à aimer électivement, et qu'il s'efforce aujourd'hui de nier, traduisent bien toute son organisation propre tant pulsionnelle, directe, que défensive, protectrice, indirecte. En même temps, dans la mutuelle réciprocité de cette mutuelle référence, le choix premier et spontané met en évidence l'intrication des défenses de chacun et leur collusion pour combler les manques propres à tout mortel dans leur infinie variété.

Quelle que soit l'évolution ultérieure, parfois considérable, de chacun quant à sa maturation personnelle, et du couple dans son organisation dyadique, cette première structuration, même si elle s'avère plus tard mal adaptée, s'appuie sur les forces profondes inconscientes qui, pour le clinicien, se traduisent par l'existence de besoins, de tendances, de pressions, d'attentes pendant toute la vie. Ces forces inconscientes s'exercent fort différemment — à l'intérieur ou à l'extérieur du couple. Si, plus tard, elles ne trouvent plus dans la relation mutuelle les satisfactions qu'elles essayaient précisément de trouver à l'origine, elles témoignent cependant de processus personnels et dyadiques qui évoluent, mais se maintiennent tout le long de l'existence.

L'expérience clinique confirme aujourd'hui largement ce que nous avancions déjà en 1966 quand nous soulignions qu'en général la faille du couple trouve déjà son origine dans ce premier choix[1]. Qu'on se garde cependant d'entendre ce propos comme reflétant un déterminisme fatal et désespérant. Bien au contraire, on observe la très grande évolutivité de ces forces et la maturation décisive que peut entraîner, même tardivement, une expérience amoureuse. Chez certains, ce sera sans doute trop tard pour que le premier choix amoureux précoce puisse être confirmé comme heureux, mais par ailleurs, ces évolutions maturatives tardives, déclenchées à l'occasion d'une crise du couple et d'une thérapie, témoignent de la grande évolutivité des processus psychiques. Cela n'enlève rien à la véracité des découvertes psychanalytiques freudiennes et post-freudiennes, quant à l'importance et à la forme d'organisation des premières relations affectives, ni quant à l'importance des processus en cause à l'origine du couple, au moment du choix mutuel des partenaires.

Rendue constamment indispensable à la pratique thérapeutique, l'étude des processus psychiques en cause à l'occasion du choix des partenaires ne

[1] Jean-G. LEMAIRE, Les Conflits Conjugaux. Paris, les Editions sociales françaises, 1966, page 116.

peut se faire que dans une écoute systématique et attentive de ce qu'en diront les partenaires, ou de la manière dont ils se contrediront à ce sujet. Quelles seront les grilles qui permettront au matériel recueilli de fournir les bases d'un résultat opératoire dans la thérapie, et, pour ce qui nous concerne ici, dans la perspective d'une recherche plus scientifique?

Il importe de ne pas répondre à cette question en nous référant seulement à un unique schéma explicatif. Ainsi le choix des partenaires peut-il être étudié sous différents angles, selon que l'on aura en vue principalement la problématique de la relation du Sujet à son Objet, celle de l'intrication des processus dyadiques et des interrelations, ou celle du rapport avec l'appartenance sociale. Certains travaux ébauchent des réponses à cette question.

Déterminations sociales.

Déjà les sociologues se sont intéressés à ce problème. Alain Girard dans son étude devenue classique et, depuis sa publication, largement confirmée en France et à l'étranger, conclut dans la préface de sa nouvelle édition [2] : « La répartition changeante de la population et la croissance des agglomérations urbaines, la mobilité géographique accrue, les occasions plus fréquentes de rapprochement entre les jeunes des deux sexes, et leur plus grande liberté de relations ne font pas que les individus peuvent choisir leur conjoint au hasard. Les possibilités de choix sont en réalité étroitement limitées. »

« Si les mariages ne sont plus « arrangés », ils continuent à subir toutes sortes de pressions extérieures. Il existe un haut degré persistant d'homogamie sociale et culturelle entre les conjoints. En langage familier, la réponse à la question « Qui épouse qui » est que « N'importe qui n'épouse pas n'importe qui ». L'étendue du champ des éligibles se situe pour chacun dans l'espace très restreint où il a grandi et où il se meut ».

De même écrivait-il dans la revue d'ensemble du texte original de l'enquête de 1959 : « Mais ce qu'il importe de marquer avant tout au terme de cette étude, c'est le réseau de déterminations sociales qui enserre de toutes parts les jeunes gens et les jeunes filles à l'époque de leur adolescence, au moment où ils cherchent plus ou moins activement à passer d'un statut social à un autre, et où il leur faut entrer dans la vie adulte par le mariage aussi bien que par l'exercice d'une profession. »

Il est clair que l'individu n'arrive pas à l'âge adulte — époque des choix significatifs et difficilement réversibles —, sans être nettement différencié par son éducation, par le contexte socio-culturel dans lequel il a passé son enfance, par les conditions économiques et géographiques. Tous ces déterminismes enchevêtrés introduisent beaucoup d'éléments dans ce qui

[2] Alain GIRARD, *Le Choix du conjoint.* Paris, P.U.F., 1974. Travaux et Documents, cahier n° 70.

va orienter ses choix essentiels, notamment celui du partenaire principal. Le groupe familial d'origine donne alors souvent l'impression d'orienter ce choix. Non que le mariage soit décidé de manière autoritaire, bien sûr, mais des pression plus subtiles continuent d'exercer un rôle. Ainsi Alain Girard, ses collaborateurs ou ses collègues étrangers, qui ont mené des enquêtes similaires, concluent dans l'ensemble que les pressions du milieu d'origine restent très vives en ce qui concerne le choix du conjoint.

Il faut cependant nuancer certaines expressions. Les pressions ne viennent pas seulement du groupe familial, encore moins des parents, mais du milieu en général. Le choix homogame est référé au milieu social d'origine. Ces pressions en question ne sont que rarement réalisées consciemment par les représentants du milieu. Sur le plan psychologique, il semble que le jeune ressente, comme étant son intérêt propre plutôt qu'une obligation, le fait de se comporter conformément au désir de son milieu, même si ce comportement est contraire à ses projets, à ses sentiments ainsi qu'à ses intérêts économiques et matériels. En général, il ne se sent pas « obligé », tout au plus encouragé ou déconseillé. Il ne se sent pas soumis, éprouvant même presque toujours le *sentiment d'une liberté* — liberté peut-être *pas toujours aussi grande* qu'il le croit et qu'il l'affirme, *puisque les conditionnements exercés ont été assimilés par lui,* mais liberté, du fait du caractère spontané et affectif de son choix exprimé en fonction de ses désirs propres.

Ce sentiment de liberté est sans doute accru par le fait que l'homogamie est une réalité statistique, décrivant une situation moyenne à laquelle peuvent échapper des individus particuliers. Elle n'est pas une règle, mais un fait statistique, qui tient compte de l'organisation du caractère de certains, ainsi que des circonstances particulières, qui conduisent un petit nombre à se comporter différemment et à prendre ses distances par rapport à la moyenne statistique.

Enfin, dernière nuance importante, une évolution se fait sentir, liée à l'accroissement de la mobilité sociale, évolution qui, moins lente, mais freinée par les pressions sociales et familiales, conduit à une plus grande possibilité de choix, à une moindre fermeture d'autres milieux. « La mobilité croissante tend à alléger les contraintes, et les choix peuvent être d'autant plus individualisés que ces contraintes sont moins fortes. Mais si les mariages ne sont plus « arrangés » dans la société contemporaine, ils continuent à subir toutes sortes de pressions extérieures ([3]) ».

Ces conclusions ont une importance notable, d'autant plus qu'elles ne se limitent pas à la France de 1959, ni à la Belgique de 1962([4]), ou à la

---

([3]) A. GIRARD, *op. cit.*

([4]) C. HENRYON et E. LAMBRECHTS, sous la direction de P. de Bie, *Le mariage en Belgique,* étude sociologique. Bruxelles, Evo. 1968, 260 p. (Université catholique de Louvain, Institut de Recherches Economiques, Sociales et Politiques. Centre de recherches sociologiques).

Yougoslavie (1959)[5], aux U.S.A. (1964)[6]. Les travaux plus récents et d'une remarquable rigueur de Louis Roussel[7], [8], et surtout [9], en apportant d'autres considérations intéressantes à maints égards et indiquant une sensible évolution sur différents plans, confirment cette « homogamie » sociale et culturelle entre les conjoints.

Ces études ont le grand intérêt de nous montrer des fréquences, ou pour le clinicien des probabilités de comportement. C'est par rapport à la majorité de choix homogames qu'un choix hétérogame trouvera sa signification. En outre, ces travaux nous éclairent sur les mentalités de nos contemporains, en particulier lorsqu'elles montrent les différences entre les comportements réels et les jugements de valeur, différences qui témoignent de tensions plus ou moins clairement exprimables.

Elles nous montrent non seulement la constance statistique de certains faits, mais aussi la manière nouvelle dont se réalise cette homogamie dans notre société en pleine évolution. Ainsi la plus grande mobilité sociale — bien que relative et surtout perceptible dans les couches moyennes — atténue la portée concrète des règles générales. Des décalages se font sentir, comme le note Roussel[10], « la discordance entre le comportement observé et l'opinion exprimée suggère, au moins pour les jeunes générations, une certaine tension entre les valeurs culturelles, plutôt favorables à l'hétérogamie, et les critères effectifs de choix du conjoint qui privilégient l'homogamie ».

Malheureusement dans la pratique, ces études précises des sociologues n'apportent pas toujours au clinicien une aide très significative. Et ceci pour plusieurs raisons.

Tout d'abord, elles concernent principalement l'*aspect institutionnel* du problème et le rapport entre le lien amoureux et l'organisation sociale. Les études sociologiques et statistiques ne portent, et ne peuvent guère porter que sur le Mariage en général, objet d'une définition précise légale possible, tandis que le clinicien est consulté par tel ou tel couple bien particulier, marié ou non, cohabitant ou non. Bien entendu, les résultats des enquêtes sociologiques retrouveront tout leur intérêt au niveau d'une réflexion plus spéculative portant sur les liens existant entre le Mariage, la Famille, la Société présente, sur les pressions mutuelles qu'exercent l'une

---

[5] Statistique démographique de 1959, Belgrade, Institut de statistique 1962 (cité par A. Girard), Ante Flamingo. « L'instruction et le choix du conjoint », in R. Castel et J. C. Passeron, *Education, développement et démocratie*. Paris-La Haye, Mouton, 1967, pp. 137-150.

[6] W. J. Goude. *The Family*. Englewood Cliffs, New Jersey, Prentice Hall 1964, 120 p.

[7] Louis Roussel, in *Population* 1969, 5, pp. 898-918.

[8] Louis Roussel, in *Population* 1971, 6, pp. 1029-1056.

[9] Louis Roussel, « Le Mariage dans la société française », *Cahiers de Travaux et Documents* de l'I.N.E.D., n° 73. P.U.F., Paris 1975.

[10] Louis ROUSSEL, « Le Mariage dans la Société Française », op. cit.

sur l'autre ces institutions, et par conséquent sur tout l'aspect sociologique de ce vaste problème. Elles nous éclairent peu sur la dynamique propre du lien ambivalent qui lie dans l'inconscient tel et tel partenaire, quelles que soient les circonstances géographiques, temporelles ou sociales dans lesquelles ils se sont rencontrés pour la première fois.

Parmi ces mariages — au sens institutionnel — que traitent la plupart des études statistiques des sociologues, figurent des alliances rationnelles, mariage de « raison », « association d'intérêts », « cellules de procréation », etc., qui ne correspondent pas sur le plan psychologique et subjectif à ce qui caractérise les couples. Le lien du mariage est légal, celui du couple est affectif. Certes, dans la grande majorité des cas actuels, l'union soumise aux pressions socio-économiques est conduite à devenir légale, soit par conviction, par souci de sécurité, par tradition, soit par intérêt matériel (nécessité d'obtenir un logement, une pension, une pièce administrative, etc.), soit pour faciliter l'insertion des enfants, qui, dans l'organisation socio-économique actuelle, souffrent de l'absence de lien légal des parents. Le caractère légal de l'union est plus sensible aux pressions sociales administratives et matérielles que son aspect affectif.

Conséquences cliniques.

Pour le clinicien, *l'intérêt des constatations des sociologues réside* principalement *dans les restrictions qu'elles peuvent apporter à certaines de ses propres constatations cliniques.* Elles pourront parfois réduire la portée d'une généralisation de ses hypothèses. Par exemple, lorsque A. Girard évoque, dans ses plus anciennes conclusions, qu'à certains niveaux sociaux, et dans certaines conditions géographiques et historiques, les candidats ou candidates possibles en vue d'un mariage sont, pour un individu donné en nombre extrêmement réduit.

Dans certains cas, « Peut-on même parler d'un choix tant sont étroites les limites dans lesquelles il peut se faire? *Le vrai problème pour les futurs conjoints n'est pas tant de se choisir que de se trouver.* Pour se trouver, il leur faut dans une large mesure l'aide de la société et comme la complicité des adultes. Et s'ils ont pu se trouver, le choix n'intervient qu'ensuite, car ils ont à apprendre à se connaître et à découvrir s'ils s'accordent... ([11]) ».

Aussi faut-il reconnaître qu'en certaines circonstances — rares à la vérité, et même de plus en plus rares — le choix est tellement limité qu'il se réduit presque à celui d'un mariage de raison.

Les sociologues étudient les circonstances dans lesquelles deux partenaires de sexe différent se lient par un geste social. Nous aurons l'occasion au cours des chapitres suivants d'étudier les processus psychiques inconscients par lesquels les partenaires s'attirent et structurent leur

([11]) A. GIRARD, *Le Choix du Conjoint,* op. cit., p. 198.

couple. Cela suppose qu'ils aient au départ la possibilité de rencontrer un nombre suffisant de partenaires éventuels, parmi lesquels les mécanismes d'attrait et de répulsion réciproques opèrent jusqu'à sélectionner spontanément l'un, ou au plus quelques-uns parmi eux. Ces processus psychiques ne peuvent jouer, ou ne pourront jouer qu'un rôle atténué si les possibilités de rencontres sont tellement insuffisantes qu'un tri ne puisse plus se réaliser.

Les études des sociologues permettent alors de considérer quelques ordres de circonstances où ces facteurs psychiques inconscients n'ont pas la possibilité d'opérer cette sélection spontanée : celui des jeunes maintenus dans une étroite dépendance affective et culturelle, celui des isolés, des étrangers — étrangers culturellement ou du fait de conditions pathologiques — et des handicapés qui ne disposent pas de moyens d'expression et de communication suffisants.

L'étroite dépendance affective et culturelle, par rapport au milieu d'origine, laisse certains jeunes à la merci de leurs familles et des normes sociales prégnantes, qui peuvent les « obliger » au mariage, essentiellement en cas de grossesse non voulue, surtout dans les familles de province de la petite bourgeoisie. En quelque sorte, ces jeunes soumis à un milieu aux normes très contraignantes, correspondent assez bien aux descriptions des sociologues qui ont insisté sur l'homogamie géographique (¹²) autant que socio-culturelle. Leur rencontre avec le partenaire est difficile et n'est tolérée que dans des conditions rares, étroitement limitées : le bal, les sorties, les « boums » sont là pour qu'ils puissent accomplir cet apprentissage de l'amour et déjà de la vie commune. Ils n'en sont alors qu'à « se trouver ».

Dans ces conditions, les premières relations sexuelles leur servent alors d'initiation ou de mode de rencontre. Ils n'en sont pas encore arrivés au moment de « se choisir » et ne se connaissent pas assez pour être susceptibles d'un véritable engagement, à quoi cependant ils se trouvent en quelque sorte brusquement obligés par le milieu, si survient une conception liée à leur ignorance ou maladresse en matière de contraception. Ceux qui sont restés quelque peu immatures et étroitement dépendants de leur groupe socio-familial d'origine en sont, beaucoup plus que les autres, victimes. Les normes dites morales de ces groupes limitent globalement leurs possibilités de rencontres et, indirectement, les poussent à établir des relations sexuelles, alors que rien n'a été fait pour les préparer à l'établissement de telles relations ni aux problèmes contraceptifs qui y sont liés. Ce sont souvent les mêmes individus qui se trouvent soumis à ces impératifs contradictoires par lesquels, dès qu'une grossesse est annoncée, une sorte d'obligation leur est faite d'un mariage auquel ils ne sont nullement prêts et qui a toute chance d'aboutir à une rupture rapide et

(¹²) L. BERNOT et R. BLANCARD, *Nouville, un village français*. Paris, Institut d'Ethnologie, 1953.

douloureuse. Le geste officiel du mariage est accompli devant les représentants des familles et du groupe social d'origine, mais la validité de leur consentement est évidemment discutable dans la mesure où ils ne sont pas encore capables d'une véritable décision autonome. Il existe là une *interaction étroite entre la structure psychologique des individus maintenus dans l'immaturité affective, et la pression du groupe social,* la dépendance des sujets par rapport aux normes culturelles étant considérée en ces milieux, non comme une défaillance, mais comme une vertu. Nous rejoignons ici les *aspects socio-politiques du problème du couple,* aspects dont l'importance varie beaucoup précisément suivant le groupe social.

Quant à l'organisation des processus inconscients qui va constituer le lien entre les deux partenaires, on conçoit qu'en de tels cas elle n'ait guère eu le temps de se faire; les sujets se retrouvent bon gré mal gré « ligotés institutionnellement » l'un à l'autre alors qu'ils n'en étaient qu'à « se trouver » ou à « se chercher » sans avoir encore atteint l'étape de « se choisir ».

Il est un deuxième groupe de sujets pour lesquels les circonstances sociales limitent l'importance de ce que nous préciserons plus loin quant à la structuration des processus inconscients mutuels de l'organisation dyadique : ce sont les individus isolés. Chez ceux-là également, les conditions sociologiques rendent difficile la rencontre, la fréquentation et donc les possibilités de « trouver » assez de partenaires possibles pour qu'un choix puisse se faire.

Dans ce groupe d'isolés, un sous-groupe se distingue plus clairement sur le plan sociologique, ce sont les étrangers : ceux qui sont d'une part coupés de leur origine culturelle, avec ses normes, ses assurances, ses interdits, mais aussi sa protection, et d'autre part plongés dans une culture différente, difficilement assimilable; mais au sens strict de l'appartenance nationale, linguistique ou ethnique, ce ne sont pas les seuls visés, mais aussi les *représentants isolés des minorités socio-culturelles,* véritables immigrés dans la grande ville.

L'expérience montre en effet chez ces derniers des possibilités de choix beaucoup plus réduites en raison de difficultés beaucoup plus grandes à « rencontrer » les membres des groupes majoritaires. Il y a donc parmi eux une *probabilité plus grande d'un engagement trop précoce dans un couple,* sans qu'un véritable choix réciproque ait pu se faire. Ce qu'il faut bien noter, en outre, c'est que l'isolement entretient l'attitude dépressive et que cette dernière réciproquement renforce l'isolement, et l'inhibition au contact. Ainsi certains de ces « *étrangers* » se trouvent figés et *manifestent un véritable état de besoin affectif qui les place dans une étroite dépendance par rapport aux partenaires* qui les ont trop souvent « acceptés » plutôt que « choisis ». Les attentes des partenaires sont très dissymétriques quantitativement et qualitativement, ce qui peut comporter un risque plus grand de souffrance dans le conflit à venir.

Dans la genèse de telles difficultés, nous venons de voir qu'il convient de souligner ici l'association de facteurs psychologiques et de facteurs sociologiques. Si ces facteurs s'amplifient mutuellement, le pronostic d'adaptation à la vie affective et à la vie de couple se trouve lourdement grevé. Autant que se puisse utiliser un tel concept dans un domaine aux critères si difficiles à délimiter, le « pronostic » semble dépendre beaucoup des capacités adaptatives du sujet déculturé. Or ces capacités sont particulièrement soumises au jeu de facteurs psychopathologiques. Des composantes dépressives ou apparentées aux aspects les plus archaïques ou psychotiques de la personnalité peuvent s'associer aux conditions sociologiques défavorables, liées à l'isolement, à l'exclusion ou à la ségrégation dont l'étranger est plus ou moins victime. Cela est particulièrement net lorsque se constitue un couple « transculturel » mixte entre un sujet culturellement étranger et un partenaire appartenant au groupe socio-culturel dominant. Pour l'étranger rejeté, le contact avec la réalité sociale ne permet pas toujours une expérience corrective le protégeant contre ses fantasmes de persécution, ou de dévalorisation, et ces fantasmes seront nécessairement réveillés à l'occasion de minimes conflits dans son couple. Au contraire « l'étranger » à l'aise, pourtant d'origine culturelle très minoritaire et rejeté, mais dépourvu de composantes dépressives ou psychotiques latentes au sein d'une personnalité riche, au contact facile, pourra, comme l'expérience clinique le montre, affronter sans douleur excessive de graves conflits dans son couple. Reste à savoir combien d'individus sont suffisamment solides pour supporter, sans décompensation pathologique, les conditions psychosociales auxquelles sont soumis ces étrangers, surtout les immigrés issus de cultures peu répandues et peu prisées par le courant culturel dominant.

Enfin, à ces isolés, à ces étrangers, il convient d'associer d'autres sujets qui, tout en étant de même origine sociale, ethnique, linguistique, culturelle que les autochtones, se vivent comme séparés. Dans la ligne même de ce que nous venons de signaler, à savoir l'interaction entre les processus psychopathologiques et sociologiques, on peut concevoir les grandes difficultés de vie conjugale de ces sujets mal préparés à la vie affective.

Ceux qui ont vécu leur enfance dans un cadre social écrasé, qui n'ont jamais acquis l'équipement culturel et notamment verbal nécessaire à l'expression des affects, des désirs, des craintes; ceux qui ont vécu leur enfance dans une famille close, repliée, empêchant les contacts affectifs à l'extérieur, et les échanges culturels nécessaires à leur future compréhension d'éventuels partenaires hétérogames : tous ceux là peuvent à la rigueur former couple dans des conditions d'étroite homogamie, mais échoueront vite dès qu'apparaîtront des conditions différentes imprévues au départ du couple, qui nécessiteraient des mises au point, des échanges, en particulier verbaux, concernant les points chauds et les conflits latents, échanges difficiles auxquels ils n'ont pas été préparés. *La perception par beaucoup d'entre eux de leur propre fragilité les conduit souvent à un choix plus étroitement homogame.*

Mais la phase actuelle de notre civilisation rend hautement probable l'apparition de conflits liés à des changements culturels et sociaux. Dans une société en pleine transition, il est prévisible que les futurs partenaires se heurteront à des bouleversements de leurs normes et à des décalages entre les évolutions individuelles de chaque membre. L'un évoluera dans un sens, l'autre dans un autre sens, leur compréhension mutuelle sera d'autant plus difficile qu'ils auront moins appris à communiquer au niveau de leurs besoins affectifs ; ils risquent fort, un jour, de se trouver « hétérogames » alors qu'ils se seront choisis « x » années plus tôt en fonction d'une certaine homogamie initiale. Ceux qui n'auront pas été préparés dès l'enfance à exprimer leurs besoins, leurs désirs, leurs craintes et à les échanger avec leurs contemporains, seront bien mal placés dans leur tentative de vie commune. Les parents et éducateurs qui, de nos jours, continuent de façonner leurs enfants en fonction de leurs normes propres et se réjouissent de les voir se conformer sans discussion à leurs propres modèles rendent à ces derniers un bien mauvais service. Combien voit-on aujourd'hui déjà de ces parents qui s'étonnent de voir leurs enfants mariés, se séparer douloureusement, au milieu de leur existence, sans se rendre compte qu'ils sont pour une part considérable dans cette évolution qu'ils paraissent regretter!

CHAPITRE II

DONNÉES PSYCHANALYTIQUES INITIALES

Bref rappel.

On sait le bouleversement apporté à la compréhension de la vie affective par la psychanalyse. Cependant les études psychanalytiques concernant la vie amoureuse ne sont pas très nombreuses, encore moins celles qui concernent la relation amoureuse dans le couple. Il n'y a pas lieu de s'en étonner puisque le couple, en tant que tel, ne peut pas être l'objet d'une recherche exclusivement analytique. Il est relation de deux êtres, liés encore à d'autres, dans le passé comme dans le futur, et il est difficile d'y définir un Sujet et un Objet. Néanmoins, l'importance des processus inconscients dans la structuration, dans la réorganisation ou dans la déstructuration du couple impose de toute évidence une réflexion d'ordre psychanalytique.

En découvrant que l'ensemble des pulsions sexuelles ne se résumait pas à la génitalité adulte, mais qu'elles s'exprimaient depuis la toute-première enfance dans des formes variées, Freud a mis l'accent sur l'évolution progressive et aléatoire de la sexualité dans l'histoire du Sujet. Les traces de cette évolution, perceptibles chez tous les adultes, jouent un rôle dynamique essentiel dans les différents processus de la vie amoureuse, tant sous ses formes sentimentales que génitales et notamment, à propos du choix de l'Objet. On sait que Freud a évoqué successivement l'Objet comme étant l'Objet de la pulsion, puis comme étant l'Objet de l'amour ou de la haine; par rapport à chacune des différentes pulsions partielles, l'Objet est d'abord « ce en quoi ou par quoi la pulsion peut atteindre son but », le moyen d'obtenir la satisfaction, mais il est l'élément le plus variable de la pulsion, celui dont le caractère contingent est constamment souligné. Cependant, son choix n'est pas quelconque, indifférent, mais au contraire, il est hautement tributaire de l'histoire propre du sujet. L'expérience de la psychanalyse, comme celle des thérapies du couple et de la famille confirment la justesse de cette analyse en mettant en évidence que les différents traits des Objets sont marqués par l'histoire des Sujets.

Mais le concept d'étayage des pulsions sexuelles sur les pulsions d'auto-conservation est essentiel à la compréhension du choix.

La bouche est à la fois organe de satisfaction des pulsions d'auto-conservation permettant la nutrition et zone érogène sur laquelle s'appuie la pulsion sexuelle de caractère oral étayée sur la première. Pour l'auto-conservation, l'Objet est d'abord nourriture, pour la pulsion sexuelle étayée sur la première, il est ce qui se fait absorber et incorporer au niveau réel ou fantasmatique.

L'élaboration progressive de la théorie psychanalytique amène Freud à opposer Objet partiel — lié à la pulsion partielle de caractère pré-génital — à Objet total — en rapport avec l'intégration progressive des différentes pulsions sous la primauté relative du génital.

« Les termes d'amour et de haine ne doivent pas être utilisés pour les relations des pulsions à leurs Objets mais réservés aux relations du Moi total avec ses Objets. »

On sait que la problématique du choix d'Objet total par la personne totale a été schématisée par Freud lui-même, dès 1905, dans les *Trois Essais,* où était souligné le choix par étayage. Suivant ce type de choix, on aime soit la femme qui nourrit, soit l'homme qui protège et les lignées de personnes substitutives qui en descendent. A ce premier type de choix par étayage, Freud oppose, un peu plus tard, en 1915, dans l'« Introduction au Narcissisme », le « choix d'Objet narcissique », appuyé sur la relation du Sujet à lui-même. Suivant ce type, on aime « *a)* ce qu'on est soi-même, *b)* ce qu'on a été, *c)* ce que l'on voudrait être, *d)* la personne qui a été une partie de la personne propre ». A quoi Freud ajoute ailleurs « la qualité qu'on voudrait avoir ». Il s'agit alors d'une image et en particulier de l'image de ce qu'on voudrait être ou de l'idéal du Moi. Ainsi la dimension fantasmatique apparaît bien comme fondamentale dans l'organisation du choix amoureux et y souligne son lien à l'histoire propre du Sujet, avec ses divers avatars.

Spécificité d'un type de choix conjugal.

Les diverses schématisations classiques permettent de décrire de manière générale la plupart des processus qui déterminent le désir tel qu'il s'exprime dans les différentes situations de la vie amoureuse. Cependant, *on n'y voit pas la trace d'une spécificité du type conjugal de choix amoureux.* Le schéma ramène cette élection à celui d'un Sujet soumis à ses désirs et cherchant un Objet susceptible de les satisfaire. Or la dimension conjugale a des caractéristiques propres qui induisent des modalités particulières dans l'organisation de ce choix :

— D'abord, parce qu'elle suppose la réciprocité, et par conséquent, que le *supposé Objet soit à son tour Sujet* et trouve dans la recherche de l'autre des satisfactions symétriques ou complémentaires des premières. Pour que le couple se fonde, et pour qu'il dure quelque temps, il faut que les deux partenaires trouvent sur le plan psychologique quelque avantage à la relation qu'ils nouent; il ne suffit pas, par conséquent, que l'un d'eux trouve chez l'autre la représentation de son idéal du Moi; il faut encore que cet autre, ou bien trouve lui-même chez le premier la représentation de son propre idéal du Moi, ou bien alors quelques satisfactions à se faire aimer par un partenaire dont il rechercherait la faiblesse ou la défaillance. Nous aurons l'occasion d'étudier cette dernière problématique dans un autre chapitre.

— D'autre part, la schématisation d'un choix d'Objet dans la relation amoureuse laissait de côté le fait que *ce qui est attendu de l'Objet d'amour diffère,* suivant qu'est attendue de la relation nouvelle principalement une *satisfaction à court terme* ou bien principalement une *contribution à l'équilibre personnel et à l'organisation défensive du Moi* en face d'un ensemble pulsionnel jamais totalement contrôlé.

C'est sans doute cette dernière dimension qui donne au choix d'Objet dans la relation conjugale sa véritable spécificité. Le choix de l'Objet d'amour doit répondre à la fois à ces deux critères : il doit être l'origine de satisfactions de la plupart des désirs conscients et en même temps contribuer à renforcer le Moi et sa sécurité propre, face à cet ensemble pulsionnel dont nous avons vu que chez tout adulte, il garde la trace des avatars de l'évolution historique du Sujet.

Choix référé aux images parentales.

L'étayage que la libido naissante demande aux pulsions d'autoconservation marque d'une manière indélébile toute l'évolution affective ultérieure, et c'est sans doute au niveau du choix d'Objet que cette marque est la plus importante. Le premier Objet sert de référence de base. Cela est suffisamment connu pour que nous n'ayons pas besoin de le détailler et la conscience populaire a connaissance de tels types de choix : « tels pères, tels maris » disent certains. De tels choix, très fréquents, posent peu de problèmes lorsqu'ils restent peu marqués, partiels et non massifs. Cependant, lorsque la référence à l'image parentale est très marquée et par trop exclusive, les conséquences cliniques apparaissent.

Obs. n° 1.

Ainsi Yvonne P., fille d'un officier de marine, est pleine d'admiration, depuis toujours, pour son père, pour son uniforme et pour tout ce qui se réfère de près ou de loin à son statut. Nul n'est surpris de la voir épouser plus tard un officier de marine. Elle a joué de tous ses attraits pour obtenir d'en être l'élue, et paraît parfaitement comblée le jour de son mariage. Et il est vrai que bien des traits de la personnalité de ce garçon sont comparables à ceux de son père. Mais il y a plus, ce qui, finalement, amène le couple à consulter. En effet, elle s'est refusée quelque temps aux relations sexuelles, puis elle a fini par les accepter, non sans protestation ; elle est frigide et repousse toute occasion de rapprochement intime avec son mari, et même toute caresse et tout geste de tendresse pour éviter les suites qu'elle dit redouter.

Il la découvre alors tout à fait différente de ce qu'il croyait, et laisse entendre qu'il demandera rapidement la possibilité de divorcer ou d'annuler son mariage. Elle se montre très agressive à l'égard des pressions qu'il exerce ; « je n'attendais pas cela de lui » dit-elle, et toute référée à l'image de son père, elle considère comme indigne le traitement auquel il prétend la soumettre. Elle ajoute d'autres formes de rationalisations, pour justifier son refus : elle estime qu'elle « est comme ça », qu'il ne s'agit pas d'un quelconque blocage, mais de sa nature véritable ; d'ailleurs le mariage n'est-il pas beaucoup plus que la relation sexuelle ? Ce serait donc alors le mari qui devrait se faire traiter, puisqu'il en est à rechercher dans leur union la satisfaction de désirs qu'elle définit comme bestiaux, indignes de sa classe.

L'investigation ne pourra être poussée très loin chez elle, mais montre suffisamment combien le choix du mari se trouve référé étroitement à l'image paternelle et aux désirs œdipiens refoulés mais restés très actifs.

Les rationalisations que fournit cette patiente sont intéressantes par ailleurs en ce qu'elles véhiculent tout un contexte social, culturel et même idéologique, où la notion de classe sociale et de respectabilité reste liée a l'interdit de la relation sexuelle, ce qui laisse prévoir la dimension politique de la sexualité et de son éducation. Néanmoins, au-delà ou en deçà de ces rationalisations, dans ces formes d'impuissance ou de frigidité limitées à la relation conjugale, on trouve bien souvent trace de ce choix conjugal référé au parent de sexe opposé. Souvent, de tels sujets se montrent tout à fait susceptibles d'éprouver des sensations de nature érotique, et des orgasmes, mais alors avec d'autres partenaires que leur partenaire officiel. Il ne s'agit pas d'une frigidité ou d'une impuissance totales, mais d'une *frigidité* ou d'une *impuissance élective, électivement orientée vers le partenaire* choisi en fonction des désirs œdipiens : si le Sujet n'a pas été protégé de ses désirs incestueux par le choix d'un partenaire privilégié, un symptôme ou une inhibition pathologique empêchera de toute façon leur réalisation symbolique.

L'observation de ces processus inconscients montre qu'ils sont présents dès l'origine du couple, et que le choix initial les contient tous dès qu'il s'agit d'un choix essentiellement défensif, par exemple contre leurs désirs œdipiens. Ce qui est remarquable, c'est la participation de l'Objet choisi à l'organisation défensive. Ainsi arrive-t-il souvent que l'amélioration du dysfonctionnement sexuel du « patient identifié » aboutisse au déclenchement d'un trouble équivalent chez l'autre, comme nous en verrons l'illustration plus loin.

La clinique met en évidence beaucoup plus fréquemment un autre type de choix, référé également au parent de sexe opposé mais *référé négativement*. Le cas cité plus loin de Pierre H. [1] en est une illustration, puisque sur la plupart des aspects, le choix de sa femme s'est fait en référence négative à l'image maternelle. Il faut même dire que sur la plupart des aspects, il a « réussi » à établir son choix conjugal suivant son intention consciente et claire d'épouser une femme qui ne ressemblerait pas à sa mère et ne se laisserait pas brimer, écraser ni « châtrer » comme elle.

La clinique montre souvent l'échec de telles tentatives, qu'elles soient conscientes ou non. Ainsi avions-nous déjà publié en 1966 le cas suivant, observé il y a longtemps en milieu hospitalier [2] :

Obs. n° 2.

Madame Z. est une jeune femme qui a vécu une enfance très pénible au sein d'une famille perturbée par un père alcoolique violent. Elle fuit très jeune cette famille, avec le rêve de rencontrer un jour un garçon en tout point opposé à l'image de ce père. En fait, elle « tomba », suivant son expression, sur un homme alcoolique qu'elle épousa cependant, et qui tout de suite se mit à la frapper avec violence. Cette union fut de courte durée, et après une petite phase dépressive, Madame Z. s'éprit d'un ancien tuberculeux à la fois très passif et très abandonné qu'elle aida à se réadapter progressivement à une vie sociale plus active.

Mais cet homme, sobre jusqu'alors et qui ne paraissait pas violent, se mit progressivement à boire puis à frapper la malheureuse, jusqu'à ce que cette seconde union se rompe. C'est alors qu'elle présenta un état dépressif important nécessitant son hospitalisation, et une postcure qui nous permit de la suivre ultérieurement.

Dès sa sortie de l'hôpital, elle tenta toute une série d'aventures successives, toutes décevantes, stéréotypées, mais qu'elle renouvelait chaque fois pour oublier la précédente; cela jusqu'à ce qu'elle rencontre enfin un homme qui lui donna toute satisfaction et la stabilisa sans effort dans son choix. C'était un ancien combattant d'Indochine, entré dans la Police, passionné de judo et de boxe, grand amateur d'histoires corsées et de scènes violentes où il était toujours

[1] Voir Obs. N° 3, page 60.
[2] Dr J.-G. LEMAIRE, E. LEMAIRE-ARNAUD, *Les Conflits conjugaux*, Paris 1966, Editions Sociales Françaises, p. 150.

question de coups. C'était cependant un très « gentil garçon » selon les apparences et en tout cas très épris d'elle. Les nombreux traits sadiques de la personnalité de ce garçon étaient en général assez contrôlés et s'exprimaient beaucoup plus en fantasmes que dans la réalité. Mais sa femme était bien cependant l'Objet fantasmatique de ses désirs sadiques, puisque dans les préludes amoureux, il évoquait souvent le désir de la frapper, sans cependant passer à l'acte.

C'est seulement avec cet homme qu'elle commença à éprouver ses premières satisfactions sexuelles, dans ce seul contexte, alors qu'elle était restée jusque-là toujours frigide.

Cette observation illustre que le choix d'Objet s'est fait en référence à l'image paternelle, référence négative dans son projet conscient; mais référence positive, au niveau de ses attitudes inconscientes, car le comportement réel de cette femme l'a conduite à établir des unions successives avec des hommes de caractère sadique, cela malgré sa volonté consciente. Les pulsions masochiques, puissamment éveillées du fait des conditions malheureuses de son enfance et de sa relation avec son père, continuent à jouer un rôle très vif chez elle, malgré la lutte qu'elle mène contre ses tendances, et c'est bien cette pulsion masochique qui garde une valeur érogène particulièrement vive chez elle.

Mais, fait plus remarquable, ce cas souligne le processus dyadique en cours et l'interaction entre la disposition masochique de cette femme et les dispositions latentes qu'elle trouve chez ses partenaires. Elle se montre en effet capable de réveiller des pulsions sadiques latentes chez des partenaires qui ne les présentaient pas jusque-là. Ainsi la relation amoureuse, aussi pauvre puisse-t-elle paraître, est cependant susceptible d'entraîner chez le partenaire d'importantes modifications, en réveillant chez lui des pulsions refoulées.

A propos du choix d'Objet d'amour, et plus précisément du type de choix par étayage, nous avons fait allusion jusqu'à maintenant à l'exemple le plus classique, celui par lequel le conjoint est choisi en référence directe, soit positive, soit négative, à l'image parentale du parent de sexe opposé; mais ce n'est là qu'un des éléments de ce choix, le plus facile sans doute à imaginer et le plus proche de la conscience populaire; il est loin d'être le seul et n'est pas toujours le plus important. Ce que la clinique des couples montre assez clairement, ainsi que la clinique psychanalytique, ce sont des processus inconscients *où la référence majeure est l'image du parent de même sexe.* Les conditions de l'existence la révèlent souvent tardivement dans la vie du couple ou encore à l'occasion d'une cure thérapeutique. Mais ce processus de choix a des implications importantes.

Une des illustrations les plus fréquentes qui n'exige pas toujours une investigation psychanalytique très profonde, est apportée par le cas relativement classique de ces filles mariées jeunes à un homme déjà mûr, alors qu'elles se trouvent, elles, dans un état de relative immaturité. Elles attendent de l'Objet choisi la satisfaction d'un grand nombre de besoins, mais pas simplement le besoin d'être protégées, ou de faire supporter a l'Objet ce que leur Surmoi ne leur permet pas toujours de manifester. Elles se comportent en effet comme si elles attendaient de leur mari, non seulement qu'il remplisse les fonctions paternelles de l'interdit, mais encore des fonctions plus habituellement remplies par la figure maternelle, et répétant plus ou moins clairement des situations historiques personnelles : attendre d'un mari un rôle affectif dense, complet, pivotant plus ou moins autour de la relation alimentaire exprimée sur un mode plus ou moins symbolique.

En réalité, ces processus latents sont souvent assez clairs pour le thérapeute, et quelquefois même pour l'entourage, mais ils échappent à la conscience de l'intéressé ou des intéressés, dans la mesure où les convenances sociales, ou encore les pressions culturelles interdisent aux deux partenaires d'accepter de percevoir le rôle du mari comme principalement maternant. *La femme veille à ce que son mari ne puisse découvrir en lui des dispositions homosexuelles latentes* — vigilance qui joue un rôle majeur dans cette méconnaissance et dans le renforcement des processus de refoulement.

Il faut souvent le passage par une cure, c'est-à-dire la possibilité d'une élaboration verbale et d'une interprétation conduite par un thérapeute déculpabilisant, pour que soit rendue possible la prise de conscience de faits à la fois fréquents, importants et somme toute profondément refoulés. Sans doute faudrait-il faire jouer ici un rôle à ce que Freud a défini comme la *bisexualité psychique*. L'organisation stable et peu conflictuelle du couple suppose l'intrication mutuelle, non seulement des désirs hétérosexuels mutuels, mais aussi celle des tendances homosexuelles habituellement latentes, dont on sait par ailleurs la très grande importance dans l'établissement des relations d'amitié.

De manière symétrique, il serait facile d'illustrer comment un homme peut être conduit à choisir sa femme en fonction des caractéristiques parentales et protectrices qu'elle symbolise pour lui, et qui, en son inconscient, sont parfois référées directement à l'image d'un père. Ce qu'il a en vain attendu de son père et qu'il continue nostalgiquement à chercher, c'est en sa femme qu'il le trouve, et c'est à elle qu'inconsciemment il demande de jouer ce rôle. Un homme relativement immature peut attendre ainsi de sa femme qu'elle remplisse les fonctions de protection et d'interdit qu'il n'est pas en état d'assumer lui-même.

Choix d'Objet et pulsions prégénitales.

Les problèmes évoqués jusque-là à travers ces quelques illustrations simples mettaient en parallèle le choix du partenaire et la relation du Sujet à ses images parentales : on y retrouve sans peine la trace des désirs incestueux dûment refoulés envers chaque parent. L'Œdipe, dans ses formes positive et négative, y laisse sa marque,

— soit dans le choix d'Objet par substitution référé directement à l'une des figures parentales,
— soit sous forme indirecte, défensive, où le Sujet cherche à utiliser un futur partenaire pour mieux se protéger de désirs œdipiens trop intenses, refoulés dans l'inconscient mais non encore dépassés.

Reste à évoquer la problématique au moins aussi importante, par laquelle le Sujet utilise la relation à son futur conjoint comme moyen de se protéger contre les diverses expressions de ses pulsions partielles. Freud a lui-même souligné que globalement la plupart des pulsions partielles d'origine prégénitale tendaient à se soumettre à la suprématie du « génital ». Cette primauté n'est jamais complète ni stable : l'organisation du stade génital exige le maintien des principaux mécanismes de défense et ces derniers peuvent trouver un appui dans une relation d'Objet satisfaisante adaptée à cette fonction.

Ainsi les avatars de l'évolution libidinale peuvent avoir laissé de côté une pulsion qui a été refoulée parce que trop excitante. Les aspects prégénitaux primitifs n'ont pas été totalement contrôlés, ni totalement intégrés à l'ensemble pulsionnel sous la primauté du génital. Il arrive souvent que cet aspect pulsionnel soit très marqué chez des sujets ayant subi des entraves graves au développement de leur vie affective. Ainsi sont-ils privés de beaucoup des possibilités dont disposent les autres plus libres, et ainsi leur manque-t-il la possibilité d'un choix plus large avec une plus grande souplesse de réalisation et d'expression. C'est sans doute là seulement que peut se marquer le sceau de la pathologie, non en ce qu'elle spécifie la pulsion commune à tous les êtres humains, mais en tant qu'elle limite l'infinie richesse du développement affectif.

Obs. n⁰ 3.

Ainsi Pierre H., un électricien d'une trentaine d'années, marié, deux enfants, vient consulter, se sentant très tourmenté depuis deux mois ; il dort très mal, surtout après avoir présenté des modifications dans son comportement habituel. L'attention de sa jeune femme ayant été éveillée, il a été poussé à des aveux qui ont conduit son épouse à l'amener en consultation.

Il ne s'y est guère opposé, ressentant combien « ce qui lui arrivait » était peu en conformité avec sa conception de la vie, ni avec son attitude antérieure, et il s'est facilement rangé à l'avis de sa femme qui le persuadait que son comportement était « anormal ». D'ailleurs, il a accepté cette étiquette de pathologie d'autant plus volontiers qu'elle contribuait à le disculper et lui permettait de convaincre sa femme que, de son plein gré, il ne se serait jamais comporté de cette manière...

La discussion commune sur cette notion de normalité, et leur accord sur ce point, montrent combien chacun des partenaires tire des bénéfices secondaires de cette notion de pathologie, qui leur permet d'éviter une crise conjugale trop importante. En particulier, l'épouse y trouve une manière de réassurance, puisque ce ne sont pas, d'après elle, les véritables sentiments de son mari qui sont en cause, mais un facteur, somme toute, extérieur, et justiciable d'un traitement.

Au cours du premier entretien, Pierre H. explique que ses angoisses, ses insomnies sont liées au conflit qu'il éprouve à se trouver à la fois amoureux subitement d'une jeune femme qu'il a pourtant peu rencontrée, et à la fois vraiment désireux de maintenir sa relation conjugale qui a toujours été heureuse jusque-là. Cette jeune femme lui rappelle une jeune fille qu'il a connue avant de se marier et dont il aurait été follement épris, bien que cette dernière ne se soit jamais réellement attachée à lui. Il remarque que les circonstances étaient d'ailleurs extrêmement voisines : le début particulièrement brusque et impulsif de cet attrait violent est tout à fait semblable dans les deux épisodes ; mais la première fois, dit-il, il n'était pas marié, cela lui semblait le signe d'une grande passion, persuadé qu'il était d'obtenir la réciprocité de son sentiment, tandis que cette fois, il ne souhaite nullement développer cet attrait, qui selon toute vraisemblance, n'est pas réciproque non plus. Et il précise alors quelques-uns des traits physiques de la jeune fille en question, et notamment un trait tout particulier commun avec celle dont il se trouve subitement, passionnément épris depuis deux mois : dans les deux cas, la jeune fille a une mutilation d'une phalange d'un doigt, ce qui a toujours provoqué sur lui un effet considérable, et même un émoi violent, dont il ne comprend guère l'origine.

Sollicité d'associer ses pensées sur ce thème, Pierre H. se met tout à coup à bredouiller et manifeste un émoi extrême qui l'empêche de fournir des précisions au cours de ce premier entretien. Il part cependant avec la conviction que quelque chose de pathologique s'est exprimé là dans son inconscient, puisqu' « il subissait » un attrait lié au fait que cette jeune fille, précisément comme la première, présentait une mutilation particulière du doigt.

Les quelques entretiens suivants définissent mieux l'histoire affective de Pierre. Il est fils unique, d'un foyer dissocié. Sa mère semble, après un deuil, s'être laissé consoler par un garçon qui l'a rapidement abandonnée après leur union. Elle a lutté difficilement dans l'existence pour élever son enfant. Pierre la définit comme une personne malheureuse, toujours victime, « ayant toujours manqué de chance », et dont il était facile de voir qu'elle s'était toujours comportée de manière à se laisser exploiter par tous ceux auxquels elle avait affaire. Elle était très attachée à son fils, qui lui rendait bien son affection ; la vie auprès de sa mère à laquelle il était lié par une relation dense, rendue difficile par les conditions de logement, le conduisit très rapidement à deux aventures assez passagères à l'adolescence, sans caractère bien spécifique, jusqu'à ce brusque attrait pour la jeune fille dont il a été question plus haut.

Sa mère s'étant aperçue du trouble du garçon, s'était montrée très émue lorsqu'il lui fit l'aveu de cette passion non réciproque, l'en dissuada très vite, dans une scène dramatique où, en larmes, elle ajoutait ce commentaire qui le heurta : « Je sens bien que tu seras, comme moi, toujours malheureux, toujours attiré par des femmes indignes de toi, ou qui ne s'intéresseront pas à toi ». Il avait alors vivement protesté et avait tiré de cet incident la conclusion qu'il ferait précisément tous ses efforts pour ne pas s'engager à nouveau dans une telle aventure, et qu'au contraire il choisirait avec beaucoup de soin une fille tout à fait différente, avec laquelle il aurait une relation de caractère définitif, précisément pour ne pas partager le sort malheureux de sa mère. D'ailleurs, à l'heure actuelle, il continue de lutter contre certains traits de caractère qu'il pourrait avoir en commun avec elle ; par exemple, il estime qu'il a parfois un peu tendance à se faire exploiter par ses clients, et quand il s'en aperçoit, se déclenche alors en lui une réaction impulsive de colère tellement violente qu'elle va quelquefois jusqu'à la rupture brusque de sa relation professionnelle avec ses clients.

L'investigation du cas conduit rapidement à mettre en évidence que Pierre reste assez profondément identifié à une mère ressentie comme particulièrement châtrée, privée d'homme, blessée sinon physiquement, du moins socialement et moralement. Il a plus ou moins consciemment, depuis longtemps, tenté de lutter contre ce processus spontané d'identification. De même, a-t-il toujours éprouvé de l'hostilité à l'égard de la figure virile considérée comme à la fois brutale et lâche, en référence évidente avec l'image qu'il avait de son propre père. Les processus de réparation ont joué chez lui un grand rôle, comme en témoignait déjà son comportement au cours de ses premières petites aventures amoureuses, et comme en témoigne surtout son attitude quotidienne à l'égard de son épouse.

Mais indépendamment de ce processus d'identification à une image maternelle châtrée, Pierre H. conserve au fond de lui un désir très vif, profondément refoulé, pour ce qu'il vit comme l'image de la femme châtrée. Les quelques associations qu'il peut formuler manifestent clairement le lien fait entre la mutilation du doigt et le symbole de la castration, qu'il associe également au fait d'être victime, réduit et plus ou moins asservi.

Cependant, dans la vie sociale, Pierre H. s'est finalement assez bien organisé, dominant bien les processus inconscients qui auraient pu, par identification à l'image maternelle châtrée, le conduire lui-même à des situations où se serait vécue sa propre castration. Grâce, semble-t-il, à l'appui de figures paternelles substitutives, en particulier à l'un de ses anciens patrons, quand il était apprenti en électricité, il a réussi à s'affirmer professionnellement et socialement.

Sur le plan de sa vie affective, au contraire, un secteur est resté non intégré au reste de sa personnalité, secteur étroit peut-être mais marqué par la trace d'un désir incestueux refoulé, et secondairement déplacé, qui reprend inpulsivement vigueur lorsqu'il se trouve en face d'un objet évocateur d'une marque de castration, par exemple la mutilation d'une phalange. Le déplacement du sceau de la castration sur la mutilation de la phalange conserve sa dimension symbolique, mais rend exceptionnelle sa rencontre avec l'objet érogène. Pierre a bien focalisé, dans la réalité, cet objet partiel et il s'est arrangé pour faire par ailleurs un choix conjugal satisfaisant, tant sur le plan affectif que sexuel (probablement, semble-t-il, au prix d'une activité fantasmatique assez importante au moment des relations sexuelles, mais l'investigation trop brève n'a pas permis de préciser cet aspect).

Après un petit nombre de séances, sans doute quelque peu soulagé par la verbalisation d'affects jusque-là profondément refoulés, Pierre H. se sent plus à l'aise. Par ailleurs, il a décidé de ne plus rencontrer la jeune femme à la phalange mutilée, une de ses clientes que jusque-là, il poursuivait de ses assiduités, sans aucune réponse de la part de l'intéressée.

D'autre part, sa femme est intervenue assez rapidement pour lui demander si ce traitement durerait encore longtemps et il apparaît bien que sa hâte à en terminer « pour oublier » ait joué un rôle dans l'interruption, sans doute prématurée, du traitement psychothérapique engagé. Les sentiments de culpabilité de Pierre, bien qu'atténués par le jugement qu'il portait sur son trouble en le considérant comme pathologique, semblent avoir contribué à l'interruption du traitement. Avec la volonté de se soumettre définitivement au désir de sa femme, il justifia cet arrêt et réalisa en quelque sorte une fuite en avant. En même temps, il décidait de modifier sa clientèle : étant devenu un artisan apprécié et renommé, il éviterait désormais de rencontrer des femmes dont le travail manuel pourrait rendre possible une blessure au doigt ; et, en choisissant une clientèle plus aisée, il pourrait — disait-il, éviter cette rencontre.

Ainsi la négation de ce qui peut rester de traces de castration dans l'organisation de sa personnalité lui sert également à fuir une interrogation psychanalytique plus approfondie.

Il est inutile d'insister ici sur les avatars de l'évolution libidinale de Pierre H. Les conditions socio-familiales dans l'enfance ont rendu difficile le dépassement de l'Œdipe, ont perturbé l'identification à l'image paternelle qui n'a été rendue possible que par des figures substitutives ultérieures, et ont maintenu des relations mère-fils particulièrement proches en l'absence de la fonction interdictrice et structurante du père. Elles ont, bien sûr, rendu difficile le refoulement total des pulsions libidinales orientées vers la mère et l'inhibition de but d'une partie d'entre elles. Cela a, non seulement induit une identification étroite à l'Objet maternel, mais encore maintenu un désir libidinal pour cet Objet, désir secondairement déplacé sur d'autres Objets marqués du sceau de la castration; donc signe de castration, lui-même déplacé sur un mode physiquement perceptible, bien qu'essentiellement symbolique encore.

Ce qui est sans doute plus intéressant à observer, c'est l'organisation des défenses. Face à ce flux pulsionnel un peu perturbé, Pierre se défend assez bien de son identification trop étroite à l'Objet primaire. Des formations réactionnelles inconscientes pour une part, secondairement plus ou moins conscientes pour une autre, lui permettent d'échapper à l'identification à l'aspect châtré et masochique de la mère, de s'organiser de façon à ne pas être écrasé par la vie sociale, à ne pas se faire trop massivement exploiter, et à refuser ce que la mère, de son côté, ressent aussi comme un risque dans cette identification. Mais, de ce risque également, Pierre se défend bien sur le plan de la vie affective, puisqu'il essaie et parvient, après quelques aventures adolescentes, à fixer son choix amoureux sur sa future femme, à laquelle il s'attache, qui lui rend cet attachement, et qui ne présente aucun des caractères plus ou moins symboliques de la castration auxquels il est si sensible : ni trace de blessure digitale, ni activité manuelle, ni tendances à se faire exploiter, etc. Peut-être présente-t-elle, au fond de son inconscient, quelques-unes de ces traces, suffisantes pour entraîner un attrait érotique du jeune homme vers elle, mais elle sait fort bien s'en défendre. Elle a toujours, d'après Pierre, de belles mains, bien ornées, qu'elle sait protéger ; ayant horreur des travaux ménagers, elle s'est équipée très tôt d'appareils, pour ne pas risquer de nuire à la beauté de ses mains. Dans la vie sociale, elle sait fort bien se défendre, avec ce caractère dynamique qu'on retrouve souvent chez les phobiques.

L'observation de Pierre H. illustre aussi la distinction classique de l'Objet pulsionnel et de l'Objet d'amour, au sens freudien. L'Objet partiel, celui de la pulsion également partielle, n'est pas la jeune femme, mais la phalange, ou plutôt l'aspect mutilé de cette phalange, évoquant son lien et sa similitude — la castration — avec le premier Objet sur lequel s'est fixée la libido primitive. Il a un effet spécifiquement érogène, et son attrait, négligeant les autres paramètres de la situation, présente un caractère impulsif, irrationnel ou immotivé au niveau conscient, difficilement coercible, sans rapport avec la personne porteuse de cet Objet. Aussi

Pierre H. n'est-il pas réellement amoureux de la jeune femme au doigt blessé, dans la mesure où n'existe pas d'expression sentimentale à ce désir pulsionnel isolé, où ne se retrouve aucune coalescence des courants tendre et sensuel de la sexualité, et où surtout on ne retrouve aucune projection de l'Idéal du Moi sur cet Objet, ni aucune identification à lui.

Choix conjugal et organisation défensive.

Mais l'observation de Pierre H. est également évocatrice en ce qui concerne un des aspects qui nous paraît fondamental quant au choix du conjoint : c'est son caractère principalement défensif. Dans l'ensemble, malgré des conditions initiales peu favorables à l'épanouissement de sa vie affective et à l'intégration cohérente des différentes pulsions prégénitales sous le primat du génital, Pierre H. a établi d'assez bonnes défenses.

Le choix de sa partenaire principale fait partie de son organisation défensive : il lui permet, certes, un certain nombre de satisfactions directes, mais ce qui est le plus remarquable, c'est que ce choix contribue à le placer à distance de situations auxquelles il n'est pas capable de faire face, ou qui le laissent sans défense. *Sa femme est choisie de telle manière qu'elle ne stimule pas la pulsion refoulée et qu'elle en écarte la possibilité de satisfaction.* La pulsion partielle refoulée est restée étrangère à l'ensemble intégré de sa personnalité. Or la faille vient de ce que des circonstances particulières peuvent réveiller occasionnellement cette pulsion restée à l'écart, et le retour du refoulé s'introduit par là.

Ceci nous amène à une évocation de ce que nous retrouverons souvent comme une des caractéristiques du choix conjugal. En effet, dans l'ensemble des possibilités d'expression de la vie amoureuse, le choix d'une forme de vie conjugale présente des caractéristiques bien spécifiques. En dehors des considérations socio-économiques et culturelles déjà évoquées, il faut, dans le cadre de l'organisation du couple, noter le grand rôle joué dans le choix d'Objet par l'organisation défensive, notamment par l'ensemble des mécanismes de défense organisée contre les pulsions les plus mal intégrées à l'ensemble pulsionnel. Dans le choix de type conjugal correspondant à une intention avouée ou non avouée de durée, *le choix du partenaire principal est étroitement lié à l'organisation défensive;* les caractéristiques personnelles du partenaire sont sélectionnées en vue de renforcer les mécanismes de défense destinés à barrer la route aux pulsions partielles, et principalement à celles d'entre elles qui restent étrangères à l'ensemble pulsionnel.

Dans ce choix, donc, l'élément le plus important correspond à la défense contre la pulsion partielle isolée, comme si inconsciemment le sujet percevait un danger plus vif à ce niveau. Il associe son choix d'amour principal à cette défense contre une éventuelle défaillance en *choisissant chez son partenaire des caractéristiques telles qu'elles ne réveilleront pas la pulsion* et même qu'elles contribueront à mieux la réprimer. Là est sans doute la caractéristique la plus remarquable qui, au niveau des processus inconscients, établit une distinction entre le choix d'Objet dans la relation de type conjugal et dans les autres formes de vie amoureuse : l'aventure passagère, le flirt, l'ébauche des premières relations, ou les premiers rêves d'amour à l'adolescence, et dans une certaine mesure, certains types de liaison peu durable.

Dans ces derniers cas, l'aspect hédonique et la quête de satisfactions pulsionnelles directes est exclusif ou largement prioritaire ; ce qui est demandé alors à l'Objet est essentiellement d'être le moyen d'une satisfaction, et s'il n'y répond pas, la relation cesse immédiatement.

Dans la relation présumée durable, au contraire, si l'aspect hédonique et la recherche de satisfactions restent importants, ils ne sont cependant pas les seuls à motiver le choix du partenaire ; et ses caractéristiques les plus remarquables sont qu'en effet le partenaire reste élu, même si passagèrement ou parfois durablement, il ne donne pas satisfaction sur ces plans élémentaires. Par contre, ils doivent pouvoir contribuer à maintenir chez le Sujet une certaine sécurité intérieure, ce qu'il fait en contribuant à son organisation défensive.

Dans la relation de type conjugal, l'Objet élu doit donc correspondre à la fois à des caractéristiques positives comme tout Objet dans toute relation amoureuse, mais en plus il doit présenter des caractéristiques complémentaires déterminantes, celles qui permettent au Sujet de maintenir son unité, la cohérence et la défense de son Moi, en somme sa stabilité et sa sécurité en face de menaces intérieures liées à la persistance de courants pulsionnels refoulés et restés vivaces. Ainsi, ce que le Sujet sélectionne parmi les caractéristiques de son futur conjoint, outre les possibilités communes de satisfactions, c'est sa capacité de participation à son organisation défensive, principalement dans les secteurs où il se présente quelque peu défaillant.

Telle est sans doute la loi la plus générale qui détermine les particularités du choix du partenaire principal dans la relation conjugale. On en trouve, en fait, peu d'exceptions ; c'est dire combien est important pour le thérapeute le repérage de ces particularités et leur signification à l'époque du choix, s'il veut comprendre les processus inconscients les plus importants sur lesquels s'est construite au départ la structuration du couple, liée à l'organisation défensive du sujet.

CHAPITRE III

DONNÉES PSYCHANALYTIQUES ULTÉRIEURES

Les données psychanalytiques que nous avons évoquées jusque-là contribuent surtout à éclairer les types particuliers d'Objets que le Sujet a tendance à choisir : cet Objet est élu en tant qu'il favorise le Moi et ses défenses propres, soit par les satisfactions qu'il apporte au Sujet, soit par les interdits qu'il lui pose. A partir de ces données extrêmement importantes sur le plan clinique, et fondamentales sur le plan thérapeutique, la réflexion psychanalytique peut conduire plus loin et mettre en discussion le concept même de choix du partenaire. Dans le cadre de ce chapitre, il convient donc d'inscrire une première remarque plus critique : la notion de choix du partenaire ne peut pas être limitée exclusivement à une étude sur ses caractéristiques individuelles, personnelles.

On se rappelle ce que Freud disait déjà de l'Objet de la pulsion et l'insistance à travers son œuvre qu'il a mise à souligner ces deux caractères complémentaires : d'une part, l'Objet n'a pas d'autre condition que d'être un moyen de procurer la satisfaction et à ce titre il est contingent et interchangeable; d'autre part, l'Objet est spécifié dès le début de l'histoire : il est unique, précis; et si l'on peut parler de son substitut, c'est à condition qu'il présente les mêmes caractères que l'original, auquel il est toujours référé, c'est-à-dire aux images parentales, et on connaît la classique expression freudienne suivant laquelle « trouver l'Objet, c'est au fond le retrouver » (¹).

Cette nécessaire complémentarité de la notion de contingence avec celle de singularité historiquement spécifiée, amène donc rapidement à dépasser la caractérisation individuelle de l'Objet pour introduire à la « relation d'Objet ». On sait que ce concept, finalement peu utilisé par Freud lui-même, a été beaucoup développé et aujourd'hui est couramment utilisé

(¹) S. FREUD. *Trois essais sur la théorie de la sexualité*, 1905, p. 312.

dans la littérature psychanalytique ([2]). Ce que la clinique montre en effet, c'est que la référence déterminante du choix du partenaire se fait fondamentalement en fonction de l'ensemble de la relation d'Objet, beaucoup plus qu'en fonction des caractéristiques très personnelles de l'Objet lui-même.

La clinique des thérapies du couple, aussi bien que la clinique psychanalytique classique, montrent les mécanismes de répétition par lesquels le Sujet tend à reproduire un certain type de relation : une forme d'interrelation avec son ou ses Objets dont il a gardé dans l'inconscient le modèle ineffaçable, en quelque sorte la nostalgie. Nous avions, dans le chapitre sur les données psychanalytiques initiales, souligné la référence latente qui faisait correspondre l'Objet d'amour aux caractéristiques d'une image parentale définie. Mais le partenaire n'est pas choisi seulement pour sa ressemblance ou son opposition à telle figure parentale. Il faut ajouter à ces caractéristiques personnelles un autre élément : le *type d'interrelation Sujet — Objet est référé au type d'interrelation du Couple Parental*. Ce n'est pas seulement l'Objet qui est choisi en fonction de l'Objet primaire, c'est aussi le *style* de *relation Sujet — Objet* qui est établi à partir du modèle des relations père-mère, référence là aussi positive ou négative et plus généralement marquée d'ambivalence; c'est-à-dire référence positive sur certains plans et négative sur d'autres. Mais il importe de toute façon de souligner que c'est dans l'organisation des relations parentales que se construit la référence qui conduira le Sujet à modeler ensuite sa propre organisation dyadique.

Certes il y a rarement reproduction pure et simple du modèle parental original; à l'époque actuelle surtout, les expériences successives, en particulier à l'adolescence, permettent une évolution progressive et une relative distanciation par rapport aux modèles parentaux; cela rend possible une plus grande originalité dans l'organisation des relations interpersonnelles, mais il reste que la référence de base s'appuie d'abord

---

([2]) Nous avons rappelé que Balint dès 1935 s'était étonné des contrastes entre d'une part la technique psychanalytique, fondée sur la communication et les relations interpersonnelles, et d'autre part une schématisation théorique axée sur les processus endopsychiques dans le cadre d'une psychologie intra-individuelle. Pour corriger cet excès Balint insistait pour un usage plus large de la notion de relation d'Objet, plus proche des grandes intuitions de la pensée psychanalytique. Relation d'Objet, surtout depuis les travaux de l'école kleinienne, est véritablement à entendre dans son sens profond comme *interrelation*, les Objets exerçant une action propre sur le Sujet — protectrice, frustrante, persécutrice, etc. La relation d'Objet fonde le Sujet, Sujets et Objets coexistent, et ne préexistent pas les uns aux autres. Il ne s'agit pas seulement d'une relation d'un Sujet déjà figé avec des Objets donnant plus ou moins satisfaction. Ainsi entendue dans son sens fort, la notion de relation d'Objet suppose que soient pris en compte systématiquement la dimension fantasmatique et les processus de projection, d'introjection par lesquels le Sujet entre en rapport avec ses Objets.

sur l'image du couple parental ou sur les fantasmes qui en tiennent lieu. Les exemples abondent de l'importance de cette référence, qui, soit en positif, soit en négatif, reparaît toujours : en voici un.

Obs. n° 4.

Un couple jeune, M. et N. O., a demandé une consultation, et le début de l'entretien est marqué par un silence. Ils se regardent longuement, avant de savoir qui va parler ; finalement le jeune homme s'exprime le premier pour affirmer ses difficultés à vivre actuellement avec la jeune femme, difficultés qu'il met en rapport en partie avec certaines erreurs qu'il a commises, et avec la nécessité pour chacun de défendre son indépendance face au partenaire. Elle est conduite alors à préciser ce qu'il en est, dont nous retiendrons ici les remarques concernant notre sujet : comme le laissait entendre leur présentation non conformiste, les jeunes gens ont toujours été opposés à la notion même du mariage, et la jeune femme expose d'abord les arguments habituels concernant les vices de l'institution matrimoniale. En fait, elle associe spontanément ses explications au souvenir du couple de ses parents qui ont vécu leur existence très liés l'un à l'autre, dans une relation de dépendance qui n'a pas été sans souffrances ; depuis son adolescence, elle s'est juré de ne jamais se marier, de ne jamais établir une relation amoureuse du même ordre que celle qu'ont établie entre eux ses parents. Extrêmement sensible à la moindre trace de leur conflit, elle en a gardé un souvenir douloureux, bien qu'aujourd'hui elle constate que globalement ils n'ont pas été sans doute plus malheureux que d'autres ; mais sa résolution était claire, et elle a tout fait pour échapper à ce qu'elle ressentait comme un carcan insupportable chez ses parents.

Quand elle était étudiante, elle a établi diverses relations passagères avec des jeunes gens de son âge. Puis, jeune enseignante dans une discipline esthétique auprès d'adultes, elle s'est quelque peu attachée à l'un de ses élèves et admirateurs, de quelques années plus jeune qu'elle. Au cours des entretiens successifs, elle est conduite à préciser ce qu'elle cherchait, et quelle a été son évolution. Au début, très satisfaite de cette relation dans laquelle sans oser le dire, elle se sentait en position de supériorité, elle bénéficiait du sentiment de grande indépendance par rapport à son partenaire admiratif [3]. Mais ce dernier, à la longue, a mal supporté la grande dépendance dans laquelle il se trouvait, par rapport à elle, dépendance aggravée par les

---

[3] On évoquera plus loin l'aspect de collusion de cette relation, telle qu'elle est définie par Jürg Willi : à une même problématique par laquelle ils se rejoignent et s'attirent l'un l'autre, l'un réagit sur un mode affirmé, pseudo-autonome, dit progressif, tandis que l'autre adopte le mode dépendant infantile, régressif.

conditions économiques et le chômage, qui confirmaient et son infériorité, et sa dépendance matérielle. Pour échapper à ce climat, mais sans avoir analysé son malaise, le jeune homme a tenté, lui, le premier, un passage à l'acte, comme pour nier sa dépendance, en établissant une liaison passagère avec une autre. La jeune femme à l'époque a été très heurtée par cette tentative qu'elle comprend cependant très bien aujourd'hui, depuis qu'elle a réagi elle-même à cette manifestation quelques mois plus tard, par l'établissement d'une liaison avec un autre de ses élèves. Elle a voulu, pensait-elle, échapper à l'emprise du sentiment amoureux et à cette relation de dépendance redoutée, en affirmant sa totale indépendance. Mais cette tentative a doublement échoué : le jeune homme a très mal supporté cette ébauche de relation à trois et a laissé entendre qu'il réclamait l'exclusive ; après s'être momentanément éclipsé, il est revenu, la mettant dans le plus grand embarras affectif.

Sur le plan des idées, elle se croyait tout à fait sûre de pouvoir établir deux très bonnes relations simultanées, mais en fait dans son comportement, en particulier en matière sexuelle, elle se montre incapable de se situer à la hauteur de ses positions théoriques, et reste irrémédiablement monogame ; monogame avec le second partenaire et alors totalement incapable d'éprouver la moindre satisfaction sexuelle avec le premier, auquel elle reste profondément attachée sentimentalement. (C'est lui qui l'accompagne à l'entretien conjoint.) Elle découvre alors ses contradictions entre ses rationalisations théoriques et son vécu, immanquablement marqué de ce caractère monogame qu'elle réfère aujourd'hui très directement au couple parental, par ses associations, ses fantasmes ou ses rêves. Elle proteste énergiquement contre ce caractère hypermonogame de ses relations denses, ambivalentes, qu'elle vit cependant intensément alors qu'elle avait voulu les exclure ; elle se désespère à l'idée d'être réduite à choisir un seul d'entre eux, dans ce choix univoque qu'elle croyait avoir définitivement écarté de sa vie, comme de ses principes ; mais elle craint d'y être contrainte par la découverte si intensément vécue de ses contradictions et du contraste entre « le discours de son corps désirant » et ses convictions intellectuelles ; « le discours de la raison » l'amène spontanément à proclamer le caractère défensif de ses rationalisations. Sans aucune intervention du thérapeute, ni du partenaire, elle se met à interpréter rétrospectivement le choix de ses convictions philosophiques, sociales et politiques comme un moyen de lutte et une tentative d'échapper à ce qu'elle ressent comme un désir très profond, très archaïque et très dangereux : un désir de dépendance, tel que l'ont sans doute vécu mutuellement ses parents.

Cette perspective la bouleverse, et elle veut avant toute décision, entreprendre une psychothérapie ou une psychanalyse pour essayer de voir plus clair en elle, et d'établir plus de cohérence entre ce qu'elle appelle « le discours de son corps vécu » et « le discours de sa raison ». Elle verra ensuite ce qu'elle aura à faire avec son ou ses partenaires, s'il est encore temps qu'elle ait un mot à dire à ce sujet. Tout s'est passé jusque-là comme si ses relations de dépendance avaient pour elle une grande valeur affective et érotique, appuyée sur ses pulsions. Elle a essayé de s'en défendre en se forgeant une loi interdisant cette dépendance trop prégnante, et l'obligeant à établir une relation excluant toute dépendance avec son, ou si possible, ses partenaires. Mais cet interdit surmoïque qui a orienté son choix premier n'a pas empêché le retour du refoulé, très érogène et lié au plaisir de dépendre.

S'il faut accorder à Mélanie Klein une place prépondérante parmi les analystes qui ont apporté des compléments ou des remaniements importants à l'œuvre de Freud, force est de constater qu'elle a peu abordé le problème de la relation amoureuse dans son expression génitale adulte. Et cependant son œuvre, éminemment riche, peut apporter là des éclairages nouveaux, en tant qu'elle permet la compréhension des premières étapes de la vie psychique et affective, telle qu'elle a pu l'appréhender à la fois à propos du développement initial du nourrisson et des processus psychotiques. Inutile de rappeler combien certains aspects de la vie amoureuse ont des parentés étroites avec les modalités relationnelles les plus archaïques ou les plus régressives. En insistant sur le caractère de « position » et non de « stade », Mélanie Klein laisse bien entendre combien ces positions schizo-paranoïdes et dépressives gardent leur virtualité potentielle chez le grand enfant et chez l'adulte. Leurs caractéristiques réapparaissent notamment lorsque, dans le climat émotionnel intense de la vie amoureuse, se nouent des relations d'une grande densité liées aux pulsions de vie et à la défense contre des pulsions de mort.

Si, pour Mélanie Klein, dès le commencement de l'existence, l'interaction des mécanismes de projection et d'introjection contribue à façonner le Moi infantile, ceux-ci jouent en même temps un rôle capital dans l'établissement de la première relation que l'enfant entretient avec le sein maternel. Ainsi le « clivage », qui porte à la fois sur le Moi et sur l'Objet partiel, permet au nourrisson d'échapper aux angoisses intenses auxquelles il est exposé, du fait de son faible développement et de la puissance des pulsions destructrices. Par ce clivage, il peut distinguer, dans l'ensemble de ses perceptions, ce qui lui apparaît comme appartenant à l'Objet bon, auquel il peut s'identifier, et ce qui appartient au mauvais Objet, vécu comme une menace constante pour sa sécurité et pour celle du bon Objet auquel il veut s'identifier. A ce niveau, il s'agit bien sûr d'une sorte d'appréciation fantasmatique, liée partiellement aux apports extérieurs — gratification et frustration tendant à présenter l'Objet comme bon ou mauvais —, mais aussi aux phénomènes intérieurs, en particulier à la projection des pulsions soit agressives, soit libidinales.

Ce concept de clivage permet en tout cas de comprendre les bénéfices qui peuvent être tirés d'une idéalisation du bon sein. Si les défenses de l'enfant le conduisent à des processus de projection et d'introjection, c'est en quelque sorte pour lui permettre de séparer les bons et les mauvais Objets, en les maintenant éloignés les uns des autres, de telle manière que les Objets bons ne puissent être atteints par les mauvais. L'idéalisation du bon Objet est contemporaine, d'après Mélanie Klein, des toutes premières expériences infantiles et des tout premiers fantasmes, au sens très large où elle entend ce terme. L'idéalisation à cette époque correspond donc aux craintes persécutives de l'enfant, puisqu'il lui faut sans cesse s'assurer la présence d'un protecteur sans défauts, qui permette à tout moment la neutralisation des menaces de destruction. D'autre part, elle intervient alors comme un véritable déni de la persécution redoutée, si la réalité n'apporte pas toujours les satisfactions attendues ; il semble que le nourrisson soit déjà capable d'utiliser des processus quasi hallucinatoires qui permettent les gratifications que la réalité n'apporte plus. Cette représentation permet donc une relative survie. « La frustration et l'angoisse provenant des diverses sources sont [ainsi] écartées, le sein extérieur perdu est récupéré ; et le sentiment d'avoir en soi le sein idéal est réactivé ([4]). »

Clivage, Idéalisation et Choix du partenaire.

Au moment de l'établissement du lien amoureux, ce processus d'idéalisation si fondamental semble donc trouver sa source la plus primitive dans les tout premiers moments de l'existence psychique du nourrisson ; il correspond à une activité fantasmatique liée au processus du clivage. La quête amoureuse de l'adolescence ou de l'âge adulte répète ce processus ; les avatars de l'évolution n'empêchent pas la permanence de la nostalgie du bon sein, du bon Objet, et l'établissement de la relation amoureuse fait de la même façon appel au clivage et à l'idéalisation, pour retrouver un bon Objet gratificateur. Ainsi le monde de l'amoureux est divisé en un Objet totalement bon, appartenant au Sujet, et le reste du monde au sein duquel apparaissent les mauvais Objets, persécuteurs, qui sont menaçants tant à l'égard du Sujet qu'à l'égard de l'Objet introjecté.

La stratégie amoureuse reproduit celle des tout premiers moments de l'existence quand elle vise à maintenir, éventuellement grâce à l'activité fantasmatique, le caractère totalement bon de l'Objet, quitte à détacher de

---

([4]) Mélanie KLEIN. « Quelques conclusions théoriques au sujet de la vie sentimentale des bébés », in *Les Développements de la psychanalyse*, P.U.F., Paris, p. 191.

lui ce qui pourrait apparaître comme des parties mauvaises. Ces processus dont nous verrons le rôle important à l'occasion des phénomènes de la crise, trouvent déjà leur place ici, à propos du choix du partenaire, qui ne peut pas être dissocié d'un type de relations nostalgiquement attendues comme totalement satisfaisantes.

Au moment du coup de foudre, ou de la lune de miel, il s'agit de supprimer radicalement toutes les situations de déplaisir et de nier tous les aspects insatisfaisants de l'Objet, par le déni. Ces processus, contemporains de cette toute première phase, semblent être le lot de l'espèce humaine, mais l'observation clinique nous montre le maintien prolongé de leur activité auprès de certains sujets, notamment de ceux qui, pour des raisons psychopathologiques, ne peuvent pas supporter, sans désintégration, des angoisses persécutives trop intenses. Ceux-là alors continuent à refuser la réalité interne plus ou moins pénible grâce à un déni de caractère presque magique.

Ainsi la compréhension kleinienne nous aide à percevoir ces processus spécifiques à l'origine de la construction de tous les couples, et qui restent parfois particulièrement manifestes chez certains au cours des phases ultérieures. L'application de cette compréhension concerne tous les individus, mais, au premier chef, les sujets immatures, soit qu'il s'agisse de la formation de couples très jeunes ou d'embryons de couple, comme chez les adolescents, soit qu'il s'agisse plus tard de sujets dont l'immaturité affective fait partie du tableau clinique.

On connaît, de par son extrême fréquence, la banalité de ce type de choix chez les adolescents, au cours de leur opposition familiale, où leur vécu persécutif est manifestement orienté vers leurs parents. Face à ces parents ressentis comme particulièrement incompréhensifs, frustrants, et interdicteurs, les enfants réagissent par la recherche aveugle d'un partenaire quelconque, de leur âge autant que possible, de façon à pouvoir éprouver un minimum d'identification avec eux, et le distinguer ainsi des figures parentales momentanément honnies ou rejetées. Ce choix est si fortement marqué de ce mécanisme d'idéalisation qu'il permet de s'abattre sur n'importe lequel de ces candidats partenaires, sans aucune critique, — un clivage rigoureux distinguant bien cet Objet présumé totalement satisfaisant, des persécuteurs présentés comme constamment persécuteurs. On sait combien ces expériences sont en général de courte durée, même si elles se répètent quelque temps au cours de l'adolescence.

Quelle est la limite de la pathologie dans cette attitude, et à partir de quel âge peut-on considérer ces phénomènes comme anormaux? Aucun critère, bien sûr, ne permet de trancher, mais ce type de choix se perpétue chez certains sujets, malgré l'expérience d'échecs répétitifs et laisse planer un doute sur la capacité de tels sujets à une évolution maturative. L'appréhension de la réalité tant extérieure qu'intérieure parviendra-t-elle à se faire? C'est la question qu'on peut poser devant la persistance de tels choix d'Objets chez des Sujets qui ont depuis longtemps dépassé les limites de l'adolescence, et se comportent au niveau de leurs choix amoureux d'une manière analogue à celle de ces grands enfants dont nous venons de parler.

Ce qui devient remarquable là, et rejoint la compréhension psychanalytique kleinienne, c'est l'incapacité d'établir une relation de caractère ambivalent à l'égard de l'Objet, et le rejet massif de toute relation avec celui qui, après avoir été idéalisé, montre une faille quelconque dans la perfection de l'image que le Sujet s'était forgée de lui. Une sorte de « tout ou rien » continue à fonctionner, comme si ces Sujets en étaient restés aux toutes premières périodes de leur existence, à cette position paranoïde, où l'on sait que les processus de clivage sont indispensables au fonctionnement psychique du Sujet : ou l'Objet est totalement bon, ou s'il ne l'est pas, il fait désormais partie des mauvais Objets qui doivent être immédiatement rejetés. Les traces du passage par la position dépressive kleinienne s'avèrent très faibles, et presque absentes les défenses correspondantes. C'est dire qu'on a affaire à des sujets fragiles et incapables de supporter les processus normaux de cette seconde position, notamment la culpabilité et le deuil.

Cette *capacité à vivre l'équivalent du deuil apparaît ainsi comme le véritable critère* permettant d'apprécier le degré de maturité suffisante pour que le Sujet soit susceptible de s'engager dans un processus amoureux de plus longue durée. C'est sans doute ce qui va distinguer radicalement les expériences amoureuses brèves et passagères, des relations à plus long terme, qu'on pourrait appeler conjugales, qu'elles soient institutionnalisées ou non sous forme de mariage.

En restant ici sur le plan strictement psychique et sans introduire les considérations socio-culturelles, on peut faire un net partage entre ces deux types d'expérience. Faut-il préciser que ce travail de deuil doit être entendu évidemment comme le deuil de l'Objet idéalisé? Ce qui est perdu alors n'est pas la réalité de l'Objet global, mais bien sa *réalité psychique interne,* telle qu'elle est vécue par le Sujet. Ce travail, identique au travail du deuil évoqué par Freud dans sa *Métapsychologie,* suppose une énergie considérable puisqu'il s'agit de renoncer au clivage premier et à l'idéalisation si facile du partenaire. Accepter de reconnaître l'imperfection de l'Objet, son caractère non totalement satisfaisant, c'est *accepter de reconnaître à son égard des sentiments ambivalents,* c'est donc accepter que *naissent à son égard des sentiments hostiles,* au sein même d'un véritable attachement pour lui. C'est donc aussi pour le Sujet, la nécessité de percevoir en soi-même un aspect de haine à l'égard d'un Objet pourtant reconnu encore comme assez satisfaisant pour ne pas le rejeter.

Pour Mélanie Klein, renoncer à ce premier clivage à l'intérieur du Moi et réintrojecter les mauvais Objets ou les mauvaises qualités à l'intérieur du Moi est, par définition, le processus qui introduit l'entrée dans la position dépressive. On comprendra donc les difficultés de la vie amoureuse chez ceux qui n'ont pas encore eu l'occasion dans leur existence de traverser cette phase douloureuse ni de développer les défenses caractéristiques de cette position : il s'agit de faire un véritable deuil de l'Objet, en acceptant en lui des aspects insatisfaisants, et en même temps le deuil d'une représentation totalement bonne idéalisée de soi-même.

Différentes manières de limiter la relation pour maintenir l'idéalisation d'un bon Objet.

La clinique nous montre constamment l'importance de cette problématique du deuil dans la vie amoureuse. Dès maintenant, il convient de souligner la marque de cette problématique au niveau du choix du partenaire. Ainsi de très nombreux individus cherchent systématiquement à *limiter leur vie amoureuse à un aspect, comme s'ils tenaient avant tout à idéaliser et à maintenir telle leur relation à l'Objet* de leur choix. Le rencontrer en d'autres circonstances, en d'autres lieux, en d'autres temps, etc., supposerait courir le risque de perdre cette image idéalisée ; aussi se comportent-ils de manière à éviter cette circonstance à tout prix, quitte à réduire leur relation à un aspect tout à fait limité et partiel. Ainsi réagissent de nombreuses personnes qui, soit pour des raisons structurales — fragilité psychique, d'origine indéterminée —, soit pour des raisons liées à leur toute première histoire — carence affective, vécu abandonnique en bas âge, perte précoce ou insuffisance de la mère, changement de nourrice à la phase dépressive, etc. — n'ont pas pu établir une relation ambivalente suffisamment solide avec un Objet dont l'affection et la constance permettent de corriger la douleur de ces perceptions ambivalentes. Certains gardent des tendances dépressives constantes, ou cycliques, passagèrement inversées, d'autres luttent constamment contre elles par des mécanismes d'idéalisation capables de donner à leur personnalité un relief particulier, sans qu'on puisse toujours le dire pathologique.

Mais ces défenses par l'idéalisation, et par la limitation de la relation à ce qui en est idéalisable, sont aussi très exigeantes ; si elles permettent de faire face aux tendances dépressives, elles sont sources de souffrances importantes qui gênent parfois massivement l'adaptation sociale, matérielle ou morale. On comprend que beaucoup de ces sujets passent, par rapport aux modèles conformistes de la Société, pour des marginaux, et la vieille notion d'idéalisme passionné, si on lui retire sa connotation pathologique, peut être utile ici, au moins d'un point de vue descriptif. La clinique confirme sans peine que c'est souvent dans cette catégorie que se retrouvent les personnes éprouvant des difficultés à établir une relation amoureuse satisfaisante et stable. Non que tous les « idéalistes passionnés » soient volages, bien au contraire, et il faut là distinguer plusieurs manières possibles de maintenir ou d'instaurer ces défenses où les processus de clivage restent prépondérants.

L'idéalisation dont on sent ici le caractère défensif peut s'attacher à toutes sortes de « projets ». Le partenaire, le couple, ou même le mariage peuvent devenir Objet de cette idéalisation contre laquelle se dresseront, vaines, les vagues de la réalité. Suivant l'importance de la composante dépressive sous-jacente que cette idéalisation a pour fonction de nier, suivant la forme, la vigueur ou la rigidité de cette défense, on trouvera différentes formes cliniques, depuis les plus banales, jusqu'aux extrêmes.

A la limite et en dehors de tout aspect pathologique, il n'y a guère de lien amoureux sans cette forme de surévaluation du partenaire, et sans cette euphorie, annulatrice d'anxiété, accompagnant le projet initial du Couple et effaçant tout esprit critique et autocritique. La littérature générale l'a tant de fois décrit qu'il est vain ici de le rappeler. Freud l'a évoqué surtout en termes de surestimation sexuelle de l'Objet choisi, dans de nombreux textes (depuis les *Trois essais sur la sexualité*, la *Contribution à la vie amoureuse...*).

A l'autre extrême, plus proche de la grande pathologie, on rencontre des cas où cette dénégation des difficultés, des échecs, et de l'agressivité se prolonge et s'amplifie en un véritable déni de la réalité, qui obstrue même la conscience et la perception du Sujet. Aucun fait, ni témoignage ne peut plus lui faire renoncer à sa conviction que l'Objet est totalement bon et satisfaisant et qu'il le restera toujours. C'est à ce titre seulement qu'il est bon et qu'il comblera le vide éprouvé avant la rencontre.

En termes kleiniens, c'est une véritable défense de caractère maniaque annulant et inversant la dépression : euphorie, enthousiasme, débordement d'activités, de projets, de dynamisme inépuisable, impression de transformation de soi-même et du monde, de toute-puissance par la possession de cet Objet tout-puissant, gratifiant, et protecteur à la fois. La perte de contact avec la réalité du monde social et matériel est telle qu'aucun signe contradictoire ne peut tempérer cette crise hypomaniaque, ni mettre en doute la certitude. Ainsi est effacée la dépression, par l'annulation de toute ambivalence : l'Objet est totalement bon, donc le Sujet l'est aussi, à la fois totalement bon, heureux et puissant. Honni soit qui mal y pense !

On sait que de telles défenses projectives peuvent se prolonger, et nous verrons à propos des crises quel rôle péjoratif jouent la prolongation et l'intensité d'une telle réaction, interdisant précisément tout processus maturatif de deuil, et toute ambivalence nécessaire au franchissement de cette position dépressive.

En ce qui concerne ici notre réflexion sur le choix même de l'Objet, l'intensité de ces processus identificatoires projectifs peut conduire paradoxalement à l'*élection d'un Objet quelconque* : quelconque, c'est-à-dire privé de qualités spécifiques propres, sur lesquelles le Sujet pourrait plus tard appuyer de nouveau des projections favorables. Plus grande est l'idéalisation plus son support est insignifiant. Quand finira par disparaître la réaction maniaque, et que réapparaîtra l'ambivalence, l'Objet risque alors d'être découvert dans sa pauvreté, et faute de se montrer suffisamment bon, il sera rejeté radicalement comme entièrement mauvais; le partenaire sera jugé à travers un prisme inverse, accusé de trahison en ce qu'il ne correspondra plus à l'*image* primitivement aimée qui, seule, avait été idéalisée. En termes kleiniens, la dominance des processus de clivage, vestige de la position paranoïde, et l'insuffisance des processus d'une position dépressive mal franchie sont telles, qu'elles ne permettent nullement ce décisif travail de deuil propre à l'essence d'un choix de longue durée au sein de la vie amoureuse.

L'insuffisance des processus défensifs de la position dépressive peut se manifester différemment. Certains, pour préserver cette idéalisation de l'Objet totalement bon, *écartent la perspective du temps* : c'est la durée seulement, la fréquence des rencontres, les projets à long terme, la prolongation dans le temps, qui réintroduiraient une certaine réalité du partenaire, de ses limites et détruiraient la possibilité de son idéalisation comme Objet totalement bon; il s'agit d'empêcher ce retour du refoulé et donc d'annuler la perspective du temps. *L'Objet sera choisi et la relation définie, en excluant tout caractère de durée.* L'union amoureuse sera systématiquement voulue passagère, annulable à tout moment, d'un commun accord, donc de manière aconflictuelle en principe. L'exclusion *a priori* de tout conflit possible permet précisément le maintien du partenaire, temporairement choisi dans le cadre des bons Objets. Le clivage reste possible et sauvegarde chez le Sujet la perception de l'autre et de soi-même comme bons simultanément, conformément aux descriptions de Mélanie Klein quant à la nécessité défensive initiale des phénomènes de clivage protégeant le Moi et les bons Objets, de toute atteinte provenant des mauvais.

Ainsi peut-on considérer comme se protégeant contre de grands risques dépressifs — risques qui mettraient peut-être leur vie en question —, des sujets qui se comportent de façon à ne pas s'engager dans une relation amoureuse profonde et prolongée.

Obs. n⁰ 5.

J. P. est un homme de 28 ans qui a eu une enfance difficile du fait de la dissociation du couple de ses parents. Sa mère, à qui il a été confié, semble avoir été marquée par cette rupture lorsqu'il avait environ un an. Elle a probablement fait une tentative de suicide, et ne pouvant s'occuper régulièrement de l'enfant, elle l'avait confié alors irrégulièrement à différentes personnes, nourrices ou grands-mères. L'enfant s'attachait vite, mais ses tentatives d'affection étant toujours interrompues, il n'avait pas la possibilité de se fixer sur une figure maternelle principale. Il s'est replié sur lui-même pendant son âge scolaire, compensant par la rêverie ce qu'il ne trouvait pas dans son entourage réel. Passionné pour les arts, la sculpture et la musique, il recherchait des amis parfaits, mais qui finissaient toujours par le décevoir. Son amertume s'accrut à l'adolescence, et après quelques échecs amoureux, il résolut de renoncer à autre chose qu'à des aventures tout à fait transitoires. « Ce qui compte, disait-il, c'est le sexe, et c'est tout, le reste c'est du baratin, on ne m'y prendra plus. » Malgré des dons certains, il ne réussissait dans ses études, qu'à condition de ne pas trop les investir. Il s'était passionné jeune, pour la médecine et l'anatomie auxquelles la sculpture l'avait initié, mais tant qu'il s'y passionnait, il échouait à ses examens. Par contre, obligé d'y renoncer, il avait fait des études de kinésithérapie, qui *a priori* l'intéressaient peu, et s'étant présenté sans goût à ses examens il y réussit admirablement. De même, il refusait de se servir de ses grands talents musicaux pour un avantage honorifique ou pour un diplôme. Cependant, peu après ses études, il renonce à son exercice de kinésithérapeute et vit des très maigres revenus que lui apporte la pratique musicale en quelques concerts « pop », ou dans quelques cafés ou boîtes de nuit. Il est toujours amoureux en esprit, mais dès qu'il connaît une fille, il aspire précipitamment à une relation sexuelle qui reste imparfaite et amène à une rupture rapide. Il affirme pourtant qu'il ne croit pas à l'amour, et se contente d'une conduite plus ou moins donjuanesque.

Aussi, ses camarades, qu'il a choisis de même style que lui, sont-ils très surpris de le voir un jour se laisser prendre à l'une de ses conquêtes. Celle-ci, d'emblée, lui a défini les limites de leur relation. Elle est mariée, mère de deux jeunes enfants, heureuse, attachée à son mari momentanément absent et s'accorde seulement quinze jours de « vacances de couple », dit-elle. C'est tout à fait ce qui lui convient, pense-t-il, et de ce fait « ne se retient pas d'aimer ». La fin de l'idylle étant proche et fixée d'avance par la femme, ce qui est très important pour lui, il n'a pas besoin de se hâter de rompre et de mettre un terme lui-même à la relation. De ce fait, leur satisfaction est grande à tous deux sur beaucoup de points, mais au dernier moment, renonçant à leur plan initial, ils se communiquent leurs adresses habituelles. Il lui écrit une première lettre de remerciements un peu nostalgique, qui la fait vibrer et répondre ; il s'ouvre alors peu à peu, et une correspondance dense s'échange bientôt, suivie de rencontres où, malgré la critique de ses amis, il manifeste une ardeur sentimentale croissante, encore protégé par l'idée qu'elle est mariée, qu'à ses yeux il ne peut donc pas s'engager davantage ; il peut donc rêver avec elle à des projets, tous aussi peu réels les uns que les autres.

Un jour, c'est elle qui se sent un peu ébranlée, et la relation change alors; il lui réaffirme immédiatement la supériorité de sa conception de la vie amoureuse, vante la liberté sexuelle, la non-possession réciproque, lui reproche les goûts trop classiques qu'elle a, et son attachement au couple. Lui, veut avoir d'autres aventures et garder sa liberté. Après quelques échanges, elle décide de rompre « amicalement », dit-elle, après l'avoir présenté à son mari, ce qui, à ses yeux à elle, « signe le renoncement à l'aventure ». Elle veut bien le revoir, chez elle, de temps en temps, ou assister à ses concerts; mais là doit se limiter leur relation. Le garçon est alors plongé dans un très grand trouble. Il se déprime, tant il se sent privé d'elle, sans laquelle il ne peut plus vivre, dit-il, ou bien il projette de la reconquérir, et s'accroche de plus en plus à son projet amoureux. Il abandonne ses anciens camarades ou les groupes plus ou moins marginaux qu'il fréquente, sauf ses plus proches amis. Il oscille entre des « hauts » où culminent ses projets et son art, et des « bas » dépressifs, où il s'abandonne au désespoir.

Après plusieurs mois d'hésitation, il se hasarde à consulter et à engager une brève thérapie non directive qui l'amène à réfléchir à tous les processus, qu'à son insu, il utilisait pour fuir partout ce dont il n'osait rêver : une relation amoureuse « grande, dit-il, c'est-à-dire durable ». Et pourtant celle qu'il vit est bien imparfaite, peu partagée, sans expression sexuelle ou presque, et de toute façon limitée par ce qu'il perçoit comme les puissantes attaches que son amie garde établies dans sa famille et ses autres amitiés. Ce qu'il affirme en tout cas, c'est que cette relation a pu s'établir uniquement parce que c'est elle qui a pris l'initiative d'en fixer les limites.

Cet exemple illustre la manière dont une *limitation de la relation permet* chez certains le *maintien de l'idéalisation* dont ils ne peuvent se passer. Limiter la relation dans le temps, dans la durée ou la fréquence apparaît ainsi comme un recours.

La clinique des difficultés amoureuses souligne la fréquence des échecs chez ceux qui ont eu d'importantes carences en bas âge. On sait combien difficile est la maturation affective de ceux qui ont été gravement frustrés sur ce plan dès leur première année d'existence. Sans parler de l'hospitalisme, ni des dépressions anaclitiques graves de la première année, on sait que beaucoup de très jeunes enfants gravement carencés par la déficience de la mère (absente, malade, débordée, partie ou déprimée) réagissent les uns par une quête massive d'amour maternel auprès de toute figure maternelle substitutive; d'autres, surtout à un âge un peu plus avancé, réagissent en se « blindant » contre la répétition de telles déceptions : on connaît les troubles des enfants changés de nourrice en bas âge, qui souffrent tellement de leur vécu abandonnique chaque fois que, attachés à une nourrice, ils en sont brusquement séparés. Beaucoup se protègent par un désinvestissement massif qui les conduit à une attitude pseudo indifférente auprès de la nouvelle arrivante qui, sans doute pleine de bonne volonté, sera alors déçue, et, à son tour, rejettera cet enfant devenu « ingrat ».

De manière comparable, certains adolescents ou adultes se blindent contre la répétition éventuelle d'une perte d'amour, plutôt que de s'engager dans une relation tendre dont ils retireraient affection, réassurance et gratification, mais qui risquerait secondairement de leur être arrachée : plutôt que d'incorporer l'Objet d'amour en le faisant « sien », le Sujet, carencé et blessé répétitivement, se protège de l'arrachement prévisible et se prive de l'affection dont il a une si grande soif; mais soif si inextinguible que jamais l'Objet ne le saurait étancher, si bien qu'il resterait décevant, insuffisant, donc mauvais. Le Sujet reste alors extérieur, ne s'engage pas, quitte à passer pour insensible, ou froid, ou égoïste, ou encore à se jeter hors de tout sentiment dans une recherche effrénée de satisfactions purement sensuelles, ou exclusivement matérielles, ou encore exclusivement intellectuelles. C'est ce qu'apporte la Clinique des adolescents carencés, par exemple celle des enfants abandonnés, ceux de l'Aide Sociale à l'Enfance.

Les consultations psychiatriques des adultes, surtout dans les quartiers défavorisés, sont remplies, on le sait, d'hommes et de femmes qui n'ont jamais trouvé à temps les conditions d'un plein épanouissement humain. Comme sur d'autres plans de leur pénible existence, ils se contentent de peu, durement réduits à une vie où la satisfaction du sentiment semble un luxe réservé aux couches plus favorisées. Ceux qui en ont les moyens financiers trouvent des compensations dans la consommation, quitte à s'abrutir dans le travail et la production, et à s'abandonner à la fameuse aliénation sociale. D'autres, moins bien équipés au départ, n'ont même pas cette possibilité médiocre et sont réduits au « métro-boulot-dodo »([5]).

La fréquence clinique de tels cas est trop grande pour que des observations détaillées soient utiles ici. En ce qui concerne leurs attitudes amoureuses, ils se comportent souvent comme s'ils redoutaient de s'engager dans une expérience existentielle suffisamment troublante pour remettre en question un équilibre précaire : *leur résistance à l'émotion ne leur permet pas de développer leur sensibilité, et si, malgré ce blindage, ils se sentent atteints, le risque de suicide devient très grand.* Ou bien si ayant un

---

([5]) La fréquence de telles situations est suffisamment importante pour qu'on s'interroge sur l'attitude de la Société à l'égard de ce grave problème humain : l'organisation sociale se sert de tous ces malheureux et se comporte comme si elle avait besoin qu'un nombre suffisant de tels citoyens reste assez aliénés et assez disponibles pour les tâches de production matérielle, du fait qu'ils sont incapables d'espérer une autre vie : ils restent meilleurs producteurs que ceux qui ont acquis la possibilité de s'interroger et de rechercher des satisfactions affectives ou socioculturelles plus élaborées.

jour réussi à établir une relation amoureuse authentiquement satisfaisante, et que celle-ci vienne à se rompre, ils en meurent bel et bien.

Obs. n° 6.

Ainsi Mademoiselle H. B., après une enfance triste auprès de grands-parents malades à qui elle était confiée, en raison du travail des deux parents dans un petit commerce, a dû accepter les règles du milieu lui interdisant toute initiative susceptible de lui permettre de faire des « rencontres ». Sous prétexte qu'elle possédait tout chez elle (jouets, aliments, vêtements, télévision, etc.), elle n'avait nul besoin de chercher ailleurs, là où elle aurait pu subir de mauvaises influences ou faire de mauvaises fréquentations parmi les « gamins de la rue ». Ainsi, hors de tout idéal humain large et de toute participation sociale, elle a passé une enfance, puis une adolescence ternes. L'école, pour elle, n'était destinée qu'à acquérir une situation nécessaire pour gagner de l'argent ; avec le petit héritage des parents, elle pourrait un jour espérer un mariage heureux. Inutile de développer un art quelconque, ni de participer à une quelconque forme de vie sociale qui ne rapportent pas. Le trousseau était prêt bien avant le jour du mariage ; mais la fille, elle, n'était prête à rien, qu'à produire sagement, sans vibrer à quoi que ce soit des grandes causes humaines, vibration en effet non rentable. Elle a pourtant — seul acte d'indépendance — refusé d'épouser le fils de voisins qu'on lui proposait. Trois ans plus tard, elle se laisse séduire au travail par un jeune patron qui promet monts et merveilles. Elle prévoit de l'épouser, mais elle découvre alors qu'il est marié et qu'elle n'est pour lui qu'une amusette, un supplément clandestin à son programme. Elle échoue à sa première tentative de suicide, est hospitalisée, et, enfin, elle a l'occasion d'être examinée. Elle n'a nullement envie de vivre, mais elle ne présente pas de troubles structuralement significatifs, elle n'est pas dissociée, ni même très angoissée. Sa « dépression » répond à un véritable vide intérieur, un monde sans Objet. On lui a si bien appris à ne rien investir qu'elle s'est bien défendue de toute passion ; elle traverse la vie sociale et culturelle sans y participer ; elle n'a ni ennemi, ni véritable ami ou amie. Elle est gentille, travaille régulièrement, regarde la télévision et lit les feuilletons de son médiocre hebdomadaire : elle présentait, jusqu'à sa tentative de suicide, tous les signes de ce qu'il est convenu d'appeler une « bonne adaptation ».

A l'hôpital, on lui propose quelques comprimés — une chimiothérapie antidépressive — qu'elle prend ; on lui suggère de consulter en « psychologie » où on lui propose une psychothérapie. Elle ne dit pas non, mais ne formule, malgré les efforts de son psychanalyste, aucune véritable demande. Ce dernier tente en vain de la susciter. Il n'en aura pas le temps. Pour elle, sa dépression est une maladie déclenchée par la perfidie de son patron, maladie qui se soigne comme une autre, avec des techniques, en l'occurence des comprimés et des « séances ». Mais elle ne s'accroche pas à la thérapie ; les entretiens restent vides, comme toute sa vie. Elle n'a même pas le temps de deviner quelle révolution intérieure serait nécessaire pour qu'elle puisse s'épanouir et découvrir la vie.

Un jour, elle absorbe tous ses comprimés et meurt. Les parents sont atterrés et ne comprennent pas : ils ont tout fait pour elle, pensent-ils : « Elle avait, disent-ils encore, tout pour être heureuse ». Issus l'un et l'autre de familles nombreuses ouvrières, ils ont dû lutter tôt pour vivre, ils se sont hissés par leur travail, avec l'ambition d'échapper à la pauvreté. Accrochés l'un à l'autre, ils ont tout fait pour « s'élever », « sortir » et rêvaient du jour où ils pourraient profiter de la petite maison que leurs économies leur ont permis d'acquérir. L'enfant n'a peut-être pas été très désirée, mais plutôt souhaitée pour les vieux jours, et pour faire « comme tout le monde ». Enfant unique, elle hériterait d'eux et pourrait, en tout cas, bénéficier de leur appui matériel. Toute autre préoccupation paraît absente de leur vie.

On ne peut qu'être atterré devant cette misère morale. La description analytique est possible : d'évidentes difficultés d'identification aux figures parentales peu épanouies, peu gratifiantes, ambivalentes, un Moi pauvre, ou, devrait-on dire, appauvri par la carence affective et éducative, privée d'objets qui auraient permis son enrichissement affectif, mais qui auraient, bien sûr, compliqué son existence et son éducation. Bien isolée d'autrui, l'enfant était plus facile à élever, restait soumise aux normes parentales et traversait sans crise la phase difficile de l'adolescence, où beaucoup d'autres découvrent les valeurs de la vie. Elle est restée sage, gentille et bien adaptée, « bien équilibrée », disent les voisins. Certes, elle ne contestait en rien l'ordre établi !

La description analytique peut être enrichie par l'évocation des premières relations avec les grands-parents : le grand-père, usé par le travail abrutissant et l'alcool compensateur, la grand-mère déçue, amère, lassée des enfants mis au monde, écrasée culturellement et sans doute vide spirituellement. L'enfant n'a jamais eu le sentiment d'avoir été très aimée, ni espérée, ni attendue. Elle était là, on faisait ce qu'il fallait pour elle, et comme elle le disait, « Je n'ai rien à leur reprocher, ils m'ont donné ce qu'ils avaient à me donner » ; on serait tenté d'ajouter : c'est-à-dire bien peu de choses. Prévenue des risques nés des passions, elle s'était blindée et défendue contre l'émergence de ses pulsions instinctuelles. Elle en est restée fermée.

Mais l'interprétation psychologique et psychanalytique classique est insuffisante ici, si on ne l'insère pas dans le contexte social, économico-culturel.

Un autre type de lecture de son histoire peut être tenté ici, sur lequel nous reviendrons plus en détail en un autre chapitre. Les caractéristiques personnelles de ses premiers objets permettent, à travers les processus d'identification de repérer sur quels modèles elle a organisé les bases de sa personnalité, comment elle a réagi — en se fermant, en étouffant sa sensibilité, en annulant ses affects, en désinvestissant ses objets et images parentales — face à ce qu'elle a perçu comme la pauvreté du lien affectif entre ses parents. Faute d'expériences, de contacts humains, elle n'avait pas d'autres termes de comparaison. Aucune expérience vécue n'a pu lui permettre de trouver d'autres modèles d'identification susceptibles d'annuler l'effet désespérant des couples parental et grand-parental, ou qui auraient permis de prendre le relais de ces premiers, de lui laisser espérer une autre existence, de découvrir sa propre capacité à vivre sa vie. Aucune expérience correctrice ne lui a permis d'annuler son angoisse devant ses mauvais objets internes, provenant de l'introjection des dangereuses images parentales. Elle était ainsi livrée à ses fantasmatiques et terrifiants objets internes vécus comme d'autant plus persécuteurs qu'ils interdisaient l'accès à un quelconque bon Objet : le désinvestissement global, total jusqu'à la mort restait la seule ressource, et son thérapeute n'a même pas eu le temps de se faire investir dans le transfert comme support possible d'autres affects.

Mais comment comprendre l'attitude parentale ou familiale, génératrice d'un tel désinvestissement ?

Loin de s'opposer à une compréhension « profonde » ou « verticale » en rapport avec les processus intrapsychiques, un autre type de lecture, entièrement différent peut être envisagé ici. Il suppose que les déterminismes psychiques sont liés aussi aux appartenances de groupes sociaux, de classes sociales, aux pressions d'ordre culturel, et à travers eux aux relations d'ordre économique et au mode de production matérielle qui les sous-tendent (⁶).

Mademoiselle H. B. est restée enfermée, hors de toute relation dense, dans un univers dominé idéologiquement par les normes d'une certaine couche de la petite bourgeoisie, née du prolétariat et cherchant, pour y échapper, à adopter les normes des classes aisées. Ce n'est pas tant le bonheur, l'épanouissement affectif ou sexuel, encore moins culturel qui est recherché en soi, c'est l'institution du Mariage, référée à son aspect économique, au patrimoine, seul moyen d'échapper à l'appartenance à la

---

(⁶) L'interprétation marxienne est claire ici devant la prédominance des facteurs socio-économico-culturels. Très différente, elle n'est nullement contradictoire avec la compréhension psychanalytique. Elle n'est d'ailleurs pas sans évoquer non plus la parole du Christ, suivant laquelle « le sabbat est fait pour l'homme, et non l'homme pour le sabbat », et qui pourrait sans contre-sens être appliquée au mariage et même au couple.

classe exploitée, dont on cherche à désolidariser d'avance la future petite bourgeoise. Tout un univers dont les parents, dans la plus grande inconscience, ont subi les lois sans les reconnaître, pour tenter d'échapper eux-mêmes à cette appartenance de classe. Contre l'intérêt profond de l'enfant — et de son futur éventuel couple — ils ont voulu à tout prix lui apporter l'aisance matérielle dont ils avaient manqué et que la publicité omniprésente leur fait admettre comme le signe de l'appartenance à la classe aisée. Mais si la matérialité stricte de l'aisance ne suffit pas à assurer leur dignité et leur introduction difficile en cette classe enviée, le Mariage de leur fille, avec sa solennité, leur ouvrira les portes et confirmera leur respectabilité : le trousseau était fait depuis longtemps, à défaut d'éducation et de vie. Il restera d'ailleurs dans son placard, entouré d'un véritable culte, comme la tombe toujours fleurie de l'enfant, trop tardivement ou trop maladroitement aimée. Nous reviendrons plus loin sur cette intrication des facteurs de causalité.

Ce cas illustrait, entre autres aspects, le caractère partiel du choix soigneusement limité. En l'occurrence, ce ne sont pas les caractéristiques personnelles de l'Objet d'amour qui sont, ici, significatives. L'Objet est à tout point de vue très quelconque. Ce qui était ici idéalisé, c'était le mode de vie, le genre, l'appartenance sociale. Au sens analytique, la relation d'Objet était maintenue imaginairement satisfaisante au prix d'une très sévère limitation : pour valoriser un aspect de la vie — l'aspect matériel, financier, l'appartenance de classe — les autres devaient être méconnus et rendus secondaires. Celui qui avait à être idéalisé était ainsi très limité, et la relation rendue très « partielle ».

D'autres personnes, à défaut également de pouvoir assumer une relation trop vaste ou trop profonde, obtiennent de préserver sa qualité subjective et la valeur fantasmatique de l'Objet par d'autres limitations. Ainsi l'aspect jugé prépondérant pourra-t-il rester idéalisable et bon, l'Objet redevenu partiel. Certains, par exemple, tendent à préserver la qualité de la vie génitale.

Obs. n° 7.

Ainsi Marc A. vient consulter à la suite de quelques échecs qui laissent transparaître une composante dépressive plus ou moins importante suivant les périodes de son existence qui a toujours été assez malheureuse. Sa mère, atteinte de tuberculose, a été hospitalisée quand il avait huit mois, et il a été successivement confié à une tante, à une grand-mère, et à une nourrice. Elles n'ont pu le garder chacune que quelques mois, et il fut repris dans le milieu familial qui restait encore marqué par la maladie et par l'incapacité de la mère à lui donner tous les soins désirables. Il semble avoir présenté dans l'enfance un certain nombre de manifestations témoignant de cette carence affective, ou au moins des tentatives pour la pallier : refus alimentaire ou boulimie, énurésie, etc. Il garde le souvenir d'une enfance assez triste, auprès de cette mère maladive, qui le gardait trop près d'elle et contribuait quelque peu à l'isoler de ses camarades, auprès d'un père souvent absent, sans doute à la fois très occupé, mais aussi dépressif.

Il s'est bien tiré d'affaire sur le plan scolaire en investissant une partie de ses énergies dans ses études. Toujours attiré par les situations de malheur ou de souffrance, il a donné une grande partie de son temps à des activités de caractère social en faveur des personnes malheureuses ou victimes : handicapés, immigrés, réfugiés politiques étrangers, etc. Il a, semble-t-il, traversé des périodes particulièrement éprouvantes, en s'appuyant sur ses convictions religieuses, après une conversion à l'adolescence, et sur ses activités socio-politiques.

Il « rêvait » toujours, dit-il, d'un amour parfait qui équilibrerait toute sa vie. Mais dans sa recherche ou dans sa quête affective, il dut subir de nombreux échecs répétitifs liés presque toujours à l'aveuglement qui l'empêchait de percevoir les défauts de ses partenaires successives. Il tombait toujours dans une phase de désespoir lorsqu'il découvrait les défaillances de ses amies, et sans parvenir réellement à un véritable deuil, recommençait précipitamment une autre relation. A l'occasion d'une réaction dépressive un peu plus marquée, il décide finalement de renoncer à cette recherche d'un amour total, et se limite à des relations tout à fait partielles. Avec une de ses amies, il s'en tient uniquement à des relations de caractère militant, et il se garde bien d'avoir la moindre approche physique, ou le moindre geste d'amitié personnelle ou de tendresse à son égard. Avec une autre, qu'il voit rarement, il n'a que des relations sexuelles, en évitant de longues phases de discussion, et les échanges restent très superficiels. Enfin il est très lié à un petit groupe d'activités culturelles auxquelles il participe intensément, en veillant à n'avoir de relation personnelle avec aucun de ses membres en particulier. De la sorte, dit-il, il « tient le coup », mais n'est pas très satisfait de ce mode de vie, auquel il reproche de ne pouvoir synthétiser quoi que ce soit de caractère plus total ou plus global en lui-même.

Rationalisations justificatrices de l'idéalisation.

D'autres personnes de même structure psychologique, c'est-à-dire limitées dans leur capacité à vivre intensément une relation de caractère global, parviennent à méconnaître cette incapacité partielle en utilisant des rationalisations prises à l'ordre culturel. L'époque actuelle y est particulièrement favorable, puisque, dans sa contestation du caractère figé et aliénant des institutions traditionnelles, elle n'a pas de peine à souligner les caricatures de l'institution matrimoniale, héritée des siècles. Ainsi certains se persuadent que c'est seulement « *l'institution mariage* » *qu'ils rejettent au nom d'une idéalisation de la vie amoureuse*, dont le mariage serait en quelque sorte devenu l'antithèse.

Cette version devenue classique en certains milieux ne manque pas d'arguments, et cette justification rationalisée peut apporter des bénéfices, notamment à ceux dont les parents ont vécu ce type étouffant de relation dans leur couple; elle permet à certains sujets fragiles de méconnaître leur impossibilité à vivre en dehors précisément d'une idéalisation, qui, chez eux, porte surtout sur la vie amoureuse : c'est au nom d'une vie amoureuse idéale qu'ils rejettent les obstacles institutionnels et sociaux du mariage, espérant garder, au moins au niveau de leur imaginaire, les bénéfices d'une vie amoureuse sans entraves.

Evidemment tous ceux qui rejettent l'institution du mariage au nom d'arguments sociopolitiques ne sont pas à mettre dans la même catégorie : il est dangereux, parce que faux, d'assimiler des arguments rationnels aux motivations inconscientes et sous-jacentes; mais l'expérience clinique montre qu'un nombre assez important de sujets fragiles, « paumés », surtout parmi les jeunes — en raison de certaines rationalisations justifiables sur le plan social au niveau conscient — parviennent à méconnaître leur besoin massif et absolu d'idéalisation amoureuse. Plusieurs formes de ce groupe clinique de sujets incapables de vivre sans une idéalisation de la vie amoureuse, peuvent être facilement distinguées dans la pratique.

Nous avons évoqué le cas de ceux qui espèrent *maintenir cet aspect idéalisé de la vie amoureuse en échappant à sa principale difficulté, liée dans l'inconscient à la mort* en profondeur, et à la durée, dans la pratique. S'engager dans une relation immédiatement satisfaisante, en évitant toute interrogation sur sa durée — interrogation dont la réponse supposée aboutirait à une relativisation du caractère totalement satisfaisant de cette relation. Ne pas y penser, et méconnaître cette notion de temps leur permet, dans ce cadre bien particulier, de garder cette relation comme « totalement bonne », comme le laisse comprendre la perspective klei- nienne. L'Objet d'Amour, à condition d'être soigneusement séparé des mauvais Objets partiels qui limiteraient ses avantages et obligeraient à une relation de caractère plus ambivalent, peut ainsi être totalement préservé des projections agressives du Sujet.

Cette forme de lien pose souvent au Sujet des problèmes lorsqu'elle se rompt; elle oblige en général à un oubli total, à un refoulement massif, puisqu'à partir du moment où elle n'est plus totalement satisfaisante, elle porte les signes des projections opposées, c'est-à-dire qu'elle devient totalement mauvaise, totalement destructrice pour le Sujet lui-même, qui est obligé, pour s'en protéger, d'en refouler complètement le souvenir perçu comme persécutif. La meilleure défense chez beaucoup de ces sujets fragiles leur paraît consister en un engagement souvent précipité, dans une nouvelle relation amoureuse qui, elle, peut être de nouveau idéalisée.

Dans tous ces cas, du point de vue psychanalytique, les processus de clivage et d'idéalisation gardent une prépondérance très nette. Ce qui est idéalisé n'est certes pas l'Objet lui-même, en tant que porteur de qualités humaines particulièrement appréciables, voire exceptionnelles, mais bien le type de relation engagée avec lui, qui, *pour être maintenue idéalisée, doit être préservée des contingences de la vie temporelle*, comme de la vie sociale.

Ce mode de vie a existé de tout temps, mais a tendu ces dernières années à se répandre plus fréquemment, et surtout dans la population juvénile. Il s'appuie sur des rationalisations prises à la contestation institutionnelle, comme nous l'avons évoqué plus haut, qui permet une facile justification, et apparaît comme absolument nécessaire au maintien de cette idéalisation. Elle permet au Sujet le maintien de la perception de soi-même comme totalement bon et pur de toute souillure sociale, préservant le caractère idéalisé à la fois du Sujet et de l'Objet : le déséquilibre survient lorsque ce type de rationalisation justificatrice s'effondre, par exemple, lorsque les idéaux globaux au nom desquels cette justification peut s'appuyer perdent leur valeur aux yeux du Sujet.

Obs. nº 8.

Ainsi J.-M. F., un homme d'une trentaine d'années qui après une troisième tentative de suicide, consulte sur la pression de certains de ses amis, inquiets de le voir à la fois déprimé, menacé par son propre désir de mourir, et ayant perdu tout son dynamisme. Il se montre prudent, et même réticent à l'égard du thérapeute et à l'égard du principe même d'une thérapie que jusqu'alors il se représentait comme un moyen pour l'obliger à « s'adapter », c'est-à-dire à se conformer à la société contemporaine qu'il réprouve violemment. Aucune suite au premier entretien n'est possible, tant que n'a pas été démystifié le rôle du clinicien, ressenti, malgré sa sympathie, comme l'émanation de la classe sociale opprimante, et chargé indirectement par elle de rectifier les déviances qu'introduit l'organisation socio-économique avec son injustice. Surpris que le psychologue ne se justifie pas et ne prenne pas de position normative, il continue à penser qu'il s'agit d'un piège, d'une suprême habileté ou d'un artifice technique. Cependant le contact, au sens clinique, est bon et chaleureux, la communication est aisée, directe, la verbalisation claire, et peu à peu, J.-M. F. s'intéresse de plus en plus aux entretiens, malgré sa réticence théorique. Il en arrive alors à aborder des plans existentiels plus profonds. Il fait remonter sa première tentative de suicide à une grave déception qui l'a conduit au désespoir. Il a, dit-il, été trahi, mais peut-être est-ce lui qui a tort, comme ses camarades ont tenté de l'en convaincre ; peut-être même est-ce lui qui a trahi, ce qui laisserait comprendre son sentiment d'indignité et la justification de son suicide. En tout cas, il y a eu rupture, violente déception, et aujourd'hui conviction qu'à la fois lui-même et son idéal, jusque-là si passionnément défendus, sont simultanément perdus, dépréciés, insignifiants, méprisables, etc.

C'est qu'en effet la déception originelle n'est pas sentimentale au sens strict. C'est une déception politique. Il militait dans un « groupuscule », en faveur d'une société juste et non violente, antihiérarchique et anti-autoritaire, aux limites de l'anarchisme, qui le conduisait à se solidariser avec tous les opprimés, les laissés-pour-compte, les déviants, etc. Il avait, dans ce cadre, fréquenté beaucoup de jeunes drogués qu'il avait aidés personnellement par la chaleur de sa conviction, à rechercher une « solution collective » plutôt qu'un « salut personnel » illusoire dans la drogue, bien que lui-même eût utilisé fréquemment du haschich à différentes périodes de sa jeunesse. La solidarité lui apparaît comme la pierre de touche de son existence, solidarité sans laquelle l'existence n'a pas de sens. C'est d'ailleurs ce qui a conduit son groupuscule, pourtant farouchement jaloux de son indépendance, à se lier à d'autres, à participer à des actions communes et, à l'occasion de troubles socio-politiques, à se trouver associé à d'autres groupes, dits gauchistes, mais fort différents de son groupuscule à lui, en ce sens que les autres acceptaient, pour poser l'acte révolutionnaire, le recours à une certaine violence. Mais même non armée, cette violence était une contradiction profonde avec sa conviction et après avoir longuement discuté, il fut accusé d'idéalisme bourgeois, renvoyé à ses origines sociales et rejeté par ses camarades, donc moralement condamné. Il garde un souvenir précis de ces scènes finales, où lui-même et son idéal politique se sont trouvés brutalement disqualifiés ; ce qui l'a conduit à une première tentative de suicide. Il s'est ensuite fortement culpabilisé de cette première tentative de suicide et d'une hospitalisation où son état biologique a été soigné, mais où aucune attention n'a été portée aux processus psychologiques sous-jacents — à propos desquels, il faut le dire, il semblait résolu à se taire ! Le caractère, jugé médiocre, de cette tentative de suicide, par opposition à celle du héros tchèque Jan Polak, est devenu à ses yeux le signe de sa médiocrité et il s'est enfoncé dans un grave état dépressif, à l'origine des deux tentatives de suicide suivantes, et, en fin de compte, de sa consultation.

Nous passerons — par souci de concision — sur d'autres aspects, pour revenir à ceux qui concernent ses choix d'Objet. J.-M. F. est né d'une famille de cadres moyens de la région parisienne, catholique, assez rigoureuse, très marquée d'idéalisme. Il a gardé un bon souvenir de cette enfance qu'il dit avoir été « heureuse, mais stricte », et qu'il critique parce qu'elle l'aurait empêché — précisément par cet idéalisme — de percevoir la réalité sociale et les relations d'exploitation. D'autre part, il découvre peu à peu qu'il a été très marqué par l'aspect fusionnel du couple parental (« très uni, trop uni », dit-il) et de la difficulté à parler à l'un des parents séparément — notamment à sa mère — sans que tout soit connu de l'autre. « Même quand il s'agissait de faits d'importance mineure, dit-il, il m'était désagréable, quand je voulais parler avec ma mère, de savoir que c'était impossible, car c'était en fait au couple entier que je parlais. Ma mère se disait et était très disponible, malgré son travail d'institutrice, mais il était entendu qu'elle en parlerait toujours à mon père. Il ne pouvait pas y avoir d'intimité, et il en était de même avec mon père. »

Tout cela l'amène, à l'adolescence, à multiplier les relations individuelles, de caractère partiel, même parcellaire, et à définir ses projets ultérieurs de vie amoureuse en dehors de tout cadre, de toute règle, en même temps que ses convictions l'orientaient peu à peu vers la non-violence et l'anarchisme proches de ses convictions évangéliques premières. Il cherche systématiquement à éviter « le piège du grand amour » pour ne pas retomber dans les errements du couple parental, et multiplie les « liaisons » ou les « relations ».

Ses amies partageaient, le plus souvent, mais pas toujours, ses convictions. Pas toujours, parce qu'il lui paraissait prudent, pour ne pas retomber dans le lancinant « piège du couple », de ne pas avoir trop de points communs avec celles qu'il aimait réellement. Ainsi avait-il parfois des relations sexuelles avec des compagnes agréables. L'intimité physique n'était pas seulement la suite naturelle d'une relation de sympathie, mais parfois le moyen de ne pas « devenir l'esclave d'une autre » à laquelle il se sentait davantage lié sentimentalement ou idéologiquement. En quelque sorte une défense contre une relation trop dense vers laquelle il se sentait attiré, mais qu'il refusait en référence négative à l'image du couple parental.

Mais aujourd'hui à la suite des événements décrits, au cours desquels il a perdu sa conviction politique, il ne sait plus où il en est. Il s'estime perdu, comme un renégat ayant successivement « trahi » sa famille d'origine et sa famille politique. Le tableau montre la trace d'une quête affective jamais assouvie, celle d'une quête narcissique compensatrice de la blessure reçue, la difficulté à établir une relation tant soit peu ambivalente, masquée jusque-là par une habile « partialisation » des relations affectives qui permettait le maintien de processus restés très actifs de clivage et d'idéalisation. Cette idéalisation, et du Soi, et de l'Objet, devenue impossible, il sombre dans la dépression.

Cette observation est intéressante sur divers plans. D'abord à propos du lien entre les divers Objets idéalisés dont le Sujet ne peut se passer. Dans la mesure où ses idéaux sont associés, l'ébranlement que subit l'un d'entre eux retentit sur les autres.

Choix du type de relation et lutte contre la dépression.

Dans le cas de J.-M. F. et bien d'autres semblables, le Sujet s'établit dans un certain type de relation avec l'ensemble de ses Objets; pour éviter la dépression, il a besoin en effet d'un équilibre d'ensemble. Si la relation se perturbe avec l'un des Objets, c'est l'équilibre global qui est mis en question. Un de ses Objets étant devenu mauvais contamine en quelque sorte tous les autres, le Sujet n'étant pas parvenu à isoler les bons des mauvais, conformément au mécanisme habituel du clivage kleinien quand il fonctionne bien. Ainsi arrive-t-il qu'un choix amoureux établi dans le cadre et en fonction d'un contexte socio-culturel et idéologique précis, comme il arrive souvent à la période initiale du couple, court le risque d'être remis en question quand les choix idéologiques correspondants seront eux-mêmes ébranlés. Souvent il en sera de même lorsqu'ils seront seulement quelque peu désinvestis, et comme « désaffectés », sans aller jusqu'à l'abandon ou la rupture.

Dans sa lutte constante contre la dépression latente, le Sujet s'est servi d'Objets abstraits dont il avait grand besoin. En se mettant au service de ces idéaux, il a tiré d'eux de grands bénéfices narcissiques qui l'ont protégé de ses tendances dépressives. Dans le même cadre, il a choisi son partenaire. Puis après une certaine évolution, il s'est assuré ou réassuré, autonomisé. A la suite de plusieurs expériences existentielles, — dont l'expérience amoureuse, — une maturation s'est faite. En d'autres termes, *l'incorporation successive de bons Objets a consolidé un Moi initialement labile et fragile*, a rendu possible les défenses de la position dépressive; cela lui a permis peu à peu de *faire face à ses tendances dépressives sans avoir désormais besoin de ses idéaux*. Au niveau plus conscient, le Sujet adhère encore aux mêmes convictions, il exerce peut-être les mêmes pratiques — sociales, religieuses, culturelles, politiques, etc. — mais ne les investit plus de la même façon, et parallèlement *il désinvestit le choix amoureux lié* plus ou moins *à ces idéaux*. Parmi ceux dont les dispositions dépressives latentes sont restées vives, certains ont, dans leur stratégie défensive contre les pulsions de mort, tellement compté sur l'appui fourni par l'incorporation du bon Objet gratifiant, puissant, qu'ils ne peuvent se permettre de le perdre sans danger vital. Leur relation à ce bon Objet protecteur leur est absolument indispensable et doit être préservée à tout prix. Tout se passe donc chez eux comme si l'idéalisation nécessaire de leur relation d'Objet ne pouvait se faire qu'à condition de limiter étroitement la relation, cette « partialisation » permettant de préserver l'essentiel de cette relation d'Objet.

Ainsi, *disposer de plusieurs Objets* avec lesquels le Sujet établit des modes très différents de relation, avec des limites strictes, *permet* alors *de faire face plus facilement à la perte de l'un d'entre eux ;* la stratégie défensive inconsciente peut s'apparenter à celle du petit épargnant menacé qui place ses économies de différentes manières, pour éviter le risque de tout perdre.

Suivant l'expression populaire, il ne met pas tous ses œufs dans le même panier, et risque moins d'être totalement démuni en cas de catastrophe, même si cette dispersion est l'occasion de moindres bénéfices à court terme. Cette grossière analogie permet de rendre compte des attitudes plus ou moins patentes de certaines personnes insécures, dont les défenses contre la position dépressive sont restées insuffisantes et qui se prémunissent ainsi contre un *deuil* intolérable en dispersant les risques.

De manière très comparable à cette « *partialisation* » *de la relation au partenaire, comme manière de garder idéalisée une forme déjà établie de relation avec lui,* que ces cas précités illustrent suffisamment, on peut décrire une attitude équivalente : elle se découvre dans le type de choix par un insécure qui favorise l'élection d'un partenaire peu connu, par opposition à d'autres dont les qualités et les défauts seraient déjà repérés. C'est ce qui motive, au moins en partie, l'attrait vers le porteur de caractéristiques mystérieuses : l'insécure trouve là un partenaire dont il espère que les défauts sont et seront bien masqués. Celui-là en effet ne montre et ne donne qu'une partie de lui-même, la bonne partie ; la relation à cette bonne partie peut être facilement idéalisée, et elle valorise et rassure le Sujet, contrairement aux apparences.

D'une manière comparable encore peut se comprendre l'attrait exercé comme Objet par un *futur partenaire* présenté et *constamment ressenti comme victime.* Indépendamment des classiques affinités que le sadique trouve pour le masochique et réciproquement, il faut souvent tenir compte, dans la compréhension de certains couples, du bénéfice que peut tirer un Sujet d'une relation à un Objet se présentant constamment comme victime de tiers : toujours dans la perspective des processus de clivage et d'idéalisation, ce choix permet au Sujet, et pas seulement dans ses composantes sadiques, de s'assurer qu'il est le protecteur, le sauveur. Il pressent qu'il lui sera plus facile de se ressentir et d'être ressenti comme le bon Objet de son partenaire qui n'a autour de lui que des tiers persécuteurs. On imagine sans peine que la suite du Couple sera plus difficile et hasardeuse, mais le moment initial du choix qui nous intéresse en ce chapitre permet une valorisation de celui qui se vit comme le sauveur d'une victime des autres (7).

(7) On voit déjà par ces quelques exemples combien le choix du partenaire peut être étudié, non pas seulement par rapport au Couple parental d'origine, ou aux premières relations d'Objet, mais aussi dans une perspective dyadique dans son rapport complémentaire avec l'Objet choisi. On peut ainsi se valoriser en se faisant

Le choix du partenaire comme protection contre le risque d'un amour intense.

Clivage et idéalisation ont été présentés dans les pages qui précèdent comme rendus possibles ou maintenus par une relative partialisation ou limitation de la relation à l'Objet élu. Limiter cette relation dans le temps, dans la profondeur, ou la limiter à un aspect exclusif, méconnaître ou nier d'autres modes relationnels possibles, ou encore choisir un partenaire qui n'a jusque-là réussi qu'à être une victime, sont des manières différentes de préserver une image idéalisée de soi-même et de la relation à l'autre : le clivage essentiel à la relation amoureuse initiale fonctionne de telle manière que le choix inconscient soit possible et satisfaisant au moins un premier temps.

Mais il est une autre interprétation possible, et même nécessaire, pour comprendre certains processus psychiques se faisant jour dans le choix amoureux. Là encore la Clinique nous en montre la caricature. Mais nous aurions tort de ramener ces processus à des aspects pathologiques ou exceptionnels. Bien au contraire, si nous regardons de plus près ce qui se vit dans le quotidien de tous les couples, et notamment dans le cadre du choix initial, nous retrouvons sans peine ces processus omniprésents. Nous serons conduit à les illustrer en les attribuant principalement à des sujets fragiles, où ils se montrent plus visibles parce que plus indispensables, mais il faut affirmer ici qu'ils sont présents chez tous, bien que généralement tout à fait inconscients. Nous aurons d'ailleurs l'occasion de les voir à l'œuvre à de tout autre moment de l'existence des couples : dans bien des cas, ils permettent d'expliquer d'inexplicables accidents de parcours.

Qu'un être humain limite étroitement une relation affective à des aspects partiels, alors qu'il en éprouve en même temps un désir très intense, avide, massif, total, c'est peut-être, avons-nous vu, une manière pour lui de préserver le caractère « bon » de cette relation, en même temps que la paix intérieure du Sujet, assuré d'être bon lui-même puisqu'aimé par son bon Objet. L'être humain, en tant qu'être social, ne peut atteindre à une véritable indépendance puisqu'il ne peut survivre tant qu'il n'est pas assuré de sa valeur par la reconnaissance d'un autrui lui-même valable. Mais cet aspect des relations, classique, n'est pas suffisant et n'est pas le seul. La faiblesse et la fragilité ou la carence humaine sont encore plus grandes et obligent à regarder avec plus de soin les difficultés de notre organisation affective : la reconnaissance, existentiellement nécessaire à la survie, est bien d'ordre affectif ; elle est une sorte de quête d'appréciation de soi par un autre, lui-même capable d'apprécier, donc apprécié lui-

---

aimer et protéger par l'autre ou bien se valoriser en se faisant protecteur gratifiant de l'autre. Cette perspective systémique — fondamentale — sera étudiée dans le chapitre suivant.

même. Mais le caractère affectif de cette reconnaissance ne signifie pas exactement une quête d'amour.

En termes psychanalytiques, plus stricts, la réassurance narcissique constamment nécessaire impose un minimum d'investissement objectal qui — comme les pseudopodes de l'amibe dans la célèbre métaphore freudienne — permet en retour cette satisfaction narcissique. Mais cette dialectique « narcissique-objectal », ou cette face économique concernant les dépenses énergétiques, définissent une partie de la problématique considérée très clairement déjà dans la Métapsychologie freudienne. Elle ne permet cependant pas de définir la totalité des caractères de la relation amoureuse. S'il est vrai que c'est « la vie amoureuse du genre humain » qui a servi à Freud de point de départ pour « introduire le narcissisme » ([8]), il n'a cependant jamais réduit la relation amoureuse aux seules nécessités de l'équilibre narcissique. Il en a au contraire lui-même bien souligné l'ambivalence; et les auteurs kleiniens après lui, développant l'analyse de cette ambivalence en ont relevé le caractère anxiogène. Ainsi, en première approximation, une première relation favorable parce qu'aimante venant « d'une mère suffisamment bonne » ([9]) est sans doute susceptible d'apporter satisfaction et réassurance au nourrisson dont le Moi encore bien partiel ou morcelé n'a pas encore établi solidement sa propre existence.

Mais cela ne signifie nullement que toute relation aimante apporte pour autant satisfaction et réassurance. Winnicott souligne par exemple, que les maladresses d'une mère qui satisfait les besoins physiologiques du nourrisson, mais qui ne peut s'adapter suffisamment à ses désirs ou à ses fantasmes d'omnipotence, ne le sécurisent nullement et ne lui permettent pas de parvenir au développement optimum pour son âge, en particulier en ce qui concerne « l'accès aux fondements de la formation symbolique ([10]) ». Sans reprendre ici l'ensemble des descriptions et explications de Winnicott, il semble bien que la soumission précoce (*compliance*) aux exigences externes aboutisse à la constitution d'un faux-self, s'accompagnant d'un sentiment de futilité et, à la limite, de non-existence.

Au-delà de la nécessité pour le Sujet de trouver un « espace transitionnel » protecteur entre le Moi et le non-Moi, des analystes ont souligné l'obligation où se trouvent certains individus, du fait des avatars de leur existence, de se ménager d'autres mesures de protection contre, ou en face de, tout Objet investi — par exemple leur psychanalyste — : un secret ([11]), une « dissimulation » ([12]), une non-relation ([13]), une aptitude au men-

([8]) FREUD, Sigmund, *Zur Einführung der Narzissmuss*, 1914.

([9]) Suivant l'appellation désormais classique et schématique de Winnicott. Cf. *Les Processus de maturation chez l'enfant* (trad. française, Payot, Paris, 1974).

([10]) WINNICOTT, *ibid.*, p. 123, *Distorsion du moi en fonction du vrai et du faux self* (1960).

([11]) Voir « Du secret », in *Nouv. Rev. de psychanal.*, aut. 1976, n° 14.

([12]), ([13]) KHAN, Masud, « Tric-Trac », in *Nouv. Rev. de psychanal.*, aut. 1976, n° 14, pp. 231-240.

songe (14) correspondant à ce que décrit Winnicott chez l'enfant en terme de « temps d'hésitation ».

Ces considérations psychanalytiques développées plus récemment permettent de faire entrevoir comment peut être ressenti l'amour venant de l'Objet, lorsque le Sujet encore très fragile se trouve sous sa totale dépendance affective. Ce qui est remarquable, c'est que la clinique nous montre l'importance de tels problèmes non seulement chez des sujets visiblement fragiles, mais encore dans le cas de sujets considérés souvent comme très bien « adaptés », ou, comme on dit plus volontiers aujourd'hui, « bien équilibrés » : ceux qui se sont facilement pliés aux impératifs sociaux, soumis au désir d'autrui tout en tirant le meilleur parti par une certaine forme habile et souvent masquée de conformisme.

Lorsque cette adaptation s'est construite à partir d'un « faux-self » bien organisé et que par ailleurs la maturation des aspects affectifs du Soi authentique est restée limitée, ces individus, dont la réussite sociale est manifeste, réservent à leur vie intime (et en pratique à leur famille) des aspects archaïques de leur être secret où se traduit une grande dépendance à l'égard de leurs proches (notamment leur partenaire). Dès lors l'intensité même des sentiments amoureux dont ils peuvent se sentir l'Objet peut être ressentie par eux comme susceptible de remettre en question leur équilibre apparemment si bien adapté.

Malgré les — ou à cause des? — gratifications qu'ils reçoivent, *ils se sentent menacés* et certains d'entre eux *parviennent à se protéger du risque d'amour intense* par différents procédés dilatoires dont nous découvrons la forme en examinant la manière dont s'organise le choix complexe de leur partenaire.

Obs. n⁰ 9.

Jacques L. est toujours passé pour un homme bien équilibré, en tout cas bien adapté. Sa réussite a toujours été brillante, tant sur le plan scolaire qu'ensuite sur le plan professionnel et social. On disait déjà de lui, enfant, qu'il avait tout pour réussir. C'est aujourd'hui un homme bien constitué, de santé solide, d'une brillante intelligence et d'une grande culture. Son enfance s'est passée dans des conditions apparemment tout à fait satisfaisantes au moins au niveau de la vie sociale. Le père, issu lui-même de couche ouvrière évoluée, a fait des études qui lui ont permis l'accès au monde culturel. Il est instruit, intelligent, et souhaitait pour son fils les meilleures conditions éducatives et culturelles autant que maternelles. Sa mère semble être une femme d'une sensibilité assez vive, attachant beaucoup de prix aux aspects intellectuels de l'existence. Son entourage, et surtout le

---

(14) BION, W. R. *L'attention et l'interprétation* (1970), tr. fse, Payot, Paris, 1974.

désir de son mari d'avoir un enfant, l'ont convaincue avec quelque peine, semble-t-il et c'est ainsi qu'est né Jacques L.

Sans être obsessionnelle, la mère a acquis, pendant sa grossesse, tout ce qu'il est possible d'obtenir comme connaissances quant à « l'élevage » des jeunes enfants, tout au moins comme on le concevait à cette époque. L'appui de médecins scrupuleux, sans doute quelque peu rigides, l'a conduite à donner à son fils les premiers soins dans une atmosphère stricte, en tout cas bien réglée : repas à l'heure, quantités calculées. L'enfant semble s'être facilement soumis à ce régime, et n'a pas présenté de difficultés bien notables en bas âge ; le milieu familial s'est, bien sûr, beaucoup intéressé à sa scolarité et tout a été fait pour lui permettre les meilleures conditions de réussite. Elève brillant et encouragé par son milieu, il n'a eu aucune peine à franchir les différents obstacles de la scolarité secondaire, et au niveau du supérieur à cumuler différentes études, pour finalement se présenter à un concours très apprécié actuellement dans les hautes sphères de l'Etat. Le temps dans cette haute école s'est également fort bien passé, et déjà cet homme jeune était fort bien entouré, d'autant plus que son physique lui valait beaucoup de succès. Il n'était pas un homme à se laisser étroitement enfermer dans la vie intellectuelle, encore moins dans le cadre scolaire ; il était ouvert à de nombreuses disciplines, à des arts, qui rendaient sa conversation aussi intéressante que son physique était attirant ; il eut rapidement une cour autour de lui, et après quelques aventures passagères sans importance, il s'attacha peu à peu à une jeune fille dont il appréciait les qualités intellectuelles et morales, du fait de leurs relations professionnelles. L'entourage voyait d'ailleurs ces relations d'un œil favorable, tant ses amis que sa famille, et tout semblait s'organiser avec la même facilité que le reste de sa vie, satisfaisante sur tant de plans.

Alors s'est fait sentir à ses yeux le charme de cette jeune fille dont il découvrait peu à peu et la sensibilité et la liberté, et surtout la grande capacité d'amour. Jacques L. avoua plus tard qu'il avait présenté alors quelques petits malaises passagers et en tout cas inexpliqués médicalement parlant, qui n'avaient guère attiré l'attention, après que le médecin de famille eût constaté qu'il n'y avait aucune cause organique. Il ne remarqua pas à l'époque que ses « petits malaises » survenaient dans des circonstances où se développait une certaine charge émotive en rapport avec sa relation avec la jeune fille. « Tout paraissait si simple », dit-il plus tard. Jacques L. n'avait d'ailleurs jamais présenté la moindre manifestation psychopathologique, ni même d'anxiété. Mais les premières manifestations d'angoisse firent leur apparition au fur et à mesure que s'approfondissaient ses relations avec la jeune fille, en particulier lorsque vint le moment où, lors de leurs fréquentes rencontres, naquit le projet ferme d'une union plus durable. Jacques L. éprouva à deux reprises le besoin d'expliquer à son amie, ou à sa fiancée, qu'il était sans doute plus sage de réfléchir encore : dans le cadre où ils vivaient, la jeune fille fut facilement rassurée par les explications de Jacques, ces petits délais supplémentaires apparaissant au contraire comme la preuve de son sérieux.

Une nouvelle manifestation d'anxiété se fit jour lorsqu'il fut question d'avoir un rapprochement physique plus marqué. Ni Jacques, ni sa fiancée n'étaient, sur ce plan, particulièrement inhibés et tous deux estimaient raisonnable d'établir quelques relations physiques afin de s'assurer que leur rapprochement était viable. Néanmoins, bien qu'il n'y eût aucun obstacle sur le plan intellectuel ou moral, le moment de ce rapprochement physique fut à son tour retardé et Jacques finit par expliquer qu'il était peut-être préférable de renoncer à cet essai avant le jour du mariage. La jeune fille fut cette fois un peu surprise, puisqu'elle savait que ceci ne correspondait pas aux idées généralement émises par Jacques, ni aux siennes propres, étant donné leur cadre d'éducation familiale à tous deux.

Néanmoins elle continua à considérer ce délai comme une preuve supplémentaire du sérieux de cet engagement. Soulagé par cette acceptation, Jacques vit immédiatement disparaître cette anxiété qui commençait à l'animer; mais elle réapparut peu après, au fur et à mesure que la date du mariage se rapprochait.

Quelques semaines avant ce jour fatidique, Jacques présenta des manifestations de scrupule dont il n'avait jamais ressenti la trace. Il se mit à dormir mal, et ses nuits se passaient à s'interroger sur la viabilité de cette union, avec de petits doutes sur sa fiancée, — doutes qu'il repoussait très facilement —, et de plus grands doutes sur lui-même, commençant à se demander s'il était digne de cette jeune fille, ou s'il était capable d'aimer. Comme ses scrupules s'intensifiaient, sa fiancée découvrit les traces de ce malaise et s'étonna, ce qui conduisit alors Jacques à lui faire part de ses scrupules. Il en fut soulagé quelques jours par le fait de s'en être expliqué avec elle; leur vie redevint tout à fait agréable, mais dans les jours qui précédèrent la date du mariage, Jacques fut repris de doutes intenses et de véritables manifestations d'angoisse. Cette fois, il estima préférable de ne pas s'en ouvrir à sa fiancée et de masquer à tout prix cette indicible et inopportune manifestation, dont il percevait maintenant le caractère pathologique. Ce serait blesser inutilement sa fiancée puisque de toute façon il savait que ce mariage était destiné à une heureuse réussite. Il masqua donc tout ce qu'il éprouvait.

Mais l'angoisse augmentant massivement, il en vint deux jours avant son mariage, à un tel paroxysme qu'il dut s'éloigner, trouver du repos, consulter d'urgence un médecin, qui tenta de le rassurer en lui expliquant la fréquence de telles manifestations, et surtout lui prescrivit des tranquillisants. Jacques sentait bien que tout cela était lié au fait même du mariage, et plus il percevait les qualités de sa fiancée, plus il en ressentait l'attachement, plus son angoisse croissait. C'est dans cet état de malaise intense et d'angoisse paroxystique mal calmée par des doses importantes de tranquillisants que Jacques L. aborda le jour fatidique, et là, à l'occasion d'un raptus anxieux, suprême, il prit subitement la fuite.

Jacques L. consulta immédiatement après cette fugue, dont il avait grande honte. Il faisait, par ailleurs, tout ce qu'il pouvait pour que son comportement restât le plus possible ignoré, et il n'osait pas reprendre contact avec sa fiancée. A la réflexion il s'interrogeait sur son choix et découvrait peu à peu que toutes les qualités indiscutables de la jeune fille ne pouvaient rien pour lui. Il reconnaissait sans peine l'aspect pathologique de son comportement, et n'eut aucune peine, après avoir lu quelques ouvrages d'ordre psychologique, à le désigner sous le terme de phobie, en s'étonnant qu'une telle manifestation pût survenir chez lui alors qu'il n'avait jamais présenté de signes précurseurs. Au fur et à mesure que son analyse s'approfondissait, Jacques L. retrouvait le souvenir des épisodes qui précédaient ce pseudo-mariage et découvrait peu à peu combien il avait été sensible à l'affection dont il était l'objet de la part de sa fiancée. Tout s'était passé comme s'il avait pris des précautions particulières avant de la choisir, comme s'il avait eu besoin d'envelopper leurs premières relations dans un vaste cadre d'ordre social, intellectuel ou professionnel ce qui en atténuait l'importance affective et la charge émotionnelle. *Les relations avaient été bonnes tant que la charge affective n'était pas trop intense* et, tout s'était en effet dégradé à partir du moment où il avait fallu témoigner ou répondre à une affection à propos de laquelle il ne trouvait théoriquement rien à redire, mais que, malgré les apparences, il semblait mal supporter. Jacques L. convenait sans peine qu'il avait été « floué » par sa réussite intellectuelle, sociale, et d'une manière générale sur tous les plans, ce qui lui avait permis de ne pas ressentir une certaine faiblesse sur le plan de sa vie affective. C'est la perception, à l'époque encore inconsciente de cette situation, qui le conduisit à ne pas reprendre contact avec sa fiancée après ces événements.

Il commençait à ressentir le lien encore peu clair entre son amour et ses manifestations d'angoisse, et se décidait alors à engager systématiquement une cure psychanalytique.

Ici pourrait également être cité à nouveau le cas que nous avons décrit quelques pages plus haut, celui de J.-M. F. On se rappelle que son comportement sur le plan de la vie amoureuse l'empêchait d'établir une relation suffisamment globale et dense; cela pourrait être également compris comme la *crainte d'un engagement d'une trop grande intensité qui ébranlerait son équilibre affectif*. Etre l'objet d'un amour trop dense est ressenti par lui comme angoissant et l'oblige à prendre des mesures de précautions ; par exemple, en répartissant sur plusieurs personnes les différentes formes de liens avant une valeur affective : liens moraux accompagnant ses activités sociales ou politiques, liens physiques ou sexuels, excluant des relations plus profondes sur le plan intellectuel ou moral, etc. Pour lui aussi, le *risque d'amour intense* était ressenti comme une menace, bien qu'il restât très inconscient et que ses mesures de protection et de démultiplication fussent recouvertes de justifications rationalisées, compatibles avec ses convictions et son cadre idéologique.

Une autre illustration du risque vécu d'un engagement amoureux trop intense est représentée par la « non-consommation » du mariage, syndrome qui, sans être très fréquent, a néanmoins frappé les cliniciens par la difficulté de sa compréhension et de son traitement tant qu'il a été conçu sur des bases strictement individuelles. Il ne s'agit pas d'impuissance ni de frigidité, les deux partenaires se choisissent précisément en fonction d'une commune problématique autour d'une commune difficulté que structure leur relation et lui donne souvent une grande stabilité : d'où les résistances au traitement. Les différentes tentatives thérapeutiques appliquées à l'un des membres de ce couple aboutissent souvent à un échec ; l'amélioration de l'un d'eux se traduit par un phénomène de bascule (dont nous aurons l'occasion de parler plus loin), de telle sorte que des relations génitales approfondies restent toujours impossibles : le mariage demeure « non consommé » pour employer l'expression juridique traditionnelle. Il va de soi que ce syndrome n'est pas lié à l'aspect strictement institutionnel du mariage, bien qu'à ce niveau, cet aspect institutionnel puisse jouer un rôle dans l'organisation des rationalisations justificatrices. Dans le cas de couples non mariés, le même phénomène peut être observé, dans la mesure où il associe deux sujets présentant des troubles de nature voisine, qu'on pourrait exprimer par la crainte d'un abandon total à l'autre dans le cas de la relation sexuelle.

Obs. n° 10.

Paul et Micheline B. prennent rendez-vous. Ils se présentent assez simplement, un peu timidement ; mais rapidement Paul prend la parole et explique l'histoire, en commençant par l'histoire des symptômes. Sitôt après son mariage, il a présenté brutalement une impuissance qui l'a empêché totalement d'établir des relations sexuelles avec sa jeune femme. Rapidement alarmé par ce symptôme, ils ont consulté tout d'abord quelques médecins, successivement, qui leur ont proposé des conseils ou des traitements tranquillisants avec un résultat soit faible, soit tout à fait passager. Micheline s'est alors beaucoup inquiétée et a exercé une certaine pression sur Paul, qui, très infériorisé par cet échec, n'osait plus en parler.

C'est ainsi que Paul a été conduit à consulter un psychanalyste et s'est engagé dans une cure. Cette cure a entraîné des bouleversements importants sur le plan de sa personnalité, lui a permis de s'épanouir d'une manière beaucoup plus complète sur le plan de sa vie sociale, et en particulier de se libérer de son excessive timidité. Il a de plus abandonné certaines activités, dont il pense aujourd'hui qu'elles étaient principalement destinées à le tromper sur lui-même et à lui donner bonne figure, par exemple, certaines de ses activités sportives où il excellait, mais où l'essentiel pour lui était surtout d'être le premier, les aspects de compétition étant pour lui beaucoup plus importants que l'exploit sportif lui-même, ou que la satisfaction physique ou morale qui l'accompagne. Au bout de dix-huit mois d'analyse, Paul entreprit de tester ses résultats, et faute de pouvoir établir une relation sexuelle avec sa femme, eut recours à des prostituées, auprès desquelles il ne manifestait plus aucun signe physique d'impuissance. Un peu plus tard, il entreprit d'avoir quelques relations, toujours comme un test, avec une jeune femme qui travaillait dans un bureau voisin et pour laquelle il avait une sympathie qui était partagée. Mais là, ce fut de nouveau l'échec. Il estima donc nécessaire de poursuivre son analyse, et découvrit le lien entre ses échecs et son angoisse de castration, tout se passait pour lui comme s'il avait eu peur, en s'engageant avec une fille estimée, de se faire châtrer. C'est ainsi qu'il résuma la compréhension des processus tels qu'il les avait découverts dans sa propre analyse. Au bout de deux ans environ, il se sentit beaucoup plus assuré et eut à ce moment ses premières relations génitales avec sa femme. Mais cette dernière était devenue de plus en plus anxieuse depuis la période correspondant aux dix-huit mois de l'analyse de Paul et elle percevait elle-même un certain trouble dont elle ne comprenait guère la nature, ni la signification.

Dans l'entretien en couple, elle a beaucoup de peine à s'exprimer et c'est Paul qui traduit à sa manière ce qu'elle lui aurait dit d'elle-même : autant elle se sentait sûre d'elle, en pleine possession de ses moyens, heureuse, au moment de son mariage, autant elle devenait inquiète, doutant d'elle-même, — « mais pas tellement, disait-elle, pour le couple, en ce sens que je n'ai jamais eu peur qu'il m'abandonne pour d'autres, puisque c'est moi qui l'ai presque encouragé à établir des relations à l'extérieur ».

Elle est inquiète pour elle-même et a perdu toute assurance ; elle redoute les relations sexuelles, depuis que lui est devenu tout à fait et normalement puissant. Ainsi l'équilibre personnel qu'elle en attendait, ainsi que la satisfaction émotionnelle et morale qu'elle en espérait ont aujourd'hui complètement disparu, et elle manifeste une frigidité totale, allant jusqu'à repousser les approches pourtant patientes et tendres de son mari, auquel elle se dit toujours extrêmement attachée. Lui-même confirme et manifeste par ailleurs qu'il lui est également très attaché ; il se sent désolé de découvrir que c'est elle aujourd'hui, qui présente les symptômes comparables à ceux qu'il présentait au début de l'existence de leur couple.

Paul B. pense tout simplement qu'il faut que Micheline entreprenne à son tour une analyse, et qu'ainsi tout ira bien. Mais Micheline plus inquiète se demande si là est vraiment la solution. Elle ne se sent pas prête pour engager un tel traitement dont elle sait bien, — ou dont elle sent bien — qu'il entraînera une modification sans doute radicale de sa structure psychologique ; une fois guérie de ses symptômes actuels, elle ne sait pas ce qu'elle deviendra !

Il est manifeste qu'elle n'ose pas en dire plus, mais le sous-entendu de son propos, c'est qu'elle craint, une fois qu'elle se serait affirmée elle-même et qu'elle aurait retrouvé sa puissance et sa sérénité, de ne plus avoir pour Paul la même tendresse ni la même affection ; elle redoute que leur couple, auquel elle est très attachée, n'en souffre trop. Aux séances suivantes, c'est elle qui peu à peu, s'exprime plus profondément à propos d'elle-même d'abord, puis à propos du couple ; elle fait comprendre à Paul qu'il existe des interactions entre eux et qu'il ne s'agit pas successivement de guérir le symptôme porté par l'un, puis par l'autre. Il y a, explique-t-elle, quelque chose de plus profond et de plus commun aux deux : tant que tous deux ne l'auront pas clairement compris, il n'est pas prudent qu'elle s'engage, elle personnellement, dans une psychanalyse. « D'ailleurs, ajoute-t-elle, je sens bien que, si je commence une analyse, je l'interromprai très vite dès que je sentirai que quelque chose se passe. »

En fait, Paul et Micheline ont donc engagé une thérapie de couple qui s'est poursuivie sur un plan profond, en même temps que Paul poursuivait sa cure personnelle.

L'intuition de l'un répondant à celle de l'autre, Paul disposant d'une certaine connaissance de ses propres processus inconscients, et étant capable de les exprimer à Micheline, l'un et l'autre progressent assez vite ; ils découvrent petit à petit combien l'assurance de l'un se joint à l'insécurité ou à l'anxiété de l'autre. Micheline B. retrouve peu à peu sa sécurité personnelle et son assurance cette fois graduellement sans inhiber son partenaire, qui, aujourd'hui tout à fait consolidé, est en état de réagir positivement aux manifestations d'assurance de sa femme. Elle-même semble avoir profité de la compréhension analytique qui s'est fait jour à partir de l'analyse de son mari, et les relations sexuelles reprennent un cours plus satisfaisant pour les deux partenaires.

Ce que nous retiendrons de ce cas ici, touche à tout ce qu'ils ont découvert, lors de leur passé commun. Paul était à l'origine un garçon très timide, malgré ses succès. D'une origine modeste, il s'est beaucoup attaché à sa scolarité qu'il a dans l'ensemble assez bien réussie ; il s'est attaché à prendre des initiatives, mais — comme il le découvre peu à peu — essentiellement pour lutter contre une profonde insécurité et notamment pour lutter contre sa timidité devant les femmes. Micheline B. née dans la petite bourgeoisie de province y est relativement à l'aise ; elle a fait quelques études, et au moment de leur rencontre, elle a un statut social considéré comme légèrement au-dessus de celui de Paul. Elle a aussi une attitude protectrice spontanée, elle s'est intéressée aux enfants malheureux, à différentes activités sociales en faveur des opprimés et des émigrés. Paul a toujours ressenti en elle une certaine capacité maternelle, qu'il a appréciée comme une qualité, bien que, pendant longtemps, avec une petite inquiétude à ce sujet. Maintenant tous deux réalisent qu'en fait, Paul a toujours eu quelque peur de s'engager ; et si Micheline n'avait pas eu au départ cette approche rassurante, il n'aurait jamais pu approfondir la relation avec elle. Elle était une des rares qu'il ait pu véritablement fréquenter, du fait de sa timidité. C'est elle qui a fait les premiers pas pour rassurer, ou « apprivoiser » ce farouche athlète qu'elle choisissait comme mari. Elle-même de son côté a toujours ressenti en lui la profondeur de sa timidité et son doute de lui-même. Elle espérait, en l'épousant, le guérir. Il s'est écoulé une longue période entre le moment de leur rencontre et celui de leur mariage. L'approche a été très progressive. C'est Micheline qui a presque toujours fait les premiers pas, persuadée de bien correspondre aux désirs secrets de Paul. Elle pensait avoir atténué la timidité et l'insécurité de son fiancé, et s'avançait avec confiance dans le mariage. Paul, de son côté, semblait cependant redouter cette échéance et maintenait toujours différentes activités extérieures où il se confirmait, en particulier ses activités sportives, dont il tirait toujours un grand bénéfice moral.

Pendant la thérapie du couple, Micheline B. réalise que *l'insécurité de son fiancé jouait en fin de compte un rôle rassurant pour elle.* Elle se confirmait et se confinait dans sa capacité de protectrice ou de thérapeute ; et par ce moyen, elle se masquait ses propres difficultés internes. Au fur et à mesure que Paul s'améliorait et éprouvait de moins en moins ce besoin de lui voir jouer un rôle de protectrice, elle, de son côté, percevait un malaise croissant et ressentait l'angoisse de s'engager totalement auprès de Paul ; la terreur de l'acte sexuel répondait à cette crainte d'un engagement total, et peut-être définitif si la relation sexuelle s'accompagnait d'une fécondation.

A la fin de la thérapie, Micheline B. se demande si elle aura un jour à faire une cure psychanalytique personnelle; elle n'en éprouve pas le désir actuellement, mais ne semble plus guère le craindre; elle laisse en point d'interrogation la réponse définitive à cette question, qui, de toute façon, ne s'impose plus aujourd'hui sur le plan symptomatique.

Le risque d'un amour intense est ressenti comme une source de danger par un assez grand nombre de sujets; pour certains, cette perception d'un danger s'accompagne de symptômes, soit d'ordre psychique, en particulier anxiété, insécurité affective, manifestations névrotiques, scrupules, etc., ou d'ordre somatique, impuissance, frigidité, algies diverses, céphalées, gastralgie, ou douleurs d'apparence rhumatismale, etc. Chez d'autres, cette perception d'un risque *dans l'engagement amoureux,* également très inconsciente, *se traduit par un comportement quasi-préventif :* par exemple mise à distance de l'Objet élu, maintien d'un grand nombre d'activités ou de participations émotionnelles et affectives en dehors du partenaire principal, ou encore multiplication préventive de partenaires.

Nous retrouverons cet important arsenal de réactions défensives et de mesures de protection à l'occasion de l'évolution du couple et des processus des crises successives.

Dans deux des cas, nous pouvons dès maintenant souligner que face à ce danger d'amour intense, la stratégie défensive pousse le Sujet à élire un Objet présentant, à son insu, des perceptions analogues. On voit que, sur ce plan, le choix du partenaire peut être compris, non seulement dans la ligne historique de son développement individuel, mais encore dans le cadre d'une compréhension « systémique » qui fait concevoir le couple comme un ensemble, comme nous aurons l'occasion de l'analyser plus loin en détails.

Le danger d'un amour intense au moment du choix se traduit encore de bien d'autres manières, et ne pouvant les illustrer toutes ici, nous en évoquerons simplement quelques-unes.

Un Sujet un peu insécure, avec des sentiments de culpabilité latents, plus ou moins importants, ressentira avec douleur la pénétration du regard de l'autre et se défendra de ses propres tendances exhibitionnistes autant que d'éventuels désirs voyeurs de la part de son partenaire. Ce phénomène, facile à saisir, présente une extension plus ou moins grande selon les couples et se traduit, chez certains, par une organisation défensive contre les intuitions de l'autre. Cela s'exprime en pratique par une *réduction massive de la communication à l'autre* et par le maintien d'activités réelles ou fantasmatiques secrètes. Un grand secret de la vie personnelle de chacun s'impose alors plus spécialement à de tels sujets.

Il est habituel qu'une part plus ou moins importante des activités d'un partenaire, notamment son activité fantasmatique reste en général à l'abri de l'investigation de l'autre. Les proportions de ce qui est connu et de ce qui reste caché varient beaucoup en fonction des conditions culturelles.

Mais soulignons ici que dans cette organisation profonde du couple les besoins défensifs personnels apparaissent comme prédominants, ainsi qu'en témoigne, entre autres, après une thérapie, la capacité de retrouver une meilleure communication et de garder une bonne assurance personnelle, alors que les conditions socio-culturelles sont restées totalement inchangées.

Ce qui sans doute est le plus frappant pour le thérapeute du couple, en ce qui touche ces attitudes défensives, face à la perception d'un danger devant le risque d'un amour trop intense, concerne principalement l'aspect possessif et quelque peu dévorateur de certaines formes de relations amoureuses. La crainte d'être dévoré résume le vécu existentiel de bien des sujets, souvent des sujets fragiles, et leur attitude en ce qui concerne *leur choix amoureux se présente principalement comme une défense contre cette crainte d'être dévoré d'amour.* Ainsi peuvent sans doute se comprendre, au moins à notre époque, un nombre relativement important de mariages établis sans qu'apparemment les liens affectifs soient très intenses entre les partenaires. La persistance d'un grand nombre de mariages peu appuyés sur des sentiments peut paraître surprenante à notre époque où le mariage est si contesté et où il n'est souvent plus rendu nécessaire par les contraintes socio-économiques. Sans parler ici de « mariage de raison », on voit se fonder des couples entre des partenaires n'ayant entre eux que des liens superficiels et nullement contraints au mariage par des considérations économico-socio-culturelles.

Tout se passe comme si certains sujets se sentaient trop fragiles pour se hasarder seuls dans une existence ressentie comme trop difficile, surtout dans le désert de nos grandes villes ; mais, *redoutant tout autant un engagement amoureux chargé d'émois,* ils trouvent un compromis en élisant un *partenaire* de caractère semblable, *qui leur permette un minimum de liens,* suffisants pour les aider sur le plan de leur existence sociale, mais *pas assez denses pour provoquer un ébranlement.*

Obs. nᵒ 11.

Madame M. est venue consulter principalement pour des insomnies, qu'elle décrit avec force détails au cours de la première consultation. L'entretien est rendu difficile par sa réticence à exposer clairement son mode de vie et sa personnalité, sans lesquels il est évident qu'aucun secours ne pourra lui être proposé sur le plan thérapeutique. Elle s'étonne, dès les premières questions, pourtant prudentes, répondant un peu sèchement, comme pour en finir avec des questions de détail ou des investigations un peu osées ; elle donne pourtant volontiers son âge, son poids plutôt important, et les différentes caractéristiques de sa santé, au sens somatique, mais plus difficilement et presque à contrecœur quelques informations concernant son passé, son enfance, son adolescence.

Quant à son cadre de vie, elle n'en mentionne que son activité professionnelle, avec quelques détails sur le nombre d'heures qu'elle fournit à son travail, et les soucis qu'elle en a. Elle est juge, et apprécie fort son métier. Elle apprécie surtout d'avoir à s'occuper principalement de problèmes administratifs, de dossiers concernant des questions financières sans avoir à s'intéresser aux vies privées. Elle se félicite de pouvoir se référer à des textes de lois assez clairs, qui lui permettent de trancher sans trop de scrupules, ni d'inquiétude, sans quoi, dit-elle, elle ne pourrait jamais dormir.

Au sujet de sa vie familiale, elle répond du bout des lèvres qu'elle est mariée et s'étonne que lui soit posée la question de savoir si elle s'entend bien avec son époux (!) ce à quoi elle répond affirmativement et très nettement. Elle n'a pas d'enfant et ne se sent pas faite pour en avoir. Il n'est pas possible au premier entretien d'approfondir davantage son mode de vie sociale, sa relation personnelle avec d'éventuels amis, etc. Elle veut d'ailleurs essentiellement des médicaments et l'idée même d'une thérapeutique de relaxation lui paraît complexe, et à n'envisager qu'en dernier ressort. Dès la consultation suivante, après un quart d'heure de commentaires sur les effets de tel ou tel médicament, sur ses horaires nocturnes, le plus frappant c'est qu'au hasard d'une phrase, elle glisse sa décision de divorcer. A l'étonnement du clinicien — elle avait déclaré bien s'entendre avec son mari — elle répond brièvement qu'en effet ils s'entendent bien, puisqu'ils ne se disputent jamais, mais que la vie en commun est finalement un peu trop compliquée, davantage qu'elle ne le croyait.

Elle avait espéré qu'en épousant un juge comme elle, cela leur permettrait à tous deux d'avoir une vie, somme toute, plus commode ; or c'est bien fatigant de toujours parler des problèmes professionnels en rentrant chez soi... Quant à parler d'autre chose, elle ne l'a guère envisagé jusque-là, car ce serait, répète-t-elle toujours, mettre en question sa vie personnelle ou son intimité. Elle clôt d'ailleurs aussitôt ces propos et reprend la description symptomatique comme si cette parenthèse n'avait qu'un intérêt secondaire ou anecdotique, et ne jouant aucun rôle sur le plan de son équilibre émotionnel ou de son sommeil !

Obs. n⁰ 12.

De même, Monsieur Bernard D., fils de petits commerçants, après quelques années de pension dans son enfance, fut confié par la suite soit à un domestique, soit à une tante, soit exceptionnellement à une grand-mère dont il garde d'ailleurs un bon souvenir. Il a pris l'habitude de vivre seul, et est quelque peu distant d'un monde peu favorable ; il s'est volontiers soumis aux pressions de son milieu désireux de lui faire acquérir une qualification technique ; et sitôt obtenue, et une fois achevé son service militaire, il s'est retrouvé seul, n'entretenant que quelques relations superficielles avec d'anciens camarades de régiment ou de pension. Systématiquement, il a fait quelques efforts pour rencontrer d'autres personnes, notamment dans un club sportif, puis dans un orchestre pop. Il a eu assez tôt quelques relations sexuelles, mais d'une manière tout à fait superficielle, qui ne l'ont guère marqué, et dont il ne garde d'ailleurs qu'un souvenir indifférent.

Mais il s'ennuie, et cherche, pour échapper à cet ennui, différents moyens ; c'est ainsi qu'il finit par recourir au mariage et se choisit une compagne, elle-même technicienne, séparée de sa famille, campagnarde, habitant jusqu'alors dans un fond de vallée coupée du monde, sans avoir jamais eu l'occasion de développer des capacités sur un plan artistique, intellectuel ou culturel. Ils n'ont guère d'assises sociales ni de convictions personnelles socio-politiques ou religieuses ; ils vivent et ressentent durement l'existence qu'ils mènent.

Les difficultés ne tardent pas à survenir après le mariage, et ils consultent. C'est alors que se découvre la grande vacuité de leur existence, et le faible élan qu'ils éprouvent l'un pour l'autre, élan qui semble ne guère présenter de différences avec l'élan antérieur : ils n'ont jamais été vivement attirés l'un vers l'autre. D'ailleurs, aucun d'eux n'a jamais cherché à éprouver de grandes choses, et ils ont, l'un et l'autre, appris à se méfier du grand amour tel qu'il leur apparaît à travers des lectures romanesques.

Ce n'est pas non plus en fonction d'une conviction organisée ou de rationalisations précises qu'ils se défendent du grand sentiment. Tout se passe comme s'ils le redoutaient en profondeur, mais quand il est question de chercher à comprendre pourquoi ils le redoutent, ils ne peuvent mettre en avant, l'un comme l'autre, que de vagues préjugés issus de médiocres lectures.

L'un et l'autre présentent des structures assez voisines, une pauvreté affective dont il est difficile de dire si elle est originelle ou acquise, et une insécurité profonde qui, malgré leur bonne adaptation sociale, pourrait mettre en question leur existence en tant que personnes. Vivent-ils, ne vivent-ils point ? En tout cas, ils ne savent pas qu'ils vivent mal, tout en ne présentant aucun symptôme socialement décelable d'une attitude dépressive visible : ils n'ont jamais été malades et, s'ils ne tiennent pas très profondément à la vie, ils n'ont néanmoins jamais manifesté de tendances systématiquement dépressives ou suicidaires.

Choix du partenaire et réaction à l'empiètement.

Ces derniers cas font quelque peu penser aux descriptions de Laing ([15]) sur « l'insécurité ontologique » : un solide sentiment de son existence, de sa réalité, de son identité, est nécessaire pour que l'être humain soit capable d'établir une relation véritable avec autrui sans se sentir menacé. Mais tous n'y parviennent pas également, et quels que soient les facteurs en cause, celui qui n'y parvient pas a beaucoup de peine à se sentir réel, vivant, différencié, avec un sentiment d'existence et surtout d'identité. Il se sent constamment menacé et constamment obligé de préserver son insuffisante identité et sa vie mal différenciée. Il est — ou risque d'être — affecté par toutes sortes d'événements et, plutôt que de chercher d'abord satisfaction dans sa relation à autrui, il se sent avant tout obligé de se préserver. « L'engloutissement, écrit Laing, lui apparaît comme un risque qu'il court en étant compris (c'est-à-dire surpris, saisi), en étant aimé, voire simplement en étant vu. Il peut craindre d'être haï pour d'autres raisons, mais être haï est souvent à ses yeux moins dangereux qu'être détruit en étant « englouti » par l'amour ! »

Nous n'aborderons pas ici la question du caractère pathologique ou non de cette insécurité ontologique, ni de sa place par rapport à la psychose ou au vécu psychotique, si tant est qu'une frontière autre que conventionnelle puisse être définie ici.

Le fait est que de nombreux sujets apparemment adaptés à la vie sociale vivent ainsi, et n'ont pas trouvé le moyen de vivre autrement ; beaucoup sont gênés dans leur vie familiale et plus encore dans leur vie amoureuse : c'est bien *l'intensité de l'amour qui est vécue par eux comme redoutable.* Une relation plus pauvre, ou plus ambivalente et mêlée d'un peu de haine, est alors moins redoutée et peut parfois être considérée comme protectrice : c'est ainsi que ces sujets peuvent être conduits à *choisir leur partenaire,* principalement *pour éviter d'être engloutis ou dévorés.*

On peut les comprendre à partir de certaines descriptions de Winnicott et en particulier de son concept d' « empiètement » qui trouve sa définition dans le cadre des toutes premières relations au monde. On se rappelle que pour Winnicott, avant que se forme un véritable Moi infantile, il existe un *continuum* entre l'être mal différencié et la mère enveloppante. Dans le cadre de ce « holding », les attitudes maternelles jouent un grand rôle, face auxquelles l'enfant n'a qu'un très faible pouvoir. Lorsque la mère est « suffisamment bonne » et grâce à ses réactions parfaitement adaptées aux désirs, aux fantasmes, aux illusions ou aux hallucinations du nourrisson, celui-ci acquiert petit à petit la possibilité d'une véritable illusion de toute-puissance, nécessaire à cette étape de son développement, illusion à laquelle, plus tard, il deviendra capable de renoncer.

([15]) R. LAING, *Le Moi divisé* (« The Divided Self »), tr. fse Stock, Paris, 1970.

Si, par contre, les réactions de la mère — ou de son substitut — ne sont pas parfaitement adaptées à cet aspect intérieur subjectif de l'enfant, et que par exemple une mère possessive, à l'amour envahissant, s'avance avec excès vers le nourrisson au moment où il ne désire rien, tout se passe comme si ce dernier en éprouvait un tort et devait se défendre contre cet empiètement. Il se sent menacé comme s'il était lui-même creux ou vide, et comme si ce contact intrusif de la mère risquait de le détruire : vécu voisin de ce que certains auteurs ont voulu conceptualiser en termes de risque « d'implosion » et qui a une parenté avec celui des sujets que nous avons observés. La principale réaction défensive de ceux qui redoutent cet empiètement ou cette invasion amoureuse d'autrui est une réaction d'isolement. *La manœuvre défensive consiste* le plus souvent *dans le choix d'un futur partenaire avec lequel ne seront partagés que certains aspects de leur vie.* La préservation de leur sécurité et de leur existence passe avant la quête du plaisir.

Il semble qu'il faille considérer ce mouvement de distanciation comme général, mais, tandis que chez la plupart il ne s'impose qu'au cours de phases critiques, chez certains au contraire il prend une intensité qui marque le choix de leur partenaire et du style de leur vie de couple. Ces derniers risquent en effet une décompensation plus ou moins pathologique de leur équilibre s'ils sont, par le fait des circonstances, obligés à une trop grande proximité avec leur proche, réveillant la menace d'empiètement et le risque d'implosion.

Ces risques d'intrusion et de décompensation ne sont pas propres à la vie amoureuse. Des expériences émotionnelles très denses peuvent aussi les provoquer, comme en témoignent aujourd'hui certains clients des diverses méthodes de « libération » en groupe, très en vogue dans certains milieux : expériences qui, n'étant pas traumatisantes pour tous, sont souvent prônées par d'anciens clients « libérés », et sont souvent entreprises sans consultation préliminaire.

Obs. n° 13.

Ainsi Bernadette B. illustre ce phénomène devenu aujourd'hui assez fréquent. C'est une femme de trente-trois ans, célibataire, et souffrant quelque peu de son célibat. Elle a été, depuis un an, frappée par l'évolution d'une de ses très proches amies, Catherine, âgée de vingt-sept ans qui a entrepris l'année précédente un stage dit de formation à la relation sexuée, dont la théorie définie sur quelques tracts, ne paraît pas très claire, et fait allusion aux méthodes dites de Gestalt, de Bioénergie, d'expression totale ou d'expression corporelle, en groupes, en sessions intensives animées par des formateurs peu connus, ne semblant pas avoir une très grande expérience dans le domaine de la psychopathologie.

Toujours est-il que Catherine, ayant beaucoup bénéficié de ce stage, a eu le désir d'en refaire un autre, et, depuis qu'elle l'a entrepris, son attitude s'est considérablement modifiée. Alors qu'elle était gênée, inhibée, timide, avec des réactions de crainte devant autrui, elle s'est, comme l'annoncent souvent les prospectus, « libérée » c'est-à-dire qu'elle est aujourd'hui capable de répondre positivement aux avances d'autrui, qu'elle a établi facilement de nouvelles relations amicales, et probablement des relations plus poussées avec des garçons.

Bernadette B. ne sait d'ailleurs pas grand-chose de cette évolution qu'elle devine chez Catherine, qu'aujourd'hui elle semble beaucoup admirer. C'est pourquoi elle a décidé elle-même, plus ou moins sous la pression amicale de Catherine, d'entreprendre un stage équivalent.

Elle en est revenue bouleversée ; elle a sans doute découvert un certain nombre d'aspects inconnus d'elle-même, notamment d'intenses désirs qu'elle retenait jusque-là, mais dont elle ne sait plus que faire aujourd'hui ; c'est sur un mode très ambivalent qu'elle parle de cette session qui l'a, de toute évidence, beaucoup marquée. Cependant, l'aspect traumatique a été chez elle le plus important, en particulier, à la suite de séances d'intimité corporelle en milieu mixte, jugées par elle aujourd'hui beaucoup trop longues. Elle a éprouvé là des émois indicibles dont elle ne se remet pas, qui l'empêchent de dormir et entraînent chez elle des cauchemars de scènes érotiques, plus ou moins effacées par des scènes de violence, si bien qu'elle parle aujourd'hui de cette session en termes où l'attrait se mêle à l'horreur. Toujours est-il que son équilibre a été rompu et qu'elle a été finalement obligée de recourir à une chimiothérapie sédative, avant d'entreprendre une psychothérapie en face à face, qui lui permet petit à petit d'élaborer tout le matériel accompagnant les fantasmes issus, malgré elle, des profondeurs de son psychisme.

Elle s'en remettra sans doute, mais actuellement elle est encore obligée à une sorte de politique systématique de distanciation qui l'isole encore plus qu'auparavant, et, bien sûr, l'enferme encore plus étroitement dans son célibat.

Elle découvre aujourd'hui que son célibat, ainsi que cette attitude de repli, d'isolement et de timidité représentent pour elle une fonction défensive contre ce qu'elle ressent comme beaucoup trop chargé de valeur émotionnelle et affective pour pouvoir le supporter d'emblée. Il aurait fallu, dit-elle, que, dès son enfance ou son adolescence, elle ait été familiarisée avec des situations supportables lui permettant d'établir avec autrui des relations simples, pas trop sophistiquées, pas trop formelles. Alors aurait pu circuler entre elle et les autres un courant affectif, grâce à quoi les garçons qu'elle aurait fréquentés auraient pu comprendre sa sensibilité et éprouver quelque intérêt pour elle.

La question que pose Bernadette B., outre ses aspects techniques et thérapeutiques, c'est aussi celle de savoir si, pour les sujets manifestant son type d'insécurité, il existe une pédagogie qui puisse leur permettre de se prémunir contre les effets négatifs de leur terreur devant les affects d'autrui. Comment, avec de telles difficultés initiales dans leurs relations affectives et émotionnelles, les rendre capables de se familiariser suffisamment avec autrui pour que, au lieu d'être conduits à s'en séparer, ils puissent graduellement se rassurer dans le cadre même de ces relations, et pour que leurs désirs puissent éventuellement l'emporter sur leur terreur : problème complexe dont on se demande s'il est pédagogique ou thérapeutique. De toute façon, il exige une grande prudence de la part du thérapeute ou du pédagogue, et une réflexion sur lui-même, lui permettant de contrôler ses choix ou tendances personnelles, et éventuellement contre-transférentielles, pour ne pas induire chez son patient ou son disciple ses propres désirs et à plus forte raison ses propres problèmes.

Ce danger d'amour intense dont nous avons évoqué quelques-unes des formes, pourrait, bien sûr, s'interpréter en différents termes : nous avons utilisé ceux de l'analyse existentielle et les concepts issus de l'expérience analytique employés par Winnicott à propos de la réaction à l'empiètement. Mais Freud lui-même, dès l'origine ou presque, avait eu l'intuition de ces problèmes, notamment quand il soulignait l'aspect ambivalent de la relation amoureuse, même dans ses formes évoluées ; la notion parfois utilisée d'amour génital continue à véhiculer cet aspect d'ambivalence.

Il y a toujours dans la relation amoureuse quelque chose de l'ordre de l'incorporation avec ce que ce terme freudien, puis kleinien, laisse entendre de positif et de négatif, d'enrichissant et de destructeur. *Le bon Objet, s'il est tout-puissant et gratifiant, risque de devenir mauvais s'il est introjecté par un Moi insuffisamment solide.* En tant qu'allié et extérieur au Sujet, il est peut-être d'un certain recours ; en tant qu'Objet internalisé au sens psychanalytique, il peut devenir un aliment inassimilable et que le Moi tentera, avec plus ou moins de succès, de rejeter. Il existe là encore un rapport entre la force relative du Sujet et de l'Objet incorporé : si la disproportion est trop grande, apparaît un risque pour le Sujet qui tente de l'écarter s'il le peut. Et dans le cadre de sa stratégie défensive, il peut de la sorte être conduit à rechercher préventivement un Objet peut-être moins satisfaisant et moins gratifiant, mais aussi moins puissant et moins difficile à assimiler. *L'unité du Moi dépend du résultat de cette stratégie défensive.*

Nous avons assez souvent souligné que ces processus se vivaient, à un degré ou à un autre, chez la totalité des individus au cours de leur vie amoureuse, pour ne pas craindre d'illustrer aussi cet aspect par l'important grossissement et la caricature que peut parfois nous apporter la pathologie :

Obs. n° 14.

Yvette C. est une jeune fille de vingt-six ans, qui vient consulter parce que, depuis une dizaine de jours, elle éprouve des phénomènes curieux et désagréables qui l'angoissent ; cela lui rappelle, bien que très vaguement, ce qu'elle a ressenti déjà il y a dix-huit mois, juste avant de présenter des troubles qui ont nécessité son hospitalisation. Elle a actuellement l'impression que les choses deviennent bizarres autour d'elle, floues, difficiles à comprendre, et en même temps, plus ou moins angoissantes. Elle a dû subitement cesser son travail, abandonner les sorties prévues, et se réfugier chez ses parents qui n'ont pas tardé à la trouver, en effet, différente de ce qu'elle était habituellement. Sur leur conseil, elle a assez facilement accepté de consulter avec l'idée qu'il s'agira peut-être d'un traitement préventif qui lui éviterait la désagréable obligation de se faire hospitaliser. A l'entretien, elle n'est pas réticente, mais son discours est flou, confus. Elle vit à moitié dans un autre monde et se repère mal, sans toutefois être totalement désorientée. Le monde de ses significations s'est brusquement transformé ; elle en voit partout de nouvelles, et trouve partout des coïncidences s'orientant toujours vers elle : les voitures font exprès de la frôler, on lui souffle des choses qu'elle doit comprendre mais qu'elle ne saisit pas. Il lui reste cependant assez de lucidité pour se rendre compte du caractère anormal de ces phénomènes et pour tenter de les critiquer ; mais elle sent faiblir cette critique et elle appelle au secours.

Il n'est pas possible, au cours de ce premier examen, de pousser beaucoup l'investigation anamnestique, car Yvette C. n'est guère en état d'y répondre ; mais après un traitement neuroleptique de quelques jours, elle est déjà un peu mieux, se rassure en constatant cette amélioration et revient en confiance exposer ses problèmes. Elle avait déjà ressenti des phénomènes analogues qui s'étaient accentués peu à peu avec un sentiment pénible de coïncidences centrées sur elle, comme si un combat se faisait jour à l'intérieur d'elle-même entre des gens la poussant à épouser un garçon qu'elle aimait et d'autres s'y opposant. Cet épisode angoissant s'étant rapidement aggravé et ayant sombré dans la confusion, elle n'en avait ensuite gardé qu'un souvenir très vague, emporté par l'ouragan d'une grande crise dissociative aiguë, qui selon le témoignage de son entourage, l'avait obligée à suivre une thérapeutique active en milieu hospitalier.

Elle en était sortie assez bien guérie au bout de quelques mois, mais elle était restée un peu plus distante après cet incident, toujours un peu sur la défensive, en particulier en ce qui concerne sa vie sentimentale. Ses parents n'étaient pas au courant du détail de cette vie, mais sa jeune sœur, à qui elle se confiait volontiers, en avait gardé des précisions importantes.

Yvette est née dans un cadre familial aux relations assez denses, d'une mère assez anxieuse et un peu fragile, d'un père également anxieux, scrupuleux, revérificateur, mais dont l'anxiété avait plutôt pris une forme névrotique, sur un fond de personnalité relativement solide. Les deux parents, d'origine prolétarienne, travaillaient dans un bureau, la mère comme dactylo et le père avec une compétence un peu plus élaborée, avait des responsabilités plus importantes. Ni l'un ni l'autre n'avaient réellement fait d'études, bien qu'ils se soient culturellement un peu enrichis par eux-mêmes. Mais ils avaient désiré que leurs enfants soient instruits, et c'est ainsi qu'Yvette avait passé son baccalauréat, avant d'entreprendre une activité professionnelle dans un laboratoire.

En fait, ces études secondaires ont beaucoup marqué cette jeune fille; elle s'y est beaucoup intéressée, s'est ouverte à un monde culturel très différent de celui des parents et s'est choisi des amies qui, toutes, ont également fait des études secondaires ou supérieures. Elle apprécie beaucoup les longues soirées qu'elle passe avec des amis ou des amies et sa sœur, à discuter de problèmes philosophiques, plus spécialement de philosophie scientifique.

Il y a quelques années, elle a rencontré un garçon qui s'est beaucoup attaché à elle et qui désirait l'épouser; mais ce garçon n'étant pas bachelier et n'ayant pas tout à fait les mêmes intérêts qu'elle, Yvette repoussa cette proposition, au grand regret de sa mère qui ne voyait guère l'importance de ce problème. Par contre, il y a deux ans, peu avant son hospitalisation, elle avait fait, par l'intermédiaire de son groupe d'amis, la connaissance d'un garçon auquel elle commençait à s'attacher et qui avait, cette fois, les mêmes intérêts qu'elle. Sans qu'il y eût quoi que ce soit de précis encore entre eux, son imagination commençait à tourner autour de ce jeune homme dont elle attendait les moments de rencontre avec de plus en plus d'impatience.

C'est au moment où cette relation commençait à devenir émotionnellement très importante pour elle, que commencèrent les troubles. A la suite de son hospitalisation, elle n'a pas repris contact avec ce garçon et semble même vouloir éviter ce sujet.

Or, peu avant de venir consulter, Yvette fait la connaissance d'un autre garçon. Elle précise à la consultation qu'il est bachelier et lui fait des avances auxquelles elle n'est pas insensible. Devait-elle y céder ou non? Accepter de s'attacher ou non? Cette question l'agitant beaucoup, elle préfère actuellement ne plus y penser, car elle se sent troublée, de ce même trouble qui a joué un rôle dans le déclenchement des manifestations pathologiques récentes.

Peu à peu, au fur et à mesure que son état s'améliore et qu'elle se rassure, elle retrouve plus précisément le thème des phénomènes hallucinatoires qui l'envahissaient lorsqu'elle consulta pour la première fois, lorsque l'activité délirante se centrait sur des conflits imaginaires entre deux groupes de voix, celles qui lui suggéraient d'épouser un bachelier et celles qui le lui déconseillaient. Cela lui paraît encore peu clair, mais elle sent bien qu'il y a là un problème, dont elle préfère remettre à plus tard l'analyse.

Pendant un certain nombre de mois, elle surveille sa santé psychique, apprend à repérer le début de manifestations psychopathologiques, de l'ordre de la dépersonnalisation, de l'apparition de phénomènes angoissants accompagnant les sensations de coïncidence centrées sur elle : tout ce qui pourrait évoquer le début d'une activité délirante, avec ses changements de signification et la réapparition de phénomènes égocentriques archaïques qu'elle n'est pas en état de critiquer. Elle reste longtemps assez distante de son groupe d'amis qu'elle ne veut plus fréquenter, malgré les encouragements de sa sœur et de ses parents. Elle a alors l'occasion de rencontrer un garçon qui s'intéresse à elle et qu'elle laisse visiblement s'approcher d'elle. Celui-là ne l'effraie nullement et sa proximité n'entraîne chez elle aucune réaction : il n'est pas bachelier! Il lui paraît fort agréable et amusant, mais elle sent bien qu'elle n'a pas suffisamment d'affinités avec lui pour établir un lien. Emotionnellement, cette relation ne la trouble nullement.

Un an plus tard, son état est toujours très stable. La vigilance se relâche un peu et elle recommence à s'ouvrir à une vie sociale plus large, en même temps qu'elle refait quelques études, de front avec son travail, ce qui la remet ainsi au contact de la vie culturelle qui l'a toujours passionnée.

Et de nouveau, elle fait la connaissance d'un autre garçon, mais dès le début de leur fréquentation réapparaissent brusquement chez elle les phénomènes dissociatifs, très comparables à ceux qu'elle a présentés les fois précédentes. Le thème général au début de l'activité délirante reste le même : épouser ou non un bachelier? Sur le plan strictement pathologique, les manifestations hallucinatoires cèdent rapidement à une nouvelle chimiothérapie, mais dès qu'elle est mieux, Yvette cherche de nouveau à prendre ses distances, ressentant combien elle est perturbée lorsqu'il est question de s'engager dans une intense relation amoureuse.

Vraiment, oserait-elle s'engager profondément avec un garçon qui partagerait pourtant avec elle tant d'intérêts communs sur les plans qu'elle ressent et qui s'avèrent comme les plus importants pour elle? Bien sûr, il ne s'agit pas du baccalauréat lui-même, mais de ce qu'il signifie comme capacité et surtout comme possibilité d'orientation vers les centres d'intérêt philosophique et culturel.

Epouser un tel garçon supposerait un partage avec lui sur trop de plans, une sorte de mise en commun trop globale pour elle, sinon trop fusionnelle, qui mettrait en question son individualité et jusqu'à son identité. Elle est, en somme, menacée par une relation amoureuse qui supposerait des attaches trop profondes pour ce qu'elle peut supporter. Prudemment, elle préfère garder ses distances, quitte à rester célibataire, et avoir quelques échanges sur des plans isolés avec des garçons sympathiques, sous réserve que cela n'entraîne aucune émotion importante. C'est une question de sécurité, dit-elle. Il faut reconnaître que cette stratégie lui a été utile sur ce plan psychopathologique, car depuis qu'elle s'y tient, elle ne présente plus aucune manifestation d'ordre dissociatif, — cela il est vrai au prix d'une limitation importante de son épanouissement ([16]).

([16]) D'un point de vue psychanalytique, on peut remarquer que le baccalauréat est le signe social qui la distingue des parents et on pourrait supposer qu'elle redoutait de les dépasser; il est possible que les garçons cultivés et bacheliers qu'elle pourrait aimer réveillent des conflits œdipiens latents profondément refoulés. Mais le matériel associatif de la patiente ne confirme guère cette hypothèse pas plus que l'analyse plus poussée de sa relation peu conflictuelle et modérément investie à chacun de ses parents.

CHAPITRE IV

DE LA COMPRÉHENSION PSYCHANALYTIQUE
A LA COMPRÉHENSION SYSTÉMIQUE

Dans le champ de ce qu'on appelle aujourd'hui psychologie clinique, on peut dire sans trop d'excès que c'est à Freud et à ses compagnons qu'il faut attribuer l'origine d'une conception scientifique. Trois quarts de siècle plus tard, on fait facilement grief à Freud de s'être laissé influencer par les pressions de son milieu et d'avoir méconnu ce qu'une sociologie postérieure à lui a plus tard défini. On lui reproche d'avoir admis comme norme ce que son époque considérait comme norme mais que les sociologues aujourd'hui nous laissent entrevoir comme des conventions liées à un temps, à un développement particulier de la technique et de l'économie susceptible d'induire des modes de pensée en tant que superstructures. Ces critiques faciles à émettre en notre fin de siècle n'enlèvent pas sa valeur à son œuvre elle-même : elles permettent seulement une réflexion sur les limites de son activité créatrice. L'évolution même de sa pensée à travers son œuvre confirmerait sans peine, s'il en était besoin, que tout développement scientifique se fait toujours dans un mouvement dialectique (¹).

Si des mouvements nouveaux se font jour dans la compréhension des processus humains, il convient, pour mieux les comprendre, de les situer par rapport à l'orientation primitive de Freud et de ses premiers compagnons. Médecins profondément marqués par la tradition médicale occidentale et par les travaux encore récents des grands physiologistes, ils étaient nécessairement orientés à comprendre les modifications psychopathologiques en termes physiologiques. Or, la physiologie, comme la médecine somatique, se comprend à partir de l'organisme : c'est donc d'un point de vue individualiste que sont nées la compréhension psychanalytique originelle et la métapsychologie. Face à la complexité, jusque-là inexplorée du psychisme humain, il fallait méthodologiquement tenter d'en simplifier le chemin à partir d'une situation privilégiée : nécessité méthodo-

(¹) Pasche F., « Le génie de Freud », in *A partir de Freud,* Paris, Payot, 1969

logique qui laissait de côté quelques intuitions et soulignait le contraste entre celles-ci et les schémas métapsychologiques. Ce contraste laisse alors entrevoir d'autres voies possibles, que les courants contemporains repèrent mieux, comme s'ils se rattachaient davantage à l'inspiration primitive de Freud qu'à sa plus abstraite schématisation. Cela induit une compréhension plus complexe dans laquelle la relation du Sujet à ses Objets est étudiée de plusieurs points de vue, notamment comme une interrelation réciproque entre Sujet et Objet.

Pour faire admettre des découvertes difficiles, notamment celle de la sexualité infantile, au moins à quelques-uns sinon à une opinion publique hostile ou leurrée, Freud a dû beaucoup insister sur l'importance des processus de répétition par lesquels le choix d'Objets se réfère, à l'origine, aux toutes premières relations avec les tout premiers Objets : la mère, les figures parentales, etc. C'est sans doute au contexte historico-culturel rebelle qu'il faut attribuer l'insistance de Freud sur les processus de répétition, par exemple quand il parle de la relation amoureuse en termes de « réédition d'un amour antérieur » ou encore de l'Objet d'Amour qu'on « retrouve » alors qu'on croit le découvrir dans sa nouveauté.

L'importance des processus de répétition et de la référence aux toutes premières relations est évidente aujourd'hui. Toutefois, les raisons historico-didactiques ayant disparu dans le champ culturel post-freudien où nous sommes aujourd'hui, il n'est plus aussi nécessaire d'y insister, malgré le caractère bouleversant qu'avait cette découverte il y a trois quarts de siècle (²). Et sans doute convient-il davantage aujourd'hui de souligner dialectiquement l'autre mouvement du pendule, à savoir le caractère puissamment novateur et créateur du processus amoureux lui-même.

Perspectives groupales.

De même peut-on, dans l'étude de la relation amoureuse, souligner les aspects réciproques ainsi que les interactions entre le présupposé Sujet et le présupposé Objet ; il faut même franchir un pas de plus, et observer les processus qui se jouent d'inconscient à inconscient entre les deux êtres, en considérant la dyade qu'ils forment : groupe bien particulier de par son nombre et de par la nature des relations qui lient entre eux les membres ; mais cela n'empêche nullement de tenter une compréhension de caractère groupal au sein même de cette dyade.

(²) Il y a sans doute quelque facilité chez certains analystes contemporains à « répéter » les productions freudiennes. Comme le souligne Christian David dans son remarquable ouvrage sur *L'Etat amoureux* (Paris, Payot, 1971), à force d'insister sur les processus de répétition dans des conditions historiques différentes, ces auteurs induisent chez le lecteur, l'impression fausse et morbide que la découverte psychanalytique n'est qu'une tentative plus élaborée et plus théorique de « réduction » des phénomènes humains.

Nous retrouvons là l'inspiration d'autres courants de recherche; par exemple Lewin, refusant les *a priori* individualistes qui imprégnaient les conceptions psychologiques nées de la clinique médicale, tentait d'appliquer aux petits groupes humains un modèle emprunté partiellement aux schémas physico-mathématiques, — algèbre topologique et plus tard cybernétique — où le groupe est défini comme un champ de forces s'exerçant à l'intérieur d'une zone de liberté laissée par les institutions sociales. Mais l'éclairage intéressant apporté par les disciples de Lewin à la psycho-sociologie des petits groupes artificiels, est rarement adaptable aux groupes familiaux composés de personnes ayant entre elles des relations extrêmement denses, narcissiquement très investies, plongeant leurs racines dans les profondeurs de l'inconscient. Reste cependant de ces réflexions la compréhension de certains processus groupaux, notamment le fait que tout groupe fonctionne autour d'un équilibre qu'il tend à rétablir dès qu'un changement s'introduit, comme si, en tant que tel, le groupe résistait à toute perturbation le concernant.

En outre, on sait que les descriptions des disciples de Lewin ont été reprises et utilisées par les psychanalystes qui les ont approfondies en y réintroduisant les dimensions de l'inconscient, du fantasme et les processus transférentiels. Ainsi les études de Bion [3], de Foulkes et Anthony [4], et récemment de Anzieu [5], Bejarano, Kaes, Missenard, Pontalis, définissent les différentes modalités transférentielles au sein des petits groupes. Une analogie avec la situation de la dyade est souvent possible, malgré la dimension et les caractéristiques propres à cette dernière : dans le champ de la psychothérapie du couple, *c'est le transfert groupal qui fonde le couple comme Objet* pour le thérapeute qui y réagit par un contre-transfert spécifique. Nous avons nous-même insisté ailleurs [6] sur la nécessité de bien distinguer parmi les processus transférentiels ce qui revient au transfert individuel de chaque partenaire et ce qui revient au transfert global du couple comme groupe. Dès qu'apparaît entre les membres la perception implicite d'un « nous » collectif, le couple fonctionne de fait comme groupe et développe des phénomènes correspondant à un véritable transfert du groupe-couple sur le thérapeute. C'est pourquoi il est important parmi les aspects contre-transférentiels de distinguer ceux qui concernent les individus séparés et ceux qui concernent leur groupe, car ils peuvent être disjoints : par exemple, l'analyste du couple peut observer en

---

[3] Voir notamment : Bion W. R., *Recherches sur les petits groupes* (1961), trad. fse P.U.F., Paris 1965; et *Learning from Experience*, 1962, Heinemann Londres.

[4] Voir notamment : Foulkes S. H., Anthony E. J., *Psychothérapie de groupe*, 1957, trad. fse, Epi, Paris 1970.

[5] Voir notamment : Anzieu D., Bejarano A., Kaes R., Missenard A., Pontalis J. B., *Le travail psychanalytique dans les groupes*, Dunod, Paris 1972.

[6] Lemaire J. G., *Les thérapies du couple*, Payot, Paris 1971.

lui des affects positifs à l'égard de chaque partenaire séparément, en même temps que des affects négatifs à l'égard de leur union en couple, ou inversement. Il va de soi qu'en pratique, il est très important qu'un véritable thérapeute sache repérer en lui et contrôler ses diverses dispositions contre-transférentielles.

Précédé par les intuitions de quelques psychanalystes, entre autres Laforgue ([7]) et Leuba ([8]), Mittelmann ([9]), Oberndorf ([10]), etc., un autre courant de recherches s'est fait jour à partir de l'expérience thérapeutique auprès d'enfants, conduisant à de nouvelles définitions du fonctionnement du groupe familial. On pourrait citer ici les travaux d'Ackermann ([11]) et de Lidz ([12]) qui ont beaucoup influencé l'école anglo-saxonne, ou plus récemment ceux de Richter ([13]) en Allemagne. Nous-même ([14]) avons essayé de définir l'évolution du lien conjugal à la jonction d'une compréhension strictement psychanalytique et d'une compréhension microsociologique, à partir du processus de groupe formé par l'union plus ou moins stable de deux partenaires.

Une autre inspiration très différente, est née également de réflexions portant sur la clinique des troubles graves de l'enfance. Tentant d'exclure la compréhension psychanalytique, malgré quelques coups de chapeaux à Freud, l'Ecole de Palo Alto, notamment Bateson ([15]), Jackson ([15]), Haley ([15]), Watzlawick ([16]), etc., a tenté de spécifier la compréhension des interrelations ou des transactions à l'intérieur du groupe familial, à partir de l'expérience du groupe familial de sujets malades, appelés schizo-

([7]) LAFORGUE R., « La névrose familiale », in *Rev. Fse Psychanal.* 1936, T. IX, n° 3, pp. 327-355.

([8]) LEUBA J., « La famille névrotique et les névroses familiales », in *Rev. fse Psychanal.* 1936, IX, n° 3, pp. 360-413.

([9]) MITTELMANN E., « The Concurrent Analysis of Married Couples », in *Psychoanalytic Quarterly* 1948, 17, pp. 182-197.

([10]) OBERNDORF, C. P., « Folie à deux », in *Int. Journal Psychoanal.* 1934, 15, pp. 14-24.

([11]) ACKERMANN, N. W., *Psychodynamics of Family Life*, New York, Basic Books 1958.

([12]) LIDZ Th., « Intrafamilial environment of the schizophrenic patient », VI. The transmission of irrationality, in *Arch. of neurol. and psychiat.* 1958, 79, pp. 305-316. LIDZ Th., « La famille, cadre du développement », in *L'enfant dans la famille*, 1970, I, pp. 18-35.

([13]) RICHTER H. E., *Parents, enfants et névrose.* Paris, trad. fse, Mercure de France 1972. RICHTER H. E., *Psychanalyse de la famille*, Paris, tr. fse, Mercure de France, 1971.

([14]) LEMAIRE J. G., *Les conflits conjugaux*, Paris, E.S.F. 1966.

([15]) BATESON G., JACKSON D. D., HALEY J., « Towards a Theory of Schizophrenia », *Behav. Sc.* 1956, I, pp. 251-264.

([16]) WATZLAWICK P., *Une logique de la communication*, New York, 1967, trad. fse. Paris, Le Seuil, 1972.

phrènes dans la conception américaine de ce terme ([17]). Ainsi des études portant sur les théories de la communication définissent le groupe familial considéré comme un tout, ou comme un système, fonctionnant sur un mode homéostatique, inspiré plus ou moins des modèles cybernétiques, avec leurs processus de rétroaction, leur fonctionnement autoréglé. Dans ce système l'accent est mis essentiellement sur les processus de la communication, où un certain type d'information joue un rôle prépondérant dans les échanges, ainsi que les contradictions entre les divers modes de cette communication.

On sait l'indéniable richesse de ces travaux : la compréhension de la famille comme ensemble ou système semi-clos en équilibre dynamique variable, ou comme somme intégrée des caractéristiques de chaque membre, — somme différente d'une somme arithmétique — a introduit dans la thérapeutique une perspective extrêmement riche permettant de comprendre en particulier l'opposition du traitement et la plupart des échecs de thérapie individuelle d'enfant.

De telles conceptions reprises et développées par des auteurs européens de formation initiale psychanalytique, telle l'équipe de Selvini Palazzoli, ont permis la réalisation pratique de types très spécifiés de thérapie familiale. L'étude des interactions, et, au sens large, des *communications paradoxales* entre les membres permet, grâce à une compréhension groupale circulaire de découvrir les différentes « définitions de la relation » que se donnent les individus, leurs règles, et de les modifier grâce à des interventions plus ou moins paradoxales, elles aussi. Il convient de noter que les changements introduits dans le fonctionnement pathogène d'un groupe familial ne passent pas nécessairement au départ par de véritables prises de conscience individuelles, mais imposent que soit donnée une « connotation positive » des symptômes initiaux comme l'a brillamment montré Mara Selvini Palazzoli ([18]). L'intuition commune à ces travaux a d'ailleurs une parenté étroite avec celle d'autres auteurs de formation psychanalytique qui se sont intéressés au groupe, comme Foulkes ([19]) qui écrivait déjà : « Tout se passe comme si, pour se maintenir en bonne santé, l'être humain devait maintenir un équilibre, non seulement à l'intérieur de son propre système, mais aussi à l'intérieur d'un système comprenant un certain nombre de personnes particulièrement signifiantes pour lui...

([17]) On sait que le vocabulaire psychiatrique américain ne garde pas au terme de schizophrène une délimitation aussi précise, cliniquement, qu'en France et plus généralement en Europe. Ainsi les textes américains appellent schizophrénique tout phénomène, tant soit peu dissociatif ou même tout phénomène qui conduit le Sujet à un relatif isolement.

([18]) Selvini PALAZZOLI M., *Paradosso e controparadosso*, Feltrinelli ed., Milano, 1975.

([19]) FOULKES S. H., *Therapeutic Group Analysis*. Londres, George Allen, 1964.

représentants de la communauté et de la culture au sein de laquelle il vit... »

Par contre, malgré leur intérêt indiscutable et leur schématisation aisée, certains de ces modèles, lorsqu'ils sont appliqués de manière un peu rigide par des cliniciens non rodés à la compréhension psychanalytique de l'inconscient, ont l'inconvénient grave de négliger d'importants facteurs affectifs profondément inconscients, facteurs d'autant plus dynamiques précisément qu'ils restent refoulés. C'est pourquoi l'application de ces méthodes doit d'une part n'être confiée qu'à des thérapeutes dûment formés ; d'autre part, elle a surtout de l'intérêt lorsqu'il s'agit d'intervenir auprès d'un groupe familial relativement nombreux, où il n'est plus guère possible de prêter la même attention au fonctionnement psychique de chaque membre individuellement.

Mais *les concepts* utilisés avec succès sur le plan thérapeutique en thérapie familiale *sont-ils utilisables en thérapie du couple?* Cela n'est pas évident toujours. Plusieurs aspects doivent être évoqués. Il faut d'une part tenir compte de la dimension du groupe-couple, où *les phénomènes de groupe, très réels, qui s'y passent sont vécus comme l'émanation du partenaire ou de son milieu.* D'autre part, il est rigoureusement impossible de renoncer là à tenir compte des processus inconscients dont nous avons souligné l'importance à chaque moment évolutif, et bien entendu dès le premier moment où s'organise le choix du partenaire.

D'ailleurs, même en ce qui concerne le groupe familial conçu comme système, on peut aussi penser que la méconnaissance de l'inconscient et des différentes découvertes de l'Ecole psychanalytique est peut-être un phénomène historique passager lié au contexte où sont nées ces recherches sur le groupe familial et les théories de la communication : réaction contre un climat culturel dominé par l'influence majeure de certains courants psychanalytiques abâtardis. C'est sans doute en réaction contre ce même champ culturel dominant que se sont développées les inspirations à l'origine du mouvement dit antipsychiatrique.

Dans le cadre d'une réflexion scientifique plus large, moins exclusive parce que moins passionnelle, la recherche et les concepts qui en sont issus devraient pouvoir bénéficier d'une compréhension psychanalytique plus approfondie ([20]). C'est du moins notre ambition.

([20]) On peut d'ailleurs noter qu'historiquement dans le champ de la pensée scientifique en psychologie clinique, des phénomènes analogues se sont produits. Bien des inspirations sont nées d'auteurs non psychanalystes qui ont proposé une approche ou une réflexion dont la fécondité a été renouvelée, sinon découverte, lorsque l'intuition primitive a été fécondée secondairement par une compréhension psychanalytique plus poussée. Par exemple, l'œuvre de Moreno à propos du psychodrame, les travaux de l'école de Lewin à propos de la dynamique de groupe, les réflexions sur l'unité psychosomatique à propos de la relaxation, etc., montrent combien la gamme thérapeutique a été enrichie par l'utilisation psychanalytique de

Sans doute peut-on aujourd'hui tenter de *confronter deux modes d'explication du processus du couple.* Certaines situations cliniques illustrent plus facilement une tentative de compréhension plutôt qu'une autre. La véritable difficulté n'est pas — au nom d'une théorie *a priori* — d'exclure l'apport d'une autre, mais de repérer *où peut se faire l'articulation entre les deux,* dans les cas où elle est possible. En pratique cette recherche débouche sur l'utilisation clinique de concepts qui peuvent avoir un intérêt opératoire considérable. On retrouve alors la nécessité de distinguer relation amoureuse en général et interrelation au sein d'un couple.

— Lorsque l'aspect pulsionnel est prédominant, et que le Sujet cherche au prix d'un Objet contingent à satisfaire ses désirs pulsionnels sans s'intéresser beaucoup à la relation avec cet Objet, les types de choix sont étroitement référés aux pulsions partielles avec leurs caractères prégénitaux dominants : cas fréquents de l'aventure, du flirt ou des liaisons brèves, dans lesquels une explication systémique considérant la dyade comme une unité est inapplicable, ou de faible intérêt.

— Par contre, plus la relation d'Objet est référée, au moins implicitement, à une certaine intention de durer, plus la réciprocité des relations est importante et plus s'impose une compréhension de caractère systémique accompagnant la conscience d'un « nous » collectif.

Ainsi le cas de Pierre H. ([21]) montre bien dans son aventure imaginaire, que le choix de l'Objet de son désir, au sens partiel du terme, est apparu subitement, impulsivement et sans aucune relation de réciprocité, tandis que le choix de sa partenaire légitime présentait déjà des caractères qui manifestaient les dispositions latentes de cette dernière à répondre aux besoins de défense de Pierre H.

Il en est de même dans presque tous les cas que nous avons déjà évoqués. Le cas de Mme Z. ([22]) montre bien l'effet inducteur de son mariage (ou de sa vie quasi conjugale) avec ses partenaires successifs, dont elle a plus ou moins réveillé des dispositions latentes; cela souligne qu'elle

---

méthodes ou d'inspirations qui à l'origine n'étaient pas psychanalytiques. Il faut ajouter que les sociétés psychanalytiques, dans leur ensemble, ont souvent été, sinon hostiles, du moins très réticentes à propos des tentatives entreprises par quelques-uns de leurs membres psychanalystes pour utiliser des méthodes d'approche qui, au départ, précisément n'avaient pas l'estampille psychanalytique. C'est souvent malgré les sociétés psychanalytiques elles-mêmes que les applications de la psychanalyse ont été considérablement étendues.

([21]) Voir le chapitre sur les données psychanalytiques initiales, Obs. n° 3, p. 86.

([22]) Voir le chapitre sur les données psychanalytiques initiales, Obs. n° 2, p. 80.

recherche bien ces dispositions en ses partenaires, et qu'eux-mêmes ont bien trouvé en elle le moyen de les satisfaire.

Il semble donc qu'avec les réserves évoquées plus haut, on puisse tenter d'apporter au couple de longue durée l'éclairage d'une compréhension systémique, en tenant compte des dimensions spécifiques de la dyade, du caractère plus ou moins symétrique des relations de ses membres, de l'importance de la problématique inconsciente de leurs désirs et de la nature également inconsciente de la plus grande part de leurs communications.

Certains des concepts utilisés en thérapie familiale paraissent y être utilisables : par exemple ceux de rôle et de mission [23], sous la condition qu'existe une réelle dimension groupale exprimée par une sorte de « contrat implicite » [24] qui spécifie le couple conjugal et le distingue d'autres formes de relations provisoires ou plus distantes. D'autres concepts — tel celui de « collusion » [25] par lesquels se structure l'engrenage des problématiques propres des partenaires dans leur aspect profondément inconscient — y sont utilisables; ils permettent entre autres de comprendre le maintien de relations durables entre des partenaires qui se déchirent et paraissent se rejeter ou se haïr. On peut ainsi considérer l'organisation dyadique elle-même comme un véritable « système » organisé [26].

Engrenage des processus individuels et structuration dyadique.

Il est inutile de reprendre toutes les observations antérieures. Rappelons seulement ici les perturbations d'ordre sexuel, où l'on voit que la guérison

[23] STIERLIN H., « Rolle und Auftrage in der Familie », in *Familien Dynamik*, 1976, I, pp. 36-59.

[24] SAGER Cl. J., *Marriage Contracts and Couple Therapy*, New York, Brunner-Mazel, 1976.

[25] Voir notamment :
DICKS V., *Marital Tensions*, London, Routledge and Kegan 1969.
LEMAIRE J.-G., *Thérapies du couple*, Paris, Payot 1971.
WILLI J., *Die Zweierbeziehung*, Hambourg, Rowholt 1975.

[26] Le lecteur attentif ne manquera pas d'avoir remarqué qu'un tel mode d'analyse, prenant comme point de départ l'organisation d'ensemble du groupe familial, aurait permis une interprétation intéressante d'un grand nombre des observations déjà décrites. Les chapitres concernés par la compréhension psychanalytique abondent d'illustrations où peut se déceler sans peine une interprétation systémique des interrelations entre les partenaires. La nécessité de la clarté et d'une exposition progressive des grilles de lecture possibles nous a imposé d'étudier d'abord l'un d'entre eux. Un lecteur plus familiarisé avec le mode de pensée systémique pourrait s'étonner que dans le présent travail, ce mode de compréhension soit défini et illustré assez tard. Nous avons adopté l'ordre d'exposition historique qui nous a semblé le meilleur parce que plus dialectique; et actuellement les nécessités d'une plus large compréhension font sentir l'utilité d'une perspective systémique associée à la première.

individuelle d'un des partenaires n'aboutit pas toujours à la guérison de la dysfonction sexuelle entre eux, comme si cette dysfonction était un phénomène de caractère systémique : un trouble entre eux ne pouvant être attribué à l'un ou à l'autre que par une décision de caractère conventionnel. Or, c'est un fait d'observation courante en sexologie qu'un couple vienne consulter au nom d'une dysfonction sexuelle attribuée à l'un des partenaires : elle est présentée par les deux partenaires comme étant le fait d'un seul d'entre eux.

Obs. nº 15.

Par exemple, Bernard et Michèle F. viennent nous consulter ensemble, et Bernard prenant la parole, explique que sa femme présente des manifestations de frigidité dont l'aggravation met en question l'équilibre du couple : non seulement leur satisfaction mutuelle, mais même éventuellement l'avenir de ce couple. Michèle F. confirme tout à fait les dires de Bernard et s'attribue l'origine de cette anorgasmie. Elle ajoute qu'elle n'a jamais pensé à en parler avant leur mariage dans la mesure où elle croyait ressentir des désirs hétéro-sexuels, jugés par elle normaux, et bien qu'elle ne les ait jusqu'alors pas mis en actes. Pendant quelques mois, à l'occasion de leurs premières relations sexuelles, quelques maladresses initiales de Bernard leur ont paru à l'origine de cette frigidité, après quoi tous deux ont pensé que cette maladresse ne pouvait suffire à expliquer la prolongation d'un tel trouble, tandis que persistent toujours des désirs jugés normaux. Au bout de quelques séances de thérapie analytique de couple, un changement important se manifeste dans l'organisation structurale de la dyade. Tandis que Michèle voit apparaître ses premières satisfactions sexuelles, c'est Bernard qui a de plus en plus de difficultés à réaliser le coït, et finalement manifeste une impuissance, se privant lui-même et privant sa compagne des satisfactions pour lesquelles il était venu consulter au départ. Il faut encore plusieurs séances avant que se réorganise une nouvelle structure du couple, et que Bernard se rassure assez pour permettre alors aux deux partenaires d'éprouver simultanément les satisfactions qu'ils recherchent.

Obs. nº 16.

De même Jacques et Paulette A. consultent à cause de l'impuissance attribuée à Jacques. Ce dernier se présente avec embarras, espère que sa femme parlera la première; comme elle se tait, il bredouille quelques mots laissant entendre que leur difficulté est de nature sexuelle et qu'il en est le responsable. Il met en avant quelques activités masturbatoires adolescentes extrêmement banales, mais vécues avec une très grande culpabilité, tandis que Paulette le regarde et paraît confirmer son interprétation des faits, à savoir que c'est bien lui, le responsable. La seule différence avec le cas précédent, en dehors de cette symétrie dans la présentation, reside dans le fait que Paulette se sent si peu en question dans l'échec sexuel, qu'elle n'accepte pas l'idée d'une thérapie de couple, et qu'elle induit son mari à entreprendre une psychothérapie individuelle; ce traitement personnel aboutit en effet à une guérison symptomatique, mais qui entraîne au sein du couple quelques perturbations, et ramène peu après les deux partenaires en consultation de couple. Cette fois, Paulette explique qu'elle ne peut plus supporter les relations sexuelles avec son mari, et se demande s'il y a quelque chose à faire pour elle. Les entretiens en couple mettent en évidence les interrelations de leur organisation dyadique, qui soulignent les difficultés longtemps latentes de Paulette, difficultés jusque-là masquées par celles, apparemment plus grandes, de Jacques, et qui n'apparaissent qu'après l'amélioration de ce dernier. Le type de choix conjugal fait par Paulette lui avait permis d'éviter la prise de conscience de ses difficultés personnelles et une éventuelle remise en question.

La fréquence de tels cas que connaissent bien les sexologues montre combien la dysfonction sexuelle doit souvent être considérée comme un effet systémique, et combien il devient intéressant et important au point de vue thérapeutique de comprendre comment s'est organisé le choix réciproque des partenaires.

Le cas du couple de Jacques et Paulette permet d'entrevoir l'enchevêtrement des mécanismes réciproques. On y voit par exemple que Paulette n'a pas moins de difficultés psychologiques que Jacques, bien qu'elle ne présente pas de manifestations cliniques visibles et qu'elle se croie normale. Précisément, ses tendances sont restées latentes *grâce* au choix qu'elle a fait, qui lui a servi de défense. Au lieu d'épouser quelqu'un sur qui elle projette à tous les niveaux son Idéal du Moi pour un projet de longue durée, au contraire, elle choisit Jacques qui présente la même difficulté qu'elle de manière plus évidente. C'est *cette faiblesse commune sur ce plan qui les attire, avec,* de la part de Paulette, *le besoin de choisir plus faible qu'elle;* le choix du plus faible a, chez elle, un effet rassurant, masquant mieux les aspects défaillants de sa personnalité.

Notons cependant que tous ces processus restent totalement inconscients chez chacun d'eux. Les mécanismes de défense du Moi se manifestent aux yeux du thérapeute, mais ont totalement échappé aux yeux des intéressés. La compréhension psychanalytique de leur choix conjugal n'est possible qu'à condition de regarder l'engrenage des processus de chacun dans un cadre dyadique. Celui-là seul permet en particulier de saisir quels types de bénéfices peut tirer de ce choix celui qui choisit plus « faible » ou plus « défaillant » que lui, tandis que la description freudienne initiale du choix lié à l'Idéal du Moi ne permettait de comprendre que celui qui épousait un Objet « meilleur » que lui.

Ainsi, une compréhension globale, dyadique des processus psychiques de fonctionnement du couple n'est nullement incompatible avec une vue psychanalytique, bien au contraire. Wynne ([27]) à propos de ce qu'il appelle « l'échange des dissociations » observe que chaque partenaire tend à garder éloignées de sa conscience certaines de ses caractéristiques personnelles qui lui semblent désagréables, redoutables, ou coupables, et que, pour y parvenir, il utilise comme mode de défense une certaine forme de « dissociation », par laquelle il localise ses aspects repoussés en les projetant sur son partenaire de manière inconsciente pour chacun d'eux. Le processus, étant réciproque, sous-tend l'organisation systémique. Ainsi le choix du partenaire peut être réalisé en fonction de ce besoin d'écarter un conflit intérieur, en éloignant du champ de la conscience un aspect de soi-même qu'on réprouverait si on le percevait, et qui engendrerait des sentiments de culpabilité. Cela suppose qu'un partenaire adapté puisse correspondre à ces projections, et réciproquement.

On voit donc que ce choix mutuel se fait, non seulement en fonction de la structuration antérieure de la personnalité de chacun, mais encore en fonction d'une structure dyadique organisée, permettant de faire corres-pondre les tendances d'un sujet aux caractéristiques latentes ou patentes comparables de son partenaire, dans le cadre d'un véritable échange des dissociations. Comme nous l'avons illustré dans l'observation précédente, ce qui est remarquable c'est la possibilité de choisir chez le partenaire des qualités ou des caractéristiques « négatives ». *C'est la défaillance du partenaire qui est en quelque sorte attendue et choisie.* C'est la disposition latente à cette défaillance qui, dans l'inconscient du Sujet, est repérée chez l'Objet, précisément dans le plan où le Sujet craint de ressentir en lui également une même défaillance qu'il tend à nier ou à écarter de son champ de conscience, et qu'il est soulagé de prêter à son alter ego.

Ce choix de la partie faible du Moi, ou du Moi négatif recherché chez le partenaire, est à rapprocher également des conceptions de Richter, comme nous le verrons dans sa description des divers rôles qui peuvent être définis réciproquement au niveau de la dyade organisée en système.

Un engrenage initial déjà très organisé peut n'être découvert que beaucoup plus tard ; il n'en est pas moins préparé dès le choix du partenaire.

Obs. n⁰ 17.

Ainsi Patricia prend rendez-vous et entre dans le cabinet de consultation avec son mari. Elle insiste pour qu'il soit présent la

---

([27]) WYNNE, « Pseudo Mutuality in the Family Relations of Schizophrenics », in *Psychiatry*, 1958, 21, pp. 205-220.

première fois et fournisse lui-même des explications, car dit-elle, elle ne peut le faire elle-même. Elle a trente-huit ans et lui quarante-cinq. Elle travaille dans l'enseignement, et lui dans la fonction publique. Ils n'ont pas d'enfants, à leur grand regret, disent-ils, mais il s'avère qu'en réalité, ils n'ont pas consommé leur mariage. Tel n'est d'ailleurs pas le but de la consultation : mariés depuis plus de quinze ans, ils ne pensent plus aujourd'hui qu'il soit possible de remédier à ce trouble.

Mais Patricia consulte, en fait, parce qu'en dehors de son travail, elle rend des services, et s'est organisée de telle manière qu'elle se trouve obligée actuellement de poursuivre une activité qu'elle a entreprise, et dans laquelle elle se fait terriblement exploiter — exploiter matériellement (car elle travaille gratuitement) mais aussi moralement parce qu'elle se fait humilier, bafouer constamment, renvoyer à son incompétence. En pratique, elle sert bénévolement de secrétaire à un homme auquel elle voulait rendre de grands services, ce dernier ayant eu une jeunesse malheureuse, et ayant échoué dans sa vie sentimentale. Au début de leur travail en commun, elle l'a quelque peu pris en pitié, consacrant beaucoup de temps et de dévouement à son service volontaire. Aujourd'hui il ne supporte plus du tout ce sentiment de pitié, et dès qu'elle prononce quelques mots de sympathie, il la rudoie de plus en plus grossièrement. Elle ne peut se détacher de lui, au point que son mari, pourtant fort patient et fort tolérant, commence à s'en irriter ; elle-même en souffre beaucoup et voudrait améliorer cette situation sans nuire à cet homme ; le maintien de cette tension a pour effet de provoquer chez elle des insomnies et différents troubles nerveux accompagnant une assez grande anxiété.

Elle est fille unique, issue d'un couple parental dont la mésentente est ancienne, mais qui présente la particularité d'avoir maintenu la coexistence parentale malgré ce climat profondément désagréable ; le père semble s'être comporté d'une manière fort passive, se soumettant du mieux qu'il pouvait — mais jamais suffisamment — pour trouver grâce aux yeux de sa femme ; la mère semblait présenter les caractères d'une mégère hostile à tous, et particulièrement blessante pour son mari. Elle humiliait constamment sa fille, la maintenant ou la confirmant sans cesse dans le sentiment de n'être bonne à rien, d'être incapable de faire ce qu'elle devait, etc. ; dans son enfance, cette patiente paraissait déjà marquée d'un caractère obsessionnel, encombrée de scrupules qui la conduisaient à tenter sans cesse de remédier aux souffrances du couple parental, tout en travaillant intensément elle-même. Elle passa brillamment ses examens, sans jamais aucun commentaire favorable de la mère : malgré sa réussite à un concours dans lequel elle était sortie l'une des premières, le seul commentaire de sa mère consista à faire remarquer qu'elle n'était pas la première. Toute la sympathie de la patiente s'orientait naturellement vers le père, dans un climat où la pitié semblait déjà jouer un rôle important, mais en même temps, elle s'identifiait à ce père malheureux face à sa tyrannique mère.

La structure névrotique de Patricia s'est confirmée peu à peu avec l'accentuation de manifestations obsessionnelles, d'anxiété, de scrupules, d'inhibitions qui se traduisent dans son expression corporelle, guindée, gênée, dans l'aspect obséquieux et soumis de sa présentation, et surtout à travers d'intenses sentiments de culpabilité, qui, d'après les récits qu'elle fait, confirmés par ceux de son mari, sont facilement perçus par tout son entourage familial ou professionnel. Outre ses dispositions masochiques, c'est sans doute l'importance de ses sentiments de culpabilité qui ont permis le maintien de cette relation d'exploitation dans laquelle elle s'est plongée, et dont elle ne sait comment se défaire, sans l'aide de son mari, — et aujourd'hui sans l'aide d'un thérapeute.

Le mari complète volontiers l'anamnèse, et décrit sans difficultés sa propre histoire, et c'est alors qu'apparaît dans l'entretien, la notion de leur consanguinité; ils sont en effet cousins. Et l'histoire de la famille de Patricia est ainsi confirmée par son mari, qui, alors qu'il était enfant, connaissait bien la mère de Patricia, figure tyrannique, redoutée de tout le groupe familial. Il a de son côté subi une éducation où les éléments d'inhibition l'ont emporté sur les éléments de stimulation, le tout dans un cadre culturel étroit, mais dont il ne paraît pas avoir profondément souffert; d'ailleurs, il a toujours apprécié le caractère dit « réservé » de sa femme — que nous serions beaucoup plus tenté de présenter comme profondément inhibée. Il s'est toujours présenté à elle comme un grand cousin protecteur, jouant volontiers ce rôle de protecteur avant la formation officielle de leur couple, et il a continué cette fonction par la suite. Elle se montre toujours particulièrement reconnaissante et prête à satisfaire le moindre de ses désirs; elle est donc pour lui extrêmement agréable à vivre. N'étaient cette activité extra-professionnelle et l'exploitation qu'elle en subit, qui retentissent fâcheusement sur son humeur, le mari de Patricia ne se plaindrait aucunement d'elle; mais il la voit souffrir, beaucoup souffrir, et il veut tenter de la protéger contre cette souffrance, comme cela a toujours été son attitude. Il n'est plus dans son pouvoir de la protéger directement, aussi considère-t-il que ces quelques troubles nerveux sont pathologiques, et il préfère utiliser la compétence d'un spécialiste. Certes, elle a toujours souffert, elle a toujours été bafouée, humiliée, blâmée à tort, condamnée injustement, elle s'est toujours sacrifiée; tout cela faisait partie d'un caractère qu'il lui connaissait, et dans une certaine mesure qu'il appréciait; mais cette fois, l'excès devient trop grand et il estime nécessaire qu'elle soit protégée contre ce qu'il considère, quant à lui, comme un défaut dans son caractère, c'est ainsi qu'il l'a poussée à consulter.

Il apparaît vite, dans l'entretien avec ce couple, que les affinités névrotiques des deux partenaires sont bien adaptées les unes aux autres : l'amélioration risque d'être difficile, la difficulté étant accrue par l'attitude du mari, qui confirme sa femme dans la conviction que c'est bien elle qui est porteur des symptômes et des inhibitions. Elle, tout comme lui, considère qu'il n'a aucune part dans les difficultés actuelles, et que c'est elle seule qui présente toute la symptomatologie. Elle accroche ses sentiments de culpabilité à cette conviction, tant et si bien qu'il est impossible d'envisager pour eux une thérapie conjointe dès le départ. Patricia entreprendra donc une thérapie individuelle. Il n'est certes pas possible d'envisager une psychanalyse *stricto sensu* étant donné la structuration ancienne des troubles, l'âge de la patiente, déjà trop adaptée à son organisation névrotique, sans parler des bénéfices inconscients qu'en tirent le couple et le mari; mais une psychothérapie pourra sans doute améliorer la situation.

La patiente s'engage volontiers dans son traitement; un nombre important de séances s'avère nécessaire avant qu'elle épuise le récit de toutes les situations plus ou moins stéréotypées dans lesquelles elle s'est engagée, sans se rendre compte que des dispositions masochiques importantes l'orientaient toujours de telle manière qu'elle se faisait humilier, bafouer ou simplement culpabiliser. Elle était préparée à cette attitude depuis sa tendre enfance, de par la relation dense avec sa mère hostile, et de par son identification malheureuse au père malheureux; fille unique, enfermée étroitement au sein d'un tel couple, elle n'a jamais pu concevoir une vie apportant plus de satisfactions qu'elle n'en éprouvait. Néanmoins, dans la cure vint un moment où elle perçut combien, dans son rapport actuel avec l'homme qui l'exploitait, elle contribuait à renforcer cette relation sado-masochique latente (relation sado-masochique qui ne s'accompagnait d'aucune approche tant soit peu érotisée, ce qu'elle n'aurait pas supporté une minute et l'aurait conduite à rompre immédiatement). Peu à peu, lentement, Patricia apprenait à se montrer un peu différente, dénouait un peu l'écheveau complexe et profondément serré dans lequel elle était attachée et prenait un minimum d'autonomie, tout au moins à l'extérieur de son couple.

Un jour vint où le mari demanda rendez-vous : c'était essentiellement pour remercier le thérapeute des progrès de la thérapie et de son activité libératoire pour sa femme. Là encore, il se comportait en généreux protecteur, en homme manifestement attaché à sa femme et presque satisfait de l'ensemble des résultats du traitement, et souhaitant qu'il se poursuive. Quant au trouble génital, il n'était pour ainsi dire pas mentionné et n'était évoqué que comme un phénomène à propos duquel il n'y avait pas grand-chose à attendre. La thérapie se poursuivit alors, Patricia étant très satisfaite de savoir que son mari souhaitait qu'elle la continue. Elle prit suffisamment d'indépendance, par rapport à son exploiteur, pour s'en séparer définitivement, s'engagea dans de nouvelles activités extra-professionnelles; certes, elle avait encore tendance à se faire exploiter, mais en prenant de plus en plus rapidement conscience, et modifiait son attitude; enfin, elle prenait plus d'aisance, ce qui se manifesta bientôt dans sa vie professionnelle où, disait-on, on ne la reconnaissait plus : elle n'était plus celle qui allait au-devant de toutes les corvées, elle commençait à se vêtir, sinon avec élégance, du moins dans un style un peu moins vieillot ou ridicule, et peu à peu trouvait un minimum de plaisir à l'existence. Une seconde fois, le mari vint confirmer les progrès et son espoir qu'elle pourrait bientôt guérir. La thérapie subit à ce moment quelques difficultés. Invoquant de fréquentes nécessités de déplacement, la patiente manquait assez souvent ses séances; elle demanda leur espacement, tout en semblant y être encore attachée.

Vint un jour où au retour de vacances, elle demanda un rendez-vous d'urgence. Elle avait, en effet, subi un véritable « traumatisme » pendant cette période, en assistant à un spectacle un peu osé, à l'occasion d'un voyage organisé; le mari avait aussi participé à ce spectacle et en avait tiré un vif plaisir, ce qui l'avait, elle, beaucoup surprise; mais le principal traumatisme venait du fait qu'elle découvrait l'existence de toute une gamme de plaisirs dont ses inhibitions l'avaient jusque-là totalement privée. Elle croyait découvrir la sexualité, c'est-à-dire la perception d'un minimum d'émotion. Il fallut un grand nombre de séances pour que, se remettant de ce « traumatisme », elle pût saisir ce qui se passait en elle et à quoi rien jusque-là n'avait pu la préparer.

Alors, elle commença à comprendre comment réagissaient les autres, et comment pouvait réagir son mari; elle s'inquiétait pour la première fois de ne jamais avoir éprouvé de désir d'ordre génital, et en même temps de ne plus en provoquer chez son mari. Se fit alors, dans la thérapie, un travail beaucoup plus délicat, qui l'amenait, malgré des séances beaucoup plus espacées et conduites avec une extrême prudence, à découvrir ce qui dans son comportement la rendait totalement incapable de provoquer le moindre désir d'un homme quelconque et même de son mari. Peu à peu, ce comportement se modifia, lentement et très progressivement; vint enfin un jour où elle se présenta à lui dans des conditions telles qu'eut lieu la première relation génitale de leur existence.

A la fin de la séance où elle rapportait cet événement bouleversant elle ajouta, timidement, sur le pas de la porte, que son mari, qui justement l'avait accompagnée, souhaitait me dire quelques mots. Après des remerciements pour le travail qui s'était fait sur le caractère de sa femme, sur son grand épanouissement, sur son élégance enfin acquise... il ajouta : « malheureusement, il s'est passé autre chose tout récemment dont elle a dû vous parler ; hélas, il ne faut pas continuer, car je suis « trop vieux désormais ». Il laissait entendre que c'était lui, qui, maintenant, n'aurait plus la capacité de donner satisfaction à sa femme... Il paraissait surtout beaucoup tenir à sa justification pseudo-physiologique, bien qu'il fût d'âge moyen, vigoureux, et en bonne santé. Il avait beau recevoir les démentis les plus formels du thérapeute, quant à l'éventualité d'une anomalie physiologique, il s'y accrochait cependant, refusant toute idée de traitement personnel ou même de consultation médicale classique. Il s'avérait, en fait, que cette explication physique lui permettait d'éviter toute remise en question de son attitude sur le plan psychologique que la guérison de sa femme risquait d'introduire. Tout s'était passé comme si, dès le début de leur choix réciproque, l'un et l'autre avaient préféré qu'il n'y eût pas entre eux la moindre relation d'ordre génital, bien qu'ils fussent mariés, étroitement attachés l'un à l'autre et en principe désireux d'avoir des enfants.

Ce cas illustre bien à la fois l'organisation névrotique de chacun des partenaires et *l'engrenage collectif de leur symptomatologie* dès le moment du choix. Ils se sont en effet « bien choisis » sur un mode névrotique mais tout à fait réciproque, de telle manière que chacun limite les possibilités d'expression de l'autre. Elle est à la fois très attachée à la figure paternelle qu'elle ressent comme châtrée, — bien sûr impuissante et profondément masochique —, mais elle s'y est également tout à fait identifiée. Quant à sa relation très dense et très tendue avec sa mère sadique, elle tend à la reproduire à l'extérieur, et trouve sans peine l'occasion de se mettre en position masochique face à la plupart des « Objets » qu'elle peut rencontrer dans sa vie sociale, professionnelle, ou extra-professionnelle : *sauf toutefois, sur un point bien précis, qui est celui de sa relation à son mari ;* là elle ne se présente pas, ou à peine, avec des caractéristiques masochiques, mais plutôt comme Objet faible et à protéger par un « protecteur » bon, gratifiant et, sinon puissant sur le plan génital, du moins sur le plan social.

Cependant l'inhibition générale de ses affects lui interdit toute charge émotionnelle trop dense, et il est clair qu'elle « choisit bien » en choisissant comme époux, d'une part, un homme victime d'une éducation inhibitrice, un peu comparable à la sienne sur ce plan, et d'autre part et surtout, son propre cousin. L'interdit de l'inceste au sens strict ne s'applique pas à lui, mais cette quasi-fraternité peut être utilisée névrotiquement pour maintenir l'interdit génital de l'enfance. Notons que cette parenté était utilisée sur le plan psychologique par chacun d'eux, pour justifier pendant des années l'absence presque totale d'érotisation entre les deux époux. L'un et l'autre se sont d'ailleurs comportés comme s'ils souffraient, non des dispositions névrotiques ou caractérielles de la présumée patiente, mais seulement des excès de cette disposition et la thérapeutique est conçue par eux comme permettant, non une libération de la personne ou une guérison, mais simplement l'atténuation d'une névrose un peu excessive. *Ils raisonnent et se comportent comme si l'organisation du couple nécessitait le maintien de l'intrication* d'une grande partie *des processus névrotiques* dont, seul, l'excès devenait gênant.

Mais il faut surtout noter que cet excès ne conduisait à la consultation que dans la mesure où il risquait dans son intensité de mettre en question quelque chose dans le couple : ce n'est pas en effet la souffrance de la patiente qui les amène à la faire consulter, mais bien l'intensité de sa disposition masochique la poussant à se lier à son exploiteur, en dehors du mari. Ce n'est donc pas seulement un excès quantitatif, mais une défaillance qualitative de l'engrenage des processus qui fait souffrir le système dyadique : nous avons vu que la saturation du lien conjugal en composante masochique était faible dès le départ, cette composante s'investissant principalement en dehors du couple : *son intensité* dès lors *ne favorisait pas le couple, au contraire, et le système dyadique réagissait pour l'atténuer,* par exemple en demandant l'intervention du thérapeute. Hors cet aspect, l'engrenage de leurs névroses permettait un fonctionnement facile du couple, si l'intensité d'une pulsion particulière, sans répondant suffisant chez l'autre, n'avait amené quelque décalage entre les époux, décalage par où pouvait se profiler de loin l'introduction d'un tiers. C'est seulement à cet accident, lié précisément à la partie de leur organisation névrotique qui n'était pas véritablement réciproque, qu'est dû le besoin d'engager une thérapie, thérapie qu'ils souhaitaient au départ assez limitée, pour qu'elle ne touchât pas d'autres aspects de la personnalité de la « patiente désignée ».

De fait, nous avons vu qu'au cours du traitement, la position du mari s'est modifiée et qu'il en a accepté la poursuite après avoir été rassuré, d'une part par l'amélioration du début, d'autre part et surtout par les propos qu'il a échangés avec le thérapeute de sa femme. Mais si cette réassurance rendait possible la prolongation du traitement, ce n'était pas pour conduire Patricia jusqu'à un total épanouissement, encore moins à une totale autonomie par rapport à son mari. L'atténuation de la composante masochique non investie dans le lien conjugal était suffisante, comme le montrent la suite et la fin prématurée du traitement : dès que, à la faveur du remaniement libidinal entraîné par cette diminution de la culpabilité et de la composante masochique, sont apparus de nouvelles énergies et des désirs nouveaux chez Patricia, tout se passe comme si le système dyadique, risquant d'être ébranlé, réagissait pour y mettre un terme. Au niveau conscient, il était impossible à chaque époux de renoncer à ses désirs et capacités génitales « naturelles » ; mais au niveau inconscient, *le couple, globalement, réagissait de manière à limiter le développement d'énergies susceptibles d'ébranler l'organisation initiale du lien amoureux.* Et lorsque sont apparus ces progrès, imprévus au départ sur le plan génital, le système dyadique s'est comporté de manière que le traitement soit interrompu, quitte à faire désormais porter le symptôme par l'autre partenaire, celui qui n'était pas au départ le patient désigné.

Patricia, par ses traits de caractère et ses intenses sentiments de culpabilité, était prête à se présenter comme défaillante et donc comme la patiente désignée porteur des symptômes. *Mais si le système dyadique a besoin d'un porteur de symptômes, peu importe quel partenaire se charge de ce rôle,* du moment que l'un des deux le remplit et qu'aucun émoi génital ne risque de perturber son fonctionnement. Or en s'améliorant, Patricia voit s'éveiller en elle ses émois sexuels, fussent-ils normaux et discrets, il importe donc que son mari porte désormais le symptôme dangereux : il s'affirme alors impuissant, et solidement impuissant ; mieux même, définitivement impuissant grâce aux rationalisations pseudo-physiologiques qui lui permettent de justifier l'impossibilité totale d'un traitement. Tant qu'elle était « la patiente désignée » du système couple, elle protégeait à la fois le mari et l'organisation dyadique ; mais quand son amélioration, débordant ce qui était initialement attendu de la thérapie, atteignit ce secteur pathologique commun, la voix du couple névrotique s'exprima désormais par le mari, qui prit à son compte personnel la dysfonction génitale. Il faut encore ajouter qu'en se présentant sur ce plan comme le patient désigné — « l'incurable pour lequel toute thérapeutique est inutile » — le mari *trouvait le moyen de se faire le seul porte-parole du couple.* Fondé sur ce qu'il y a de commun dans les complexes de castration des deux partenaires, ce couple pouvait alors survivre en continuant à appuyer son fonctionnement inconscient sur ces mêmes processus de castration.

Le couple O. a pour fonction d'éviter les risques existentiels liés à l'éveil sexuel et à l'épanouissement corporel. Considéré comme un système global, il s'exprime par les symptômes ou les attitudes de l'un ou l'autre partenaire. Il existe entre eux une sorte d'accord tacite et bien sûr inconscient ; Patricia ne faisait qu'exprimer par ses symptômes la tentative d'évitement sexuel, racine de ce couple ; désormais c'est son mari qui, en s'emparant du symptôme, exprime cette même intention. *Du point de vue d'une compréhension systémique, il n'est que le représentant du système couple, il n'est que la voix de la dyade.* Néanmoins, il est important pour cela qu'il s'empare du symptôme, ce qui donne l'impression qu'il prend une décision personnelle. Pour lui, admettre que sa femme porte le symptôme, serait laisser à cette dernière le pouvoir de poursuivre ; admettre que la dysfonction est le fait du couple, c'est obliger à une décision élaborée collectivement quant à la poursuite du traitement, tandis que prendre le symptôme à son compte en s'affirmant lui-même impuissant, c'est se donner, lui personnellement, le pouvoir de décision. Le mari de Patricia n'est, bien sûr, jamais arrivé à une conscience aussi claire des motifs qui le déterminent, mais en choisissant l'alibi physiologique, il s'attribue subitement le symptôme dès que sa femme cesse de le porter, et il se comporte de manière telle qu'aucune amélioration n'est plus possible.

Nous observons là un jeu de pouvoir au sein du couple où il apparaît déjà clairement que le fait de la *maladie* ou du symptôme *rend possible l'exercice d'un véritable pouvoir sur l'autre.* On peut encore noter que dans ce cas les partenaires O. s'arrangent pour que soit rendu au mari un pouvoir qu'il avait momentanément perdu dans la thérapie : au début, Patricia ne pouvait s'engager dans le traitement sans y être poussée par son mari ; dans un second temps, elle s'arrangeait pour avoir besoin de demander une autorisation, ce qui laisse toujours le pouvoir au mari ; dans un troisième temps, au moment où disparaît le symptôme de Patricia, le couple se comporte de telle manière, que par l'entremise du symptôme que porte désormais le mari, le pouvoir de décider de la suite à donner au traitement revient entièrement à ce dernier.

Distribution des rôles et induction par le groupe

L'engrenage étroit des processus névrotiques des deux partenaires revêt souvent une forme extrêmement organisée, qui permet de se représenter le système-couple dans son fonctionnement, dès qu'on peut saisir sur quelles bases il s'est fondé. L'interprétation systémique laisse comprendre que chacun des partenaires contribue à définir les rôles réciproques. Il y a, bien sûr, des nuances, par exemple lorsque l'un des deux a un rôle inducteur plus important. Notons d'ailleurs en passant, que le plus inducteur n'est pas nécessairement celui qui a le pouvoir officiel de décision à l'intérieur du couple ; ce rôle est fréquemment joué par celui qui se plaint d'être la victime de son compagnon.

A cette définition des rôles ou des normes de fonctionnement du couple, peut être rattaché le problème de la reconnaissance d'une attitude comme symptôme : suivant son idéologie propre, tel couple la considère comme tout à fait souhaitable, et même comme norme de fonctionnement, alors que pour un autre, cette même attitude est ressentie ou présentée commè une anomalie de fonctionnement. Nous l'avons montré à propos des dysfonctions sexuelles, mais nous pourrions décrire ici d'autres problèmes et d'autres attitudes dont la « normalité » dépend des critères de fonctionnement du couple et des normes qu'il s'est choisies. Ces aspects apparaissent beaucoup plus à l'occasion des troubles de l'évolution de la dyade qu'au moment du choix initial des partenaires, mais l'observateur, à plus forte raison lorsqu'il est thérapeute, est dans l'obligation de comprendre comment s'est organisé ce couple, dès l'origine, ne serait-ce que pour voir se dessiner ensuite une évolution renforçant ou atténuant cette première structuration. Nous pouvons affirmer que c'est bien dès le début que le couple trouve un embryon d'organisation systémique, au moment du choix réciproque des partenaires, souvent même au moment de leur rencontre première.

L'intéressant ici est l'articulation entre l'ensemble des désirs ou besoins défensifs individuels qui ont conditionné les choix d'Objet réciproques et la première structuration de la dyade. Comment, par exemple, les mécanismes de défense qui déterminent la personnalité ou les traits de caractère de chaque individu, trouvent-ils une forme sociale qui les conduise à choisir tel type de partenaire? Pour saisir cet aspect, il convient là encore de nous situer au carrefour de la psychologie individuelle et de la psychologie sociale, — carrefour central où les mécanismes de défense et les processus intrapsychiques vont former la base des premiers mécanismes, qu'on peut, avec Ehrenwald, appeler psychosociaux.

Reprenant cette expression, et dans le cadre de ses recherches sur les influences parentales névrogènes, Richter ([28]) est parti des types fondamentaux de choix d'Objet tels que Freud les avait évoqués, pour aboutir à une définition qui se veut à la fois psychanalytique et psychosociologique du concept des « rôles ». Le rôle serait l'ensemble structuré de ce que, consciemment ou inconsciemment, chaque partenaire attend de l'autre. Malgré quelques restrictions qu'on peut sans doute faire à certaines formulations de Richter, ce concept de rôle est utile dans la pratique thérapeutique autant que dans l'approche théorique, dans la mesure où il s'articule assez bien avec l'ensemble des processus intra-psychiques, en particulier les mécanismes de défense. Ainsi, dit Richter, « l'attribution ou l'acceptation d'un tel rôle préconçu peut être utilisée en tant que compensation par chacun des partenaires afin de le débarrasser d'une tension conflictuelle intra-individuelle. Au lieu de faire face à ses conflits personnels et de tenter de les démêler, chaque intéressé les introduit dans sa relation avec autrui et manipule son partenaire comme un Objet substitutif ou un prolongement narcissique de soi-même ».

Cependant il est important ici de souligner fortement le *caractère mutuel des bénéfices tirés de l'induction ou de l'acceptation d'un rôle au sein du couple.* Ce n'est pas seulement l'inducteur qui en tire bénéfice, c'est aussi celui chez lequel le rôle a été — en partie — induit; d'abord parce que la psychanalyse nous a appris qu'il n'est pas possible d'induire un rôle, un comportement, un trait de caractère ou un symptôme chez un sujet qui n'y est pas du tout prêt, et chez qui n'existent pas les tendances latentes correspondantes; d'autre part, parce que le terme d'inducteur est un peu trompeur, s'il est entendu sans nuance comme étant le fait d'un individu : en réalité, *c'est le groupe qui induit* et l'individu n'est là que le représentant du groupe. Tant l'inducteur que l'induit peuvent être considérés, avec quelque nuance, comme agis par les besoins du groupe-couple. Ce dernier a pour fonction d'éviter tel problème, tel conflit réveillant chez chacun des

---

([28]) RICHTER, *Parents, enfants et névrose,* trad. fse, Paris, Mercure de France, 1972.

résonances archaïques. Il a donc besoin que tel et tel rôles apparaissent en son sein, et exercent en ce sens leurs pressions. Ce n'est pas seulement celui que, brièvement, on appelle inducteur, qui tire les ficelles. Il est seulement celui des deux qui est le plus prêt à jouer ce rôle d'inducteur, ce rôle de représentant des codes et des pressions du groupe-couple.

Ainsi faut-il retenir que ce sont les *besoins communs exprimés par la dyade qui imposent la distribution des rôles,* beaucoup plus que les besoins individuels de l'un des membres, même s'il apparaît comme dominant, ce qui est loin d'être toujours le cas : nous avons souvent évoqué des situations où l'inducteur est apparemment en situation de faiblesse, d'infériorité. La « victime », par exemple, est souvent le représentant inconscient du code du couple, et paradoxalement elle est souvent capable d'induire en partie un rôle de bourreau ou de tyran chez son partenaire si celui-ci présente quelques dispositions latentes en ce sens ; mais dominant ou dominé apparemment, celui qu'on appelle, avec excès, *inducteur n'est pas le maître de l'induction, il n'en est que le représentant* le plus efficace.

Ce qui induit, répétons-le, *c'est le groupe-couple,* c'est-à-dire *l'ensemble des besoins collectifs inconscients groupés autour d'une commune problématique des partenaires.*

C'est pourquoi nous sommes un peu réticent devant certaines formules réductrices qui prétendent résumer une situation, comme par exemple, lorsque Richter décrivant le partenaire dit substitutif, écrit : « Y. peut être forcé inconsciemment par X. de reprendre le rôle d'un autre partenaire Z... ayant figuré dans le passé infantile de X. » On comprend fort bien les désirs de X. et les pressions qu'il exerce, mais précisément dans le cas du couple — plus encore que du groupe familial — il ne peut forcer inconsciemment que si Y. est prêt à répondre, à se « faire forcer », c'est-à-dire si Y. présente les dispositions latentes correspondantes. Cela ramène précisément au problème du choix d'Y. par X., et c'est *ce choix qui a déjà le caractère d'une organisation systémique groupale.* Les exemples cliniques que nous avons apportés ne font qu'illustrer ce que l'expérience montre quotidiennement ; à savoir que si X. cherche Y. et exerce pression sur Y., c'est qu'Y. (plus ou moins consciemment) recherche X. et les pressions qu'X. exercera sur lui. C'est ce phénomène général qui justifie la compréhension systémique des processus de couple, et particulièrement du choix d'un partenaire.

Le fait d'attribuer ou d'accepter un rôle, le fait de chercher telle ou telle caractéristique définissant tel type d'Objet plus ou moins partiel, ou le fait d'adopter tel ou tel mécanisme de défense dans le cadre de la structure psychologique du Sujet sont des attitudes générales qu'il nous est facile de saisir dans une compréhension psychanalytique. Nous savons bien, depuis Freud, que nous tirons un bénéfice personnel du choix de tel ou tel Objet, en particulier de tel Objet idéal, et nos choix abstraits, philosophiques, culturels, politiques, religieux, etc., n'échappent pas, bien au contraire, à cette loi générale, surtout quand de tels choix ne nous apportent aucun bénéfice matériel : le bénéfice psychologique en est à notre insu d'autant plus grand. Le choix du partenaire, et l'attribution d'un rôle dans la relation avec lui, n'échappent pas à cette théorie générale, introduite par la perspective psychanalytique, et que la perspective systémique permet à la fois de mieux classer et de mieux comprendre dans son aspect réciproque organisé (29).

Parmi les différentes distributions de rôle que peut présenter une dyade, certaines sont particulièrement remarquables. Richter, par exemple, évoquant le rôle du partenaire dit substitutif, insiste sur la pression exercée sur l'Objet pour qu'il prenne le rôle joué auparavant par un autre, autrefois important dans le passé du Sujet, tel un parent. Celui qui accepte ce rôle substitutif est chargé de compenser ou de réparer la frustration ou l'insupportable déception laissée par une relation première du Sujet ; il en tire de son côté des bénéfices propres, notamment narcissiques, éventuellement masochiques, lorsqu'il sent combien, par son dévouement, il apporte de satisfaction au Sujet précédemment frustré.

Ce que nous observons à propos du partenaire substitutif, c'est que son choix se fait souvent après la rupture d'une autre relation.

Obs. nº 18.

Ainsi François T. était dans une phase dépressive lorsqu'il a rencontré Yvette, sa future épouse. Il venait de vivre un chagrin lié à l'abandon par une première fiancée, et se remettait mal de ce traumatisme... Yvette jouait alors auprès de lui le rôle d'une consolatrice, elle le protégeait plus ou moins maternellement, quelquefois de manière plus ferme et plus interdictrice, et de la sorte le rassurait. C'est ainsi qu'il se lia à elle, continuant à lui demander, inconsciemment bien sûr, de jouer ce rôle parental protecteur vis-à-vis de la faiblesse qu'il ressentait en lui. Yvette était une fille encore marquée par d'importants sentiments de culpabilité, que n'avait guère atténué le choix d'une activité professionnelle, de caractère social, dans laquelle pourtant elle avait beaucoup à donner au service des plus malheureux, mais ses processus de réparation n'étaient pas suffisamment utilisés dans sa vie professionnelle, et elle gardait encore des sentiments de culpabilité avec des tendances agressives, et

---

(29) Une psychologie clinique fine aurait du reste avantage à s'inspirer de ces considérations, dans la mesure où elle n'a pas, aussi facilement qu'une psychopathologie plus lourde et plus structurée, la possibilité de se référer à des « symptômes » très marqués. Le choix de tel Objet idéal et encore plus le choix de tel ou tel style de vie, ou de tel ou tel partenaire, est une indication qui fait partie de l'organisation de la personnalité même du Sujet et définit de la sorte sa structure, sans qu'il soit nécessairement besoin de référer à une souffrance ou à des symptômes grossièrement pathologiques.

notamment une « envie » (au sens kleinien) héritée des conditions de sa première enfance. Le rôle réparateur de son activité sociale n'étant pas suffisant, elle le complétait ainsi en se faisant attribuer par son futur mari un rôle également réparateur et protecteur auprès de lui. Tous deux trouvaient ainsi un bénéfice dans cette attribution des rôles et espéraient y trouver un équilibre.

Un tel cadre de relation si marqué et figé rend l'évolution du couple particulièrement difficile jusqu'au divorce, à partir du moment où l'un des membres, en l'occurrence François, remis de sa dépression, retrouva plus d'autonomie. Il ne supporta plus l'attitude protectrice et maternante d'Yvette et cette dernière ne comprenait plus ce garçon qu'elle avait connu et aimé si différent. Par sa propre guérison, François la privait d'un rôle consolateur et réparateur dont elle ne parvenait pas à se passer, et qu'elle avait « choisi » en choisissant à l'origine un François frustré et dépressif.

Dans le cadre d'un choix narcissique, on peut encore décrire la situation où un partenaire demande à l'autre d'être une copie conforme à l'image qu'il se fait de lui-même, image en général très surévaluée, à laquelle son partenaire peut cependant adhérer au moment initial du choix amoureux, pendant la phase d'idéalisation où le système critique fonctionne très mal ; le premier, qui se fait de lui-même cette image très surévaluée a peine à la maintenir dans les circonstances de la vie quotidienne, et survivrait mal à une confrontation avec la représentation que les autres se font de lui. Il a donc grand besoin de trouver un partenaire qui lui renvoie de lui-même une image idéalisée à laquelle il s'identifie avec plaisir. Toutefois, ce système ne peut fonctionner que si le partenaire non seulement accepte ce rôle, mais encore continue à l'idéaliser, et à nier une plus médiocre réalité. C'est dire qu'une phase difficile de crise est à prévoir chez les couples établis sur de tels choix mutuels.

Le choix de la défaillance.

L'organisation dyadique la plus facile à comprendre correspond à celle où joue le plus classique processus de la relation amoureuse, celui de la projection sur l'Objet d'Amour de l'Idéal du Moi du Sujet. Différents aspects de cette relation peuvent s'intriquer avec la réaction symétrique du partenaire dans la formation d'un système organisé ; entre autres, celle par laquelle un Sujet, qui a manqué la réalisation d'une certaine forme de son idéal, choisit son partenaire pour qu'il figure cet idéal ; par la suite il induit et continue d'induire cette figuration. Le partenaire deviendra une sorte de substitut de l'Idéal du Moi du premier, qui souffre particulièrement de ne pas avoir réalisé cet aspect précis de son Idéal du Moi. C'est par une identification de caractère narcissique, dans le cadre d'une « guérison par l'amour », — comme le dit Freud —, qu'il tente de guérir, à condition de trouver et d'induire chez son partenaire l'attitude correspondante. Différentes variantes de cette formule générale dépendent du fait que le partenaire est chargé principalement de l'aspect positif du véritable Idéal du Moi, ou d'aspects moins clairs et plus ou moins liés aux particularités plus répressives du Surmoi ([30]).

Tous ces aspects sont facilement retrouvés en clinique, et leur organisation initiale au moment du choix est toujours à rechercher comme point de départ possible d'une quelconque thérapie. Mais des bénéfices narcissiques, comme nous l'avons illustré plus haut, peuvent également être tirés du choix chez le partenaire de caractéristiques négatives. C'est ce que nous évoquions déjà en écrivant que c'est *la défaillance latente de l'Objet qui est choisie sur le plan même où le Sujet craint d'être défaillant lui-même.* Cela aboutit à une structuration dyadique à rapprocher des évocations de Wynne, ainsi que de Richter en terme de « Moi négatif ». Si un premier partenaire A supporte mal la perception plus ou moins consciente d'un aspect désagréable de lui-même, il peut être conduit à rechercher un partenaire B à qui il peut faire endosser ce rôle ; certaines configurations de couple montrent bien que A et B se sont organisés pour que *l'incarnation de cette identité négative de A soit bien portée par B.* Cette configuration peut évidemment utiliser les traces des attitudes sado-masochiques associées, mais pas nécessairement.

Dans une première version, on peut voir s'organiser ce que les psychosociologues ont eux-mêmes depuis longtemps mis en évidence dans la définition des rôles : celui de *bouc émissaire,* tel que le représente le fameux rite juif. Ce phénomène avait d'ailleurs été plus ou moins pressenti à l'occasion d'observations faites par les psychiatres français du siècle dernier, dans leurs fameux écrits concernant la folie à deux. (Texte de référence cité par la plupart des auteurs américains qui se sont *intéressés* à la compréhension systémique du groupe familial.) On sait que ces psychiatres avaient défini plus spécialement un rôle inducteur et un rôle induit qui ne correspondaient pas nécessairement à la structuration la plus gravement pathologique, l'inducteur n'étant pas toujours le plus atteint. De même, le phénomène de bouc émissaire se retrouve de façon évidente dans certains groupes familiaux où l'un des membres, souvent un enfant ou un adolescent, est chargé de ce rôle de mauvais Objet, porteur des péchés du groupe, — ce qui lui vaut d'être rejeté, puni, réprouvé globalement par l'ensemble du groupe, qui se trouve alors justifié dans son rejet : les autres membres sont ainsi protégés de la faute, portée seulement

---

([30]) On sait d'ailleurs que les concepts d'Idéal du Moi et du Surmoi n'ont atteint chez Freud une distinction définitive qu'à une période avancée de son œuvre, nettement postérieure aux textes concernant les choix d'Objets parus dans *L'introduction au narcissisme.*

par le bouc émissaire qui doit être puni par la collectivité pour cette faute, conformément au rite biblique ancien.

La clinique du couple montre assez souvent une telle organisation systémique où les deux partenaires s'organisent pour partager strictement les rôles ; ainsi l'élément inducteur est en général un sujet qui a quelques difficultés avec lui-même et des tendances qu'il réprouve violemment en lui. Il parvient à peu près à les contrôler, mais avec peine, et son mariage va lui faciliter la tâche dans la mesure où *il choisit pour partenaire quelqu'un qui présente les mêmes dispositions latentes, mais plus difficilement contrôlables* : ce dernier sera alors conduit à passer à l'acte, à mettre en pratique les impulsions que l'inducteur combat en lui-même et désapprouve et réprime violemment. Celui qui passe à l'acte mérite alors la réprobation commune, et éventuellement les « punitions », dans la mesure où il réalise visiblement ce que l'inducteur redoute de réaliser au fond de lui-même, bien qu'en général tout ceci reste inconscient en lui.

Quant à celui qui met en actes les tendances interdites, il procure des satisfactions aux deux partenaires : à lui-même en réalisant son désir, fût-il réprouvé, et à l'inducteur sous forme de satisfactions fantasmatiques. En effet, l'inducteur éprouve ces satisfactions substitutives dans la mesure même où il peut s'identifier fortement à son partenaire passant à l'acte, et qu'il a choisi précisément en fonction de leur commune tendance ; il retient cette tendance en lui-même, se l'interdit et n'éprouve donc pas de sentiment de culpabilité, mais il la vit intensément en fantasmes, lorsque le partenaire passe à l'acte. Quant à ce dernier, qui agit la tendance coupable, il sera réprouvé, et outre la jouissance propre au passage à l'acte interdit, il obtiendra aussi des bénéfices masochiques lorsqu'il sera « puni » par celui qu'il aime et dont il est aimé, sans parler de la satisfaction de ses tendances autopunitives.

L'induction au passage à l'acte présente souvent des formes masquées. L'une des plus fréquentes est la dénégation, ou encore la *promulgation répétée et incitative de l'interdit*. On se rappelle que Molière l'avait évoquée dans l' « Ecole des maris », par la bouche de Lisette :

> « C'est nous inspirer presque un désir de pécher
> Que montrer tant de soins de nous en empêcher.
> Et si, par un mari, je me voyais contrainte
> J'aurais fort grande pente à confirmer sa crainte. »

Le rôle du Moi négatif attribué au partenaire, présente une seconde version plus intéressante, parce que sans doute moins marquée de caractères extrêmes ou pathologiques, et surtout parce que plus fréquente et généralement plus masquée. Richter appelle ce rôle celui de la « *partie faible* », et ce nom mérite d'être conservé. La clinique montre souvent l'existence de couples dans lesquels un des partenaires paraît manifester de grandes qualités, en particulier d'activités de dévouement, d'intelligence, etc., tandis que l'autre partenaire se laisse aller, vit plus ou moins en parasite du premier, et montre des côtés particulièrement déplaisants ou parfois franchement dépressifs, où la note d'inhibition et de passivité est dominante. L'entourage, la famille, etc., sont souvent conduits à considérer que ce second est véritablement une charge difficile pour le premier, dont le dévouement méritait mieux que le choix qu'il avait fait. Mais la réalité est plus complexe, comme le montre la séparation imprévue de tels couples, à la faveur de circonstances imprévisibles, deuils, troubles sociaux, guerre, etc. Celui qui semblait porté par l'autre, passif, parasite ou dépressif laisse se développer des qualités qu'il ne manifestait pas jusqu'alors et que, seul, manifestait jusque-là son partenaire. Le premier peut réagir inversement, et tout se passe comme si le couple s'était organisé de telle manière que les rôles soient distribués en distinguant une partie forte et une partie faible.

Au moment du choix, dans cette dernière hypothèse, on a affaire à une personne A qui a des difficultés avec elle-même et tente de lutter contre certains de ses points faibles (notamment une inhibition, des tendances à la passivité, des attitudes dépressives); elle est alors soulagée lorsqu'elle s'attache à une autre personne B qu'elle ressent comme une *caricature d'elle-même*, et qui présente de plus grandes dispositions à l'inhibition, à la passivité ou à la dépression. La première, A, trouve une grande satisfaction à voir qu'elle n'est pas aussi passive, inhibée et dépressive qu'elle pouvait le croire, et la présence constante de son partenaire la confirme et la rassure en lui envoyant une meilleure image d'elle-même. *Le sentiment de sa propre valeur se fait jour grâce à ce partenaire plus défaillant.* Quant à l'autre, B, elle trouve en cette première, A, une représentation de son Idéal du Moi où les qualités d'activité, d'autonomie ou d'indépendance se manifestent et où la composante dépressive est annulée. A défaut de pouvoir réaliser elle-même quelque chose de son Idéal du Moi, elle éprouve des satisfactions par l'intermédiaire d'identifications narcissiques et dans le cadre d'une véritable guérison par l'amour, comme Freud l'avait évoqué. A un niveau plus inconscient, le partenaire le plus passif ressent aussi dans l'amour que lui témoigne l'actif, des satisfactions importantes et des gratifications narcissiques non négligeables. Chacun donne donc à l'autre d'importantes satisfactions, mais à des niveaux différents; et s'organise ainsi un système qui peut être remarquablement stable, même s'il n'est pas compris par tous les observateurs extérieurs.

Il faut d'ailleurs noter que cette organisation systémique n'a rien à voir avec le fait de son institutionnalisation sous forme de mariage. On la retrouve assez souvent dans les amitiés liant deux personnes quel que soit leur sexe, dès que s'effectue un certain choix. En outre, l'organisation dyadique n'est pas toujours figée comme si la distribution des rôles avait un caractère intangible, bien au contraire. Elle s'accompagne toujours d'une distribution fonctionnelle de rôles, mais souvent assez souple : il arrive fréquemment que, sur certains plans, celui qui jouait habituellement le rôle de la partie faible, devient porteur du rôle de la partie forte, ce qui donne au couple ainsi formé une structuration moins assymétrique, et, partant, beaucoup plus stable.

Nous aurons l'occasion de voir que cette organisation systémique distributive des rôles est fréquemment retrouvée sous une forme plus pathologique dans les « couples à bascule », où deux sujets de tendance dépressive cyclique alternent cycliquement les deux rôles. Ainsi celui qui traverse une phase dépressive aiguë voit immédiatement son compagnon réagir et sortir lui-même de cette phase pour adopter une attitude soit « normale », soit ferme, rassurante et protectrice, soit même hypomaniaque avec enthousiasme, joie de vivre, projets, initiatives, etc. Mais ce dernier abandonne cette attitude et peut rechuter lorsque l'autre sort de sa phase dépressive et retrouve son dynamisme. En réalité, de tels phénomènes sont fréquents chez la plupart des couples, et on peut penser que c'est *autour du pôle dépressif que se choisissent spontanément* des êtres qui ont l'un et l'autre des difficultés avec leurs positions dépressives personnelles.

D'autres organisations systémiques pourraient être ici également décrites, mais leur énumération n'apporterait sans doute pas une compréhension complémentaire au phénomène. Comment comprendre ces ensembles structurés et souvent très stables, entre persécuteurs et persécutés, protecteurs et protégés, actifs et passifs, dévoués et égoïstes, solides et inconsistants, sérieux et fantaisistes, etc.? On peut y trouver à la fois l'explication individuelle et l'explication systémique, mais il convient de ne pas se laisser entraîner par de pseudo-explications trop faciles, pas plus que vers un catalogue descriptif qui risquerait trop vite d'être entendu comme pathologique. Au contraire, ce qui paraît extrêmement important, c'est de bien comprendre qu'il s'agit d'un jeu réciproque d'interactions spontanées, habituellement inconscient, plus ou moins souple et évolutif et pas nécessairement pathologique. Où commence la pathologie en ce domaine? Il est difficile de le délimiter, mais une lecture systémique est possible chez tous les couples ayant une certaine durée d'existence et une certaine forme de stabilité. On ne peut donc concevoir ces organisations comme étant seulement le fait de couples pathologiques.

Attraction mutuelle et collusion.

On ne pourra certes jamais réduire la compréhension du couple à cette lecture systémique où les interactions ne s'y jouent qu'entre deux personnes, sans l'appuyer sur les processus intrapsychiques que la psychanalyse nous a appris à reconnaître [31]. Une telle réduction

[31] L'extension actuelle du mode de pensée systémique, détachée de toute référence à l'inconscient et au fantasme, aboutit souvent, notamment dans certains

conduirait d'ailleurs à méconnaître d'autres dimensions, ou d'autres forces « agissant » les individus, notamment l'appartenance de chacun à de nombreux autres groupes sociaux, sa famille d'origine, son milieu culturel, sa couche et sa classe sociale, etc.

On connaît, par exemple, la critique de Karl Marx de la notion d'essence humaine inhérente à un individu abstraitement isolé et la définissant au contraire comme l'ensemble des rapports sociaux, ce que d'autres auteurs évoquent en terme d'intériorisation des rapports politiques ([32]). La relation durable à deux ([33]) permet des interprétations d'une part à partir de divers points de vue, mais elle ne peut être totalement saisie sans cette interprétation dyadique qui conçoit ce micro-groupe humain bien particulier comme un système structuré, auto-réglé, homéostatique, appuyé sur l'interaction des désirs et des besoins conscients et inconscients de chaque individu et sur un intense et ambivalent investissement mutuel.

C'est pourquoi méconnaître l'ensemble des processus systémiques du couple, soit pour favoriser l'interprétation individuelle, soit pour favoriser l'interprétation collective est une erreur méthodologique que confirme l'expérience clinique et surtout thérapeutique. A propos du choix du partenaire, cette analyse systémique conduit à réfléchir au processus si intense d'attraction réciproque : appuyé sur des bases pulsionnelles évidentes, il ne peut cependant se réaliser qu'en s'étayant sur une distribution des rôles inconscients avec leur enchevêtrement. Nous avons illustré que cela se traduit par des attitudes différentes autour d'un

textes contemporains, à une vision superficielle des processus. Vision difficilement admissible même dans une perspective pratique exclusivement comportementaliste, puisqu'au niveau du couple et de la famille, il n'y a pas de comportement qui n'ait valeur de « signifiant », ou de « modalité communicationnelle », et ne soit par là liée à l'inconscient des membres et à leurs discours. Certes l'interprétation de tels signifiants est souvent difficile ou aléatoire, mais ce n'est pas une raison pour éluder le problème et méconnaître la dimension du fantasme et de l'inconscient. Cette exclusion ou omission systématique retire beaucoup de valeur à certaines des théories systémiques simplifiées qui s'abandonnent à cette facilité méthodologique et à ce scotome appauvrissant, sous le prétexte fallacieux d'un pragmatisme — qui n'y gagne rien — ou d'une « épistémologie » différente.

([32]) Voir notamment : SÈVE L., *Marxisme et théorie de la personnalité.* Ed. Sociales, Paris 1975.

([33]) De même, le champ thérapeutique en psychologie infantile ne peut négliger l'importance du fonctionnement du couple parental. On connaît par exemple les difficultés psycho-pathologiques ou psycho-pédagogiques apparaissant lorsque ne sont pas respectées certaines conditions de l'organisation familiale, notamment en ce qui concerne le respect des frontières de générations. Or, ces conditions exigent que se réalise ce que Lidz appelle « coalition conjugale » qui doit s'établir avant la naissance des enfants et se maintenir au long du cycle de vie familiale pour permettre une structuration œdipienne correcte, quelles que soient devenues les relations entre les parents. (LIDZ, « La famille, cadre de développement », in *L'enfant dans la famille.* Paris, Masson, 1970, I, pp. 18-35.)

problème commun. Certes la répartition des rôles ne s'établit pas toujours de la même façon sur les différents plans, par exemple celui qui adopte le rôle « protecteur » en telle situation ne l'adopte pas en une autre circonstance où il peut être « protégé », celui qui paraît dominer ici se présente comme dominé ailleurs. Mais quelle que soit la souplesse dans la distribution des rôles, on y retrouve dès le début une distribution complémentaire de ces rôles.

Ce qui oriente le choix du partenaire, c'est l'espoir inconscient d'être soulagé des conflits intrapsychiques par l'utilisation du partenaire élu, espoir qui, dans l'attrait réciproque pour l'autre, joue un rôle décisif, base de la structuration dyadique. *Ce qui crée la force de l'attraction mutuelle spécifique, c'est essentiellement la perception inconsciente d'une problématique commune,* avec simultanément des manières complémentaires d'y réagir chez l'un et l'autre. C'est ici que prend toute sa valeur le concept de collusion, notamment dans le sens que définit et utilise notre collègue zurichois Jürg Willi [34] : « la collusion correspond au jeu inconscient des attitudes des deux partenaires dont l'évolution affective est marquée de caractères communs liés chez chacun d'eux à une problématique indivi-duelle non résolue, problématique refoulée qui échappe à la conscience de l'un comme de l'autre. Ce conflit intérieur commun et non résolu se traduit par des rôles différents assumés par chaque partenaire, l'union autour de ce même conflit fondamental favorisant la divergence des comportements, l'un prenant des caractères régressifs marqués, tandis que l'autre est conduit à une attitude apparemment beaucoup plus progres-sive. »

Willi s'est attaché à définir différents modes de collusion organisés d'après quatre types dynamiques fondamentaux, collusion dite narcissique, collusion orale, collusion sado-anale avec plusieurs subdivisions cliniques, ou encore collusion phallique et œdipienne, — ce concept de collusion représentant à la fois une tentative de caractère défensif pour chaque individu, et une ébauche de structuration pour le couple.

Il convient, quand on utilise ce terme de collusion, de bien lui donner, comme le fait Willi, son sens dynamique et d'éviter de le considérer comme un phénomène pathologique; au contraire, on peut observer chez tous les couples chacune des formes cliniques de collusion, plus ou moins importantes avec des dominantes particulières. Il s'agit d'un processus général et commun, avec ses conséquences positives et négatives sur l'évolution de chaque partenaire, et ses conséquences positives pour la structuration du couple, au début, au moment du choix. Nous verrons à propos des processus de crises les éventuelles conséquences négatives ultérieures de ces phénomènes de collusion pour le couple.

Il existe des Sujets souples ayant la possibilité d'adopter, soit un

---

[34] WILLI J., *Die Zweierbeziehung,* 1975, Hamburg, Rohwolt, 286 p.

comportement progressif, soit un comportement régressif avec une grande reversibilité. Et il en existe qui sont capables de vivre ces mêmes phénomènes sur un mode plus ou moins fantasmatique, par exemple en prenant les attitudes les plus régressives sous forme de jeux ou de préludes sexuels. Et il existe par ailleurs des Sujets plus rigides, incapables de telles oscillations, incapables aussi de traduire en fantasmes ou en jeux ces attitudes qu'ils sont dès lors obligés d'incarner dans la réalité. Mais, quoi qu'il en soit de ces variations individuelles, le fait de la collusion doit être considéré, comme il a été dit plus haut, comme un phénomène général, comme un processus dynamique, et non comme un phénomène pathologique.

Il faut se garder d'entendre de même le terme de « progressif » qu'emploie Willi, dans un sens trop opposé à celui de régressif. Il est facile de comprendre que l'aspect régressif soit une forme de défense, en se référant aux définitions des mécanismes de défense telles que les avait formulées Anna Freud. Mais un comportement pseudo-mature dit progressif, n'en est pas moins marqué de caractères défensifs : il correspond bien souvent à une tentative, à une lutte contre une menace très prégnante de caractère régressif, ou contre un sentiment de honte ou de culpabilité, face à cette tentation régressive contre laquelle le Sujet lutte et pour laquelle il choisit un partenaire « régressif » qui l'attire précisément en tant qu'il l'aide dans sa lutte défensive.

Tout se passe comme si l'inconscient de chaque individu percevait, dans l'inconscient de l'autre, une série de conflits intérieurs. Si ces conflits sont pour une part *analogues aux siens propres,* et qu'il ressente chez l'autre *une manière différente d'y réagir,* l'individu se trouve alors *puissamment attiré vers cet autre,* avec une forte chance de réciprocité. Outre la dimension générale de la pulsion sexuelle non spécifique, cette perception inconsciente de l'inconscient de l'autre, avec sa problématique commune et sa manière différente d'y réagir, est à la base de la structuration du couple et rend possible une compréhension dyadique. A partir de ce moment — quelquefois très bref dans le coup de foudre, d'autres fois plus lent — on peut admettre qu'un microgroupe bien particulier s'est formé avec ses attaches inconscientes; on peut lui appliquer le terme de couple et lui reconnaître son fonctionnement systémique.

TROISIÈME PARTIE

INCONSCIENT
ET STRUCTURATION DU COUPLE :
L'ÉVOLUTION :
LE COUPLE, ÇA VIT, ÇA MORD

CHAPITRE PREMIER

QUELQUES REMARQUES DESCRIPTIVES

Considérant le couple comme un groupe structuré, on peut décrire une évolution longitudinale dans le temps, à condition d'y marquer les étapes essentielles, qui méritent une observation plus détaillée, comme une sorte de coupe transversale. Certains auteurs, plus spécialement des sociologues, ont tenté de décrire cette évolution dans le cadre d'un « cycle de vie familiale ». L'étude du groupe familial conçu comme un système, permet en effet de distinguer différentes phases liées aux événements biologiques ou sociologiques prévisibles survenant dans la plupart de ces familles. Les premières de ces étapes correspondent à la constitution du couple parental et aux premières phases de la vie familiale : naissance d'un premier enfant, entrée à l'âge scolaire, départ du dernier adolescent, le « nid vide », la retraite, etc. ; à ces événements rencontrés dans la majorité des cas et correspondant au schéma classique du cycle de vie familiale, s'opposent d'autres considérés comme imprévisibles, inattendus, voire traumatiques ou exceptionnels : accidents, infirmités, crise économique, séparation imposée par des événements extérieurs, sociaux, etc.

En fait, ce concept de *cycle de vie familiale* est discuté dans son intérêt par les sociologues eux-mêmes. Pour le psychologue, s'il peut avoir un intérêt pratique pour abréger sa description, il n'a certainement pas un caractère explicatif. Quels que soient l'importance des événements extérieurs et leur caractère attendu ou exceptionnel, c'est essentiellement au sein de chaque individu le retentissement de ces événements qui leur donnera leur importance réelle et marquera ou non le couple en conséquence. Il existe cependant des travaux qui se sont attachés à la description des principales tâches caractéristiques de certaines phases spécifiques, notamment des toutes premières. Rappoport, par exemple, décrit dans la phrase de l'engagement :

a) d'une part, des tâches de préparation au mariage de caractère intrapersonnel par lesquelles chaque individu se prépare à assumer son rôle de mari ou de femme, par lesquelles il se désengage d'autres liens, ou en modifie la forme, tout au moins lorsque leur nature pourrait entrer en compétition avec le nouveau lien amoureux; enfin, une adaptation des types de gratification réciproque qui évoluent lorsque le couple se constitue.

b) d'autre part, d'autres tâches ou adaptations correspondant aux aspects non plus intrapersonnels, mais interpersonnels de la relation.

Dans les phases ultérieures, notamment à la phase de lune de miel, d'autres types de tâches ont été décrits.

Cependant, si le clinicien cherche à repérer où en est l'organisation du couple pour la situer par rapport à certaines étapes cruciales, il n'est guère aidé par la description détaillée de ces différentes adaptations; cette formalisation en termes de tâches n'a qu'un intérêt modeste aux yeux du thérapeute et il ne nous paraît pas décisif ici de les détailler, même si cette notion peut être utilisée dans le cadre du fonctionnement du groupe familial comprenant des enfants.

C'est principalement la compréhension du caractère dynamique de la structuration du couple qui doit attirer l'attention du clinicien. A un niveau superficiel, le couple humain apparaît comme un groupe caractérisé par une grande stabilité statistique, par comparaison avec la plupart des autres groupes humains. Il est même tout à fait remarquable qu'il puisse se maintenir malgré le triplement, en un peu plus de deux siècles, de la durée moyenne de vie du couple, lié entre autres facteurs, à l'accroissement de l'espérance de vie individuelle, à l'âge plus précoce du mariage et aux rapprochements d'âge des époux. Certes il est bien connu que le nombre des divorces est en augmentation très sensible ces dernières années, surtout en certains pays, mais il faudrait nuancer ces constatations lorsqu'on regarde, non plus le phénomène du mariage, mais celui du couple. Les statistiques ne peuvent mesurer que les quantités mesurables, en l'occurrence déterminées par l'acte officiel du mariage, et ne portent pas sur le couple; elles permettent de constater qu'un mariage établi en moyenne à vingt-quatre ans chez les garçons, à vingt-deux ans chez les filles, chacun disposant à cette époque d'une cinquantaine d'années probable d'existence, a quatre-vingts chances sur cent en France de se maintenir officiellement jusqu'à son terme. Mais ces constatations sont tout à fait insuffisantes pour comprendre les processus d'organisation, de désorganisation et de réorganisation qui sont le fait le plus frappant du « couple humain ».

La fréquence des mariages devient un peu moindre, et celle des divorces augmente sensiblement, mais cela concerne par définition le lien officiel noué entre les intéressés et avec leur société. Mais la formation du couple, la structuration des liens entre les partenaires, leur réorganisation ultérieure répétée sont des phénomènes qui ne sont pas intrinsèquement liés au caractère officiel institutionnalisé de la relation. Il importe de distinguer clairement, d'une part, ces processus de structuration-déstructuration-restructuration du couple humain, d'autre part, leur forme institutionnelle. En fait, il n'est pas intéressant de considérer la stabilité du couple humain dans une perspective statique. C'est seulement dans le cadre d'un équilibre de caractère dynamique, — au sens mécanique du terme — qu'on peut comprendre cette apparente stabilité, conséquence d'une constante réorganisation des interrelations entre les partenaires.

Ainsi le *couple doit être fonctionnellement considéré comme un ensemble rythmé par des alternances de phases*. Les premières de ces phases peuvent être décrites de façon relativement simple ; par la suite elles se superposent d'une manière qui peut paraître inextricable. Néanmoins ce sont les mêmes types de processus qu'on voit réapparaître répétitivement, même lorsque leur enchevêtrement ne permet plus clairement de les distinguer. Ainsi peut-on décrire facilement ce qui se passe au moment du coup de foudre ou de la lune de miel, ou plus largement de l'instauration du lien amoureux, et sans doute aussi peut-on décrire avec assez de précision les principaux processus apparaissant au cours d'une crise majeure ; mais par la suite ces mêmes phénomènes réapparaissent sous une forme mineure, et enchevêtrés les uns dans les autres. Ce qu'il est intéressant de noter, c'est la persistance alternée de ces mêmes processus donnant au couple ce caractère structuré d'un ensemble rythmé par des phases successives marquées chez chaque individu par des clivages idéalisants et un travail de deuil constamment renouvelé.

C'est pourquoi lorsque nous détaillerons ces différentes étapes, c'est dans la mesure où elles sont caractéristiques de processus qui de fait se répètent tout au long de l'existence du couple, et même parfois après sa disparition officielle. Ainsi pour les besoins de l'exposé, nous utiliserons souvent le terme de crise au singulier, non pas qu'il existe une crise principale dans l'existence naturelle de tous les couples, mais parce que c'est à l'occasion des phénomènes de crise que se réorganisent les liens qui, précisément par leur renouvellement, donnent au couple son apparente stabilité. Les différentes phases conflictuelles ont des caractéristiques communes. *L'usage du terme de crise, au singulier, n'est ainsi qu'un mode d'écriture* destiné à faciliter sa compréhension ou sa schématisation. C'est aussi d'une manière « schématique » et quelque peu conventionnelle que nous décrirons rapidement un cadre évolutif du couple, un peu comparable à la notion de cycle de vie familiale, mais adapté aux processus du couple humain, cadre qui n'a d'intérêt que pour mieux situer ensuite, non pas les phases elles-mêmes, mais les processus : processus psychiques intrapersonnels ou interpersonnels que nous reprendrons dans les chapitres ultérieurs. Même si les processus de structuration et de déstructuration s'enchevêtrent de plus en plus avec le temps, on peut tenter schématiquement de distinguer, d'une part, les phases d'instauration de la relation amoureuse, et d'autre part, les phases critiques.

Les premières phases.

Parmi les premières, il faut évoquer ici brièvement le moment tout à fait initial où se constitue le lien amoureux. Là, il n'est pas encore question d'un véritable « nous », mais de la perception plus ou moins consciente d'un désir qui peut apparaître avec tous les caractères de la brusquerie. C'est tout à coup, dans des conditions souvent imprévues ou imprévisibles, d'une manière vécue comme totalement spontanée, en tout cas nullement réfléchie, que peut surgir le coup de foudre. Le choix global de l'être aimé s'y impose à la conscience avant toute réflexion critique, avant tout raisonnement et tout calcul. Le désir se porte d'emblée sur la globalité des traits ou des apparences de l'Objet du désir. Il n'y a pas de « pourquoi » et les mots mêmes utilisés pour définir les phénomènes — séduction, charme, emprise, — font précisément allusion à l'emprise magique ou mystérieuse des désirs imprévus, surgissant de l'extérieur du Sujet lui-même. *Le coup de foudre réalise un véritable fait accompli ;* quoi qu'il en soit par la suite, il manifeste clairement que les instances psychiques conscientes n'interviendront qu'après coup ; elles peuvent ratifier ou non ce choix initial, puisque ce désir dans sa spontanéité impulsive peut n'être que l'expression de quelques pulsions partielles mal intégrées entre elles et insuffisantes ou trop instables pour qu'ait le temps de s'instaurer une véritable relation amoureuse.

D'autre part, il va de soi que, issu des profondeurs de l'inconscient d'un individu, un tel désir peut ne pas avoir de répondant chez l'autre, et on ne verra pas dans ces conditions s'organiser la conscience d'un « nous » collectif, avec les modifications correspondantes de frontière entre les « Moi » individuels, telles que nous les analyserons de plus près à propos de la lune de miel. D'ailleurs un bref coup de foudre peut survenir chez des sujets vivant déjà ailleurs une autre vie de couple, plus ou moins satisfaisante, mais qui ne sera pas rompue pour autant, comme dans l'aventure amoureuse et les relations extra-conjugales.

Mais si ce coup de foudre est loin de toujours recevoir l'approbation ultérieure de la conscience réfléchie, il est très riche d'information pour la compréhension des processus inconscients qui se jouent entre l'aimant et l'aimé. Il est évidemment source d'information pour le thérapeute, tout au moins dans la mesure où le Sujet qui l'a ressenti est susceptible de fournir des connotations éclairant sa signification profonde : circonstances, caractéristiques imaginées de l'Objet, etc. Dans la majorité des cas, n'apparaissent pas cette netteté ni cette brusquerie hautement signifiantes de l'expression de l'inconscient. Le plus souvent cette traduction de l'irruption de l'inconscient est masquée par les circonstances et par le caractère progressif des prises de conscience. Ces mêmes phénomènes inconscients n'en existent pas moins, mais ils sont alors intriqués et recouverts d'autres

considérations beaucoup plus rationalisées, mises en avant par le Sujet.
Comme tout observateur peut le constater, et comme les sociologues l'ont
confirmé, les partenaires, au cours d'une interview rapide, sont incapables
de préciser directement la nature des attraits qu'ils ont éprouvés l'un pour
l'autre : leur réponse est un discours complexe dont le contenu manifeste
doit être constamment décodé pour qu'y puisse être retrouvé un contenu
latent plus proche de l'inconscient, ou tout au moins du préconscient.

Brusquement à travers le coup de foudre, ou plus lentement, une fois le
désir ratifié par les instances conscientes, une relation de couple peut
s'instaurer s'il y a réciprocité des sentiments. Les bénéfices narcissiques
pour chacun sont alors tels qu'ils tendent à réorganiser totalement tout
l'équilibre intrapsychique du Sujet et notamment les rapports entre les
différentes instances psychiques. De même se trouvent modifiés, sinon
bouleversés, les divers investissements objectaux du Sujet, pendant cette
période faste, mise à profit par les intéressés pour multiplier leurs attaches
et organiser un véritable « nous » les confirmant comme collectivité. Nous
consacrerons un chapitre à l'étude de ces différents processus.

Les réactions précritiques.

Tant sont grands les bénéfices tirés de cette phase, à la fois au niveau de
la réassurance narcissique individuelle et au niveau des satisfactions
libidinales, qu'il est facile de saisir leur opposition à toute évolution qui
risquerait de mettre en cause ces bénéfices. Certes, surviennent des
modifications extérieures au couple ; une certaine réalité méconnue
pendant la lune de miel s'impose à nouveau avec ses contraintes
économiques, sociales, etc., obligeant les intéressés à réinvestir d'autres
objets qu'eux-mêmes. Mais dans la plupart des cas, le désir de maintenir
tous les bénéfices de la phase précédente est suffisamment vif et
réciproquement entretenu pour faire apparaître une série de phénomènes
destinés à maintenir l'idéalisation mutuelle et la satisfaction inaugurées par
la lune de miel.

Ainsi s'amorce une phase plus ou moins longue où apparaissent des
réactions que nous pouvons appeler *précritiques*. Elles peuvent s'observer
sur plusieurs plans et s'étaler sur un temps très variable. En maintenant la
satisfaction première, certaines de ces réactions ont d'ailleurs de graves
inconvénients à long terme pour le couple, dans la mesure où elles
l'empêchent de préparer, à travers une phase critique, l'organisation de
nouveaux liens ; une sorte d'attachement au passé, facilité par le caractère
merveilleux de son souvenir, peut ainsi retarder l'adaptation du couple aux
phases nouvelles de son existence et, parfois, laisser apparaître trop tard la
nécessité d'une rénovation. Quoi qu'il en soit, on peut comprendre
l'ensemble de ces phénomènes comme des tentatives organisées par le
couple pour fuir la perspective d'une crise possible de la relation et pour

échapper à la perspective d'une certaine forme de déception par laquelle doit nécessairement s'introduire la crise elle-même.

Le phénomène très important de cette période consiste en ce que le couple se comporte comme si, collectivement et inconsciemment, il tentait d'organiser d'importants processus de défense pour masquer ou fuir la faille qui le menace, plutôt que pour en neutraliser ou annuler les effets. *La collusion organisée à ce moment par l'intrication des mouvements défensifs inconscients de chaque intéressé renforce les efforts de chacun* pour maintenir hors du champ de la conscience toute perception désagréable et *pour maintenir le refoulé là où il avait pu l'être pendant la lune de miel.*

Cette phase est très intéressante à étudier pour le clinicien; elle a été beaucoup moins décrite dans la littérature et la poésie dans la mesure où elle est moins extatique que la phase précédente. Les grandes œuvres poétiques ou littéraires évoquant la vie amoureuse sur un mode idéalisé ou romantique s'attachent davantage à l'aspect paradisiaque de la phase précédente. Roméo et Juliette sont d'autant plus amoureux et maintiennent d'autant mieux leur amour qu'ils meurent avant de le consommer. D'ailleurs certains « accidents » survenus à la fin de la période de la lune de miel peuvent sans doute prêter à une interprétation de cet ordre où *la mort peut paraître préférable à l'atténuation du bonheur ;* d'autres fois, sans aboutir à une véritable mort biologique, il s'agit d'une sorte de sacrifice du couple réel pour maintenir l'idéalisation du vécu amoureux.

Obs. nº 19.

Madeleine C. a été amenée à consulter à la suite de perturbations d'apparence somatique apparues autour de la ménopause et qui s'accompagnent d'une perception pessimiste, sinon désespérée, de l'existence en rapport avec le souvenir nostalgique de ce qu'elle a vécu. Elle est actuellement mariée, avec trois enfants qui lui ont donné des satisfactions et qui ne sont cause d'aucune difficulté. Sa relation conjugale est modérément investie, mais elle ne s'en plaint aucunement et n'a aucun grief sérieux à l'encontre de son mari, qui apparaît tout dévoué autour d'elle. Elle travaille à mi-temps, dans des conditions qui lui sont assez agréables et dont elle n'a nullement à se plaindre. Aucune perturbation biologique grave n'entraîne non plus de souffrance et ne peut être considérée comme facteur causal de son attitude d'ailleurs plus nostalgique que franchement dépressive.

En effet, après quelques réticences, elle finit par évoquer une relation amoureuse intense, vécue au début de son âge adulte. C'est une idylle dont elle peut décrire tous les moments, tant elle en a gardé un souvenir précis — à moins qu'ils n'aient été secondairement idéalisés —, toujours est-il que cette aventure l'a beaucoup marquée, qu'elle l'a vécue avec une fougue, et semble-t-il, une ferveur partagée, dans le cadre d'un attachement amoureux passionné pour un artiste.

Ils ont tous deux perçu que leur passion était incompatible avec une réalisation banale, et totalement incompatible avec la vie quotidienne, la vie sociale et leurs contraintes. Ils ont réussi à vivre plusieurs années, soutenus par cette passion amoureuse dans ce climat de lune de miel, au prix de quelques précautions et notamment d'une certaine rareté de leurs rencontres : quelques semaines de séparation après quelques jours de vie commune constituaient le rythme susceptible de maintenir à un niveau extrêmement élevé la « flamme » de leur relation.

Au bout de quelques années, plutôt que de voir se dégrader cette extrême ardeur exprimée sur divers registres esthétiques et poétiques, ils ont d'un commun accord décidé de ne plus se voir. C'était le véritable amour romantique, et pour en garder la pureté et le souvenir, il devenait nécessaire d'en éviter l'usure temporelle. Ils ont exprimé, chacun dans leur art, l'amour qui les soutenait ; Madeleine a elle-même écrit un poème passionné évoquant la dernière rencontre, poème qu'elle a ensuite brûlé, mais dont elle sait par cœur les mouvements essentiels. Elle a espéré pouvoir assumer toute sa vie le sacrifice de ce rapprochement et le deuil de son amour, qu'elle sacrifiait *au nom de l'amour suprême*, tel Abraham immolant Isaac ; mais aucun ange porteur du message de Dieu n'est venu interrompre le geste meurtrier, et elle s'est retrouvée quelques années plus tard dans la grisaille de la vie quotidienne, persuadée désormais qu'elle ne pourrait plus jamais vivre une authentique relation amoureuse.

C'est dans ce contexte que, plus tard, elle acceptait les avances d'un homme attentionné, *très respectueux d'elle-même et de ses secrets*. Elle acceptait de l'épouser, de fonder un foyer et d'avoir quelques enfants, donnant dès lors toutes les apparences du couple ordinaire des classes moyennes. Il est clair que le mari actuel est beaucoup plus attaché à elle, qu'elle à lui, ce qu'elle supporte fort bien ; mais elle n'a pas fait le deuil de ce grand amour vécu, bien qu'elle croie l'avoir sacrifié symboliquement.

Si ce cas paraît exceptionnel, par la forme choisie pour sauvegarder l'image idéalisée nostalgique de l'amour, il semble que d'autres, sous des formes plus discrètes et voilées soient tentés quelque temps de réagir ainsi. A cette phase de réaction précritique, il n'est pas question d'admettre la faille ou la déception, mais de la nier et de la méconnaître avec la complicité du partenaire.

Au niveau individuel intrapsychique, on verra alors se manifester toute une série de tentatives pour maintenir les processus de clivage caractéristiques de la phase d'instauration du lien amoureux. Pour certains, il s'agit d'abord de maintenir le caractère fusionnel de leur union, l'incorporation de l'autre en soi, la suppression des frontières entre eux, quitte à refuser au partenaire son existence propre ou son autonomie : tentative pour maintenir une relation de caractère profondément régressif dans une dimension imaginaire et binaire niant le tiers, que ce dernier soit représenté sous des formes symboliques élaborées, ou sous des formes plus prosaïques ; tentative fusionnelle qui n'est généralement possible que dans la mesure où elle correspond à une collusion entre des partenaires renforçant réciproquement leurs tentatives mutuelles.

D'autres fois, le clivage est accentué en des formes plus systématisées qu'on peut appeler *dichotomiques* : elles permettent par des processus projectifs de scinder chez le partenaire un aspect favorable, rassurant, hautement satisfaisant qui lui est attribué, et un autre frustrant, défectueux ou hostile qui ne lui est pas attribué en propre, mais est renvoyé sur des tiers auxquels il a été soumis (sa famille, son origine, son travail, ses amis, etc.). L'idéalisation ainsi ne porte plus que sur une partie attribuée en propre au partenaire et le clivage permet d'en extraire une autre partie, mauvaise, attribuée à d'autres. Ailleurs, l'aspect imaginaire et binaire de la relation prend des formes différentes : il s'agit de la construction d'une véritable fidélité, non pas à la personne, mais à une image intériorisée et idéalisée d'elle-même. Certes il s'agit là d'un processus général en ce sens que l'Objet intériorisé n'est qu'une représentation ; mais chez certains Sujets cette représentation est en quelque sorte confondue avec la réalité extérieure aboutissant à une véritable méconnaissance de l'autre.

Ainsi s'instaure une relation de possession absolue à l'égard d'une figure intériorisée correspondant au monde fantasmatique intérieur. Pour certains, quelque peu fragiles, ce qui importe avant tout pour leur sécurité et leur survie, est bien *la possession assurée et définitive de cette image, quitte à rejeter la personne elle-même qui a été un temps le support de cette image* et qui sera bientôt vécue comme trahissant elle-même cette image à laquelle ils se veulent fidèles. En ces termes peuvent se comprendre certaines réactions médico-légales où, en toute bonne foi, l'amoureux peut se ressentir comme victime d'un partenaire censé le trahir, qui le met en danger de mort s'il le prive de l'affection attendue de lui. Il peut dès lors se considérer comme en légitime défense, en face de ce partenaire ressenti comme traître, et meurtrier de sa propre image. On voit qu'à la limite les phénomènes observables à cette phase réalisent un véritable déni de la réalité qui s'exprime cependant sous une forme négative, et non pas sous la forme positive d'une construction délirante systématisée, comme on peut l'observer en clinique psychiatrique chez les délirants chronicisés : déni de la réalité, ou forclusion, immobilisant l'individu dans une relation fusionnelle dont tout tiers est exclu.

Naturellement dans la plupart des cas, ces manifestations plus ou moins rationalisées destinées à l'évitement du déplaisir resteront discrètes, partielles, et passagères. On ne les verra se prolonger — de manière souvent funeste pour l'évolution ultérieure du couple — qu'en cas de collusion trop serrée entre les deux membres, ou lorsque l'un d'entre eux présente une fragilité propre, témoignant des traces dans ses profondeurs d'un noyau psychotique et des mécanismes de défense correspondants.

Le plus intéressant à noter dans une perspective groupale est que le couple — ainsi que nous l'avons déjà dit — se comporte comme si collectivement et *inconsciemment, il tentait d'organiser des processus de défense pour masquer ou fuir la faille qui le menace plutôt que d'en neutraliser les effets,* et c'est à cette organisation inconsciente, mais collective, qu'il convient de porter une attention spéciale. On retrouve dans le fonctionnement du groupe quelque chose de l'ordre de ce que Anzieu (¹) et ses collaborateurs ont évoqué sous le nom d'illusion groupale, à travers des études psychanalytiques soulignant le renforcement des aspects fusionnels, dénégateurs d'éventuelles divergences, et apportant des modes régressifs de satisfaction où tend à s'estomper la différenciation individuelle et jusqu'à l'individualité propre.

Plus précisément, c'est sans doute grâce au concept de collusion que peuvent être décrits ces phénomènes. A partir d'expériences thérapeutiques et, dans un des rares textes étudiant en profondeur les processus de fonctionnement du couple, Dicks (²) envisage le processus collusif comme une sorte de processus symbiotique, et les liens inconscients entre les partenaires comme fondateurs d'une unité du couple autour de laquelle auraient été tracées les frontières conjointes du Moi. Un processus collusif peut aussi contribuer à maintenir un Sujet — faut-il dire un patient — à l'intérieur d'une relation imaginaire très fusionnelle avec une sorte d'époux idéal, fantasmatique, auprès duquel les partenaires réels ne sont que des êtres défaillants, ne pouvant être investis que partiellement. Pendant un temps, un Sujet est capable de méconnaître la distance qui sépare de cette figure idéalisée et intériorisée, le personnage réel choisi comme conjoint ; le caractère réciproque du phénomène collusif prolonge la possibilité de cette confusion.

Il nous semble qu'il y aurait quelque inconvénient à présenter ces phénomènes comme pathologiques, même si, pour les expliciter et les illustrer, nous sommes pratiquement obligé de recourir à la caricature que représente le pathologique. C'est dans cette même perspective que l'on peut apprécier le travail de Jürg Willi qui pivote autour du concept de collusion, qu'il présente aussi comme un phénomène général, perceptible à un degré ou à un autre chez tous les individus, dans tous les couples. Tous participent plus ou moins à des processus de collusion, mais ceux qui ne sont pas gênés par des obstacles d'ordre pathologique le font avec une grande souplesse qui leur permet de réaliser cette collusion à différents niveaux de maturations successives : ils utilisent ainsi assez librement les

---

(¹) Voir notamment ANZIEU D., *Le groupe et l'inconscient,* Paris, Dunod, 1975.
(²) DICKS H. V., *Marital Tensions,* London, Routledge & Kegan Paul, 1969.

traces des avatars de leur propre évolution affective et les fixations de leur problématique orale, anale, phallique, etc., pour organiser leur attrait mutuel et leur collusion avec leur partenaire.

C'est sans doute lorsque la collusion se situe principalement au niveau narcissique le plus profond qu'elle a aussi les conséquences les plus grandes, notamment à cette première période du couple où les partenaires tentent à tout prix d'éviter la perte des immenses bénéfices narcissiques tirés de l'instauration de la relation amoureuse. Ainsi pour méconnaître la faille qui le menace ou la déception susceptible de l'introduire, le couple renforce les différents types de collusion entre les partenaires, en particulier les collusions organisées au niveau narcissique. C'est sans doute après la phase de lune de miel, et avant qu'apparaissent les processus authentiques de la crise que ces phénomènes sont les plus intenses. Ils apportent aux partenaires de grandes satisfactions dans leur relation objectale, et de grandes possibilités d'identification mutuelle qui renforcent la soudure de leur Moi sur un mode fusionnel ou symbiotique.

Crises et évolution post-critique.

Cette description schématique sommaire de l'évolution longitudinale du couple sera brève sur les phases ultérieures, puisque plusieurs chapitres leur seront consacrés, notamment en ce qui concerne les processus de la crise. Cette dernière représente l'antithèse de la phase de la lune de miel, en permettant le réinvestissement affectif du monde extérieur qui avait été partiellement désinvesti quand le partenaire et le Couple étaient surinvestis. Ainsi réapparaissent les manifestations de l'agressivité mutuelle que la phase de lune de miel avait vues réduites et détournées vers le monde extérieur. L'évolution dyadique dépendra ensuite de l'équilibre des forces convergentes et divergentes à l'intérieur du microgroupe que réalise le couple.

Trois possibilités évolutives sont possibles :

1) Dans certains cas, l'agressivité mutuelle et le désinvestissement du partenaire continuent à s'accroître et aboutissent peu à peu, ou brutalement, à la dissociation et à la mort du couple. Un couple socialement mort ne signifie d'ailleurs pas obligatoirement que sa trace ait disparu chez les anciens partenaires : la structure ou l'évolution d'un premier couple jouera souvent un rôle très grand, sous forme positive ou négative dans l'établissement d'un nouveau lien avec un autre partenaire.

2) D'autres fois, on voit s'organiser au sein du couple un certain nombre de réactions post-critiques, les partenaires se comportant comme pour écarter toute source éventuelle de nouveau conflit ; mais, *faute de pouvoir s'investir mutuellement et organiser de nouvelles collusions, ils tentent de protéger leur relation en limitant étroitement tous les investissements extérieurs au couple lui-même,* quitte à limiter leur propre épanouissement personnel.

Souvent, c'est par l'intermédiaire des enfants que se trouve médiatisé un nouveau fonctionnement du couple, qui pivote autour de leurs difficultés et notamment de leur pathologie. Autour de l'enfant sont désormais polarisés un certain nombre des affects qui ne circulent plus librement entre les partenaires. Il peut se faire précisément que le maintien du couple soit au prix d'un souci commun, d'une angoisse commune, ou même d'un rejet commun d'un enfant innocent; rejet où s'exprimeront les capacités de haine de chacun des deux partenaires qui *se protègent ou se ménagent l'un l'autre, et font retomber sur leur enfant une hostilité* qu'ils n'osent se déclarer ouvertement; ils provoquent alors de graves perturbations dans l'évolution de l'enfant, dont le couple se sera servi inconsciemment, pour maintenir son lien propre.

Les expériences de thérapie familiale montrent la fréquence de tels processus dans la pathogenèse des troubles de certains enfants : tout se passe parfois, comme si, pour survivre, le couple avait besoin de dériver sur un tiers, également investi par chaque partenaire, tout un ensemble pulsionnel dont l'expression n'est plus possible directement entre eux. C'est souvent en ces cas que doit être envisagée précisément une thérapie du couple, non bien entendu pour contraindre les intéressés à une coexistence ou à une proximité insupportables, mais pour leur permettre la clarification et le renouvellement de modes de communication trop sophistiqués. L'enfant se montre extrêmement sensible aux contradictions entre les parents, surtout si elles sont voilées, masquées, recouvertes par une pseudo-bonne entente qui rend leurs messages encore plus contradictoires : l'enfant jeune surtout, d'autant plus sensible qu'il n'a pas encore les moyens linguistiques ni intellectuels lui permettant de décoder ces messages paradoxaux émis par les parents.

On retrouve souvent au sein de tels couples une coupure particulièrement nette au niveau des communications entre les signifiants verbaux, proprement linguistiques et les autres modes de signifiants — auditifs, paralinguistiques, ou signifiants factuels non linguistiques, contexte, etc. — avec comme conséquence une contradiction entre ce qui est dit et ce qui est fait ([3]). C'est sans doute dans ces cas que le phénomène de « double contrainte », répété à longueur d'années peut avoir des conséquences pathologiques pour l'enfant, sinon pour les conjoints eux-mêmes, qui relèvent particulièrement des thérapies de famille ou de couple.

3) Enfin dans un troisième, et probablement plus important nombre de cas, le couple réorganise des liens nouveaux. Après les différentes tentatives de la phase pré-critique, puis la souffrance et le travail de deuil réalisés pendant la phase de crise, un nouvel apprentissage des relations se fait qui bénéficie d'une amélioration des communications entre les

([3]) GEAR M. C., LIENDO E. C., *Psicoterapia Estructural de la Pareja y del Grupo Familiar*. Nueva Vision, Buenos Aires, 1974.

partenaires. Chez beaucoup, cette réorganisation se fait spontanément à l'occasion d'une multiplication des échanges organisés autour d'objectifs communs. C'est à propos de ces cas, les plus nombreux sans doute, qu'il convient de souligner l'effet dynamique et proprement « re-créateur » de la crise, même lorsqu'elle est vécue par les intéressés comme un phénomène destructeur. Bien que les mass-media la présentent comme devant être évitée à tout prix, c'est seulement par son intermédiaire que vont se créer de nouveaux attraits, de nouvelles collusions, après l'extinction des désirs initiaux mutuels. C'est par son intermédiaire que s'instaure une *nouvelle idéalisation du partenaire*, sous une forme voisine de la création du lien amoureux.

Ainsi se manifestent une série d'alternances où les phases d'instauration et de reconstruction seront suivies de nouvelles phases critiques, elles-mêmes suivies d'une rénovation des modes de communication et des attraits réciproques, etc. Nous aurons l'occasion à propos des processus de communication de revenir d'une manière plus précise sur certains de ces aspects ; mais il importe en ce chapitre de souligner que la description des phénomènes de l'instauration du lien amoureux et de la crise ne doit pas être entendue comme caractérisant « une » instauration initiale du lien, ou « une » crise, mais bien le type même des différents processus alternés et souvent enchevêtrés qui se feront jour tout au long de l'existence du couple fonctionnant comme un ensemble.

CHAPITRE II

LUNE DE MIEL, EMPRISE AMOUREUSE ET LUTTE CONTRE LA MORT

Ce n'est pas sans un certain embarras que nous nous hasardons à écrire ce chapitre. N'y a-t-il pas quelque indécence à jeter un regard clinique sur cet aspect si humain de l'existence, à la fois si général et si profond? N'y a-t-il pas grossière prétention à oser dire à ce propos quelque chose qui n'ait point été dit depuis quelques millénaires? Les écrivains et surtout les poètes ont accumulé un trésor tel que la démarche amoureuse la plus atypique n'a pu leur échapper. Et surtout scrutant au-delà de l'expérience vécue et du conscient, n'y a-t-il pas quelque insanité à jeter un regard dans un domaine si précieux à chacun et où tant d'êtres humains ont vécu leurs expériences les plus riches? Pourquoi ne pas renvoyer aux textes mêmes des plus grands poèmes qui ont traversé les temps, à Roméo et Juliette, aux romantiques, ou à tant d'autres qui en tout lieu et en tout temps ont enrichi à ce propos le patrimoine culturel de l'humanité?

Malheureusement, nous sommes bien obligé, dans le cadre d'une réflexion sur la structuration du couple, d'examiner ce qui se passe en cette période si décisive, même s'il est pénible de décrire en termes froids et austères ce que d'autres ont évoqué en termes lyriques, et habituellement vécu avec une chaleur et une ardeur des plus passionnées. Et à notre inhibition à écrire ce chapitre, s'ajoute une nouvelle objection : le thérapeute qui intervient auprès de gens souffrant dans le cadre de leur vie de couple, ou au sein de leur vie amoureuse, est-il amené à intervenir précisément à cette période? Reconnaissons qu'il est fort rare qu'il soit alors consulté, et s'il l'est, c'est déjà le signe qu'un processus d'une étape ultérieure est engagé; sinon ce n'est que plus tard, à l'occasion d'une crise que le thérapeute sera obligé de chercher à comprendre rétrospectivement ce qui s'est passé en ces moments si décisifs de la constitution du couple, tirant péniblement son information des consultants, souvent même de leur désaccord sur le souvenir de cette époque.

Lune de miel et symbiose.

Après une toute première période, très brève pour quelques-uns, beaucoup plus longue pour d'autres, au cours de laquelle les partenaires se sont plus ou moins subitement découverts, reconnus, et enfin choisis, s'inaugure, on le sait, une seconde période de caractéristiques très remarquables. Si ce que nous avons évoqué du choix du partenaire se vit principalement à la toute première période, et même quelquefois aux premiers instants de la rencontre, c'est que chacun attend que s'organise avec l'autre une relation d'une densité et surtout d'une qualité exceptionnelles.

Aucun raisonnement, aucune dénégation ne parvient tout à fait à annuler l'espoir spontané d'un ravissement. Chacun sent bien intuitivement que quelque chose de nouveau va se vivre, qu'un nouveau regard sur le monde, sur le partenaire, et sur soi-même, va se poser, qui renversera les relations antérieures, inaugurant pour chacun une ère nouvelle. Que cette perception reste naïve pour la plupart, ou qu'elle soit parfois compliquée de raisonnements ou de dénégations, ne change rien à ce qui est, là, profondément vécu.

Nous resterons bref quant à la description superficielle de cette phase ; le plus remarquable est l'*annulation, l'exclusion par chaque partenaire de tout élément agressif à l'égard de l'autre.* La caricature n'en est que trop connue : l'amoureux n'a plus aucune critique, non seulement il pardonne tout, mais surtout il méconnaît le défaut de l'élu ou sa défaillance ; il n'est pas capable d'en supporter la moindre vision défavorable et refuse ses propres perceptions quand elles ne sont pas conformes à la vision idéalisée qu'il a de l'autre. De cette idéalisation déjà traitée, nous savons qu'en cette phase, elle atteint les aspects les plus patents, allant jusqu'au déni de la réalité : il y a une véritable transfiguration de l'élu.

Cette exclusion de tout facteur agressif se traduit non seulement par l'intense idéalisation du partenaire, mais encore par celle de la vie amoureuse, censée apporter désormais toute satisfaction, et surtout n'apporter que satisfaction. Chacun attend beaucoup de l'autre et de plus en plus. Chacun idéalise l'autre de plus en plus.

Il en est un peu en ce domaine comme du plaisir d'excitation, tel que Freud l'oppose plus ou moins au plaisir de la décharge dans le cadre de la vie sexuelle. L'attente accroît l'idéalisation qui, par une rétroaction pour une fois positive, accroît elle-même l'attente.

Dans le cadre de la relation entre les deux partenaires, chacun est plus ou moins ressenti comme fusionné avec l'autre, comme faisant partie de lui — fusion qui représente quelque chose de *plus que la possession, une sorte de degré plus avancé dans la disparition des limites du Moi,* et en tout cas des limites entre l'un et l'autre. A condition d'entendre agressivité dans son sens large, comme l'ensemble des pulsions permettant à chaque sujet de s'opposer, de se séparer d'autrui, de s'individualiser, d'exister comme être distinct et différent, on peut concevoir cette disparition des limites entre l'un et l'autre comme un degré plus grand d'annulation de toute agressivité entre eux; mais si l'agressivité est annulée dans les rapports interpersonnels des partenaires, elle est déplacée, et dès lors renforce la séparation entre chaque sujet et tous les autres, sauf l'élu : « les amoureux seuls au monde », suivant l'expression bien connue, se trouvent bien alors séparés du reste du monde par une commune frontière qui sépare leur couple des tiers quels qu'ils soient.

On sait combien ces tiers — parents, amis, groupes sociaux — supportent plus ou moins mal cette quasi disparition d'un des leurs, comme s'il était englouti dans sa relation à son partenaire et désormais perdu pour eux. Il est bien connu que les sociétés très structurées, où se vit une intense participation à un idéal commun de groupe — Eglises, partis politiques, etc. — supportent mal cette appropriation d'un membre par un autre au nom d'un commun amour. Ce risque peut apparaître si grand qu'explicitement ou implicitement, ces groupes s'opposent à de telles unions amoureuses, ressenties comme une menace pour la participation à la lutte collective ou pour la relation à l'idéal. Ce n'est pas par hasard que l'Eglise catholique a interdit aux prêtres le mariage, et ce n'est pas par hasard non plus que peut être considéré comme une « déviation bourgeoise » un flirt un peu poussé ou une relation sexuelle entreprise à l'heure où il faudrait participer à un meeting critiquant la pensée de Lin Piao ou de Confucius... ([1]). Cette quasi « persécution » par le reste du monde contribue ainsi à *renforcer la nouvelle frontière entre ce couple et le monde,* première frontière de la dyade et première fonction réalisée pendant cette phase décisive de la vie amoureuse.

Quoi qu'il en soit de l'origine de cette interaction entre ce nouveau couple et le reste du monde, qu'elle soit liée au fait que les amoureux, en s'unissant l'un à l'autre, désinvestissent quelque peu le reste du monde et leurs attachements antérieurs, ou qu'elle soit due en partie aux réactions hostiles du monde en face de ces amoureux, toujours est-il que l'ensemble de ces processus a pour effet non négligeable de contribuer à la structuration de la dyade. Ainsi les bornes séparant les sujets l'un de l'autre sont atténuées, sinon effacées, mais les frontières qui séparent le groupe amoureux du reste du monde tendent progressivement à s'édifier. C'est une des fonctions décisives du travail psychique de cette phase que de constituer ainsi les bases de la future « coalition conjugale » pour employer l'expression de Lidz ([2]).

([1]) Allusion aux événements de Tien. Cf. *Le Monde* du 17 août 1976.
([2]) LIDZ. Voir, par exemple, in *L'enfant dans la famille,* p. 26, Paris, Masson 1970.

De même, Willi [3] insiste sur la nécessité, pour un fonctionnement normal du couple, d'une claire délimitation du couple, et en précise le principe : dans un couple harmonieux, il faut que la relation soit vue comme privilégiée et se distingue nettement de toute autre relation que chacun peut avoir à l'extérieur du couple, tandis que, à l'intérieur du couple, les partenaires doivent aussi parvenir à se différencier nettement l'un de l'autre. En outre, ces nettes délimitations, soit entre les partenaires, soit entre le couple et les autres, doivent être perceptibles à la fois par les intéressés et par les tiers, sans toutefois être trop rigides ou imperméables.

Par opposition à ce couple harmonieux pourraient se définir différents équilibres : d'abord celui que représenterait le couple fusionnel où les partenaires forment une union symbiotique avec un véritable Moi commun, séparé du monde extérieur, une telle relation pouvant sans doute donner des satisfactions aux intéressés, mais avec le risque d'une perte du Moi individuel dans le cadre d'une collusion narcissique. Et à l'inverse, comme nous l'avons déjà évoqué à propos du choix du partenaire, dans le cadre des risques d'un amour trop intense, on peut observer des partenaires qui se délimitent de manière très marquée entre eux par crainte d'une perte de leur Moi individuel menacé par l'intimité du couple.

Quoi qu'il en soit des inconvénients d'une fusion trop étroite, ou trop durablement étroite, se réalise souvent dans cette première phase correspondant à la lune de miel *une ébauche de couple symbiotique* ou fusionnel, ébauche qui, même discrète, *joue un rôle structurant très important pour la dyade.* Ce mouvement fusionnel a des effets dynamiques qui ne sont pas seulement négatifs comme on le souligne habituellement. Malgré des dangers potentiels évidents, l'aspiration fusionnelle représente une des forces organisantes, constituantes, mais qui deviendrait pathologique si elle n'était contrebalancée par d'autres forces dont nous verrons la réapparition dans les phases ultérieures de l'évolution du couple.

Il est intéressant que les enquêtes des sociologues recoupent souvent nos données d'origine clinique. Par exemple, leurs débats [4] autour du concept de « cycle de vie familiale ». Quoi qu'il en soit du terme [5] lui-même aujourd'hui discuté dans la mesure où on en distingue mal la définition et les limites, il permet, admettant le groupe familial comme un ensemble, d'étudier son évolution à travers différentes phases. Si l'énumération

---

[3] WILLI J., *Die Zweierbeziehung.* Hamburg, Ed. Rohwolt, 1975.

[4] Cf. Congrès International de Sociologie de la Famille, Paris 1973.

[5] Le « cycle de vie familiale » représente parmi l'ensemble des événements la série organisée dans le temps de ceux de ces événements qui sont prévisibles et seront rencontrés par la plupart des familles (par exemple l'engagement, le mariage, la naissance d'enfants, l'entrée à l'école du premier, le départ du dernier, etc.), par opposition aux événements particuliers propres à certaines familles (accidents, décès, guerre, séparation imposée, maladie grave...).

détaillée des différentes tâches (⁶) (⁷) ainsi précisées par certains auteurs n'a sans doute qu'un intérêt clinique limité, leur évocation montre combien, pour les partenaires, deviennent importantes à cette période la mise au point de leurs relations internes, et par là même la constitution d'une sorte d'identité du couple qui ne se fonde véritablement qu'à ce moment-là. En effet, jusque-là chaque partenaire pouvait se sentir attiré ou intéressé par l'autre, mais son individualité restait absolue sans aucune conscience du groupe formé, tandis que la phase de lune de miel introduit cette prise de conscience du processus de groupe. C'est une sorte de sentiment d'appartenance au groupe qui se fait jour, avec plus ou moins d'importance suivant les couples, suivant les conditions socio-culturelles, et, bien sûr, suivant les particularités individuelles de chaque sujet; et en deçà de toutes ces différenciations apparaît ce phénomène commun, important, de la prise de conscience de l'appartenance au groupe-couple. Ainsi se trouve confirmée la fonction structurante et constitutive de cette phase de lune de miel dans l'organisation dyadique.

Processus intrapsychiques : aspects topiques.

Pour rester fidèle à notre mode de recherche, laissons de côté maintenant le point de vue groupal pour nous intéresser à l'aspect plus strictement personnel des processus psychiques en cours. Indépendamment des intenses satisfactions qu'apporte au sujet ce vécu si particulier, l'opinion commune a presque toujours reconnu dans l'état amoureux, notamment au moment de sa constitution, une valeur maturante. Cette maturation variable d'un individu à l'autre peut avoir un caractère décisif chez certains en séparant totalement dans leur existence ce qui était avant de ce qui est après, tant cet aspect maturatif est important. Chez d'autres ce phénomène est moins marqué : soit qu'il s'agisse de sujets ayant déjà traversé des phases antérieures équivalentes et dont la maturation ne se modifie plus guère; soit qu'il s'agisse de sujets susceptibles de tirer de cette phase des satisfactions intenses, mais dont la personnalité trop rigide ne peut être remodelée dans ses fondements, soit encore que la forme de leur engagement amoureux reste relativement réduite, comme nous en avons évoqué le cas à propos du choix du partenaire et de la crainte d'un amour trop intense. Mais d'une manière générale, l'entrée dans l'état amoureux s'accompagne d'une évolution maturative dont nous allons décrire les mécanismes intimes qui sont multiples.

Soulignons d'abord à cette occasion que l'expérience amoureuse semble

---

(⁶) RAPPOPORT R., *Normal Crises Family Structure and Mental Health*, Family process. 2, pp. 68, 80, 1973.

(⁷) RAPPOPORT R.; RAPPOPORT R. N., *New Light on the Honeymoon*. Human relations 17, pp. 33-56, 1964.

être la *seule expérience existentielle qui puisse avoir une valeur maturante sans caractéristique de frustration.* En effet, la plupart des autres occasions de maturation au cours de l'existence humaine, quelle que soit leur importance, sont généralement consécutives à une souffrance, à une déception, à une privation, et c'est face à l'obstacle que se réorganise la personnalité du sujet; sa maturation vient habituellement de cette réorganisation liée à la souffrance ou à l'échec, par une sorte de travail de deuil. Au contraire, la maturation liée à la lune de miel ne s'accompagne ni de souffrance, ni d'échec, tout en apportant un très grand enrichissement personnel.

Dans une première perspective, on peut considérer que la maturation est en rapport avec les mobilisations massives des investissements libidinaux et que c'est tout particulièrement de l'enrichissement narcissique qu'elle tire son énergie. Plus qu'un enrichissement, c'est, comme le dit Christian David ([8]), un indubitable « comblement narcissique ». Enfin le « manque » qui caractérise toute l'existence humaine paraît comblé! Effacée la séparation première et brutale d'avec le premier objet d'amour, effacé le traumatisme de la naissance, effacées les innombrables frustrations que les avatars de l'existence imposent à chacun, effacées les souffrances liées à l'organisation des compromis habituels propres à la maturation. La constante quête narcissique qui continue de caractériser l'être humain tout au long de son existence trouve enfin, en apparence au moins, une intense satisfaction.

Pour le comprendre, on peut se référer à ce qui en a déjà été décrit d'abord sous la plume de Freud, en termes de *rapports nouveaux entre le Moi et l'Idéal du Moi.* L'Objet élu, support des projections de l'Idéal du Moi, est en quelque sorte à nouveau approprié et réintrojecté dans le Moi du Sujet. La différence est effacée et le constant aiguillon que représentait cette différenciation du Moi et de l'Idéal du Moi cesse de faire souffrir le Sujet. C'est aussi grâce à la projection du Surmoi sur l'Elu que se trouve atténuée la crainte constante des critiques et agressions venant de cette instance, au moins dans ses aspects inconscients. Puisque l'Objet d'amour manifeste son approbation, son estime et jusqu'à son amour, et qu'il est devenu porteur de toutes ces instances idéales ou critiques, c'est qu'il n'y a — momentanément — plus rien à redouter, et cesse alors l'angoisse existentielle élémentaire.

Mais si l'on peut assister d'un côté à la re-fusion du Moi et de l'Idéal du Moi, et jusqu'à un certain point à la re-fusion du Moi et des instances surmoïques, de même faut-il tenir compte des bouleversements libidinaux entraînés par la quasi-fusion avec les instances originelles du Ça primitif. Une moindre répression des pulsions par le Moi, une plus grande satisfaction des désirs les plus profonds entraînent un apaisement des

([8]) David C. *L'état amoureux.* Paris, Payot 1971, p. 63.

tensions issues du Ça. Ici, nous ne parlons pas seulement de l'éventuelle satisfaction des désirs sous une forme génitale, mais bien d'une intégration plus facile des éléments des processus primaires.

Ce qui est également caractéristique, c'est aussi l'intense participation psychique que manifeste l'état amoureux, participation traduite par une importante activité fantasmatique grâce à laquelle précisément peut se réaliser l'intégration des éléments du processus primaire (⁹). De même se confirme alors l'intégration des désirs partiels correspondant aux pulsions prégénitales, sous la primauté plus ou moins relative du génital.

Ainsi du point de vue psychanalytique, ne peut-on guère comprendre cet enrichissement surprenant du Moi et ce « comblement narcissique », qu'à condition de les saisir dans le cadre d'une très importante réorganisation des différentes instances psychiques. Nous venons de les entrevoir sur le plan de l'organisation topique, nous pourrions de même constater cette réorganisation sur le plan dynamique ou sur le plan économique au sens métapsychologique de ces termes.

Par exemple, l'investissement narcissique semble ne plus contredire l'investissement objectal, puisque l'intense investissement affectif dont bénéficiait l'Objet d'amour est intégralement renvoyé au Sujet, du fait qu'il est, en tant qu'Objet passionnément aimé, introjecté comme Idéal du Moi du Sujet lui-même. Mais que nous la considérions au niveau pulsionnel ou au niveau des instances, toute cette réorganisation de l'appareil psychique ne peut être comprise qu'à condition d'y bien repérer son aspect régressif fondamental : rapprochement des instances Moi-Surmoi, ou Moi-Idéal du Moi et Moi-Ça, intrications pulsionnelles accentuées par l'érotisation, rapprochement et même fusion partielle ou moindre délimitation Sujet — Objet, etc. Tout cet ensemble qui permet de tels bénéfices narcissiques évoque un vécu très proche de celui des toutes premières expériences, ou tout au moins de ce qui était attendu par le Sujet mal différencié dans l'ébauche de ses premières relations à l'Objet total primaire.

S'il est vain de discuter d'un aspect pathologique de la relation amoureuse, qui conduit toujours à un débat conventionnel sur les limites de la pathologie, par contre, il est nécessaire de comprendre l'essentiel *du mouvement amoureux à son origine comme une tentative régressive* (¹⁰) pour

(⁹) L'énergie nécessaire à cette participation psychique est peut-être prélevée sur le courant pulsionnel, comme le suppose Freud, avec cette conséquence si caractéristique pour lui de la sexualité humaine, par laquelle quelque chose dans la pulsion même s'oppose à sa pleine satisfaction, quelque chose grâce à quoi précisément se réalise l'humanisation de la sexualité et la participation psychique qui l'accompagne, avec ses possibilités tant de sublimation et de changement de but que de perversion. Peut-être est-il plus simple d'interpréter cet obstacle à la pleine satisfaction comme lié au conflit entre les pulsions elles-mêmes.

(¹⁰) L'extension aujourd'hui du concept de régression, lié à une vulgarisation maladroite des données analytiques, exige que nous soyons précis quant à son sens :

retrouver — fût-ce illusoirement — une plénitude antérieure. Cela suppose jusqu'à un certain point une véritable « dédifférenciation » sans laquelle ne serait pas possible ce remodelage structural et qui s'oppose dialectiquement aux efforts de différenciation progressive imposée par les nécessités de la vie biologique et sociale.

On connaît la tendance de tous les organismes vivants, et spécialement de l'être humain, à osciller dans leur fonctionnement entre deux attitudes, l'une progrédiente, évolutive, adaptative, à quoi poussent la vie et sa contraignante compétition d'une part, et d'autre part, une attitude régressive qui tend à ramener aux conditions antérieures, ou pour employer encore les métaphores freudiennes, à un niveau d'excitation nulle. Ainsi doit-on admettre que la phase initiale de l'état amoureux se classe, au moins en partie, parmi cet ensemble de positions régressives qui permettent à l'être de retrouver ses sources, de se reposer, de se re-créer en s'accompagnant généralement d'un état agréable, tout comme le repos, le sommeil, l'orgasme, etc. L'état amoureux permet donc à l'être humain de reconstituer sa vitalité affective et ses capacités d'adaptation. Du reste, dans les périodes de grande compétition, l'histoire humaine montre combien a été valorisé l'état amoureux : l'extrême tension et les exigences croissantes d'une civilisation en pleine évolution rendent nécessaires des capacités adaptatives croissantes de chaque groupe social et de chaque individu.

Combien d'individus aujourd'hui sont-ils tentés de tout attendre de leur couple ou de leur vie amoureuse, dans la mesure où l'extrême tension de leur vie sociale ne leur permet plus de trouver dans leur activité socio-professionnelle un minimum de satisfactions et de repli nécessaire à leur survie! La vie amoureuse, il est vrai, ne peut pas être réduite dans son ensemble à cet aspect régressif, puisque après la lune de miel, viendront des phases plus critiques où chaque être sera obligé d'utiliser toutes ses capacités progrédientes autant que régrédientes ; mais il faut reconnaître que l'établissement du lien amoureux dans sa phase initiale comprend un aspect régressif notable rendant possible cette re-création du Sujet et l'enrichissement de son Moi.

Nous avons évoqué le rapprochement entre les différentes instances, notamment du Moi avec le Ça et avec l'Idéal du Moi. On peut de même reprendre ici l'évolution des rapports entre les pulsions génitales et prégénitales, en se rappelant l'évolution de la sexualité humaine en deux phases successives coupées par une latence et, à partir de la phase

---

régressif ne signifie nullement pathologique, bien que la plupart des états pathologiques puissent se comprendre à partir d'expériences partiellement régressives. Mais on peut saisir l'aspect régressif de l'état amoureux en se rappelant que la compulsion de répétition y joue un fort grand rôle ; nous l'avons souligné à propos du choix du partenaire, et notamment en tant qu'il est, pour une part, tentative de reproduire la relation première avec l'Objet total perdu.

phallique et du déclin de l'Œdipe, le passage des différentes pulsions sexuelles primaires sous la primauté du génital — primauté relative, et qui ne signifie ni l'exclusion, ni la disparition des précédentes, mais leur organisation et leur intégration sous la primauté des pulsions génitales. L'organisation des défenses personnelles se construisant en grande partie grâce à la répression des pulsions prégénitales, il se crée constamment des tensions intrapsychiques qui apparaissent en correspondance avec ces conflits intérieurs. Ce que l'on constate à l'étape de l'établissement du lien amoureux, c'est une sorte d'atténuation de ces conflits intérieurs, une plus grande tolérance de la part des instances répressives, surmoïques de l'individu et une meilleure utilisation des tendances disparates jusqu'alors mal reliées à l'ensemble, dont la charge énergétique était en quelque sorte perdue.

Si le Sujet adulte est supposé avoir réussi l'intégration de ses différentes pulsions partielles en un ensemble cohérent, si en particulier, la primauté du génital est supposée réalisée pour réussir cette intégration, on sait bien qu'en pratique, nul ne parvient totalement à cet équilibre utopique, et que persistent des tendances partielles mal « génitalisées » et mal intégrées à l'ensemble ; ces traces refoulées gardant une énergie libidinale importante sont susceptibles de se traduire dans le cadre de processus primaires, (notamment par des comportements plus ou moins compulsifs en discontinuité avec l'ensemble des attitudes du Sujet).

S'il y a, *pendant cette phase de lune de miel, moins de conflits entre pulsions objectales et narcissiques, on note également moins de conflits entre les pulsions génitales et les pulsions prégénitales*, restées à l'écart. C'est un phénomène très important qui permet une véritable « utilisation » des énergies liées à ces pulsions mal intégrées : dans l'état amoureux la relation à l'Objet d'amour est, à cette phase constitutive surtout, susceptible d'absorber les énergies liées aux représentations des pulsions partielles.

Un des exemples le plus remarquable est l'utilisation des tendances masochiques, qui, ayant hors de l'état amoureux perdu une grande part de leur aspect relationnel, trouvaient leur issue habituelle dans des comportements autopunitifs ou d'échec, plus ou moins dangereux. Dans l'état amoureux, au contraire, et surtout à sa phase initiale, *l'intense érotisation permet de réorienter l'ensemble de ces désirs vers l'Objet* dans un cadre relationnel précis. Certains amoureux qui, grâce à de bonnes défenses, étaient capables de réprimer et d'annuler leurs pulsions masochiques, voient ces dernières reparaître, mais douées d'un dynamisme nouveau et érotisées, cette fois sans réaction défensive du Sujet qui les utilise érotiquement dans sa relation à l'Objet d'amour. Ce qui jusque-là pouvait être assimilé à des manifestations d'un masochisme moral — c'est-à-dire peu érogène, peu investi dans un cadre relationnel et ramené à des manifestations autodestructrices ou autopunitives — peut désormais, et plus ou moins durablement, être utilisé à des fins relationnelles et érogènes. Parallèlement sur le plan économique, une moindre dépense d'énergie sera nécessaire dans la lutte du Moi contre ces pulsions mal intégrées.

Sur le plan de structuration dyadique, ces tendances masochiques, ailleurs pathogènes, peuvent puissamment contribuer à l'organisation du couple et aux satisfactions mutuelles des partenaires : il suffit d'évoquer la littérature, et principalement la poésie, pour voir l'importance de l'utilisation des termes de souffrance et de liens, d'attachement, de chaînes, de violences, de soumission plaisante et autres expressions qui témoignent du désir du Sujet d'être asservi à son Objet. Evidemment l'utilisation de ces termes dépend aussi du contexte socio-culturel de l'époque considérée. Le langage de l'amour courtois en est rempli, et plus encore celui de l'époque classique (il suffit de rappeler ici par exemple nos grandes tragédies). Et si d'autres époques, notamment la nôtre, infiltrée des vulgarisations pseudo-psychanalytiques et des nouveaux interdits qui les accompagnent, ne se permettent pas aussi facilement de telles expressions, disons qu'au niveau des fantasmes individuels, l'expression de ces tendances masochiques reste tout aussi vive.

L'observation clinique sous différentes formes — cures psychanalytiques ou psychothérapies individuelles, entretiens conjoints — confirme ce phénomène très important qui traduit sur le plan économique les modifications liées à l'état amoureux, surtout à sa phase de développement. Elle montre la nouvelle érotisation des tendances masochiques, « récupérant » les tendances auto-punitives et autres traces des processus de culpabilité ; l'érotisation les rend utilisables dans le sens du plaisir en apportant au Sujet d'intenses satisfactions, jusque-là impossibles, tout en le protégeant contre une utilisation « désobjectalisée » de ces mêmes tendances. Ainsi les expressions apportées par certains patients, en analyse, montrent bien que la polarité masochique à cette phase s'oriente souvent vers l'Objet d'amour.

Dans l'expérience de la cure analytique dont le dynamisme principal naît des processus transférentiels, c'est la réobjectalisation en fantasmes des dites tendances sur l'analyste qui sert de moteur à l'analyse du mouvement. Faire constater la tendance autopunitive ou le masochisme moral n'apporte rien au Sujet ; mais par contre lui permettre de les exprimer dans sa relation à l'analyste, lui donne la possibilité de revivre ses dispositions archaïques, jusqu'alors inutilisables, dans un cadre objectalisé utilisable ; et seule l'analyse ultérieure de ce mouvement transférentiel permettra au Sujet de vivre différemment les tendances inhérentes à son organisation pulsionnelle globale.

En dehors de la cure psychanalytique, un processus spontané du même ordre, bien que non utilisé habituellement dans un sens thérapeutique, se fait spontanément lors de l'établissement du lien amoureux. Il est aisé de repérer que ce mouvement tout à fait dynamique est lié à l'érotisation intense de la relation à l'Objet, en même temps qu'à l'énorme investissement de cet Objet. En des termes plus concrets et plus cliniques, ce qui apparaît nettement, c'est la fréquence de ce mouvement qui permet à bien des sujets d'abandonner des comportements d'échec de repli sur soi ou de recherche de punition au profit d'une recherche du plaisir. Certains les abandonnent complètement, d'autres se contentent de trouver du plaisir là où il n'y avait que souffrance. Ils ajoutent le plaisir à la douleur en les liant à leur relation amoureuse, plaisir plus ou moins secret qu'ils n'osent pas toujours reconnaître clairement, mais qui n'en traduit pas moins le processus d'une nouvelle intrication pulsionnelle, rendue possible par l'érotisation intense de la relation à l'Objet : *non plus souffrir en général,* échouer ou être humilié, *mais bien désormais souffrir de celui dont on est aimé, être attaché à lui* et éventuellement être humilié par lui dans le cadre d'une secrète relation amoureuse.

Bien entendu tous ces mouvements, et plus spécialement ceux qui concernent la tendance masochique dans son rapport plus ou moins marqué à l'Objet, restent inconscients pour la grande majorité des Sujets, au point que l'expérience nous a montré que ce mouvement avait échappé à la perception de plusieurs consultants ayant déjà été très sérieusement analysés pendant plusieurs années, tant il est vrai que la dynamique du mouvement masochique reste souvent bien obscure et profondément refoulée.

Obs. n° 20.

Une consultante venue en raison des difficultés de sa vie de couple et tout particulièrement des difficultés sexuelles communes, avait, du fait de ses activités professionnelles, bénéficié d'une cure analytique antérieure dont elle avait tiré beaucoup sur le plan de sa personnalité. Elle épousait par la suite un de ses collègues, et leur lien très marqué par une grande identification mutuelle semblait apporter à l'un et à l'autre de grands bénéfices narcissiques. Mais le mari présentait des dispositions masochiques assez notables qui ne permettaient guère à la patiente d'utiliser les traces de ses propres dispositions masochiques. Or l'expérience lui avait appris que, lorsque dans certaines circonstances leur relation génitale ne s'organisait pas de manière satisfaisante, il lui restait la possibilité, suivant son expression, d'une véritable « récupération masochique »; cela signifie pour elle, quand elle le pressent, qu'au lieu d'accepter « bêtement » l'échec de la relation et l'absence de plaisir, elle se plaît à vivre cette frustration comme l'effet du désir de son mari.

A un niveau fantasmatique, elle s'imagine être ainsi sa victime, ce qui lui permet de ressentir à nouveau une certaine forme d'orgasme, particulièrement intense. Elle consulte alors, en se demandant dans quelle mesure ce qu'elle fait là est tout à fait sain et « normal », et elle découvre peu à peu qu'elle est, somme toute, venue demander au thérapeute une sorte d'autorisation. Sans doute, y a-t-il dans l'analyse de son problème, d'autres facteurs qui entrent en jeu et qui permettront par ailleurs une évolution différente, plus dynamique, avec d'autres modalités plus satisfaisantes de leur organisation dyadique. Il n'en reste pas moins qu'en utilisant ses capacités à fantasmer, elle avait trouvé le moyen de ce qu'elle appelle, à juste titre « une sorte de récupération masochique ».

Cet exemple montre également, dans un cadre professionnel où la psychologie scientifique joue un rôle important, combien les tendances masochiques sont aujourd'hui en quelque sorte « interdites » et très particulièrement culpabilisées. Si de nombreux individus à demi « psycho-logisés » s'interdisent toute une série de satisfactions, c'est souvent qu'ils perçoivent plus ou moins confusément qu'elles ont quelque rapport avec ces tendances, classiquement considérées comme perverses et à ce titre dûment interdites. Le fait de *savoir théoriquement* que les dispositions sado-masochiques sont communes à chaque être et inhérentes au fonctionne-ment même du psychisme humain ne les empêche nullement de vivre ces dispositions comme pathologiques, et à ce titre interdites et coupables en fonction des normes culturelles contemporaines, ce qui complique le problème de leur thérapeutique.

Dans le cadre de la réorganisation de l'équilibre libidinal contemporain de la phase de lune de miel et des modifications structurales ou topiques qui l'accompagnent, nous avons souligné l'enrichissement que le Moi pouvait tirer de son rapprochement, tant avec l'Idéal du Moi qu'avec le Ça. Nous venons de voir l'évolution de tendances jusque-là mal intégrées à l'ensemble de la personnalité, et notamment liées aux pulsions prégéni-tales; le masochisme en était un cas particulier, sans doute spécialement important du fait de ses qualités érogènes patentes ou latentes chez beaucoup.

Il en est de même d'autres tendances partielles en rapport avec d'autres pulsions d'origine prégénitale. Autour de l'axe voyeuriste-exhibitionniste, se jouent également d'importants phénomènes, où l'érotisation, lors de la phase d'établissement du lien amoureux, mobilise des forces très vives. Dans la mesure où la pulsion d'agression est effacée partiellement dans les rapports entre les intéressés, et que sont stimulées au contraire les pulsions liées à Eros, nous constatons que de nouvelles organisations libidinalement satisfaisantes peuvent se faire jour. On connaît l'importance du jeu du regard dans l'érotisation et il est inutile d'insister ici, tant en sont nombreux les exemples; la littérature classique et moderne d'une part, et le cinéma d'autre part, montrent sans cesse ce jeu d'excitation réciproque par lequel chacun des deux partenaires provoque constamment l'intérêt de l'autre : on cache une partie de soi-même, corps ou qualité d'esprit, pour provoquer plus efficacement le voyeurisme de l'autre et son attrait. Les jeux de la séduction sont liés à ces manifestations, les aspects actifs et passifs de la disposition scoptophile étant intensément stimulés — intensément, et inégalement pour certains, chez lesquels un partenaire utilise exclusivement l'aspect passif de cette fonction, laissant à l'autre exclusivement le rôle actif complémentaire ; beaucoup plus symétriquement chez d'autres, ou bien alternativement, ce qui permet de plus grandes capacités adaptatives ultérieures.

Obs. n° 21.

Ainsi J. A., après le décès de sa mère a été longtemps objet de l'admiration de son père, ainsi que de ses jeunes frères et sœurs. Elle a en effet pleinement réussi à leur permettre une existence très satisfaisante en restant elle-même discrète, presque secrète, et d'autant plus admirée. Attitude assez séduisante, mais dont la discrétion l'a conduite à n'accorder ses faveurs que récemment, à l'un de ses plus anciens amis qu'elle a finalement épousé. Aujourd'hui cependant, elle est quelque peu déçue, et sa déception vient de ce qu'elle attendait de ce dernier qu'il joue à la perfection le rôle, ou mieux, le « jeu » qu'avaient jusque-là joué son père et ses frères. Elle attendait de son mari qu'il devine tout de ses moindres mouvements, et pour mieux le provoquer, restait secrète quant à l'expression de ses désirs. Et si secrète qu'il ne pouvait plus comprendre ce qu'elle attendait de lui, et adoptait alors des attitudes ne correspondant plus aux désirs secrets de sa femme. Elle était déçue, persuadée qu'il devait toujours tout comprendre d'elle, sans percevoir le moins du monde cet aspect extrêmement passif, exigeant et principalement narcissique de son attitude, qui, à la longue provoquait la colère et le réveil de manifestations agressives de son mari. J. A. se complaisait dans l'attitude passive de sa scoptophilie latente ; elle voulait être vue et admirée et pour mieux tenir son rôle, jouait abusivement de caches, derrière lesquelles elle se masquait totalement.

A propos de l'érotisation des différentes parties du corps, et notamment des organes génitaux, on sait que, parmi les nudistes, se recrutent volontiers des personnes qui, vis-à-vis de l'érotisation des organes génitaux, ont une position très ambivalente : d'un côté, elles prétendent que ces organes étant de la plus grande importance, leur vue ou leur exposition est essentielle, et, d'un autre côté, elles se comportent comme s'il fallait à tout prix les « banaliser », les « désérotiser » — la vie simple de la nature sans vêtements correspondant à une tentative pour faire perdre sa valeur érogène à l'exhibition des organes génitaux, assimilés en quelque sorte aux autres organes corporels. On sait aussi que, dans les conditions et lieux où la nudité est assez généralisée, la situation érogène n'est plus du tout l'absence de caches sur les organes génitaux, mais seulement l'acte de les dévêtir et de les revêtir, comme en témoigne encore la valeur érogène des spectacles de strip-tease.

En fait, toutes les manifestations de tendances liées aux pulsions partielles et aux aspects prégénitaux du développement libidinal pourraient être ici évoquées : dans le cadre d'une intense érotisation à l'Objet, ces pulsions jusque-là latentes ou utilisées de manière non érogène, peuvent retrouver une valeur dynamique et structurante pour le Sujet. Inutile d'évoquer ici l'importance des traces du fétichisme dans l'organisation du lien amoureux. Ainsi tous les aspects des prétendues déviations sexuelles peuvent trouver, à cette phase du développement du lien amoureux, une valeur dynamique qui ne soit pas seulement de caractéristiques négatives, comme bien souvent dans le reste de l'existence. Là, l'utilisation positive de ces traces des développements antérieurs n'aboutit plus à des déviations ou à des exclusions, mais à une certaine intégration à la fois sur le plan libidinal et sur le plan de la structuration de la personnalité.

Emprise amoureuse et lutte contre la mort.

A propos des bénéfices que chaque individu peut tirer de l'initiation à l'état amoureux, nous avons évoqué combien l'enrichissement du Moi pouvait correspondre d'une part à un véritable comblement narcissique, d'autre part à une réorganisation structurale, et notamment à la capacité d'utiliser à son profit l'énergie provenant de pulsions jusque-là refoulées ou limitées par une organisation défensive névrotique. Tout cela ne peut se réaliser que si l'activité d'Eros l'emporte beaucoup sur celle de Thanatos, ce qui n'est possible que dans la mesure où l'Objet est passionnément investi et idéalisé ; ainsi ne donne-t-il pas prise à la pulsion d'agression de la part du Sujet ni à l'ambivalence commune à toute relation humaine. Ce processus qui à la fois fonde le couple et enrichit chaque Sujet, apporte encore d'autres bénéfices dont on dira qu'ils ont un caractère maturatif, en ce qu'ils permettent une amélioration du fonctionnement défensif, et sur lesquels nous aimerions insister aujourd'hui.

L'exemple cité plus haut de l'utilisation différente des dispositions masochiques latentes illustrait déjà cet aspect de l'économie défensive. Si l'Objet est identifié à l'Idéal du Moi du Sujet, et s'il perd tout caractère angoissant, il n'est plus trop dangereux pour le Sujet de se situer par rapport à l'Objet dans une relation étroite, et en particulier dans une relation de dépendance ou d'asservissement. Si les pulsions sexuelles l'emportent sur les pulsions de mort, l'intrication pulsionnelle jouera en faveur des premières, et le jeu sado-masochique présentera surtout des caractères érogènes — phénomène somme toute assez exceptionnel, qui n'est possible que dans cette phase d'établissement du lien amoureux ou lors de la résolution des crises, lorsque se reconstitue une nouvelle idéalisation du partenaire et une nouvelle lune de miel.

Ce qui est remarquable, c'est le bénéfice défensif que peut tirer le Sujet d'une telle situation. Si Eros l'emporte sur Thanatos, il y a moins à redouter les forces destructrices de ce dernier, et c'est ce qu'on observe à cette phase en considérant les deux aspects de Thanatos, l'un orienté vers autrui, l'autre orienté vers soi-même ; le Sujet se trouve ainsi aidé dans sa lutte contre la pulsion de mort, il est moins orienté vers son propre suicide, et ressent moins le besoin de projeter à l'extérieur cette pulsion de mort sous forme d'agression redoutée : ses comportements autodestructeurs, autodépréciatifs, autopunitifs, etc., en un mot, l'ensemble de ses comportements d'origine dépressive, et d'autre part ses comportements agressifs, persécuteurs, etc., seront également atténués. L'organisation défensive est alors fortement soulagée, et la Clinique montre très couramment combien de Sujets se comportent comme s'ils tenaient à tout prix à établir un *lien amoureux quelconque* dans la mesure où il est *indispensable à leur survie*.

Au contraire, elle montre à l'évidence combien la rupture, surtout la rupture brutale d'un tel état amoureux s'accompagne de rechutes dépressives, notamment de manifestations suicidaires. Nous verrons d'ailleurs que les processus de la crise conjugale, en tant qu'ils sont en grande partie l'antithèse de ceux que nous étudions actuellement, montrent la réapparition de ce comportement agressif, dépressif et éventuellement suicidaire. Quelques sujets, notamment parmi ceux qui ont le plus de peine à lutter contre leurs dispositions dépressives, ont ainsi recours à divers procédés dilatoires permettant l'établissement d'un état amoureux avec n'importe quel partenaire, quitte à dénier la réalité et devenir amoureux d'une image idéalisée fort loin de la « réalité » de ce partenaire. On sait combien les enfants gravement carencés sur le plan affectif, ont des adolescences tumultueuses sur ce plan, et combien de tentatives de suicide, chez les enfants abandonnés par leurs parents, répondent à la rupture d'amour passionné plus ou moins imaginaire. On pourrait ici reprendre et faire également l'analyse des observations citées à propos du choix du partenaire par des sujets aux tendances dépressives importantes. Mais il existe des modalités un peu différentes et plus masquées, notamment chez des personnes ayant plus de possibilités de défense.

Obs. nº 22.

Ainsi Nicole B., mariée avec un cadre depuis plusieurs années et avec qui elle entretient de bonnes relations, est une jeune femme d'un bon niveau intellectuel avec une activité professionnelle de caractère littéraire ; néanmoins elle est constamment dans un état d'insécurité et d'angoisse, ce qui l'oblige à consulter, puis à entreprendre une analyse.

En effet, elle a toujours eu des difficultés sur le plan de sa vie affective et sexuelle. Elle a quelque temps été rassurée, au moment de son mariage, lorsque malgré les avatars de sa vie sexuelle antérieure, elle a pu se sentir totalement acceptée par son mari alors qu'elle établissait avec lui une relation où chacun se renforçait mutuellement. Il avait un statut professionnel satisfaisant, mais encore en devenir, et elle savait le rassurer quand il doutait, en même temps qu'il lui assurait, à elle-même, outre des avantages sociaux, une sorte de protection contre ses désirs sexuels hétéroclites et contre l'instabilité affective dont elle avait souffert jusque-là. Mais cette situation s'était détériorée au bout de quelques années, lorsque le mari, ayant acquis des responsabilités socio-professionnelles beaucoup plus importantes, eut moins de temps à lui consacrer : sa sécurité personnelle s'appuyait moins sur elle, puisqu'il trouvait ailleurs dans sa vie sociale de multiples occasions de se confirmer dans sa valeur humaine. Il avait du reste, pour se consolider lui-même, entrepris une analyse déjà assez avancée, qui selon Nicole, la laissait dans une situation d'infériorité. De plus, autant elle s'était sentie confirmée dans sa valeur de femme par une première maternité, autant, quelques années plus tard, cette maternité lui apparaissait-elle comme une menace pour sa condition de femme, et comme une gêne pour son épanouissement personnel. L'ensemble de ces facteurs avait redéclenché une situation de désarroi, avec des périodes où l'angoisse atteignait de grands paroxysmes. C'est dans ces conditions qu'elle demandait à se faire analyser.

Son histoire était complexe et très marquée par ses relations premières avec sa mère, qui, née dans la petite paysannerie avait à tout prix voulu sortir de son milieu social ; elle s'était mariée assez précipitamment pour y échapper, mais en fait n'y échappait guère. Quant au père, il était resté un personnage d'aspect assez falot, en tout cas incapable de satisfaire sa femme, tant dans ses ambitions sociales que dans ses besoins affectifs et sexuels. Aussi cette mère avait-elle eu un certain nombres d'aventures, dont elle tirait peut-être même des avantages d'ordre vénal — tout au moins dans les fantasmes de la patiente.

Nicole B. était encore très petite lorsque sa mère commença à présenter un comportement de délinquance qui la mit aux prises avec la justice, et surtout avec l'opinion commune du petit pays où elle habitait. Ainsi la petite Nicole s'était-elle trouvée dans son enfance très ballottée, et plus ou moins réprimandée par une grand-mère qui, dans la crainte de voir en elle les mêmes dispositions que celles de sa mère, se comportait d'une manière très rigide avec elle. Puis on l'avait mise en pension, ce qui ne favorisait guère ni son évolution affective, ni le sentiment de sa propre valeur, ni sa sécurité personnelle, car ses compagnes ayant souvent entendu parler de sa mère, la ridiculisaient en lui rappelant son origine. La jeune Nicole avait donc senti, dès un âge précoce, combien on craignait, et aussi combien on s'attendait à la voir reproduire le comportement honteux de sa mère, et on le lui reprochait d'avance. Malgré elle, se trouvait-elle ainsi identifiée à cette mère à la fois méprisée et rejetée ; et ses toutes premières aventures adolescentes ne faisaient qu'aggraver ce phénomène.

Cela la conduisit à un premier mariage à dix-huit ans, avec un garçon qu'elle connaissait peu, mais vers lequel elle était attirée en raison de sa grande beauté, en même temps que par son désir d'échapper à tout prix au milieu familial. Ce premier mariage fut heureux quelques années seulement, au bout desquelles Nicole comprit que son mari ne correspondait pas du tout à ses inspirations tant sociales que culturelles. Par contre, elle avait avec une de ses amies une relation très étroite et relativement satisfaisante sur ces plans. Au fur et à mesure qu'elle se détachait de son mari, elle entretenait une relation de plus en plus serrée avec cette amie et un groupe de leurs compagnes. Ainsi s'acheva cette première relation conjugale.

La rupture fut à la fois brève et peu déchirante, car au moment de sa réalisation, Nicole était déjà comblée par l'aventure amoureuse qu'elle avait avec cette amie. Cette idylle homosexuelle n'était cependant pas suffisante pour Nicole qui, bien que capable d'obtenir des satisfactions affectives, intellectuelles et sexuelles dans cette relation, n'en éprouvait pas moins la frustration de ses désirs hétérosexuels. Le plus remarquable déjà était le fait qu'elle ne pouvait absolument pas se passer d'une liaison sans tomber immédiatement dans une phase de dépression anxieuse. Aussi se comportait-elle de façon à ne jamais rester en panne d'aventure, ce qui la conduisait à cette instabilité dont elle finit par souffrir. Il est vrai que ce comportement était sans doute facilité par de grandes capacités de séduction tant intellectuelles que physiques. Et c'est dans ces conditions que s'engagea sa relation avec son second mari.

Structuralement, outre sa tendance dépressive de fond et ses manifestations d'angoisse, elle se présentait avec des défenses névrotiques, principalement hystériques et phobiques, ce qui permit un rapide investissement transférentiel. Pendant ce premier temps, l'analyse lui apportait un enrichissement très notable sur le plan narcissique. Elle présentait une quête orale extrêmement avide, le transfert était oscillant et difficile, par suite de son incapacité à supporter au départ une relation avec un Objet sur lequel elle projetait ses relations antérieures si difficiles avec sa mère. Néanmoins elle progressait rapidement, effaçant le sentiment d'infériorité éprouvé jusqu'alors dans sa relation avec son mari ; cette relation s'améliora beaucoup dans un premier temps, puis se perturba assez brusquement, à l'occasion d'un mouvement transférentiel où, refusant résolument de projeter sur son analyste les affects archaïques liés à sa relation à sa mère, elle se mit à les projeter sur son mari : elle découvrait en effet qu'il présentait avec cette dernière certains traits communs, qu'inconsciemment elle avait recherchés en lui. Une brusque réaction de dégoût l'entraîna un moment à le désinvestir brutalement.

Et aussitôt réapparurent en elle les tendances dépressives et mortifères, qu'elle étouffa rapidement en se précipitant dans une aventure amoureuse avec un très jeune peintre, certaine qu'avec ce dernier elle ne risquerait pas de reproduire sa relation primitive à la figure maternelle, puisqu'elle s'engageait systématiquement dans une relation inverse, maternante, en protégeant ce jeune homme idéaliste et immature, jusque-là incapable d'une relation dense et stable avec une véritable femme. Cependant, si le jeune homme évoluait rapidement sous l'influence de notre patiente, elle-même ne restait guère satisfaite de cette relation, malgré leurs affinités esthétiques communes.

Au moment où les progrès de l'analyse lui permirent de découvrir le caractère essentiellement défensif de cette aventure, destinée surtout à lui éviter de revivre ce qu'elle redoutait tant — cette relation à sa mère —, elle vécut quelques jours de grande angoisse qui la conduisit presque immédiatement à tenter une nouvelle opération de séduction, là encore auprès d'un très jeune homme, afin de mettre un terme à l'aventure précédente. Cette nouvelle relation lui apportait de plus l'avantage d'éviter une situation conflictuelle avec son mari, qui connaissait la première aventure et commençait à la redouter, tandis que cette seconde idylle lui paraissait beaucoup trop fragile et répétitive pour pouvoir durer. Ainsi trouva-t-elle quelque temps une stabilité relative, tout en prévoyant le moment où elle serait conduite spontanément, et sans doute rapidement, à désinvestir également cette deuxième aventure.

Pendant ce temps, le cheminement de son analyse lui permettait de saisir de mieux en mieux ce qu'elle faisait, ce pourquoi elle établissait ce comportement répétitif, essentiellement protecteur contre ses velléités suicidaires, et plus largement contre une pulsion de mort qui la hantait sous la forme d'un suicide moral, comparable à celui de sa mère. Peu à peu elle supportait mieux cette identification à sa mère ; et sans aller jusqu'à idéaliser cette dernière, elle la comprenait suffisamment par l'intermédiaire de ce qu'elle avait elle-même vécu, pour que cette relation devînt moins dangereuse à ses yeux, et l'empêchât de répéter des opérations de séduction de plus en plus insatisfaisantes. Elle pouvait alors, mieux qu'auparavant, accepter ce qu'elle avait autrefois recherché dans sa relation avec son mari, et renouveler son lien avec lui. Mais ce dernier avait pris lui-même quelque distance, comprenant qu'il s'agissait chez sa femme d'une phase nécessaire à son évolution. Ainsi la relation, bien que distendue, n'avait jamais été interrompue, et pouvait sans trop de charge agressive être de nouveau réinvestie, tandis que sur le plan transférentiel, la patiente pouvait projeter sur son analyste les traces transférentielles d'autres modalités relationnelles héritées d'une enfance si difficile.

Ce qui avait été jusque-là un comportement répétitif constaté par elle, et sans nul doute regretté par elle, mais jamais véritablement compris, était devenu par l'analyse quelque chose que tout d'abord elle avait deviné, puis grâce au processus transférentiel, peu à peu vécu et saisi. Elle pouvait désormais établir sa sécurité personnelle différemment sans dépendre étroitement d'une relation orale exigeante et quasi incoercible. Elle n'avait plus besoin d'être toujours rassurée par autrui sur sa propre valeur (intellectuelle, sociale ou sexuelle), elle n'était plus « obligée à une tactique de séduction systématique » sans la protection de laquelle elle se sentait jusque-là constamment attirée vers le suicide, et plus précisément vers une forme de suicide moral qui l'identifiait étroitement à la mère délinquante. Elle réalisait clairement combien un lien libidinal solide était pour elle une protection indispensable à sa survie physique ou morale, et combien rien n'était plus redoutable pour elle que le moment où le lien cessait d'être suffisamment investi.

Le cas de Nicole B. ne représente qu'une des modalités de l'utilisation défensive de l'état amoureux. Entre cette forme — extrême sur certains plans — et d'autres couramment rencontrées, se situe toute une gamme dont la ligne générale reste la même, à savoir, *conserver à tout prix la certitude subjective d'une relation amoureuse par laquelle le Sujet est suffisamment revalorisé* pour ne plus avoir à supporter les assauts de ses pulsions de mort.

Une autre modalité défensive très fréquente est retrouvée dans les consultations psychologiques des enfants où le lien libidinal, indispensable à la survie d'un parent — souvent une mère — est peu à peu déplacé de la relation au partenaire à la relation à l'enfant. Ainsi avant même que la relation amoureuse au mari ait perdu ce caractère de très grande densité, certaines mères se comportent de telle façon qu'elles échappent aux effets de l'affadissement de ce lien, en déplaçant leur quête d'amour sur l'enfant. L'enfant est alors chargé de donner à la mère ce qu'elle n'espère plus, ou ne trouve plus, dans sa relation au père. L'expérience des thérapies familiales montre abondamment la fréquence de tel comportement dans lequel tout se passe comme si l'enfant, muni d'une très grande intuition des désirs inconscients de sa mère, se comportait pour satisfaire les besoins vitaux les plus essentiels de cette dernière, quitte parfois à renoncer lui-même à son épanouissement personnel. L'enfant peut ainsi satisfaire très profondément la mère et se plier très exactement — trop exactement — à ses désirs.

Dans bien des cas, cette conformité aux désirs de la mère est renforcée par le groupe social, et présente toutes les apparences extérieures de l'équilibre ou de la sagesse. Par exemple, si l'enfant se comporte de telle manière qu'il corresponde à une qualité idéale que la mère espérait retrouver chez le père, l'enfant trouve ainsi le moyen de s'identifier au père réel, du moins à l'image idéalisée qu'en a gardée la mère, et à laquelle le père adhère bien volontiers. On sait combien la réussite scolaire est souvent engagée de manière inconsciente sous ce moule. En ces cas quelle est la limite d'une éventuelle pathologie ? Quel est l'intérêt de l'enfant ? Où est son véritable épanouissement, et où sont les frontières d'une éventuelle aliénation ? Questions souvent sans réponse claire en ce domaine où l'enfant est encore en formation, en devenir et où ses propres idéaux sont en train de se forger, nécessairement à l'ombre du microgroupe social dans lequel il vit, et auquel il est attaché affectivement par des liens réciproques multilatéraux.

Obs. n° 23.

Ainsi le jeune Henri P. a-t-il été « obligé à consulter » à l'âge de dix-neuf ans, parce que son comportement, et en particulier ses tendances toxicomaniaques, l'avaient conduit à un état dépressif et à une dénutrition profonde. Adolescent tourmenté et idéaliste, déçu par ses difficultés à réaliser dans le monde social ses projets, ou ses désirs les plus chers, il en était arrivé peu à peu, à défaut de trouver dans le réel des satisfactions suffisantes, à se réfugier périodiquement dans l'univers plus euphorisant de ce qu'il est convenu d'appeler « la drogue » : drogue mineure en son cas, mais état de dénutrition et désespoir bien majeurs. La problématique d'Henri était complexe et portait des éléments très larges de nature sociale. Le monde très compétitif dans lequel nous vivons exigeant l'expression massive de l'agressivité individuelle, n'était pas de nature à favoriser l'épanouissement de cet adolescent idéaliste. Néanmoins, sa contestation sociale et politique n'avait pas su prendre une forme suffisamment organisée ni suffisamment reliée à d'autres pour qu'il pût y trouver des satisfactions morales et affectives susceptibles de permettre sa survie. Mais nous n'insisterons pas ici sur ces aspects, pour nous limiter en ce chapitre à ceux qui concernent notre problème.

Henri était le frère cadet d'un aîné que leur milieu familial avait toujours considéré différemment. Leur enfance avait été marquée par ces différences dans un climat où la mère s'était de toute évidence détachée d'un père décevant. Le père présentait les caractéristiques spécifiquement « fonctionnelles » du père, comme on les voit — trop souvent — dans les consultations infantiles : chargé d'apporter l'argent du ménage, éventuellement d'adresser des blâmes, le père semblait s'être limité à ce rôle « instrumental », et, en ce sens, il avait sans doute déçu une mère insécure, se considérant elle-même comme incapable sur le plan instrumental et ayant choisi son mari en fonction de cette complémentarité, à laquelle l'avait préparée toute l'idéologie de sa propre famille. Néanmoins il n'y avait pas de conflits visibles, aigus dans ce ménage, les deux enfants percevant bien cependant, semble-t-il, l'insatisfaction profonde des deux parents. L'aîné y réagissait sur un mode caractériel, actif, ce qui lui valait d'être considéré comme un mauvais exemple pour le cadet, qui, conduit à une attitude complémentaire, réagissait en se moulant sur le désir de sa mère. C'est en tout cas ce qui est apparu par la suite dans la psychothérapie entreprise chez le cadet, ainsi que dans la thérapie familiale entreprise auprès de l'ensemble du groupe.

Tout se passait comme si Henri P. avait senti intuitivement le désarroi de sa mère et refusé d'accepter la déception qu'elle éprouvait dans son rapport avec le père ; il avait volontairement évité l'élucidation d'un conflit latent, et manifesté un grand besoin de représenter un Objet satisfaisant pour elle. A défaut du père, et à défaut du frère aîné qui se défendait de ces pressions maternelles par un comportement caractériel, Henri avait inconsciemment joué ce rôle : pendant longtemps, il avait en effet donné toute satisfaction à la mère qui le citait en exemple. Il développait ses facultés scolaires, réussissait brillamment, acquérait les capacités pratiques que la mère attendait de l'objet de ses rêves, et en tout point Henri se conformait à la fois au désir de la mère et à celui du groupe social.

Mais sans doute n'était-ce là qu'un comportement adapté plus aux besoins vitaux de la mère qu'à ceux du garçon, de telle sorte qu'à l'adolescence, après une première phase de conformisme, Henri présentait une révolte violente, rapidement suivie d'une rupture avec le milieu, puis d'une série d'aventures pendant lesquelles il tentait de se forger un monde social dans lequel il voulait être conforme aux désirs des autres ; mais devant la complexité des situations et devant son échec à réaliser ce projet, il se déprimait, et se traînait vers la mort. L'usage de quelques drogues avait d'ailleurs pour lui la particularité ambiguë d'être momentanément susceptible de lui redonner un bref désir de vivre, et en même temps ce caractère mortifère, qui aggravait sa difficulté à connaître ou à tenir compte de la dure réalité dans laquelle il avait à vivre.

Dans le cadre de la thérapie familiale, sa mère reconnaissait, non sans une lourde charge émotionnelle, combien elle avait déplacé ses attentes et ses espoirs du mari sur ce fils si étonnamment satisfaisant, et combien elle avait grâce à lui survécu plusieurs années. Pendant la phase de révolte du garçon, elle avait présenté une réaction dépressive assez sévère, dont elle se tirait cependant avec l'idée qu'un jour ou l'autre, ce garçon si aimé redeviendrait satisfaisant. Il lui fallait maintenant reconnaître combien son attachement, quasi amoureux pour l'enfant, et néfaste, était devenu désormais impossible à maintenir dans cette forme, et comprendre aussi combien elle était dépendante dans son besoin affectif, ce qui lui imposait de prévoir une véritable réorganisation de toute sa personnalité, et pratiquement d'engager à cette fin, elle-même, une thérapie.

Dans la mesure où, à la suite de Freud et de Mélanie Klein, nous entendons le concept de pulsion de mort non pas comme une réalité tangible, mais comme un concept opératoire utile à la compréhension du psychisme humain, nous pouvons en voir la trace dans toute activité psychique, ou plus exactement voir la trace du mouvement défensif qu'organise l'individu pour s'en protéger. Mais il n'est pas excessif d'insister sur cet aspect : beaucoup plus que d'autres, l'état amoureux permet contre cette pulsion de mort une lutte très efficace qui sous-tend une des fonctions psychiques du couple. Nous en avons présenté plusieurs illustrations où il se voit qu'un Sujet, à peine capable de survivre, ne peut le faire qu'à condition de se trouver constamment dans la situation d'être aimé et *d'être constamment l'Objet de l'affect positif d'autrui*, en même temps qu'il est, constamment aussi, confirmé dans sa valeur existentielle par la perception de sa capacité de donner. En dehors d'illustrations plus caricaturales, ce processus joue un rôle fondamental dans l'organisation du couple humain.

Sont intéressantes à observer les modalités par lesquelles se manifeste ce comportement défensif, essentiel à l'existence : par exemple, certains opèrent constamment un jeu de séduction, de manière à être sans cesse objet d'intérêt ou d'affects de la part de beaucoup, comme nous le voyons souvent chez les hystériques ; d'autres sont polarisés vers l'obtention, non pas du regard bienveillant de tous, mais du regard passionnément épris d'un Objet spécifiquement élu, modalité possible qui, à la limite, pourrait faire penser à des tendances éroto-maniaques ou nymphomanes. Il est inutile d'apporter ici d'autres exemples.

Par ailleurs, changer d'Objet élu, progressivement ou brusquement, en remplaçant le mari avant qu'il ne devienne tout à fait déficient, par un amant ou encore par l'enfant, est une modalité qui permet le maintien de l'état amoureux ; c'est ce que nous venons d'illustrer.

Une troisième façon de maintenir le sentiment d'être aimé et parallèlement le sentiment d'être capable d'aimer, consiste à maintenir l'*illusion d'un lien amoureux*. Nous avons vu combien la lune de miel s'accompagnait d'idéalisation, qui peut dans certains cas aller jusqu'à la perte totale de critique, sans qu'on puisse parler tout à fait d'attitude psychotique, au sens strict : le Sujet est cependant capable de percevoir cette réalité s'il y est obligé, mais il se comporte de façon à ne jamais la découvrir tout à fait. Ceci est fréquent chez certains couples en apparence relativement stables.

Dans les cas précédents, l'un des Sujets se maintenait, lui personnellement, dans une situation favorable, en déplaçant ses investissements d'un Objet vers un autre ; dans le cas présent, il n'y a pas de changement de partenaire ou d'Objet élu, mais le maintien d'une illusion de l'état amoureux : illusion qui, chez certains, est particulièrement tenace et peut, par exemple, se maintenir bien au-delà de la rupture visible du couple, ou du divorce.

Obs. n⁰ 24.

Xavier P. est venu consulter des années après son divorce, alors qu'il commençait à ne plus savoir quelle attitude adopter vis-à-vis de son ancienne épouse. En réalité, la rupture véritable du couple était antérieure au divorce qu'il avait retardé le plus possible. Mais pendant des années, alors que son épouse ne le voyait déjà plus, il se persuadait qu'elle réfléchissait à la manière de rétablir leurs bonnes relations antérieures. Quand elle lui fit savoir qu'elle avait décidé de « refaire sa vie », il interpréta cette décision comme une expérience provisoire destinée à favoriser une évolution avant de revenir à lui. Et même alors que le divorce était déjà prononcé et qu'elle décidait de se remarier, Xavier P. ne la croyait toujours pas, et interprétait cette décision comme une sorte de mise à l'épreuve. Il n'allait pas jusqu'à délirer, et n'accordant qu'une conviction très partielle à cette supposition, il lui suffisait que cette hypothèse ne soit pas totalement exclue pour se restaurer et se sauver.

Ainsi cherchait-il quelqu'un lui permettant de s'illusionner et de s'imaginer que son épouse, à travers ses divers comportements, avait toujours l'intention en quelque sorte de le provoquer ou de le mettre à l'épreuve. La décision du divorce qui avait déjà péniblement traîné, et la demande même du divorce, avaient bien été entendues dans ce sens, et il se maintenait toujours dans la même illusion. Après le remariage, il lui restait encore l'espoir que l'évolution de son ex-femme ne serait que provisoire et qu'elle lui reviendrait. Mais à la longue, il commençait à se troubler et à se demander ce qu'il devait croire. Il ne présentait cependant aucun signe clinique qui permette de confondre cette illusion prolongée avec un véritable délire, accompagné d'un changement global de significations.

Sans aller jusqu'à cette position extrême, beaucoup de partenaires se comportent ainsi pour parvenir au maintien de l'illusion d'un état amoureux. Ils réussissent à se conserver dans un état psychique presque analogue, acceptable, qui leur évite de chuter dans la dépression. A la limite, cette attitude se rapproche de celle de tous ceux qui, lors d'une crise, sont capables de patienter en attendant le moment, où, conformément à ce qu'ils espèrent, la relation conjugale reprendra un caractère plus satisfaisant. Ils peuvent supporter ainsi les aléas des conflits, quelquefois intenses, grâce à la conviction que cette crise n'aura qu'un temps, et que, malgré les apparences actuelles, le partenaire est meilleur qu'il ne se montre. Là, comme dans d'autres circonstances, *l'illusion a*, en fin de compte, *un caractère utile à l'organisation ou à la réorganisation de la dyade*.

On peut rapprocher de ce phénomène les hypothèses de Winnicott sur l'aspect positif et nécessaire de l'illusion, en particulier de l'illusion de toute-puissance chez le nourrisson. Ce dernier doit, il est vrai, à un moment donné, devenir capable de renoncer progressivement à cette illusion, mais il ne peut bien le faire qu'à la condition d'avoir été auparavant, dans une situation telle qu'il ait pu pleinement jouir de cette illusion, par exemple lorsqu'une « mère suffisamment bonne » répondait à tous ses désirs en les prevoyant et en s'y adaptant de manière spontanée et parfaite. Cette mère maintenait l'illusion nécessaire, ou en tout cas favorable au développement ultérieur de l'enfant. Quelque chose d'un ordre comparable apparaît comme vital dans l'existence du lien amoureux, plus spécialement dans sa version conjugale qui, dans la mesure où elle dure, impose la traversée de phases critiques et une constante réorganisation.

Ce problème peut servir de transition pour évoquer une autre modalité défensive, très commune et fonctionnelle, par laquelle la plupart des partenaires d'un couple engagé dans une longue durée se défendent contre la pulsion de mort. Beaucoup traversent des phases difficiles, acceptant la perception de la réalité, même défavorable. Mais ils ne changent pas pour autant de partenaire et sont donc conduits à une profonde réorganisation de leur relation avec lui. Ce phénomène que nous aurons l'occasion de revoir à propos des processus de crise dans le couple, trouve son issue dans la constitution d'une nouvelle forme de relation, qui a une parenté étroite avec celle de l'établissement initial du lien amoureux. Elle en a rarement la même forme naïve, mais les processus sont les mêmes et de fait s'accompagnent d'une nouvelle forme d'idéalisation.

On sait bien qu'au sein d'un couple l'ensemble des forces convergentes et des forces divergentes n'atteint jamais un équilibre statique stable ; c'est toujours d'un équilibre dynamique qu'il est question, ce qui suppose ce constant processus de réorganisation plus ou moins visible suivant les couples. Les formes de renouvellement sont infiniment variées, mais sur le plan de leur organisation dynamique, on constate qu'elles se ramènent aux processus déjà décrits à propos de la lune de miel, même lorsque cela est moins visible parce que plus lent, moins intense et plus facilement entrecoupé de nouvelles phases critiques. C'est un point essentiel : *les phases ultérieures de réorganisation du couple utilisent les mêmes processus*, mais sous une forme plus discrète, ou plus masquée que pendant la lune de miel qui en représente le grossissement caricatural.

Relation amoureuse et déplacement de la haine.

Nous nous sommes intéressé jusque-là à tous les phénomènes psychologiques qui, au sein de l'état amoureux, contribuent à la défense contre la pulsion de Mort, inhérente à chaque individu; mais nous l'avons envisagée sur tout ce qui s'oppose à la pulsion de Mort, aspect orienté contre le Sujet lui-même, suivant la dernière conception freudienne et les conceptions kleiniennes. Or, d'après Mélanie Klein, la première protection contre cette forme primaire de pulsion de mort consiste précisément à la projeter à l'extérieur et à en débarrasser le Sujet en l'attribuant à ses Objets. De plus, le Sujet se trouve capable d'utiliser le reste des pulsions destructrices pour se défendre contre ces Objets menaçants. Cette première attitude défensive est importante dans la mesure où elle ne disparaît jamais tout à fait au cours de l'existence; elle tend à se renouveler, notamment dans les situations difficiles. Il est dès lors intéressant de voir de quelle façon le Sujet se sert de sa relation avec ses bons Objets idéalisés, pour se protéger contre ses mauvais Objets persécuteurs.

Nous avons vu combien les processus d'idéalisation et le clivage pouvaient contribuer à cette simplification dichotomique de son existence et de son vécu affectif. A la phase de lune de miel, la tendance la plus commune consistait, en se rapprochant du bon Objet élu, à se séparer du reste du monde, de ce monde plus ou moins lié aux mauvais Objets persécuteurs, qui est donc un obstacle au total rapprochement d'avec l'Objet aimé. Les « amoureux seuls au monde » signifie que tout ce qui n'est pas l'Objet aimé, est soit sans intérêt, soit gênant pour le rapprochement d'avec l'élu. Si la pulsion d'agression correspond aux représentations habituelles qu'on lui donne, c'est lorsqu'elle permet à un Sujet de se différencier, de se séparer. Le clivage initial permet l'issue commune des charges agressives des deux partenaires lors de la lune de miel, et des phases ultérieures similaires.

Mais il est d'autres formes par lesquelles s'exprime la charge agressive à l'égard des mauvais Objets. Certains Sujets agissent comme si la possibilité d'idéaliser un bon Objet, de le mettre à part et de lui attribuer toutes les qualités, ne pouvait se faire qu'à condition de compenser cette idéalisation par un mouvement inverse attribué à un autre Objet; c'est *comme si, pour aimer l'un, il fallait haïr l'autre!* Ainsi lorsque s'atténue cette idéalisation du bon Objet, arrive-t-il souvent que s'atténue parallèlement la haine contre le bouc émissaire. Mais si au contraire l'idéalisation du bon Objet s'accentue, la projection de tout ce qu'il y a de mauvais s'accentue sur le bouc émissaire. Cette observation n'est pas négligeable dans ses effets et permet de comprendre certaines situations, notamment les situations criminelles. On sait d'ailleurs que nombre de bourreaux ou de tortionnaires sont d'autant plus tendres avec leur amie qu'ils ont été plus cruels, et qu'ils ont mieux déchargé leurs pulsions sadiques contre leur victime.

Ce n'est pas une règle générale, il est vrai, mais cela empêche d'admettre que le fait d'être envahi par un sentiment amoureux suffise toujours à rendre « meilleur ». En quelque sorte, si le Sujet peut cliver son univers en bon et en mauvais et se vivre agréablement dans cette situation, c'est-à-dire introjecter en lui ses bons Objets, ce n'est pas pour autant qu'il est envahi d'un sentiment « d'amour universel », ou même d'une plus grande « sympathie ». Nous en retrouvons sans peine la trace dans de nombreux conflits de couples et notamment, lorsque après une première organisation conjugale rompue, un des partenaires élit un nouvel Objet : pour trouver « bon » ce nouvel Objet, tout se passe comme s'il devait s'assurer du caractère « mauvais » ([11]) du premier, lui attribuer ce qu'il ne veut voir ni en lui-même, ni dans le nouvel Objet de son choix : situation fréquente dans les phases qui accompagnent et suivent un divorce. Ce processus est un gros obstacle pour retrouver des relations naturelles avec l'ancien partenaire.

Si le mouvement le plus caractéristique de la phase de lune de miel correspond à ces processus de clivage et d'idéalisation, ce n'est pas à cette période que se manifestera la véritable ambivalence que tout Sujet établit à l'égard de son Objet. Car c'est précisément contre cette ambivalence que s'organise cette idéalisation. On y voit donc très peu la traduction de cette universelle ambivalence, telle que nous la retrouverons dans les phases ultérieures : l'association de l'amour et de la haine sur un même Objet, avec les ruptures d'équilibre psychique qui peuvent se produire, alors que disparaît subitement cet Objet, et que les pulsions agressives se trouvent brusquement et massivement libérées. A cette phase initiale ou à ses équivalents ultérieurs, l'intrication pulsionnelle est d'autant moins visible que la pulsion d'agression est systématiquement orientée vers l'extérieur. S'il y a cependant parfois intrication pulsionnelle, elle prend une autre forme, la part de la pulsion d'agression orientée vers le Sujet donnant une forme dépressive ou une forme masochique. Et nous avons vu que cette dernière est très souvent utilisée de manière très masquée dans l'établissement du lien amoureux.

En résumé, les phénomènes propres à la période d'organisation du lien amoureux ont un effet structurant sur la dyade et un effet maturant sur les individus ; le Moi se trouve renforcé par les phénomènes plus ou moins régressifs de la vie amoureuse, et une sorte de re-création peut se faire jour. Ce remodelage structural tire son énergie du rapprochement du Moi avec les autres instances intrapsychiques, le Ça et le Surmoi, et de

---

([11]) Naturellement pour comprendre ces aspects, il convient bien de garder aux termes de « bon » et de « mauvais » leur signification globale psychologique sans leur attribuer de signification sur le plan moral.

l'introjection de l'Objet dans le Sujet, en tant qu'il est l'Idéal du Moi du Sujet lui-même, avec un effet consolidant pour l'individu lui-même. Ainsi le renforcement de l'Eros, ou des pulsions de vie, permet au Sujet de mieux métaboliser ses énergies agressives, ainsi que ce qui est issu des pulsions de mort.

Emprise amoureuse, dévoration de l'Objet, dévoration par l'Objet.

Cependant, il est un autre aspect évoqué au début de ce chapitre sur lequel il faut maintenant revenir. Les processus qui contribuent à former le couple et à le structurer sont, du point de vue dyadique, liés à l'idéalisation des partenaires l'un par l'autre, et à l'organisation d'une frontière commune extérieure qui, dans une certaine mesure, en les maintenant plus proches, les sépare du reste du monde. Ce mouvement a pour conséquence une atténuation des frontières internes entre les individus — atténuation discrète chez certains allant jusqu'à faire parler de fusion ou de symbiose chez d'autres.

Or la première relation du Sujet à son Objet se comprend en termes d'introjection. Les pulsions sexuelles s'étayent sur les pulsions d'autoconservation et le désir amoureux du nourrisson s'étaye sur son besoin d'incorporation du sein. On sait, dans les cures analytiques, quelle est l'importance du fantasme d'incorporation, et quel rôle lui font jouer beaucoup d'auteurs dans la constitution progressive du Moi. « Au stade de l'organisation orale de la libido, l'emprise amoureuse sur l'Objet coïncide encore avec l'anéantissement de celui-ci (12). » Ce ne sont pas seulement les deux fonctions sexuelles et alimentaires qui se trouvent liées dans l'incorporation, ce sont aussi les pulsions libidinales et agressives : incorporer suppose bien avaler, anéantir l'Objet pour se l'assimiler, et au concept d'introjection correspond son extension au concept d'incorporation qui mène à considérer que le Sujet s'attribue les bonnes parties de l'Objet. Nous avons vu quel enrichissement considérable il pouvait tirer de cette véritable absorption ; il reste à en voir maintenant d'autres aspects et notamment des aspects négatifs, au moins pour l'Objet absorbé.

Le langage amoureux confirme ces notions en employant le terme « dévorer », lié à l'amour : dévorer des yeux, ou plus crûment, comme disent certains enfants (ou certains adultes) « j'ai envie de te dévorer ». Jusqu'à un certain point, la perception du désir d'incorporation par l'un n'entraîne pas chez l'autre une angoisse considérable, non seulement parce qu'il peut percevoir le caractère figuré de ce désir, mais aussi parce qu'en une certaine mesure, plus profondément, être absorbé par l'autre, être avalé par l'autre, être totalement fondu en l'autre, devenir l'autre ou une partie de l'autre, peut présenter un caractère valorisant pour le Sujet qui a

(12) FREUD S., *Au-delà du principe du plaisir*, 1920.

fait de l'autre son Idéal du Moi. Devenir l'Idéal de soi-même, être absorbé par l'Idéal de soi-même, ne présente pas de caractère spécifiquement angoissant.

Mais cependant ce mode de perception des phénomènes peut être ressenti différemment en certains cas. D'abord, parce que celui qui se présente comme dévorant peut manifester des caractéristiques qui ne soient pas tout à fait conformes à l'Idéal du Moi du Sujet, ou encore parce que son intention dévoratrice est ressentie non pas comme une qualité, mais comme la trace d'un véritable manque chez lui, ou encore parce que le *Sujet menacé d'être dévoré, ne se sent pas suffisamment exister par lui-même pour pouvoir mettre en question sa propre identité.* Celui dont la constitution du Moi n'a pas acquis une grande consistance ni une grande stabilité ne peut pas se permettre la mise en question de cette organisation trop fragile ; il doit d'abord la préserver et ressent comme un danger et comme une menace l'absorption virtuelle par l'autre — danger et menace déjà évoqués à propos du choix du partenaire dans le risque d'un amour intense. Nous y avions vu combien certains sujets « ontologiquement » plus fragiles se trouvent obligés de récuser d'éventuels partenaires pour ne retenir que ceux avec lesquels ils n'entretiendront qu'une relation relativement distante et lâche, qui ne risque pas de les voir totalement absorbés par l'autre.

Sans aller jusqu'à de telles situations à la frontière de la pathologie, on retrouve bien souvent les traces d'une sorte d'angoisse d'être dévoré, même si cette angoisse peut être elle-même érotisée : on sait combien les enfants jeunes aiment jouer avec leurs parents, à ce jeu dans lequel ils leur demandent de faire semblant de les dévorer, comme le loup pourrait les dévorer. Pour que le jeu soit plaisant, il faut qu'ils aient un peu peur, mais pas trop, sinon il deviendrait déplaisant ; et c'est répétitivement qu'ils demandent chaque soir aux parents de renouveler cet exercice qui, outre son aspect récréatif, a sans doute un caractère protecteur et structurant. Jusqu'à un certain point, des jeux de dévoration mutuelle entre amants peuvent avoir ce même caractère.

D'autres modalités peuvent traduire les traces de cette angoisse fusionnelle, mais elles sont souvent recouvertes d'attitudes où, plus ou moins discrètement, sont utilisées des dispositions masochiques. Il peut y avoir alors une « récupération masochique » d'une haute valeur érogène, dans le fait de se sentir absorbé par l'autre, ou plutôt menacé d'être absorbé par l'autre. C'est en tout cas ce que montre fréquemment la clinique sexologique :

— soit la fusion amoureuse et l'absorption par l'autre ;
— soit une légère angoisse de cette absorption maîtrisée par le jeu ;
— soit encore une intense érotisation de cette menace angoissante d'être absorbé.

trois modalités très importantes contribuant dans bien des cas à donner une très *grande valeur érotique à ce jeu d'absorptions* plus ou moins *alternées ; mais les frontières sont fragiles entre plaisir et angoisse,* comme dans toutes les situations où sont utilisées les tendances déviées, classiquement appelées perverses : une nuance de plus, et disparaît l'érotisation, tandis qu'apparaît l'angoisse ; une nuance de moins, et s'il n'y a point d'angoisse, il n'y a point non plus d'érotisation.

En certains cas, l'utilisation masochique de cette crainte d'être absorbé, ou de ce thème d'anéantissement dans l'autre, peut présenter des caractères plus intenses ; tout se passe comme si le Sujet renonçait en partie à son Moi propre, en tout cas à son plaisir propre, et même dans bien des cas jusqu'à son existence, au moins à son existence psychique ou morale. On peut se demander où passe la *frontière entre une utilisation fonctionnelle du masochisme et une véritable perte narcissique* liée à la fusion amoureuse : se donner entièrement soi-même à l'autre, se faire entièrement absorber par l'autre, nourrir l'autre physiquement et psychiquement, peuvent correspondre sur le plan psychique au modèle sur lequel se sont étayées à l'origine de telles relations : celui de la succion dans lequel la mère se laisse absorber par son enfant, à qui elle donne une partie de ce qu'elle est elle-même.

Dans le cadre d'une relation d'amour maternel, cette attitude de la mère, à la limite d'une disposition masochique et d'une véritable perte narcissique, a été considérée par différents auteurs comme utile, sinon fondamentale à certaines étapes de l'existence des enfants [13]. Cela peut rappeler encore ce qui a été évoqué par d'autres auteurs sous le terme d'anti-narcissisme [14]. Mais si la clinique infantile témoigne de la réalité de formes extrêmes d'utilisation des dispositions masochiques et même de l'absorption narcissique, la clinique des couples le montre avec une grande clarté. Chez certains, il s'agirait non d'un jeu mutuel de dévoration à peu près symétrique, mais bien d'un Sujet dévorant et d'un Sujet absorbé ; sans doute, dans les cas où cette situation reste stable, les deux individus y trouvent-ils plus ou moins de profit sans que les bénéfices soient toujours également répartis. Mais d'autres fois, la dévoration peut aller jusqu'à une « perte de substance » chez l'un des intéressés, telle qu'il en perd peu à peu sa valeur, non seulement à ses propres yeux, mais encore aux yeux du partenaire dévorant qui dès lors s'en détachera, comme on rejette l'écorce de l'orange pressée. C'est ce qu'on constate au cours de certaines crises de couple, alors même que les deux intéressés croient se situer encore dans le cadre d'un état amoureux intense.

---

[13] LEBOVICI S., Congrès de l'Association Internationale de Psychiatrie Infantile et des Professions associées, in *L'Enfant dans la famille,* Paris, Masson 1970, p. 14.

[14] PASCHE F., « L'anti-narcissisme » (1964), in *A partir de Freud,* Paris, Payot 1969.

Intense, il est vrai, mais intense sur un mode fusionnel aux bénéfices mal répartis dans les cas asymétriques un peu plus rares où l'un des individus se laisse absorber par l'autre au point que l'on peut approximativement désigner un dévorateur et un dévoré. Mais dans la majorité des cas, cette relation d'incorporation a un caractère relativement réciproque; et un *jeu alternatif de dévoration mutuelle* semble plus fréquent qu'un jeu à sens unique, réalisant une véritable collusion narcissique.

L'observation d'une grande quantité de couples montre de nombreuses variations quant au degré fusionnel : variations dont il faut souligner à la fois l'aspect qualitatif et l'aspect quantitatif. Certains fusionnent et modèlent en commun leur personnalité — sentiments, amitié, idéaux, styles communs — ils intriquent constamment et partout les frontières incertaines de leur Moi, dans une identification mutuelle extrêmement dense et généralisée. D'autres n'associent que certains aspects de leur personnalité et veillent à maintenir une beaucoup plus grande autonomie. Ce n'est pas seulement une plus ou moins grande fusion qui permet de les définir, mais surtout la détermination des plans fusionnés. Des auteurs comme Boszormenyi-Nagy ([15]), soulignant combien chacun étant à la fois Sujet et Objet au sein de la dyade, ont défini différents types de couples avec des variations dans les degrés de fusion mutuelle. Les frontières sont parfois distinctes sur certains plans et au contraire très peu distinctes sur d'autres.

La clinique des difficultés sexuelles paraît cependant montrer l'existence d'une dialectique particulière où semblent s'opposer un courant qui veille à préserver l'indépendance de chacun en limitant la mise en commun, et un courant érogène incitant à une plus grande fusion, vécue comme condition de l'orgasme et des phénomènes d'abandon mutuel qui accompagnent la « petite Mort ». Pour que l'érotisation atteigne un haut degré, il semble qu'il faille toujours un minimum de ce vécu fusionnel, qui a une grande parenté avec le sentiment océanique décrit par Freud. Sans ce minimum d'abandon de soi-même à l'autre, et d'appropriation de l'autre par soi, la satisfaction érotique semble rester limitée, et, à la limite, réduite à sa dimension physiologique de décharge.

La traduction concrète de cette problématique se joue encore *au niveau des communications* entre les partenaires : jusqu'à quel point communiquent-ils, quelle est la limite qu'ils ne supportent plus dans leurs communications, jusqu'à quel point la communication devient-elle communion? Là aussi, il s'agit d'un aspect pour lequel il convient de tenir compte de plusieurs facteurs : tenir compte d'abord de la fragilité individuelle possible d'un ou des partenaires, et des plans où elle risque de se manifester, l'un pouvant, sans désorganisation émotionnelle ni destructuration psychologique, évoquer tel problème ou tel souvenir, ce qui ne

([15]) BOSZORMENYI-NAGY, in *Intensive Family Therapy*. New York, Harper and Row, 1965, p. 45.

sera pas supportable pour l'autre ([16]). Tenir compte ensuite de la structuration dyadique, appuyée par exemple sur une étroite identification de l'Idéal du Moi de chacun dans tel plan, et dans tel autre au contraire sur un mouvement défensif tendant à les opposer l'un à l'autre dans un jeu de rôles caractérisé. Tenir compte enfin des contextes sociaux et culturels, qui, dans un tel milieu, incitent à une plus profonde communication sur tel plan, alors qu'ils ne l'autorisent pas sur tel autre.

Mais les conséquences de cette problématique complexe de la fusion-délimitation touchent bien des aspects de la vie des couples, tout autres que ceux que nous venons de citer en exemple sur le plan sexologique et sur le plan des communications : ainsi les *rapports de pouvoir* se trouvent pour une part liés, dans le couple, aux rapports de dépendance des partenaires, et particulièrement à l'inégalité de leur relation de dépendance, — dépendance qui ne peut méconnaître les aspects inconscients liés aux pulsions prégénitales, aux rapports d'incorporation, d'appropriation du niveau oral, aux tentatives de maîtrise de l'Objet du niveau anal, etc.

Là aussi, se dessine un mouvement dialectique générateur de tensions, où s'opposent les courants pulsionnels et les défenses individuelles ou dyadiques organisées pour limiter les premiers et défendre l'existence et l'autonomie des personnes. Mais étant donné l'importance de l'aspect régressif de la relation amoureuse qui ramène les interrelations des partenaires aux étapes toutes premières de leur développement libidinal, et notamment à un vécu où il n'existe pour le Sujet aucune distinction entre lui et l'Objet, il est facile de comprendre qu'il est impossible de séparer radicalement relation amoureuse de certains modes de dépendance ou d'appropriation. Une certaine part de l'autonomie et de la liberté du Sujet se trouve ainsi réduite par la relation amoureuse.

([16]) Voir plus haut, IIe partie, chapitre III, Observations.

CRISE DU COUPLE
ET TRAVAIL PSYCHIQUE DE DEUIL

Déception, défaillance et relation d'Objet.

Le processus de crise est introduit par la déception éprouvée par le Sujet en face d'une défaillance supposée de l'Objet. Cette remarque a cependant besoin d'être quelque peu précisée; ce n'est évidemment pas un phénomène objectif dont il est question ici, mais d'un phénomène subjectif intra-individuel. Même modeste, même partielle, la déception apparaît lorsque l'Objet ne semble plus répondre à tous les désirs du Sujet; c'est au moins sur un plan qu'il manque, qu'il fait défaut : il faillit à l'attente. Même si le partenaire n'a pas changé d'attitude *objectivement,* c'est *objectalement* que son image intériorisée paraît faillir et qu'elle est ressentie insatisfaisante par rapport à l'attente du Sujet désirant. Or cette attente peut être immense, voire illimitée, comme nous l'avons évoqué à propos de la phase de la lune de miel ou de l'établissement de la relation amoureuse. La déception ressentie est à la mesure de la projection qui a été faite sur l'Objet élu. Tout ce que les processus de clivage et d'idéalisation ont permis de projeter de bon sur cet Objet, et tout ce qui l'avait rendu fantasmatiquement tout-puissant en tant que source de satisfaction, risque désormais d'être remis en question. On comprend que le Sujet se défende contre ce bouleversement, comme nous l'avons vu à propos des phases précritiques, en tentant de maintenir et de prolonger les processus d'idéalisation, sources des plus vives satisfactions, quitte pour y parvenir à recourir à un véritable déni de la réalité. Mais ces stratagèmes ont cependant leur fin. Vient un moment où le processus d'idéalisation ne peut plus être maintenu — sauf cas pathologique et activité quasi délirante, à travers laquelle certains individus de structure psychotique maintiennent dans leur vécu la croyance à un bon Objet éternellement satisfaisant et protecteur. Pour tous les autres, apparaît la perception d'une déception, rapidement pour certains, tardivement pour d'autres après une longue confrontation avec la réalité, comme s'il leur fallait cette « épreuve de réalité » pour renoncer à la méconnaissance et à l'idéalisation qui y est liée.

Si la déception a un rôle très important, ce n'est pas seulement dans ses effets négatifs ; elle est très importante aussi lorsqu'elle reste partielle et portant sur une fraction réduite des qualités prêtées à l'Objet ; elle joue un rôle dynamique essentiel servant d'introduction aux processus de la crise, à la rupture de l'idéalisation et du clivage, au retour des pulsions agressives hétéro et auto-agressives, ainsi qu'à la réorganisation d'une véritable ambivalence naturelle, nécessaire au bon fonctionnement de la relation d'Objet. C'est toute la réalité psychique du Sujet qui se modifie à partir du moment où est éprouvée cette déception. L'univers se transforme à nouveau, non que soient annulés totalement les effets de la phase de lune de miel, mais ils sont réduits à n'être plus qu'une partie de son existence. La réalité psychique nouvelle vécue par le Sujet a un caractère douloureux, mais elle a par ailleurs des effets maturatifs très importants sur lesquels nous serons amenés à revenir.

C'est donc la *réalité psychique du Sujet qui est modifiée et non la réalité objective de l'Objet*. Néanmoins, on peut trouver parfois une correspondance entre certaines modifications « objectives » de l'Objet, et les variations objectales liées au vécu subjectif et à la modification de la « réalité psychique » du Sujet. On ne peut saisir ces corrélations entre sentiment de déception et défaillance de l'Objet externe qu'en tenant compte de l'attente vis-à-vis de cet Objet et de l'idéalisation sous-jacente. Tant a été grande l'attente, tant sera facile la déception. Parfois il suffira d'une insignifiante défaillance du partenaire pour l'introduire. Une légère variation dans les systèmes perceptifs du Sujet suffit à l'amorcer et à modifier le statut de l'Objet ; par exemple, la confrontation plus fréquente avec le partenaire — Objet « externe », support des projections de l'Objet interne — conduit le Sujet à corriger l'image embellie qu'il s'était construite ; la chute de ces embellissements est alors l'occasion de cette première déception, sans que pour autant l'Objet ait manifesté la moindre défaillance réelle.

Cependant, d'autres fois, c'est le partenaire qui évolue effectivement et introduit par sa modification la perception de sa défaillance auprès du Sujet, et la déception conséquente. Il est clair qu'une défaillance biologique par exemple peut empêcher un partenaire d'apporter les satisfactions qu'il accordait au départ, lorsque sa forme physique se modifie, lorsque sa puissance sexuelle se réduit, ou plus largement l'une quelconque de ses aptitudes initiales. Plus loin de la biologie, il faut évoquer la fréquence avec laquelle cette défaillance de l'Objet est attribuée à une modification de sa « valeur sociale ». L'évolution de l'Objet interne peut être parallèle à celle de l'Objet externe. Entre les deux, se situe *toujours la dimension socio-culturelle qui détermine l'affectation d'une certaine « valeur »* au partenaire.

Par exemple dans la mesure où un partenaire était recherché en tant que susceptible d'accorder protection à un Sujet (se ressentant comme) trop fragile, il est vécu comme défaillant si les circonstances ne lui donnent plus l'occasion d'accorder cette protection. Ainsi est-ce souvent la confrontation avec les tiers qui est l'occasion de la perception de cette supposée défaillance ; par exemple, le partenaire choisi implicitement comme protecteur peut se trouver confronté avec des tiers dans une position d'infériorité : il n'est plus le plus beau, le plus fort, le plus intelligent, etc., et de manière élargie, il n'est plus socialement le plus puissant. Ce qui était alors attendu de lui comme capacité de protection vient à être mis en question ; sans que le partenaire se soit pour autant modifié, il est vécu comme défaillant par rapport à l'attente initiale.

Parfois des caractéristiques très matérielles servent de support défaillant à des attentes placées en apparence sur le partenaire lui-même, par exemple capacité professionnelle moins importante que prévue, gains d'argent moins substantiels, le tout exprimé dans un langage dont la symbolique est liée au contexte social et culturel ; on pourrait rapprocher ces faits de la manière dont s'organise chez les adolescents le processus de la déception lorsque l'ami est découvert dans un contexte différent de celui de la première rencontre et qu'apparaissent certaines de ses faiblesses jusque-là grossièrement masquées ([1]).

Mais on sait que cette attribution de *qualités mythiques* n'est pas le propre des adolescents et qu'on la retrouve notamment dans les milieux sociaux où le rapport d'argent est extrêmement important. La sévère peinture que Balzac a faite des milieux de la bourgeoisie nous a familiarisés avec ces processus où l'on voit combien la « valeur » de la fille est liée à la dot ou à l'espérance d'argent susceptible d'être apporté. Sitôt perdue la dot, sitôt disparue la valeur de la fille, sans que sa qualité de personne se soit modifiée en rien. Peut-être la peinture de Balzac est-elle caricaturale, mais avec quelques nuances, nous retrouvons des processus analogues à l'occasion de bien des crises, même dans les milieux où l'attente du partenaire est cependant appuyée sur des critères plus personnels.

Obs. n⁰ 25.

Classique aujourd'hui est cette réaction d'un « cadre », bouleversé par une épreuve de chômage, qui, après avoir craint d'être méprisé par sa femme dans la mesure où il n'était plus capable de lui assurer ses revenus antérieurs, garde un doute après la reprise d'une nouvelle activité : doute sur sa valeur propre, jusque-là confondue avec sa valeur productive et en quelque sorte vénale ; doute aussi, depuis son

([1]) Par exemple, admiré non pas en tant que tel, mais en tant que conducteur d'une moto, ou en certains milieux fortunés, en tant que possesseur d'une brillante voiture sportive, alors qu'il apparaîtra vite qu'il n'est que l'emprunteur d'un véhicule d'occasion, etc. On sait combien les attributs de la puissance peuvent, surtout chez les très jeunes, s'appuyer sur des critères extérieurs non personnels, qui soulignent le rôle des références liées aux conditions économico-socio-culturelles.

chômage, sur l'amour de sa femme, qu'il exprime avec émotion en disant : « Est-ce que tu m'aimes, moi, ou est-ce que tu aimes que je réussisse ? », propos qui a eu sur la femme un effet très troublant.

Ainsi l'attribution des valeurs prêtées à l'Objet dépend fondamentalement des conditions culturelles. Précisément, *un des problèmes* fréquemment apportés à l'heure actuelle, à la clinique des couples, *est lié aux variations culturelles qui entraînent des interprétations différentes* quant à la valeur attribuée à la virginité au moment du mariage. On sait aujourd'hui par de nombreuses études statistiques combien cette appréciation de valeur a radicalement changé, particulièrement pour les filles ; il est intéressant de noter que ce changement d'appréciation, quant à la valeur en soi de la virginité, n'est pas lié à la jeune génération, mais est retrouvé aussi auprès des générations plus âgées, d'âge mûr et quelquefois davantage. Ce qui pose des problèmes n'est pas l'attribution d'une plus ou moins grande « valeur » à la virginité, mais le changement tardif d'appréciation de cette valeur, au long de l'existence en couple. Une crise peut ainsi apparaître tard, chez des couples mariés depuis dix, vingt, vingt-cinq ans, etc., et être liée au changement d'état d'esprit d'un des membres à propos de ce thème.

L'évolution, il est vrai, se fait souvent de manière progressive, et ne donne pas lieu à un conflit dramatique. Quelquefois, elle se fait plus brusquement à la suite de circonstances diverses, de rencontres ou de lectures. On peut constater que c'est souvent à l'occasion de l'évolution des enfants devenant adolescents que le problème apparaît brusquement au sein de certains couples. Ainsi l'expérience des thérapies familiales à propos d'adolescents souligne le rôle joué par l'entrée des enfants à l'âge de l'adolescence ; par exemple les couples jeunes, parents d'enfants encore jeunes, ont souvent sur ce plan des positions plus traditionnelles que les parents pourtant plus âgés dont les enfants ont atteint l'adolescence. La découverte que leurs propres adolescents conçoivent différemment la vie sexuelle, alors qu'ils ont été élevés conformément aux traditions, est une révélation brutale qui trouble parfois la cohésion interne de certains couples. Le cas suivant en est une illustration assez typique.

Obs. n⁰ 26.
La consultation a été demandée au nom de difficultés pédagogiques, en rapport avec les questions nouvelles posées par les enfants de ce couple. En fait, le problème remonte à l'âge où la fille aînée avait quinze ans. C'était une enfant « charmante » élevée suivant les critères traditionnels, dans une famille de religion catholique de la classe moyenne. Le couple paraissait bien s'entendre et les relations à l'intérieur du groupe familial semblaient chaleureuses avec une assez bonne communication. C'est dans ce contexte que, à l'occasion de son quinzième anniversaire, la fille aînée eut une conversation un peu

intime avec sa mère au cours de laquelle elle lui fit part tranquillement de son désir d'utiliser la pilule contraceptive. La mère d'abord bouleversée, protesta avec véhémence, mais son bouleversement fut accru quand elle découvrit l'étonnement de sa fille devant sa réaction. L'adolescente n'insista d'ailleurs pas, montrant seulement sa surprise de ce que la mère devînt tout à coup si passionnée pour un problème qui, aux yeux de l'enfant, ne méritait pas tant d'attention. Elle croyait demander à sa mère des explications pour un problème assez banal à ses yeux, et cette dernière bouleversée était incapable de lui répondre.

L'incident s'étant produit en l'absence du père, momentanément à l'étranger, la mère se prit à réfléchir et estima qu'elle ne pouvait pas laisser la situation se poursuivre sans plus d'explications. Elle s'enhardit, jugeant de son devoir, surtout en l'absence du père, de mettre les choses au point; elle se mit à lire, à se documenter, réfléchissant pendant ses nuits d'insomnie dans le but de reprendre un peu plus tard la conversation avec sa fille. Ainsi se noua entre la mère et son adolescente une relation de confiance réciproque; l'atmosphère fut dédramatisée, les explications fournies, et la jeune fille, toujours en bons termes avec sa mère, admit sans peine qu'il était peut-être sage d'attendre encore un peu, et en tout cas, il conviendrait d'en reparler un peu plus tard avec les deux parents réunis.

L'aspect pédagogique du problème paraissait résolu pour la mère, mais l'incident eut sur elle des conséquences importantes. Conduite à interroger quelque peu sa fille, elle découvre avec grand étonnement son état d'esprit, et, lui semble-t-il, celui de ses compagnes, amenant progressivement la mère à une interrogation sur elle-même. Comment sa fille, élevée suivant les mêmes principes qu'elle, peut-elle envisager de vivre si différemment sa vie sexuelle? A la suite des lectures qu'elle fait, puis des contacts qu'elle établit pour en discuter avec quelques personnes de son entourage, un peu plus jeunes qu'elle, elle en vient à s'interroger sur la manière dont elle a été élevée elle-même et sur les avantages et les inconvénients des divers systèmes éducatifs; et peu à peu, elle en vient à se demander si elle n'a pas eu tort elle-même de se marier vierge. Cependant convenant intérieurement que le problème ne s'était guère posé à l'époque, elle conclut, puisqu'elle avait vécu ainsi, qu'il vaut mieux assumer sa situation réelle. Cependant l'ébranlement intérieur a été très vif chez elle, d'autant plus qu'elle voyait grandir ses autres enfants.

Au retour du mari, le problème prit une autre allure. Elle se hâta de lui décrire les événements, mais le bouleversement du mari était d'un autre ordre. Il était attaché à ses principes, mais cependant habitué à une certaine communication avec sa femme. Il approuvait les attitudes pédagogiques qu'avait employées cette dernière, de façon à ne pas laisser l'enfant sans une réponse tant soit peu cohérente ; il admettait fort bien que sa femme ait longuement discuté avec sa fille pour redire une règle morale qu'elle avait admise pour elle-même. Mais *ce qui le bouleversait était précisément le bouleversement interne introduit chez sa femme.* Ainsi le problème n'était-il plus du tout d'ordre pédagogique — faire comprendre à l'enfant les problèmes posés par la sexualité, la contraception, etc. — mais il devenait un véritable problème de couple, dans la mesure où la femme ne paraissait plus sûre de la justesse de leur position commune.

Le mari traversa alors une période difficile, psychologiquement parlant, son trouble intérieur paraissant lié à plusieurs facteurs ; d'abord la découverte que sa fille aînée n'était plus une petite enfant, et qu'il serait désormais, lui, le père, affronté à d'autres problèmes. Cela signifiait aussi, puisqu'il ne comprenait plus le monde nouveau, qu'il avait vieilli, alors qu'il se croyait encore jeune ; mais le facteur le plus décisif de son ébranlement personnel était lié à ce qu'il percevait du véritable changement de sa femme. Cette dernière, pour autant, n'avait pas renié ses positions anciennes, mais restait plus dubitative quant à leur « valeur » réelle, et c'est en ce sens que le couple éprouvait une grande crise.

A cet homme pourtant relativement jeune, sa femme apparaissait aujourd'hui comme ayant perdu quelque chose de ses qualités propres, qu'il avait appréciées jusque-là en elle. Il découvrait combien ces qualités recherchées chez elle étaient essentielles à sa propre sécurité personnelle. Certes, il reconnaissait sans peine que c'étaient les mutations sociales et culturelles qui entraînaient ce changement et non pas la personnalité même de sa femme. Néanmoins, il ne pouvait plus appuyer désormais sa sécurité personnelle sur celle de sa femme, comme il l'avait fait inconsciemment en la choisissant lors de leur mariage. Cela le conduisait peu à peu à découvrir combien ses principes personnels lui tenaient lieu de défense contre une certaine insécurité intérieure jamais perçue jusque-là, et se raccrochait d'autant plus à ses principes qu'il se sentait plus fragile.

Ce sentiment d'insécurité interne l'entraînait à une réaction dépressive avec mise en doute de ses propres qualités, de sa propre vigueur et de sa propre virilité. Au début de cette phase dépressive, il tentait de rétablir la situation en réaffirmant ses principes, en essayant de convaincre sa femme sur des plans qu'il croyait avoir en commun avec elle et qui n'avaient guère jusque-là été débattus entre eux.

Cependant sa femme supportait de plus en plus mal ces démonstrations dont elle percevait les motivations sous-jacentes plus que la rationalité. Ainsi son mari lui apparaissait comme plus faible qu'elle ne l'avait cru, et plus il affirmait ses principes, ses lois, ses normes morales, plus elle ressentait dans cette insistance même une faiblesse qui l'atteignait profondément. Elle se découvrait alors intérieurement déçue d'avoir choisi un homme aussi faible. Mais lui ne se rendait pas compte qu'elle ressentait comme une preuve de faiblesse ce que lui croyait être une preuve de vigueur morale.

Cependant la communication ayant toujours été relativement suffisante entre eux, quelques entretiens suffirent à leur faire percevoir ce qu'ils vivaient actuellement dans leur relation mutuelle, en contraste avec ce que chacun avait cherché et continuait de manière implicite à chercher chez l'autre. Un entretien en particulier fut décisif, celui qui les amena à *comprendre par quels processus chacun* en fin de compte « *disconfirmait* » son partenaire; en d'autres termes, chacun découvrait qu'il avait été jusque-là sécurisant pour l'autre dans un sens narcissiquement très profond, qu'il avait été jusque-là le moyen permettant au partenaire de se sentir « valeur » et comment ce processus mutuel de confirmation narcissique venait d'être ébranlé. Ainsi, l'homme découvrait que ses raisonnements avaient, auprès de sa femme, la valeur de témoignage de faiblesse et que la perception même de sa faiblesse à lui était dévalorisante pour elle, et que, par là même, il cessait de la confirmer dans sa valeur et dans sa capacité d'être humain désirant, désirable et désiré.

Réciproquement, il se vivait de plus en plus comme disqualifié par sa femme; en quelque sorte, il ne se sentait plus Objet de valeur pour elle, dans la mesure où elle n'était plus Objet de valeur pour lui, rompant ainsi un processus de confirmation mutuelle fondamentale dans l'organisation du couple.

Cet exemple assez riche sur plusieurs plans, met en évidence le lien entre la déception ressentie par un Sujet et l'aspect tout à fait subjectif de la « défaillance » supposée ou fantasmatique du partenaire. Défaillance ou perte de valeur qui ne peuvent être appréciées qu'en fonction d'une véritable grille intérieure, elle-même extrêmement dépendante des conditions culturelles et par conséquent de leur variation. C'est sans doute ce qui, à l'heure actuelle, entraîne un nombre particulièrement grand de crises au sein d'un nombre croissant de couples.

Mais ce n'est pas une constatation pessimiste en soi; *un processus de crise est un processus dynamique,* nécessaire, fondamental et n'est pas obligatoirement le point de départ d'une mésentente ou d'une rupture; bien souvent, il est le *moyen même par lequel le couple va restructurer son fonctionnement* propre. Il n'y a donc pas lieu de donner une valeur véritablement causale à un processus culturel qui dans ce cas n'est que la condition d'une défaillance présumée, attribuée à l'Objet.

La rupture de l'idéalisation et du clivage.

Le retour des pulsions agressives dans le rapport à l'Objet est la condition de la rupture de l'idéalisation et du clivage. Par la déception ou par l'attribution à l'Objet d'une supposée défaillance, se réveille la possibilité d'une nouvelle critique, c'est-à-dire l'expression d'une certaine forme d'agressivité; au sens strict, il n'y a plus de clivage absolu entre bon et mauvais, une certaine forme « d'épreuve de réalité » interdit la poursuite d'un fonctionnement appuyé sur une méconnaissance d'une partie de l'Objet. Ce qui se vit à cette période est une sorte d'expérience correctrice qui, outre la fin de cette méconnaissance de l'Objet, entraîne également le renouvellement de sentiments ambivalents à son égard.

C'est dans ce sens que nous pouvons comparer cette phase décisive à ce qui se passe chez le nourrisson humain lors de *l'entrée dans la position dépressive,* suivant les schémas kleiniens bien connus. A ce moment, sous l'effet des principaux processus d'intégration, l'Objet-mère commence à être conçu comme une personne totale par unification de tous ses aspects partiels; cela suppose une véritable synthèse de l'amour et de la haine en même temps qu'une intégration des divers aspects du Moi. Pour que cela soit possible, encore faut-il que l'Objet d'amour soit suffisamment satisfaisant pour que se cristallisent autour de la nostalgie les émotions nouvelles de la position dépressive; la découverte de sentiments ambivalents à l'égard de l'Objet sera alors supportable. Ainsi pourra-t-on reconnaître que dans sa personne complète il y ait à la fois des aspects bons et mauvais, présents et absents, gratifiants et frustrants, etc. Mais comme l'écrit H. Segal, dès l'entrée dans la position dépressive centrale, « reconnaître sa mère comme personne totale signifie aussi la reconnaître en tant qu'individu qui mène une vie propre et a des rapports avec d'autres personnes » (²). C'est aussi découvrir qu'on peut la perdre suivant le mode de l'angoisse dépressive; cette perte de l'Objet prenant désormais un caractère également total, c'est aussi accepter de ressentir à son égard des sentiments ambivalents où l'amour et la haine se superposent avec, comme conséquence, la crainte de nuire ou de détruire l'Objet, et les sentiments de culpabilité inconsciente qui l'accompagnent.

On reconnaîtra là des phénomènes comparables à ce qui se passe à l'instauration de cette phase critique, chez les partenaires au moment où le Sujet envisage de renoncer à l'idéalisation de l'Objet, où il accepte de lui reconnaître un minimum d'existence en soi, sinon d'autonomie, avec des sentiments propres, pas toujours favorables au Sujet. Le réveil de l'ambivalence à l'égard de l'Objet peut être difficile à supporter, dans la mesure où il suppose que le Sujet reconnaisse en soi-même une certaine

(²) SEGAL H., *Introduction à l'œuvre de Mélanie Klein.* P.U.F., p. 52.

forme d'agressivité, une certaine capacité de haine à l'égard de cet Objet d'amour aux aspects multiples qui avaient été idéalisés.

On conçoit bien que cette phase critique, pourtant essentielle à la maturation de la relation au sein du couple, autant qu'à la maturation de chacun des deux partenaires, ne soit pas facile à franchir. Dans bien des cas, le Sujet tentera d'y échapper suivant différents stratagèmes dont nous allons illustrer quelques-uns.

Auparavant, il convient de noter que la schématisation de cette phase critique suppose les mêmes restrictions que celles de la phase d'idéalisation de la lune de miel. On constate la superposition des deux processus à la fois, idéalisation et retour des sentiments ambivalents. Il paraît utile de bien distinguer ces deux phénomènes apparemment contradictoires, ne serait-ce que théoriquement, d'autant que dans la généralité des cas, l'évolution se fait de manière lente, progressive, et n'est pas perçue par les intéressés eux-mêmes. Pour l'illustrer, nous nous appuierons sur des cas particuliers où l'évolution prend une forme plus caricaturale permettant de dessiner mieux les contours des processus psychiques.

L'expérience correctrice née de l'épreuve de réalité entraîne en général la fin d'une certaine méconnaissance de l'Objet, le réveil d'une critique à son égard et la découverte de sentiments ambivalents, mais elle ne s'accompagne pas toujours pour autant d'une rupture de l'idéalisation initiale. *Quelques stratagèmes,* en général inconscients sont utilisés *pour tenter d'échapper à l'abandon de cette idéalisation.* S'il est trop douloureux de percevoir en soi des sentiments ambivalents à l'égard de l'Objet d'amour, on peut, pour y échapper, préférer méconnaître la réalité même de cet Objet et ne s'attacher qu'à ce qu'on tient à lui attribuer de favorable.

Aussi peut-on tenter d'éviter une véritable dévalorisation, conséquence de cette perte ou de cette disqualification du bon Objet. Le « bon Objet » interne reste bon, il est préservé dans sa valeur favorable au Sujet, même s'il faut admettre que le partenaire, réel support de ces projections, est moins bon que cet Objet intériorisé. On peut parvenir à ce résultat en admettant à des niveaux préconscients que l'être aimé était excellent et méritait d'être aimé, mais que son évolution est fâcheuse ; *celui qu'on a choisi était tout à fait bon, confirmant qu'on était bon comme lui et qu'il était bon de l'élire, mais, en évoluant, il trahit son passé* et ce qui a été primitivement choisi en lui. C'est une manière de nier son existence propre, autonome en l'attachant à son image idéalisée.

Les tentatives entreprises pour éviter la perte de l'idéalisation prennent en clinique différentes formes ; elles sont parfois caricaturales, plus souvent, il faut au contraire les dépister derrière des propos nuancés, mesurés, et surtout derrière des rationalisations fréquentes destinées à les masquer. Nous pouvons cependant les classer en quelques groupes.

1º On peut observer parfois les manifestations d'une agressivité orientée contre une partie seulement de l'Objet, qui est de fait lui-même clivé. Pour rester dans une relation favorable et gratifiante avec l'Objet, le Sujet tend à distinguer en lui deux aspects, un aspect favorable, choisi à l'origine du couple, qu'il veut voir se maintenir et qu'il continue d'attribuer à cet Objet, et un autre aspect hostile, ou tout au moins frustrant et désagréable, qui alors n'est pas attribué au partenaire lui-même. *Grâce à cette dichotomie interne, le Sujet peut méconnaître les sentiments ambivalents à l'égard de son partenaire,* en restant persuadé que la relation amoureuse reste conforme à ce qu'elle était à la fin de la lune de miel. On entend des propos comme ceux-ci : « Au fond de lui, il est très bon, malheureusement il a un défaut, mais ce n'est pas sa faute » ; ou encore : « Je sais bien qu'il m'aime énormément, c'est vrai que de temps en temps il est très pénible, mais ce n'est pas lui, ce sont ses crises » ; ou bien encore : « Ce n'est pas lui qui est mauvais, c'est son caractère seulement, mais je le ferai soigner, et ça reviendra comme avant » : toutes sortes de propos témoignant du désir qu'a le Sujet de conserver à l'intérieur de lui-même une image aussi satisfaisante de l'Objet interne, quitte à attribuer à un facteur supposé extérieur la responsabilité des insatisfactions éventuelles.

Ainsi après l'épreuve de réalité, malgré des expériences parfois pénibles, peut se maintenir une certaine forme d'idéalisation, grâce à un clivage qui reconnaît une place à l'aspect mauvais et désagréable de la relation au partenaire. De tels processus sont constamment présents et doivent être considérés comme universels, même s'ils prennent parfois des formes extrêmes. Les rationalisations utilisées dépendront des conditions culturelles.

A l'intérieur de ce cadre général, on peut définir deux catégories un peu différentes ; dans certains cas, *la partie mauvaise de l'Objet intériorisé est attribuée à un processus* effectivement tout à fait *extérieur au Sujet.* Nombreux sont les couples qui, pour justifier cette dichotomie, invoquent le rôle joué par la belle-famille ; par exemple : « Ma femme est formidable, et l'a toujours été ; en réalité elle continue de l'être à tous points de vue ; ce qui ne va pas, c'est que ma belle-mère est toujours sur son dos... ». Propos où il est facile de noter ce clivage, appuyé sur la négation du lien entre le partenaire et sa famille ou les tiers présumés responsables de l'insatisfaction.

« Il est toujours extrêmement bon, et puis c'est un travailleur émérite..., il fait absolument tout ce qu'il faut pour la famille... Je ne m'en plains absolument pas... Il n'y a qu'une chose, c'est la boisson. » Il est évident que le facteur extérieur, la boisson, est considérée comme sans lien avec le partenaire.

« Je n'ai pas de reproches à faire à ma femme..., elle s'occupe très bien des enfants, etc. Il n'y a qu'une chose, c'est la saleté, mais vous savez dans son pays, elles sont toutes comme ça. » Le défaut reproché est rattaché à un phénomène considéré comme extérieur au Sujet, fut-ce son appartenance ethnique. On voit bien là combien un *racisme latent* trouve un appui interne en ce mode particulier de clivage et peut se réveiller avec violence même chez les Sujets qui ont accepté ou « voulu » choisir un partenaire dans un groupe ethnique différent du leur, sans parler des distinctions ethno-culturelles si faciles à faire surgir au sein d'une population apparemment homogène de même ethnie! L'exogamie par définition impose un choix étranger au groupe familial, même au sein d'une relative homogamie!

Inutile de multiplier ici les exemples où un Sujet déçu, refusant de prendre conscience de sa déception et d'attribuer l'origine de sa souffrance à soi-même ou à son partenaire, trouve spontanément la possibilité de *projeter sur un tiers l'origine de cette défaillance supposée.* Il est bien évident que de multiples « tiers » se présentent pour justifier de pareils processus, non seulement la belle famille, la mauvaise « race », la boisson, la « dépression », la maladie, etc., mais encore et souvent des tiers sous la forme de rivaux possibles ou même sous la forme des enfants du couple. Les consultations médico-psychologiques d'enfants abondent de situations dans lesquelles il apparaît, au cours de la thérapie familiale, que l'hostilité d'un des parents aux enfants est une manière de préserver le couple parental et de détourner vers l'enfant l'hostilité destinée au partenaire.

Obs. n⁰ 27.

Ainsi s'exprime un père pour justifier son refus d'une thérapie de couple, et pour nier son malaise conjugal : « En réalité, nous ne nous disputons jamais quand nous sommes ensemble. Je l'emmène en vacances pour qu'elle puisse bien se reposer sans les enfants qui sont en pension pendant ce temps, ou en colonies, et alors là tout va bien entre nous. Je n'ai d'ailleurs rien à lui reprocher. Il n'y a qu'une chose : ce sont les enfants qui l'énervent ».

L'hostilité aux enfants chargés des projections déplaisantes peut, bien sûr, s'associer à une situation de rivalité qui rappelle les positions œdipiennes.

Obs. n⁰ 28.

Ainsi que l'exprimait très directement une femme parlant de son mari : « En réalité, il est très gentil, raisonnable... il a toujours été charmant, nous nous sommes toujours très bien entendus... Nous étions contre l'avortement et la contraception; un enfant est arrivé, mais mon mari n'y tenait pas, vous comprenez, il ne s'est jamais bien entendu avec son père... »

Où l'on voit combien cette femme avait perçu le lien entre les difficultés œdipiennes de son mari et sa rivalité avec l'enfant, alors qu'elle ne percevait pas qu'elle jouait elle-même à l'égard de son mari un rôle quasi-maternel, comparable à celui qu'elle avait à l'égard de l'enfant.

L'expérience des traitements d'enfants et des thérapies familiales montre fréquemment l'existence de processus de cet ordre parfois atténués, mais le plus souvent masqués.

D'autres fois, au contraire, l'utilité de cette dichotomie, pour préserver une certaine idéalisation de la partie jugée bonne de l'Objet d'amour, peut avoir pour effet la méconnaissance d'une réalité permettant d'attribuer à un tiers l'origine d'une souffrance. Ainsi le Sujet perçoit bien l'influence qu'un tiers rival peut exercer sur son partenaire; mais il tient à en méconnaître la nature et l'importance, tant est grande l'obligation pour le Sujet de cliver entre les bons et les mauvais aspects de l'Objet. Ainsi s'explique que les liaisons prolongées peuvent rester méconnues malgré l'évidence, grâce au besoin qu'éprouve le Sujet de maintenir l'idéalisation de son Objet, idéalisation qui lui interdit de se le représenter sensible à d'autres charmes qu'aux siens.

D'autres fois, au sein de ce clivage, ce qui servira de support aux projections hostiles ne sera pas toujours aussi facile à distinguer. Dans les exemples précédents, il s'agissait de l'influence de tiers, la belle-famille, le milieu social ou ethnique, les enfants, les rivaux. Ici la *dichotomie s'appuie sur des traits propres au partenaire*. Par exemple, on peut maintenir l'idéalisation de l'Objet d'amour en attribuant sa défaillance à sa santé déficiente. C'est la maladie qui sera chargée de toutes les responsabilités de la souffrance.

Parfois sera invoqué le « caractère », la « dépression » ou quelque terme technique évoquant une maladie de la personnalité; d'autres fois, la distinction entre le partenaire et les défauts qu'on lui attribue deviendrait trop fragile, aussi est-il plus volontiers fait allusion à une maladie supposée physique; un traumatisme biologique, par exemple, peut être mis en avant comme origine d'une défaillance du partenaire, ce qui ne met en cause ni la bonne volonté de ce dernier, ni son attachement.

En pareil cas, le Sujet qui se plaint de son partenaire n'est pas prêt à le voir s'engager dans un traitement psychothérapique : il tient absolument à présenter l'attitude caractérielle de ce dernier comme un trouble d'origine biologique. Une conception « organiciste » de la « pathologie » du partenaire est alors préférée par celui qui veut absolument distinguer chez son conjoint un bon aspect et un autre défavorable, que seule une maladie du corps peut justifier : le plaignant préfère de beaucoup l'idée qu'il faudrait plutôt « soigner » l'Objet de son amour en « médicalisant » son problème. Combien de fois le problème posé de cette manière n'est-il pas présenté au médecin somaticien avec le souhait implicite que celui-ci trouvera quelque discrète anomalie interdisant toute remise en question de la relation interne du couple.

2⁰ *Le même processus de dichotomie* visant à séparer à l'intérieur du partenaire une bonne partie conforme à l'image désirée, et une mauvaise, attribuée à l'influence de tiers ou de facteurs extérieurs, *peut conduire* soit à des comportements agressifs à l'égard de ces tiers, *soit ailleurs à un comportement ultra-possessif à l'égard de l'Objet.* Comportement possessif qui n'était pas toujours visible à l'origine du couple, à une époque où l'idéalisation du partenaire le metttait spontanément et fantasmatiquement hors de portée de tout tiers, lorsque les « amoureux étaient seuls au monde ».

Il peut arriver que, soit dès le retour de la lune de miel, soit petit à petit, soit encore beaucoup plus tard, un Sujet veuille à tout prix « épargner » à l'Objet de son amour la moindre défaillance, et pour cela cherche à le séparer de tiers supposés responsables des premières difficultés. Ce comportement défensif prendra alors la forme d'attitudes de plus en plus possessives. Le Sujet doit à tout prix séparer son Objet de ce qui le rendrait défaillant. Suivant le cas, il faudra donc le séparer de sa famille, au moins moralement, peut-être des enfants, à plus forte raison des étrangers ou de toutes les mauvaises influences imaginables.

Ainsi peuvent se comprendre certains *comportements de plus en plus possessifs, non visibles à l'origine du couple* et qui ne peuvent pas être entièrement assimilés à des conduites de jalousie. Il arrive que pendant un temps, l'Objet d'amour se laisse plus ou moins séquestrer. L'observation de la distribution des rôles et des rapports de pouvoir au sein du couple permet alors de constater que c'est habituellement le plus fragile psychologiquement qui prend la direction du couple : il conduit son Objet à se soumettre à son raisonnement, en maintenant ainsi son idéalisation. Il lui prouve l'influence néfaste de son milieu, des tiers, des mass media, etc. ; pendant un certain temps, le partenaire s'y soumet ; mais l'idéalisation ayant à la longue de plus en plus de peine à se maintenir, ce comportement possessif s'accentue, et la « séquestration » de l'Objet prend alors une forme intolérable qui conduira à la première crise visible du couple. Avant qu'elle n'éclate clairement, apparaissent souvent les mêmes tentatives de rationaliser, de médicaliser les problèmes, etc., que nous avons déjà évoquées.

D'autres fois, cette tentative de préserver l'Objet de toute promiscuité ou de toute contagion possible par les tiers sera rendue d'autant plus difficile et compliquée que le Sujet trop fragile se montre lui-même très dépendant de son entourage : cas par exemple d'individus fragiles de structure psychotique, ou limite, ou de névroses graves, ou encore ayant, pour des raisons sociales et historiques, des difficultés relationnelles qui les ont conduits à un relatif isolement affectif. Ces personnes très dépendantes souffrent de voir leur partenaire établir facilement de bonnes relations avec des tiers plus ou moins rivaux, et désirent obtenir en même temps elles-mêmes l'appui et les gratifications venant des mêmes tiers.

Ainsi peuvent s'observer au moment d'une rupture ou d'un divorce, des comportements apparemment contradictoires par lesquels un Sujet tend à séparer son partenaire de la famille de ce dernier, tout en cherchant lui-même à s'y intégrer, à s'y faire accepter, et si possible s'y faire préférer.

Cela soulignerait, s'il en était besoin, combien le maintien à tout prix de ces processus d'idéalisation est important surtout chez les Sujets fragiles, ce qui ne veut pas dire que ces processus de méconnaissance et de dichotomie répétitifs soient seulement le fait de malades, bien qu'ils aient une forme plus caricaturale chez ces derniers.

3° Parfois *la tentative de garder bonne à l'intérieur de soi une image favorable de l'Objet d'amour prendra la forme clinique paradoxale d'un véritable déchaînement agressif contre lui ;* manifestation évidemment plus rare, car l'Objet d'amour risque fort de réagir symétriquement de manière agressive, jusqu'à ce que son comportement soit en contradiction trop visible avec l'aspect idéalisé. Cependant il est quelques cas où ce déchaînement agressif peut se comprendre comme une tentative non pas de persécuter son Objet d'amour, mais de le redresser ou de l'éduquer ; en quelque sorte pour que cet Objet reste bon, il faut avant tout le corriger radicalement de ses défauts. Il ne s'agit pas seulement de le mettre à l'écart des influences fâcheuses, il faut aussi refuser de tolérer en lui certains traits trop peu satisfaisants de son caractère ou de sa présentation.

Très tôt peut apparaître alors ce *comportement pseudo-pédagogique répresseur, qui prend parfois une forme préventive ;* il s'agit de structures dyadiques, souvent asymétriques, mais profondément réciproques, où l'un des membres a cherché en l'autre une sorte d'élève disposant de « mauvais penchants » naturels qu'il s'agit d'endiguer. En ce cas, le premier n'est pas loin de sentir qu'il contient en lui ces funestes penchants ; dans son grand besoin de les méconnaître, il les refoule d'autant mieux qu'il les devine chez un partenaire qu'il peut accuser, et c'est par là que ce dernier est particulièrement attirant pour lui. *La projection* — inconsciente — *sur le partenaire de ces mauvais aspects récusés de soi-même, est précisément un des fondements du désir et du couple, et aboutit au choix d'un bouc émissaire.* Ce dernier est en général un sujet dépressif ou dévalorisé, luttant mal contre ses sentiments de dette et de culpabilité et à la recherche de moyens autopunitifs pour s'en décharger. Il se trouve valorisé par le choix de son persécuteur admiré, qui affiche l'exemple vécu d'une victoire accomplie contre ses mêmes penchants, persécuteur qui mérite alors d'être idéalisé bien qu'il le châtie ou le redresse. Ainsi accepte-t-il pendant un temps variable les mesures répressives imposées par le premier, même si elles lui interdisent la fréquentation de tiers et l'expression de capacités séductrices susceptibles d'être ressenties comme un danger par le persécuteur.

Il est remarquable que de telles organisations dyadiques puissent durer très longtemps, et qu'elles réussissent à maintenir chez chacun des deux membres un certain degré d'idéalisation, grâce à ce clivage qui tout en soulignant la partie mauvaise, permet de sauvegarder une bonne partie de l'Objet jugée principale. D'ailleurs la partie condamnée de l'Objet, très visible, ouvertement répudiée, est par elle-même objet de satisfactions sadiques de la part du persécuteur qui se trouve d'excellentes justifications pour punir, d'autant plus facilement qu'il peut compter sur une large complicité de sa victime aimée et aimante.

Un tel type de relations ne peut s'établir de manière aussi caricaturale que dans certains cas particuliers, mais on le retrouve de manière beaucoup plus discrète, masquée, « innocente » à un certain degré chez bon nombre de couples, en général à l'insu des intéressés. Chez ceux-là, contrairement au cas précédent, il n'apparaît pas pendant la lune de miel, mais se développe à l'occasion de la première crise : mesure particulière et clivage nécessaire pour maintenir cette difficile idéalisation d'un partenaire choisi inconsciemment en raison même de sa défaillance, ou de son « mauvais penchant » à redresser — l'agressivité et le comportement quasi persécuteur de l'un se trouvant rationalisés sous des formes diverses, utilisant les raisons morales, sociales, religieuses, etc., pour obtenir l'accord de l'Objet élève. C'est « dans son intérêt » ou dans celui du couple, etc., qu'il devrait se perfectionner de façon à rester bon aux yeux de celui qui l'a choisi et éviter une relation dans laquelle la haine pourrait prendre place.

Travail psychique de deuil et « disconfirmation » mutuelle.

Le réveil des pulsions agressives à l'égard de l'Objet instaure une diminution, sinon une disparition, de l'idéalisation initiale. Lorsque le travail psychique de deuil se fait dans des conditions favorables, il s'organise progressivement ; cette « dés-idéalisation » se fait donc plus ou moins lentement et reste en général partielle ; elle permet au Sujet de retrouver son jugement et ses capacités critiques, elle permet aussi un rapprochement entre l'image intériorisée du partenaire et la réalité qu'il lui présente. Ce moindre décalage entre le « réel » et l' « imaginé » créé par les projections est évidemment un important moyen d'adaptation. Le travail psychique de deuil est donc important au niveau de l'amélioration des modes de communication entre les partenaires, puisqu'il permet à chacun de mieux comprendre les aspirations latentes de l'autre, dans ce qu'elles ont de non-correspondant avec ses propres aspirations.

Mais ce réveil des pulsions agressives, lié au travail de deuil, ne se limite pas aux modifications de l'image de l'Objet, dans la mesure où cet Objet, bon, était incorporé au Sujet lui-même. Aimer l'élu, c'était en même temps s'aimer soi-même, et nous avons vu à propos de l'instauration du lien amoureux, les considérables bénéfices narcissiques que le Sujet tirait de cette relation amoureuse. En reprenant la proposition freudienne, liant le choix de l'Objet à l'Idéal du Moi, on peut dire qu'aimer l'Objet, c'est aussi aimer la meilleure partie de soi réelle ou imaginée. Dès lors, faire la critique de l'Objet et réveiller à son égard des pulsions agressives, même soigneusement contrôlées, partielles et limitées, c'est atténuer le bénéfice de ce comblement narcissique. On comprend combien ce mouvement critique et le travail psychique de deuil sont difficiles pour beaucoup.

Mais si *agresser ou critiquer l'Objet intériorisé est se critiquer et s'agresser soi-même,* jusqu'où peut aller ce mouvement ? Pour la plupart, il se limite à la possibilité de retrouver un certain sens autocritique en même temps que critique ; cette phase de crise est alors particulièrement maturative ; à celui qui accepte ce mouvement, est donné l'avantage de développer son *insight* et de trouver une meilleure adaptation dans sa vie affective, dans la mesure où il comprendra mieux ses propres besoins et ses propres limites.

Il paraît inutile d'insister ici sur le bénéfice évident de cette *maturation ;* liée au développement d'une critique de l'Objet d'amour et de l'autocritique correspondante, rappelons seulement qu'elle diffère de celle du début de la relation amoureuse, en ce que cette première n'est pas liée à la souffrance.

Mais en clinique, le développement de cette démarche auto-agressive peut s'étendre beaucoup plus loin et on trouvera un *continuum* entre le développement prudent et limité d'une certaine autocritique, permettant le mouvement maturatif, et, à l'extrême, le développement d'un violent *sentiment auto-agressif, auto-destructeur,* dont la conséquence la plus connue est le *suicide.* On sait sa fréquence à l'occasion d'une rupture amoureuse, on sait sa particulière fréquence lorsqu'elle atteint des sujets encore immatures, ou très jeunes comme les adolescents. Certains ne parviennent à prendre du recul par rapport à leur mouvement passionnel que par ces moyens extrêmes ; ils ne peuvent accomplir ce travail psychique de deuil qu'après avoir subi une ou plusieurs crises violentes, traduites par exemple par des tentatives de suicide plus ou moins authentiques. Un plus grand nombre y parviendra heureusement par des moyens plus limités, mais dont l'aspect autodestructeur reste tout à fait présent. Dans certains cas, c'est une véritable dépression qui s'instaure, et c'est sans doute à leur propos que se conçoit le mieux l'assimilation partielle du deuil et de la mélancolie faite par Freud.

Cependant la clinique montre une notable différence entre la réaction dépressive consécutive au décès de l'aimé et la perte relative d'Objet contemporaine de la phase critique du lien amoureux. En effet, l'épreuve de réalité dans le cadre du deuil par décès de l'aimé oblige constamment le Sujet non délirant à une souffrance aiguë liée au renoncement obligatoire à l'Objet perdu. Le désinvestissement narcissique de l'Objet perdu est à faire nécessairement, quelles que soient la souffrance et l'énergie psychiques exigées. Même si une première réaction de stupeur se manifeste et que les productions oniriques et fantasmatiques issues de l'inconscient témoignent du refus profond d'accepter cette épreuve de réalité, elles s'imposent cependant et, au prix d'une grande souffrance, elles obligent le Sujet à désinvestir l'Objet définitivement perdu. Dans la crise amoureuse, le travail de deuil est sur le plan psychique rendu plus difficile par le fait que la *perte d'Objet n'étant pas totale, le Sujet est tenté répétitivement de revenir à l'idéalisation primitive* pour y échapper. Ces va-et-vient peuvent ainsi se prolonger longtemps, le travail psychique de deuil est en cours ; mais d'autres Objets se présentent au Sujet, plus ou moins référés au premier, idéalisés à sa place et empêcheront ainsi l'achèvement de ce travail pénible.

D'autres fois, l'échec du processus est lié au fait que le Sujet est capable de développer à l'égard du partenaire, support des projections agressives, une *haine suffisante qui permettra l'économie d'une autocritique,* d'une démarche auto-agressive : dans la crise, on peut, soit se haïr soi-même d'avoir blessé et perdu l'autre, ou bien haïr l'autre qui nous a blessé. Ces deux mouvements peuvent s'alterner et permettre au Sujet d'échapper au véritable travail psychique de deuil. C'est ce qu'on observe chez nombre de Sujets, qui n'ont jamais réussi à faire totalement le deuil du partenaire qui les a abandonnés depuis longtemps : le moindre signe de sa présence suffit à remettre à plus tard le travail de deuil ; et certaines situations de divorce restent marquées par la présence latente d'un ancien partenaire auquel le Sujet n'a jamais tout à fait renoncé, du fait qu'il n'y a pas dans ces cas d'obligation totale de renoncer à l'autre comme dans le deuil consécutif à la mort.

Ainsi le travail psychique du deuil dans la crise amoureuse, reste souvent plus limité, plus partiel que dans le deuil véritable, il est plus mal réalisé, s'étale sur un plus grand nombre d'années et parfois ne s'achèvera jamais, empêchant certains de réinstaurer une nouvelle relation amoureuse.

Ce caractère partiel, instable, inachevé du travail psychique de deuil dans la relation amoureuse a une traduction clinique particulière au sein de couples où s'organise, de fait, un *véritable jeu alternatif du travail de deuil chez l'un et l'autre des partenaires.* L'un et l'autre vivent à des rythmes différents leur processus de deuil. On voit par exemple l'un d'entre eux s'accuser, parfois se déprimer, vivant un lourd sentiment de culpabilité lié à la crainte d'avoir blessé et perdu son partenaire qui souffre. Ce dernier, de son côté, l'accuse d'être cause de sa propre souffrance et n'éprouve plus de sentiments de culpabilité. Une véritable distribution de rôles peut s'observer au sein du couple grâce à leurs processus projectifs intriqués : *l'un s'accuse et est accusé, l'autre accuse sans désormais ressentir de culpabilité.*

En certain cas, le mouvement semble se figer, la distribution de rôles dans la dyade apparaît immuable : aussi arrive-t-il souvent que le supposé bien portant finisse par conduire à une consultation psychiatrique son compagnon coupable et déprimé. Souvent arrive-t-il alors que le traitement soit interrompu sous la pression du supposé bien portant, dès qu'il sent sa quiétude mise en question par le réveil du déprimé et la résurgence de son agressivité, jusque-là retournée contre lui-même. Sinon le mouvement peut s'inverser comme on l'observe au cours d'évolutions spontanées, la distribution systémique des rôles faisant alors porter l'accusation commune contre le partenaire jusque-là épargné.

Enfin d'autres fois, on assiste à un engrenage plus complexe aboutissant à un rythme alternatif. A tour de rôle, chaque partenaire adoptera tel rôle et supportera l'accusation venant à la fois de l'autre et de lui-même, accusation qui n'a pas toujours besoin de mots clairs, mais plus souvent s'appuie sur des attitudes, des soupirs et des échecs notamment sexuels.

Ces exemples nombreux dans la réalité clinique, témoignent bien que le travail psychique de deuil, en s'instaurant, utilise les processus vécus dans le cadre d'une véritable position dépressive. La *stratégie de la phase de crise pivote autour du travail psychique de deuil* et correspond à la stratégie défensive décrite notamment par les auteurs kleiniens. Le caractère relativement flottant de la désignation du patient, remarquable parfois, peut s'expliquer par le caractère précisément flottant des processus projectifs des deux partenaires, qui se sont justement attirés l'un l'autre par leur commune problématique et leurs différentes manières provisoires d'y réagir.

Ce qu'on peut encore observer de très spécifique dans la structuration et la pathologie du couple concerne également les *phénomènes d'induction mutuelle* que présentent certains couples, et *plus spécialement ceux au sein desquels se développent d'intenses identifications réciproques*. Un type de communication où se superposent les doubles contraintes est souvent du style de : « Je souffre parce que tu souffres », à quoi le partenaire répond : « c'est moi qui souffre parce que tu souffres »; ou encore : « Je souffre de ce que tu souffres », à quoi le partenaire répond également : « Je souffre de ce que tu souffres », etc. Dans certains cas, c'est à peine d'une communication qu'il est question, mais plutôt d'une communion dans la souffrance ou d'une véritable fusion où se conjuguent les processus d'identification projective et introjective. C'est dans de tels cas et à propos des situations pathologiques, qu'a été évoquée l'utilité d'une certaine forme d' « égoïsme », par laquelle un des partenaires peut sortir seul d'abord de son emprisonnement dans une identification fusionnelle mortifère induite par l'autre; égoïsme qui lui permettra, indépendamment de son compagnon, de retrouver une aisance suffisante pour que l'autre, le voyant enfin heureux, renonce à s'accuser d'avoir provoqué sa souffrance. Mais ces problèmes nous rapprochent des cas que nous évoquerons plus loin, dans lesquels le Moi se trouve en quelque sorte absorbé par l'Objet et où, sur le plan du couple, l'autonomie restreinte des deux partenaires est enveloppée d'une sorte de Moi commun recouvrant la majeure partie des « Moi » individuels.

L'étude des processus de crise a ceci de particulièrement intéressant qu'elle nous permet — a contrario — de saisir l'essence du mouvement amoureux et ce qu'il apporte à l'individu. Pendant la crise, en effet, les bénéfices apportés par le fait d'être aimé ou d'aimer peuvent se trouver suspendus, au moins provisoirement, et les oscillations successives soulignent alors davantage la nature des processus en cause. Le principal de ces bénéfices est, sans doute, celui d'une sorte de « confirmation » mutuelle. A l'être humain limité, mortel, en état de manque, le sentiment d'être aimé apporte un véritable comblement narcissique — effaçant sa castration, comme nous en avons parlé à propos de son instauration. Le Sujet se trouve alors confirmé dans sa valeur propre en tant qu'il est l'Objet d'amour d'un autre. Mais *pour que confirmation il y ait*, encore faut-il *que cet autre soit lui-même Objet de valeur*, servant de référence, donc estimé — ou plus largement aimé. Précisément *ce qui se produit au moment des crises*, c'est un *doute* plus ou moins profond et plus ou moins durable *sur la « valeur » objectale de l'autre chargé* précisément *d'apporter la confirmation de soi*.

Tous les processus que nous avons évoqués se ramènent *grosso modo* à un mouvement agressif et critique, soit orienté vers l'autre, soit orienté vers soi-même. Dans les deux cas, *il risque de produire une rupture dans la confirmation mutuelle des deux partenaires*. Cette véritable « disconfirmation » peut quelquefois prendre un caractère aigu, même lorsque les deux partenaires savent que l'existence de leur couple n'est pas en jeu ; par exemple lorsqu'il s'agit d'une (n + 1)ème crise au cours de leur existence conjugale et que l'expérience leur a montré que les « n » crises précédentes n'avaient fait que les pousser à approfondir leurs sentiments amoureux.

Obs. n⁰ 29.

Un couple de psychologues vient consulter précisément parce qu'ils se remettent mal, individuellement, d'une crise qui cependant est reconnue comme n'ayant pas mis en question la cohésion de leur lien. Il s'agit d'un couple d'âge moyen, ayant plusieurs enfants et de nouveaux investissements d'ordres divers, non seulement professionnels et sociaux, mais aussi culturels, philosophiques, esthétiques, etc. Ils ont appris à communiquer profondément, et leur histoire montre que ce couple n'a guère été secoué jusque-là que par des manifestations critiques relativement limitées dont ils ont su tirer d'ailleurs beaucoup d'avantages, dans le sens d'une plus grande autonomie personnelle, tout en gardant la possibilité d'une excellente communication : communication remarquable en ce qu'elle concerne chez eux des plans profonds de l'existence individuelle de chacun, du fait qu'ils ont tous les deux bénéficié d'une expérience psychanalytique personnelle.

Mais le mari, professionnellement plus engagé auprès d'adolescents et de jeunes, a été conduit à s'interroger davantage qu'elle sur ses propres normes, du fait de la crise culturelle contemporaine, à laquelle les jeunes qu'il fréquente sont confrontés au plus haut point. Ainsi a-t-il été conduit à remettre en question certaines de leurs valeurs, héritées d'une éducation relativement classique, en particulier autour du thème de la sexualité ; ce qui le conduit à estimer qu'il ne mettrait pas en question la fidélité à sa femme, s'il établissait par ailleurs des relations sexuelles avec d'autres, dans des conditions qu'il pourrait très bien contrôler.

Sans doute, y avait-il aussi chez lui, réveillés par la crise culturelle contemporaine, des problèmes plus personnels le conduisant à vérifier sa capacité de plaire ou d'affirmer sa virilité. Sa femme, pensait-il, se satisfaisait trop facilement d'une image ancienne de lui-même en laquelle il ne voulait plus se retrouver, avec quelques inhibitions ou autres formes de timidité masquées derrière un excellent contrôle, le tout correspondant peut-être à un ancien complexe de castration, dans l'ensemble résolu ou assumé. Ces problèmes, sans avoir une grande acuité, s'étaient probablement réveillés depuis quelques années chez lui. Il avait déjà fait part à sa femme d'un projet plus ou moins vague d'établir des relations extra-conjugales, en prenant des précautions pour ne pas ébranler leur relation. Elle-même n'était pas d'accord, dans la mesure où elle estimait très satisfaisante sa propre existence, et heureuses leurs relations de couple, et n'avait pas pris très au sérieux ce vague projet ; de même, elle n'accordait pas une grande attention aux quelques doutes qu'elle avait, tant qu'il ne lui eût révélé le fait déjà accompli et même l'aventure totalement achevée.

Ce qu'il considère comme expérience mineure, utile seulement à sa propre adaptation ou à sa propre réassurance, et en tout cas ne menaçant en rien le couple ni ses sentiments restés tout aussi vifs pour sa femme, tout ceci est néanmoins pour elle un coup extrêmement violent, bien que son expérience personnelle lui ait montré la fréquence de tels accidents et parfois leur bénéfice. Ce qu'elle peut facilement accepter intellectuellement chez d'autres, est vécu par elle comme extrêmement blessant, bien qu'elle comprenne ce qu'il a vécu et les explications qu'il en a données. Ce qu'elle vit à ce moment correspond à un véritable effondrement de la référence qu'il était pour elle et de l'image qu'elle avait de lui, image sans doute quelque peu idéalisée dans laquelle elle se le représentait comme extrêmement solide, inébranlable en face du violent courant traversant le champ socio-culturel contemporain. Malgré une communication très bonne, par comparaison avec la plupart des autres couples, il y a un décalage considérable entre l'image qu'elle se fait de lui, (solide, inébranlable, etc.) et le sentiment qu'il a de lui-même : anxieux, profondément insécurisé par les bouleversements culturels, interrogé très profondément par les changements des valeurs sociales et morales.

L'annonce de cette expérience, qu'il refuse d'appeler aventure, car ce n'est pour lui qu'une expérience voulue, préparée dans des conditions telles qu'elles ne risquent pas de mettre en balance son choix conjugal, a pour effet de renouveler profondément leur mode de communication sur bien des plans, d'abord sur le mode verbal, où se multiplient les explications de plus en plus approfondies, mais aussi sur d'autres modes, et notamment sur le mode génital, ce qui leur permet d'améliorer encore les échanges sexuels, pourtant déjà satisfaisants. Cette crise paraît donc avoir des effets positifs sur leurs relations mutuelles, mais néanmoins elle s'accompagne chez la femme d'une profonde insécurisation, d'une mise en doute de sa valeur propre, provoquant des réactions profondément dépressives. Surpris de l'intensité de cette réaction dépressive chez sa femme qu'il croyait très solide, ouverte, informée, expérimentée, le mari conserve un certain temps son équilibre personnel, d'autant que la réaction de sa femme ne s'accompagne d'aucune manifestation agressive à son égard : ainsi toute cette décharge agressive s'est reportée sur elle-même.

D'ailleurs c'est la bonne qualité de leurs relations mutuelles et leurs possibilités d'identification réciproque qui amènent le mari à comprendre que l'accident a réveillé chez sa femme une problématique dépressive jusque-là inapparente : il lui faut se rendre à l'évidence qu'il est responsable de cet « accident » et des conséquences déprimantes pour sa femme, ce qui petit à petit l'entraîne lui-même dans une réaction dépressive, liée à la constatation de la profonde souffrance de sa femme. En quelque sorte, il se déprime de la voir se déprimer, ou plus exactement de se sentir responsable, au moins en partie, du déclenchement de cette dépression. Sans présenter un tableau gravement dépressif, il en manifeste plusieurs tendances : son caractère s'infléchit vers le pessimisme avec l'expression de sentiments d'échec et de culpabilité.

Dans un premier temps, l'expression de ces sentiments de culpabilité peut aider la femme à sortir d'une position dépressive : elle s'occupe alors de le rassurer, de le déculpabiliser et en quelque sorte de le protéger contre lui-même. A la suite de quoi, elle se déprime à nouveau, réveillant ainsi les sentiments de culpabilité et d'échec du mari, lesquelles entraînent à leur tour chez elle d'autres réactions dépressives dans une sorte d'amplification. Il apparaît nettement, au cours de la thérapie, qu'elle ne se trouve plus « confirmée » par le fait d'être aimée par un homme qui n'est plus lui-même « confirmé » ni solide. De son côté à lui, le spectacle de la dépression de sa femme met en question le sentiment de sa propre valeur et de sa propre capacité de la rendre heureuse.

Jusque-là, malgré les difficultés de l'existence, ils se trouvaient confirmés mutuellement l'un par l'autre, chacun se trouvant renforcé dans le sentiment de sa propre valeur par celui d'être Objet de valeur pour l'autre, c'est-à-dire pour un autre lui-même estimé et aimé. Au contraire, aujourd'hui se produit une véritable « disconfirmation »; elle n'est plus confirmée dans sa valeur humaine, ni dans sa valeur de femme sexuée par un homme qui ne correspond plus à l'image solide qu'elle avait en tête, tandis que lui n'est plus confirmé dans sa capacité d'aimer puisqu'il la fait profondément souffrir.

Quelle que soit l'importance des facteurs concernant la personnalité de chacun des deux partenaires, les processus du couple peuvent être observés assez clairement en ce cas. En fait, la thérapie du couple les conduit à découvrir ce qu'ils n'avaient pas clairement découvert l'un et l'autre au cours de leurs analyses individuelles, pourtant entreprises dans de très bonnes conditions, à savoir qu'ils se sont choisis l'un et l'autre dans le cadre d'une problématique de la lutte contre la dépression. Ils ont trouvé chacun en l'autre un appui considérable dans cette lutte, leur permettant de traverser les difficultés existentielles sans secousse apparente, chacun étant valorisé narcissiquement par l'amour d'un autre, riche de qualités humaines, Objet de valeur puisque à la fois capable d'aimer et d'être aimé, au sens large du mot avec ses aspects libidinaux aussi bien que sociaux ou spirituels. La crise actuelle, mettant en question la « valeur » de l'autre, sa solidité notamment, annule l'effet de réassurance narcissique instauré initialement par la relation amoureuse; et par rétroaction et enchaînement dyadique, chacun, ébranlé, souffrant, ayant perdu sa valeur au sens narcissique, ne se trouve plus en état de confirmer son partenaire sur ce même plan narcissique.

Ce cas montre en outre combien un acte [3] comme celui du mari peut présenter des sens divers et superposés. Souvent un effet inverse est attendu d'un tel acte, à savoir une réassurance : par exemple, le mari aurait pu vivre comme une réassurance contre une problématique de castration l'acte qui lui permettait de se confirmer à lui-même ses capacités de plaire, d'aimer, d'être aimé en dehors de son couple. En l'occurrence, l'acte a été vécu par la femme comme une perte de valeur, comme le signe d'une certaine suggestibilité, c'est-à-dire d'une faiblesse dramatique, puisqu'en se montrant ainsi sensible « à la mode » contemporaine, il s'abaissait au statut de la plupart.

Sans doute pourrait-on également interpréter les processus de ce couple en utilisant les termes de rôles [4] ou plus précisément de mission [5] comme si, dans le choix réciproque des partenaires était latente la mission implicite et non verbalisée par laquelle chacun se trouvait chargé grâce à une haute valeur morale, de sécuriser l'autre en l'aidant à se sentir Objet

---

[3] Cet acte ne peut être assimilé à une sorte d'*acting out* au sens habituel de ce mot, qui suppose impulsivité et absence de contrôle et d'élaboration.

[4] RICHTER : voir notamment *Psychanalyse de la famille*, trad. française, Paris, Mercure de France, 1972.

[5] STIERLIN : voir notamment *Rolle und Auftrage in Familien Therapie. Familien Dynamik*, I, 1976.

d'estime et d'amour : une sorte de « contrat non écrit », suivant l'expression de Sager ([6]) pourrait être évoquée là.

L'intérêt du cas que nous venons d'évoquer est en fait multiple. Outre qu'il permet l'application de divers systèmes conceptuels pouvant être rattachés au mode de compréhension systémique en même temps qu'au mode de compréhension psychanalytique, il a l'avantage de nous montrer *a contrario*, de manière assez claire, ce que la relation amoureuse et la relation conjugale plus précisément sont susceptibles d'apporter au Sujet, apport à la fois positif et, à partir d'un certain degré négatif, tout au moins en apparence. Il met en tout cas assez clairement en évidence le lien entre la vie amoureuse, le type de relation conjugale, et la lutte contre la pulsion de mort.

On pourrait objecter que ce cas a quelque chose d'un peu exceptionnel : en fait, il ne l'est pas quant au fond. S'il est exceptionnel, c'est dans la mesure où il permet une analyse aussi précise des processus en cours, du fait de la personnalité des intéressés et de leur capacité d'élaboration et de communication interpersonnelle. C'est ce qui d'ailleurs, dans leur cas, a permis en quelques entretiens conjoints, de mettre en évidence les processus en cours et de *permettre aux intéressés de se dégager de l'amplification mutuelle de leurs difficultés*, réalisant un véritable phénomène de rétroaction positive ; mais l'observation fine de beaucoup de couples montre la fréquence de cette « disconfirmation » mutuelle apparaissant à l'occasion d'une crise du couple, et contrastant avec le processus antérieur de confirmation mutuelle propre à l'instauration de la relation amoureuse. Parfois la traduction de cette « disconfirmation » critique reste modérée et plus souvent encore masquée par des rationalisations prises dans le concret de la vie quotidienne ou empruntées à l'ordre culturel, — rationalisations qui, par leur enchevêtrement, réalisent des processus « indécidables » de double contrainte, interdisant aux intéressés la compréhension de leurs interactions et la possibilité d'en sortir. Ces processus de confirmation et de « disconfirmation » mutuelles sont extrêmement fréquents, importants, et jouent à un degré ou à un autre dans toutes les relations du couple, comme le montre l'expérience des thérapies de couple.

Jusqu'à quel point peut aller ce processus ? Parfois fort loin, lorsque les partenaires empêtrés par ces transactions pathogènes deviennent incapables d'en sortir, sauf à rompre leurs relations. Rupture lente, progressive chez certains qui réduisent leur communication, se « blindent » contre l'échange affectif, ne maintenant leur équilibre personnel qu'au prix d'une sorte d'indifférence à l'autre, ou « d'égoïsme sacré ». Ainsi, même lorsqu'il garde une existence de fait, le couple s'éteint peu à peu, la gêne à vivre ensemble l'emportant sur le désir mutuel. Ailleurs, rupture par à-coups, à l'occasion d'aventures extra-conjugales, entreprises comme pour échapper

([6]) SAGER, C. J., *Marriage contracts and couple Therapy*, New York, Brunner Mazel, 1976.

à la relation disqualifiante du couple, — un tiers apportant la confortation narcissique que le conjoint n'apporte plus. Chaque partenaire n'étant plus heureux, n'est plus capable de confirmer l'autre dans sa capacité de rendre heureux. Le tiers qui survient, au contraire, instaure une nouvelle relation amoureuse, témoigne qu'il en est satisfait, et, par son propre bonheur, rassure « l'infidèle » sur sa capacité de rendre heureux.

Il arrive même que cette liaison puisse avoir un *effet positif paradoxal* sur le couple premier. En effet, se trouvant rassuré sur sa capacité de séduire, et confirmé par l'idéalisation dont il est l'Objet de la part d'un tiers, le partenaire dit « infidèle » retrouve une aisance et un plaisir à vivre qui réconforte son conjoint dans la mesure où celui-ci peut s'attribuer l'origine d'un tel renouvellement. Ce dernier retrouve alors plaisir à vivre : le cercle vicieux de la « disconfirmation » mutuelle est rompu, ainsi que la rétroaction positive qui amplifiait l'induction de la dépression. Ainsi par un moyen extérieur au couple, un des conjoints redevient susceptible par sa propre assurance de redonner à l'autre le sentiment qu'il est capable de le « confirmer », de le rendre heureux, et ce faisant, d'alléger ses sentiments de culpabilité ou d'incapacité.

Cette circonstance, il est vrai, n'est pas très fréquente, mais ce phénomène permet cependant de comprendre la forme en apparence abrupte d'une rupture du couple, au moment même où le conjoint abandonné, qui ressentait depuis un certain temps un malaise chez son partenaire, voit ce dernier retrouver peu à peu son aisance et la joie initiale dont lui-même se croit le promoteur, alors que cette aisance est induite par une liaison cachée qui va mettre un terme définitif au couple.

La « disconfirmation » mutuelle, comme conséquence de la crise, est à considérer comme un phénomène fondamental au sein du couple, et non pas comme un accident pathologique ou une exception. Les conséquences n'en sont pas pour autant dramatiques ou seulement négatives, comme pourrait le laisser supposer plusieurs des cas cités. Si, pour mieux les typer, nous avons mis l'accent sur les plus sévères ou les plus caractérisés, il ne faudrait pas méconnaître la grande fréquence de ce phénomène : bien des couples se montrent capables de le dépasser et d'apprendre à réaménager leurs liens internes, confusément ou clairement, spontanément ou à l'occasion d'une thérapie. Cette *disconfirmation* se présente souvent *sur un mode mineur,* atténué, latent, tandis que le couple réorganise progressivement sa propre structure à l'occasion des subcrises qui le protègent de plus grands troubles *en réalisant une véritable vaccination.* Souvent la « disconfirmation » mutuelle est alternative, chaque partenaire s'appuyant à tour de rôle sur l'autre pour traverser sa phase dépressive et faire son deuil. D'autres fois, il est vrai, la disconfirmation mutuelle est à la fois intense, simultanée et se fige avec le temps dans une chronicité mettant alors un terme à une coexistence, non seulement douloureuse, mais surtout profondément dévalorisante pour chacun des partenaires.

CHAPITRE IV

CRISE ET DISTANCIATION DE L'OBJET

L'Objet d'amour absorbant.

Les derniers exemples évoqués dans le chapitre précédent et en particulier leur interprétation systémique ont déjà montré le caractère parfois pathogène de certaines interactions entre les partenaires, avec comme conséquence la nécessité éventuelle d'une mise à distance protectrice de l'autre. Chacun doit se restaurer personnellement à distance avant de tenter de rétablir avec son partenaire un nouveau type de relations. Mais dans l'ensemble du chapitre précédent, on pouvait admettre que le partenaire était en général le support des projections d'un bon Objet intériorisé. L'Objet d'amour est *a priori* intériorisé comme bon, qu'il soit choisi sur un mode narcissique comme idéal du Moi ou sur un mode d'étayage comme susceptible de satisfaire ou de rassurer. Dans ces conditions, d'un point de vue psychanalytique, l'équilibre est satisfaisant entre les tendances narcissiques et les investissements objectaux, puisqu'aimer ce bon Objet, c'est aussi en retour s'aimer soi-même et se valoriser soi-même.

Cependant, il est des cas où la problématique paraît plus complexe, et ce schéma initial ne correspond qu'à une approximation de la réalité affective; il faut aussi envisager le cas où l'amour de l'Objet absorbe, et au-delà, toutes les capacités du Sujet, comme Freud l'avait déjà noté. La pratique de la cure analytique souligne cet aspect à propos de cas où l'un se « donne totalement » à l'autre, jusqu'à « s'épuiser en cet autre » [1]. C'est un mode de relation qui a souvent été évoqué, notamment à propos de la dyade mère-enfant dans laquelle une certaine forme de don narcissique venant de la mère est essentielle à la vie de l'enfant [2]. Le « sacrifice » de la mère

---

[1] PASCHE, F., *Rev. fr. de psychanalyse* XXIX, 1965, n° 5-6, p. 523.
[2] Il a été rappelé plus haut que certains auteurs notamment Lebovici, ont souligné l'importance de l'utilisation des dispositions masochiques d'une mère en faveur de son enfant.

peut apparaître comme nécessaire parfois à la survie difficile d'un enfant, comme si elle suppléait par son don narcissique aux insuffisances narcissiques de ce dernier. Laissons de côté cependant l'aspect problématique du masochisme pour revenir à cette effusion narcissique, dans laquelle un Sujet peut apparaître comme préférant son partenaire à soi-même, et donnant à ce dernier par amour ce qu'il ne se donne pas à soi-même.

Il semble bien que ce processus se retrouve avec une certaine fréquence. Nous l'avons évoqué dans la problématique de la dépression. Ailleurs, certains Sujets sentent confusément qu'ils ont pour « mission » (au sens de Stierlin) de donner valeur à l'autre, quitte, s'il le faut, à se montrer *incapables de vivre seuls par eux-mêmes, conduisant leur partenaire à se valoriser en les aidant.* Processus complexe, ambigu, mais observable néanmoins dans une clinique fine et pas seulement pour des cas exceptionnels. Aimer l'autre plus que soi-même peut apparaître comme une attitude jusqu'au boutiste, mais elle est parfois une réalité, au moins à un niveau inconscient : application outrepassée de la maxime évangélique : « Tu aimeras ton prochain comme toi-même », elle est plutôt sa négation ou son contraire, en tant qu'elle est démarche de mort et non de vie.

C'est sans doute en ce sens qu'elle peut être le mieux comprise ; tout se passe comme si, pour certains êtres, le métabolisme de la pulsion de mort ne pouvait se faire que par l'intermédiaire d'un certain type de relation amoureuse, par lequel le Sujet va *à la mort qu'il prépare en réfugiant le plus intime de soi-même en l'autre en qui il se donne amoureusement et en lequel il se prolongera : processus d'identification projective par quoi il confie à son Objet la meilleure part de son Moi dont il s'appauvrit* en fait, mais qu'il croit ainsi protégée et sauvée.

Telle est sans doute une des caractéristiques de l'amour, d'être capable d'utiliser tous ces processus les plus archaïques inconscients, notamment ceux qui sont le plus étroitement liés à la pulsion de mort. Tout cela a déjà été chanté par les poètes et les mystiques, autant que vécu dans l'inconscience par les amoureux. « Il faut qu'Il croisse et que je diminue », dit Saint Jean, le Précurseur, en parlant du Messie qui va sauver le monde. Qui aime peut tellement aimer qu'il se sacrifie pour celui qu'il aime, au point d'accepter et même d'assumer sa propre déchéance en faveur du plus grand qui doit venir. Sentiment proche également de l'amour parental, comme en témoigne l'observation fréquente par laquelle il est relativement aisé à certains parents d'abandonner une part d'eux-mêmes au profit de l'enfant en lequel ils se survivent. Là encore le prototype de la relation amoureuse des adultes est déjà dans celle qui lie la mère à l'enfant à l'aube de l'existence.

Mais, selon Winnicott, la « mère suffisamment bonne », intuitivement, perçoit le moment où elle doit donner, aussi bien que ce qu'elle doit donner ; elle ne va pas au devant de la requête qu'elle devine chez son enfant, mais dès que cette requête se manifeste, elle est capable de la satisfaire et d'apporter à l'enfant l'illusion que son seul désir est tout-puissant puisque, aussitôt manifesté, il est comblé ([3]).

Cette schématisation est évocatrice de ce qui sera vécu plus tard à un degré profondément inconscient, notamment à l'occasion des relations amoureuses de l'adulte. L'état amoureux, comme toute passion brûlante, fait un usage dynamique de tous les processus les plus archaïques et les plus mortifères, les mêmes qui, observés hors de la relation amoureuse, se figent et, précisément parce qu'ils ne sont plus capables d'évoluer, seront considérés comme psychotiques. Il faut donc bien souligner, et l'utilisation commune des processus les plus archaïques, et la distinction nécessaire entre l'état passionnel commun à tout être humain et la psychose même latente.

A l'occasion de l'instauration de l'état amoureux, nous avons vu l'importance de la satisfaction liée au sentiment d'être non seulement compris, mais encore deviné par l'Objet d'amour au point que le désir puisse être parfaitement comblé. Découvrir qu'un être humain est susceptible de combler ainsi le désir est non seulement source d'intense satisfaction, mais même d'une sorte d'émerveillement, qui fait totalement disparaître toute appréhension, et l'inverse, en une réaction euphorique où le Sujet aimé est susceptible de revivre le sentiment initial de sa toute-puissance. Il ne s'agit pas d'un état maniaque avec sa note d'excitation désordonnée ou de fuite des idées, mais d'un état affectif voisin, différent cependant de la simple inversion d'un état mélancolique. Ce vécu fondamental, peut-être rare, nous intéresse ici non à cause de la satisfaction qu'il entraîne, mais parce qu'il correspond bien à l'attente nostalgique de l'être humain, espérant trouver un « autre » susceptible d'apporter tout ce qui peut combler le manque existentiel.

Dans une sorte de symbiose, l'être aspire à retrouver le bonheur et le sentiment originel de sa toute-puissance ; non seulement le comblement narcissique, mais encore le sentiment d'être porté par, et *enveloppé d'un amour tout-puissant, sorte d'enveloppe amoureuse de soi* dont le Sujet n'a plus besoin d'être fondamentalement distingué et qui reproduit en quelque sorte le premier *holding*. Une sorte de *relation contenant-contenu* peut encore être évoquée à propos de ces relations amoureuses entre des

---

([3]) On sait que Winnicott insiste sur la nécessité pour l'enfant de traverser cette phase de toute-puissance de son désir infantile. Certes, ce n'est qu'une situation provisoire à laquelle il devra apprendre à renoncer dès qu'il pourra découvrir que la réalisation de son désir dépend de sa mère dont il devra se détacher et apprendre à en tenir compte. Mais cette phase ultérieure — par laquelle commence l'éducation proprement dite — doit aussi être précédée de cette première, au cours de laquelle il peut vivre pleinement la toute-puissance archaïque de son désir, à condition qu'il soit profondément aimé par une « suffisamment bonne mère ». Tout cela semble se vivre dans le cadre d'une relation de quasi-indistinction mère-enfant, ou de *holding*.

partenaires dont les limites s'estompent, d'autant qu'une relative reversibilité peut s'y manifester. On ne saurait plus définir alors exactement qui représente le contenant, et qui le contenu, puisque l'un et l'autre jouent simultanément ces deux rôles.

« Se sacrifier », « donner de soi », « se dévouer », jusqu'à donner sa substance — à la limite sa vie — pour celui ou celle qu'on aime, et d'autre part, rêver d'être entièrement comblé, même si l'on sait au niveau rationnel que la réalité objective interdit la réalisation totale d'un tel rêve, sont bien les deux attitudes symétriques qui correspondent aux faces active et passive de l'état amoureux dans sa forme la plus radicale, la plus proche des formes extrêmes de l'existence, et d'une indistinction fusionnelle symbiotique Sujet-Objet, ou Moi-Non-Moi. Avec ces formes extrêmes, on retrouve la perception du sentiment océanique et des expériences mystiques, mais aussi des modes d'existence qu'il est difficile de ne pas appeler pathologiques, comme on les retrouve dans l'expérience vécue des états schizophréniques ou dissociatifs aigus. Sans doute envisageons-nous là des formes extrêmes plus fréquemment évoquées par les poètes ou les mystiques que par l'homme dit réaliste de la vie contemporaine, bourré de raisonnements ; mais les poètes et les mystiques donnent forme précisément à ce que la quotidienneté et la rationalité de l'existence ne permettent pas fréquemment de dire, et ce qu'ils écrivent est plus profond et plus vrai que les discours atténués prononcés par les prudents dans les circonstances ordinaires de la vie.

Une clinique attentive des difficultés de l'état amoureux les confirme sans peine. Tout se passe comme si, à partir d'un certain degré d'intensité dans la relation amoureuse, une relative indistinction unissait les Moi des intéressés, et comme si *se créait entre eux une sorte d'espace privilégié non pas neutre, mais favorable,* leur appartenant et à eux seuls, et qu'on peut sans peine rapprocher de l'*espace* « *transitionnel* », tels que sont évoqués les expériences ou les Objets transitionnels de Winnicott. Ainsi dans le vécu de certains états amoureux, apparaît bien la difficulté de distinguer le Moi du Non-Moi appartenant à l'Aimé. Est-ce réellement aimer l'autre ou s'aimer soi-même ? Le terme de « sacrifice » évoqué plus haut, n'a plus de sens ici si la distinction du Sujet et de l'Objet n'est plus possible. C'est bien ce qui se vit au début de la passion amoureuse, après le coup de foudre, ainsi que dans certaines formes de l'orgasme.

Cette fusion s'accompagne évidemment d'une profonde érotisation, puisque la « perte » du Moi dans l'autre n'est plus redoutée et qu'elle se vit aussi bien comme la perte de l'autre en soi, ou si l'on veut, l'annexion unificatrice de l'autre. « Ils seront une seule chair », dit la Bible, quand elle justifie que l'homme doit se séparer de son père et de sa mère. Moindre distinction entre le Moi et le Ça, moindre distinction entre le Moi et le Surmoi, cohésion sinon unicité du Moi et de l'Idéal du Moi, donnions-nous comme caractéristiques de l'état amoureux au moment de son instauration; il faut certainement y ajouter moindre distinction du Moi et de l'Objet d'amour, moindre distinction du Moi et du Non-Moi, dans la mesure où l'Objet d'amour occupe presque toute la place du Non-Moi, et où *l'espace transitionnel se trouve à certains moments indéfiniment agrandi*, sinon illimité; telle est là encore l'expérience fréquente au *cours de l'orgasme*.

Certes, de telles expériences ne sont que des moments tout à fait privilégiés auxquels ne conduisent pas toutes les expériences amoureuses. Sans doute faut-il pour y parvenir, soit un grand degré de frustricité pour que tout se vive en deçà d'une élaboration consciente, chez ceux qui peuvent se vivre « dans la pénombre de leur instinct », soit une profonde communion entre des partenaires susceptibles de mettre en commun la plupart des plans de leur existence, depuis les plus proches du somatique et du génital, jusqu'aux plus élaborés de la vie mentale, sociale et spirituelle. On peut parfois rencontrer cette expérience vécue dans l'union conjugale comme la nostalgie d'une union définitive engageant tous les plans de l'existence. Que la raison puisse limiter la vraisemblance d'un tel projet ne change rien, tant que persiste au vécu profond, l'espérance latente sinon exprimée d'une union définitive. C'est pourquoi ce vécu d'"indistinction avec ce qu'il peut avoir de satisfaisant à l'origine, mais aussi de pathogène éventuellement par la suite, est plus fréquemment rencontré dans les unions de type conjugal.

L'Angoisse en face de l'indistinction fusionnelle ou le rapproché.

Nous venons d'en évoquer surtout les aspects les plus satisfaisants et notamment les plus érogènes, mais en ce chapitre sur les processus de crise, nous pouvons aussi voir se dessiner les conséquences moins favorables de tels vécus. Ce sera alors un heureux effet des crises ou subcrises répétitives, que d'amener les individus à plus d'autonomie et à une plus claire délimitation du Moi de chacun. En effet, ce vécu symbiotique a souvent grande valeur érogène, mais seulement là ou il est supportable par les individus, qui y ont alors recours à quelques moments privilégiés de leur existence. Beaucoup d'autres ne pourront y parvenir : sujets trop fragiles pour supporter un retour vers l'indistinct, vers l'inorganisé et la mort, personnalités trop fragiles pour supporter le don total et « la disparition » ou « la petite mort » en l'autre, notamment dans l'orgasme. En ces cas, les thérapies dites sexuelles utilisant des méthodes de conditionnement sont contre-indiquées, puisque pour parvenir à l'orgasme, elles obligeraient leurs clients à un vécu fusionnel bien trop angoissant pour ces sujets trop fragiles; leur problématique majeure n'est pas celle du plaisir, mais celle de l'existence même, ou de la survie.

D'autre fois, cette régression a été possible, contemporaine de la formation du couple, mais les avatars de l'existence ont empêché de maintenir un climat aussi rassurant, du point de vue narcissique. Un rapproché plus ou moins fusionnel réveille l'angoisse : « se perdre », « se noyer » dans un autre totalement identifié à soi était tolérable, mais ne l'est plus si le partenaire n'est plus cet « alter ego », mais un « autre », un « étranger » dont on a par expérience appris qu'il était différent et même d'une « inquiétante étrangeté ». Tout se passe comme si le partenaire se trouvait alors non plus le support des projections d'un bon Objet intériorisé, nettement différencié, évoqué dans le chapitre précédent, mais comme s'il devenait le *support des projections d'un Objet d'amour absorbant où le Moi vit un risque d'absorption par l'Objet ;* il est alors conduit à s'en défendre.

Si le risque d'être absorbé par l'Objet d'amour est trop grand, le Sujet qui le pressent se limite à des expériences beaucoup moins envahissantes et auxquelles il est susceptible de mettre fin très vite. Ainsi semblent se réaliser un grand nombre d'expériences amoureuses passagères. Nous l'avons évoqué à propos des différentes formes de choix du partenaire.

D'autres se sont lancés dans l'aventure d'une union profonde et supposée durable, mais leur Objet d'amour intériorisé est si absorbant qu'il met en question l'autonomie du Moi véritablement envahi, submergé. *Pour s'en défendre,* sinon s'en débarrasser, le Moi réagit sur un mode agressif aboutissant à une distanciation. C'est contre le partenaire que se manifesteront les décharges agressives, comme s'il était possible, en se séparant de lui, de rompre avec l'image intériorisée d'un Objet d'amour devenu dangereux, parce qu'absorbant. Processus très important dans la réalité clinique quotidienne : c'est à lui qu'on doit la constatation de tant de décharges agressives, ou superficiellement agressives, au sein de couples dont les liens amoureux restent très puissants.

Si ces liens entre les partenaires ont une densité telle qu'elle met en question l'existence psychique de l'un d'eux, le véritable problème consiste pour ce dernier à se distinguer de l'autre et à sauvegarder son autonomie face à la dimension conjugale. Il faut y voir alors, non pas nécessairement la pression excessive ou l'abus de pouvoir du partenaire, mais la structure du couple et la densité de la relation amoureuse. En quelque sorte, c'est une *mesure de protection contre le groupe-couple* que l'individu met en avant dans sa démarche agressive contre son partenaire, ce dernier étant vécu essentiellement comme le représentant du Couple oppresseur et envahissant.

L'expérience des thérapies individuelles et des cures analytiques souligne bien les différents rôles que peut jouer l'image du partenaire : elle peut être chargée de devenir le support des projections agressives par lesquelles un Sujet tend à se défendre. Il peut s'agir du déplacement sur ce partenaire d'affects liés, à l'origine, à ses premiers Objets d'amour, à ses figures parentales, ou bien encore de processus directement impliqués dans le jeu transférentiel, le partenaire servant alors de bouc émissaire pour recevoir les projections agressives dont l'analyste est protégé. Mais il faut sans doute voir aussi les choses d'un autre point de vue et ne pas méconnaître, à travers ces différents jeux, le *déplacement plus subtil sur le partenaire* de tous les affects, notamment *des affects hostiles suscités par la sorte de menace oppressive* que représente le couple. C'est alors une protestation contre la menace, présentifiée par ce groupe-couple, reproduisant la menace qui provenait de la mère toute-puissante à l'origine. Cette protestation prend évidemment la forme d'une démarche agressive contre le partenaire, représentant visible de ce couple.

Différentes expressions cliniques peuvent répondre à cette *réaction contre une prévalence excessive du groupe-couple,* ou, en d'autres termes, *contre un surinvestissement de l'Objet d'amour.* En se choisissant et en choisissant un certain style de relation, les partenaires ont établi implicitement un « contrat non écrit » façonné par eux deux, et qui a correspondu à une étape de leur couple; l'évolution de l'un des deux les conduit ultérieurement à ne plus accepter de « contrat » initial et à le vouloir modifier. Se pose alors le problème de leur souplesse psychologique personnelle. Se pose également celui de leur communication. Celui qui traverse une phase évolutive dans un mouvement d'autonomisation, est-il capable de faire comprendre à l'autre le désir qu'il a, ou la nécessité dans laquelle il se trouve, de remettre en question quelque chose de ce « contrat » non écrit et de réorganiser autrement la structure de leur couple? Est-il en état d'affronter les éventuelles protestations de son partenaire et la crise qui risque d'en découler, crise pourtant nécessaire au fonctionnement ultérieur de ce couple? La crainte d'affronter un tel climat de conflit, même passager, le conduit souvent à se taire et même à se méconnaître lui-même, jusqu'à ce que se traduise dans son comportement, agi au-dehors, l'intolérance progressive dans laquelle il se trouve par rapport à son couple. C'est sans doute un des types les plus fréquents des comportements qui conduisent aux consultations conjugales.

Le partenaire qui se trouve lésé consulte en général le premier. Il vient se plaindre de ce qui lui apparaît comme un brutal changement chez l'autre et dont il n'a pas compris ou deviné le cheminement. Il n'a pas « voulu » entendre les signes avant-coureurs, il s'est plutôt rattaché à ce qui avait été convenu au départ de manière explicite ou implicite, plutôt que de percevoir chez l'autre le signe d'un changement qui l'aurait ébranlé.

Plus rarement, celui qui consulte d'abord est celui qui subit le premier mouvement évolutif et se trouve mal à l'aise dans la structure première du couple. Le pronostic est plus favorable, dans la mesure où cette consultation témoigne de son interrogation, de sa capacité de se mobiliser, en même temps que celle de comprendre le problème posé à son partenaire et au couple. Tout dépend bien entendu du caractère plus ou moins personnel de cette première démarche, qui n'est souvent que le résultat d'une tension progressive et d'une pression exercée par d'autres, notamment par le médecin de famille.

Obs. n° 30.

Un homme d'une quarantaine d'années vient consulter après l'intervention de plusieurs personnes, — une de ses parentes lointaines d'abord, puis celle d'un dermatologue consulté après l'avis du médecin de famille, pour un eczéma intermittent. Lui-même ne comprend guère l'intérêt de la démarche qu'il accomplit, et la fait dans un esprit de relative soumission à l'égard des médecins en qui il a confiance. Il ne s'y résout guère que devant la répétition de leurs conseils, et non sans réticence. Il accepte l'idée que le trouble dermatologique puisse être en rapport avec « son état nerveux », bien qu'il ne se sente nullement nerveux ; cela fait partie à ses yeux de l'acquit des sciences médicales. Il accepte donc l'entretien, sans y prendre d'initiative et préférant se plier à des questionnaires.

Il est fonctionnaire et a acquis une certaine compétence qui lui a permis d'accéder à un rang honorable. Sans être passionné par son activité, il l'accomplit volontiers en en justifiant la nécessité plutôt que l'intérêt. Il a peu d'activités sociales et culturelles sans être cependant détaché de la chose publique. En dehors de sa profession, il s'occupe plutôt à du bricolage organisé autour de son projet de petite maison de vacances. Ses goûts et options philosophico-politiques sont ceux de la classe moyenne à laquelle il appartient, sans conviction très prononcée et sans remise en question personnelle des valeurs admises dans son enfance.

Il présente *a priori* sa situation conjugale comme « normale », une bonne entente avec sa femme et trois enfants en bonne santé. Il faut y revenir à plusieurs reprises pour lui faire préciser quel type de relation il a avec sa compagne, qu'il finit par décrire comme active, extrêmement soigneuse, méticuleuse, ce qu'il considère comme une grande qualité. En fait, il laisse entendre chez elle une probable structure obsessionnelle discrète, mais il fuit radicalement toutes les questions pouvant provoquer un certain malaise dans leur relation. C'est plutôt son comportement évasif sur ce plan qui attire l'attention et conduit à pousser un peu plus l'investigation dans un second entretien. Il est lui-même un homme anxieux sans s'en apercevoir, n'ayant pas d'autre vécu, ni de point de comparaison ; c'est sans doute ce qui l'empêchait de comprendre l'anxiété habituelle, ainsi qu'une certaine résonnance dépressive latente de son épouse : il y était habitué.

Monsieur F., de toute évidence, n'est pas prêt à s'engager dans une cure psychanalytique ; bien que tendu, il ne comprend pas non plus l'intérêt d'une éventuelle cure de relaxation, mais il accepte une série d'entretiens dans une perspective à la fois exploratoire et thérapeutique. Monsieur F. a eu une enfance marquée par une mère écrasante, régentant l'ensemble familial. Elle avait réussi à faire changer son mari de profession, pour lui faire prendre un petit commerce dans son propre pays, et elle en dirigeait pratiquement les affaires. Monsieur F. était le dernier rejeton de la fratrie, loin derrière ses aînés, et probablement pas désiré. Placé très vite en pension, il a été dûment « dressé » et en garde encore un souvenir pénible qu'il tient à rapporter. Cette expérience lui a fait conclure que la meilleure manière de se tirer d'affaire dans l'existence était de se bien soumettre aux lois dictées par les autres, ou bien de vivre tout seul. Il a échappé dès qu'il a pu à son milieu familial, renonçant aux études qu'il aurait désiré entreprendre. Il s'est débrouillé seul, gagnant petit à petit les échelons de l'administration par des concours successifs. A un âge relativement avancé, il s'est montré sensible aux charmes de sa future femme, très jeune fille, réputée déjà pour son dynamisme, son caractère concret, qui avait souffert d'une enfance peu heureuse, dans un milieu familial déchiré par les colères du père et les jérémiades de la mère.

Monsieur F. n'aurait pas aimé qu'elle travaillât à l'extérieur, aussi se lance-t-elle constamment dans de grands travaux ménagers et frotte-t-elle si bien son intérieur qu'il lui reste à peine le temps de faire autre chose. Dès que Monsieur F. rentre, elle lui demande des services. Il s'y est facilement soumis, mais fuit de plus en plus dans une soupente de sa maisonnette dans laquelle il a installé son atelier et où il peut bricoler en paix. Il reconnaît cependant que la situation s'est peu à peu aggravée, que son caractère s'est un peu durci, ses opinions plus tranchées, catégoriques ; et il fuit toute occasion de les confronter et de les remettre en question. Il est clair qu'il ne supportera pas longtemps les entretiens, dans la mesure où ceux-ci l'amènent à s'interroger sur ses conduites. Cependant il perçoit un malaise croissant chez sa femme.

En un premier temps, Monsieur et Madame F. se sont repliés l'un sur l'autre, face à un monde ressenti comme de plus en plus redoutable, mystérieux, inquiétant ; ils se sont épaulés, appuyés l'un sur l'autre ; mais vient un moment où cet appui devient lui-même pénible, et la soumission de Monsieur F. aux constantes sollicitations de sa femme devient de plus en plus difficile ; même la tendresse de cette dernière commence à lui paraître pénible, surtout quand il sent que cette tendresse a un caractère dépressif, quasi désespéré. Elle lui paraît si « accrochée » à lui que cela commence à l'ébranler lui-même. C'est d'ailleurs dans les moments où sa femme « s'accroche » le plus à lui qu'il est agité de mouvements intérieurs et que son eczéma s'accentue. Que peut-il faire? Monsieur F. ne voit pas lui-même de solution; il refuse radicalement l'idée d'une séparation qui l'effleure d'ailleurs à peine et il n'a jamais imaginé pouvoir modifier sans rupture la relation établie avec son épouse à laquelle il reste profondément attaché.

Aux quelques interprétations proposées discrètement par le thérapeute, Monsieur F. répond poliment, le plus souvent avec une apparence d'acceptation polie, parfois avec un léger sourire, les deux attitudes témoignant qu'il ne les a nullement acceptées et qu'il se refuse à tout affrontement ou à toute explicitation qui l'amènerait à critiquer l'intervention du thérapeute. Il ne s'engage pas, il fuit la relation et l'interrogation. Il reproduit avec le thérapeute ce qui se passe dans sa relation habituelle avec les autres et notamment avec sa femme. Il faut que le thérapeute se fasse lui-même investir dans des conditions beaucoup plus denses, à la fois plus chaleureuses et plus confiantes pour que le travail puisse s'approfondir.

Alors Monsieur F. commence à évoluer, à réagir, à critiquer certaines exigences de sa femme; il lui fait part de son malaise lorsqu'elle « s'accroche » à lui, mais elle comprend mal ce qu'il vient de découvrir et qui, à lui, paraît aujourd'hui évident, alors qu'il le niait vigoureusement quelques semaines auparavant. Madame F. réagit vivement, proteste, pleure, réclamant la fin d'un traitement qui contribue à l'évolution de son mari, qu'elle trouve plus agressif; elle exige de voir le thérapeute et laisse voir que c'est en se raccrochant à son mari, qu'elle se défend d'attitudes dépressives. Elle le voudrait à la fois ferme, résolu, efficace, comme elle a cru le connaître quand ils étaient fiancés, et en même temps gentil, soumis, serviable, prêt à répondre à toutes ses sollicitations : deux attitudes dont elle ne voyait pas les contradictions. Il est manifeste que, dans le couple, elle a le pouvoir, un pouvoir presque absolu, et sa menace de faire mettre un terme à la thérapie de son mari doit être prise en considération par le thérapeute.

Monsieur F. n'ose pas répondre, il n'est pas encore suffisamment confirmé pour oser décider lui-même s'il doit ou non poursuivre son traitement; il ne répond pas officiellement mais répond dans les faits par son corps, et d'abord par une poussée d'eczéma au nom de laquelle il poursuivra le traitement qu'il n'oserait entreprendre en son nom propre. Cette poussée d'eczéma arrange bien les choses, car Madame F. ne peut pas, sans d'excessifs sentiments de culpabilité, faire interrompre un traitement nécessaire à la santé de son mari.

Monsieur F., après avoir consulté à nouveau son médecin et son dermatologue, reprend donc sa thérapie; il apprend à comprendre le « fonctionnement psychique » de sa femme. Il apprend à la ménager et aussi à communiquer plus clairement avec elle, choisissant mieux les moments où il lui fait part de ce dont il souffre auprès d'elle. Il comprend mieux les sentiments de culpabilité dont elle est encombrée, s'en sert à l'occasion ou les atténue quand ce n'est plus utile. De la sorte, elle ne proteste plus contre le traitement et envoie au thérapeute plusieurs lettres qui témoignent à la fois de sa propre évolution et des bénéfices personnels qu'elle a tirés du traitement de l'eczéma de son mari. Elle souhaite avoir avec lui quelques entretiens conjoints pour mettre au point les aspects de leur relation qu'elle juge incompréhensibles.

Plus souvent la réaction défensive individuelle contre l'envahissement par le couple — ou contre l'absorption par un Objet surinvesti — prend des formes brutales, impulsives ou dramatiques, d'autant plus explosives qu'elles sont inconscientes. Derrière une affection souvent vive encore pour leur partenaire, et derrière des raisonnements moraux, les sujets ne reconnaissent pas la trace de leur agressivité latente contre celui avec qui ils ont ensemble formé couple. Bien des fois, le consultant ne se présente qu'après les catastrophes entraînées par les diverses réactions chaotiques traduisant son malaise inconscient. *Le passage à l'acte impulsif dans l'aventure extra-conjugale présente une des expressions les plus fréquentes de ces tentatives entreprises pour échapper à l'invasion par l'amour du partenaire.*

Obs. n⁰ 31.

Monsieur G. vient consulter à la suite du drame provoqué par la tentative de suicide de sa maîtresse. Cette jeune fille qu'il a connue à son travail, s'est attachée à lui après qu'il lui ait fait des propositions et qu'ils aient entrepris entre eux une série de rapports sexuels. Monsieur G. est maintenant très culpabilisé par cette tentative de suicide et par la souffrance qu'il a déchaînée autour de lui à la fois chez sa jeune amie et chez sa femme, sans parler du scandale provoqué dans son milieu de travail. D'ailleurs, il ne comprend pas comment cela a pu se faire. En effet, il se considérait et se considère toujours comme très lié à sa femme, à qui il n'a guère de reproches à faire, sauf peut-être sur le plan de son caractère trop impulsif et exigeant; leur entente sexuelle était excellente et leur relation dense ne paraissait pas profondément perturbée. Madame G. a toujours été anxieuse, tendre, enveloppante, protectrice en même temps qu'exigeante.

A la suite d'un deuil, ses exigences se sont accrues et c'est à ce moment que Monsieur G. a senti monter en lui des désirs nouveaux pour la jeune fille de son bureau. Plus il se préoccupait de sa jeune amie, plus l'attitude de Madame G. se faisait pressante. C'est en partie l'exaspération de cette réaction de sa femme qui l'a poussé à entreprendre son aventure dont il pensait vaguement tirer une plus grande confiance en lui et une plus grande capacité à faire face à son exigeante épouse. Tant qu'il a été question de conquérir, il a pu faire jouer tous ses charmes et son prestige auprès de la jeune fille. L'idylle s'est engagée sans peine, cependant assez peu investie par Monsieur G. tandis que sa jeune amie s'y engageait corps et âme. Ce que Monsieur G. n'avait guère prévu, c'est la difficulté de son désengagement, entrepris trop tard et trop brusquement en découvrant l'extrême passion de cette dernière. Par son insistance, elle a montré un caractère quelque peu voisin de celui de sa femme sur ce plan et Monsieur G. a ressenti le danger. Il a voulu faire marche arrière et assimiler cette aventure à un flirt d'importance mineure, ce que son amie n'a pu tolérer. S'étant sentie trompée, elle s'est fâchée, exprimant clairement ses exigences, allant jusqu'à réclamer l'exclusivité sexuelle en sa faveur dans une perspective hypermonogame. C'en était trop pour lui : il a rompu, entraînant ainsi le suicide de son amie.

Aujourd'hui, il s'interroge sur lui-même et sur ses responsabilités. Au-delà de sa culpabilité, il se demande pourquoi il a toujours été attiré par des femmes si passionnées et exigeantes dont il ne sait plus comment se protéger. Il n'avait pas prévu la difficulté à se dégager d'une relation amoureuse secondaire, ni ses suites possibles, qu'aucun cours d'initiation sexuelle ne lui a jamais laissé entrevoir. Il constate la peine qu'il éprouve à supporter le caractère exigeant, sinon possessif des femmes amoureuses qui l'attirent ; comment dès lors faire comprendre à son épouse, à laquelle il reste très lié, la nécessité de modifier leur type de relation pour en conserver le caractère positif, dont ni l'un ni l'autre ne doutent actuellement ?

Ce thème général de l'absorption du Sujet par un Objet dûment intériorisé paraît d'une extrême importance dans la clinique des processus du couple ; sans doute fait-elle partie de la problématique générale de l'existence humaine. L'aspiration fusionnelle prend de nombreuses formes : l'Espérance d'une union définitive avec le Créateur, le retour au grand Tout ou au Néant, au Nirvana, le sacrifice individuel au profit de l'Humanité en devenir, etc., sont d'autres formes de la même aspiration fusionnelle. C'est sans doute au sein du Couple qu'elle prend sa forme la plus courante, face à la quête d'éternité de la poussée amoureuse à ses débuts.

Cette perspective n'a pas échappé aux psychanalystes et il convient bien, notamment avec Francis Pasche, de ne pas confondre cette aspiration avec une forme plus ou moins masquée de masochisme. Il ne s'agit pas principalement du plaisir éprouvé dans une souffrance physique ou morale venant de l'Objet aimé, comme dans le masochisme véritable ; même si dans la pratique une nuance masochiste peut s'associer à ce mouvement fusionnel, le retour à une aspiration fusionnelle primitive, dont il est question ici, va à l'encontre des forces pulsionnelles destinées à la défense propre de l'être ou à la partie des pulsions érotiques qui consistent à s'aimer soi-même, autrement dit au narcissisme dans sa forme stricte. Francis Pasche (⁴) souligne du reste combien ce *mouvement dialectique entre cette aspiration conduisant à l'absorption de l'être dans un grand tout, d'une part, et d'autre part l'aspiration narcissique* ou auto-érotique tendant à conserver la vie, est bien dans la perspective freudienne. Quelque chose au fond des pulsions de l'être humain pourrait alors être justement qualifié d' « antinarcissique », l'être trouvant ainsi dans son existence un compromis nécessaire entre le narcissisme et l'antinarcissisme.

Quoi qu'il en soit de l'utilité théorique d'un tel concept, ce mouvement dialectique apparaît souvent, nettement exprimé dans la clinique conjugale où le surinvestissement de l'Objet d'amour est une réalité fréquente, qui n'empêche pas, bien au contraire, la nécessité pour l'individu de sauvegarder son individualité propre. Ainsi peuvent s'expliquer nombre d'oscillations prenant des caractères plus ou moins aigus chez beaucoup de couples. Pour certains, très peu conscients de leurs mouvements internes et de la nature de leurs relations, ce mouvement s'exprime essentiellement en actes, traduisant successivement, et la dépendance de l'Objet surinvesti, et la volonté de s'en protéger ou de s'en séparer. Nous avons montré combien le brusque passage à l'acte pouvait exprimer cette oscillation dans la pratique, soit sous forme d'agressivité mal motivée et secondairement rationalisée, soit par le brusque enclenchement d'une structure amoureuse extraconjugale dont la forme s'étage entre la liaison passagère ou épisodique, le flirt, ou ailleurs une relation sentimentale prolongée, mais plus ou moins partielle. Souvent l'analyse de tels processus ne peut être entreprise qu'après le passage à l'acte. Rares sont ceux qui, ressentant ce conflit interne et ce mouvement dialectique, sont capables de prévoir et d'aménager leur organisation dyadique.

Sans doute cette *problématique* est-elle plus *actuelle* dans la mesure où la dimension du couple prend en notre fin de siècle une plus intense acuité, parallèle à une densité de lien beaucoup plus grande entre les partenaires, comme nous l'expliquent les historiens. Ainsi apparaît beaucoup plus clairement aujourd'hui le mouvement dialectique entre, d'une part, ce surinvestissement de l'Objet absorbant le Sujet dans une relation intense, passionnément érotique et sentimentale à la fois, et d'autre part, la défense du Moi ou de l'autonomie de la personne.

Il est probable du reste que cette perspective, mieux perçue, sinon analysée, par la jeune génération, la conduit davantage que ses anciens, à redouter l'engagement dans une vie à type conjugal et *a fortiori* le mariage avec sa symbolique, comme une menace pour la liberté intérieure. Mais une plus grande facilité du divorce, ou même une généralisation éventuelle de l'union libre, en modifiant la forme apparente et légale changerait-elle la

---

(⁴) PASCHE, F., « L'Antinarcissisme », in *Revue française de psychanalyse*, 1965.

nature des problèmes profonds ? C'est l'image d'une certaine liberté intérieure qui est en cause dans le cadre d'un engagement très profond, liant le Sujet à son Objet très investi.

L'observation précise des mouvements traduisant cette opposition dialectique entre antinarcissisme et narcissisme est parfois possible au cours des cures individuelles ; mais elle reste en général une découverte intérieure qui est peu, mal, ou pas du tout communiquée au partenaire, et dans ces conditions, la relation entre eux reste mal définie. Par contre, les thérapies analytiques de couple mettent en évidence l'intrication de ces mouvements dialectiques entre les partenaires, qu'ils soient simultanés ou successifs. Ces phénomènes y sont souvent envisagés comme défenses individuelles contre le groupe que forme leur couple. Il s'agit pour chacun de dépasser l'opposition initiale entre défense de Soi et surinvestissement amoureux de l'autre, et en même temps de découvrir *un nouveau type de relation permettant de soulager l'ambivalence mutuelle liée elle-même au surinvestissement mutuel.* Pour trouver un compromis existentiel à peu près satisfaisant pour chacun, il leur faut donner une expression non nuisible aux charges agressives latentes et trouver la possibilité d'une distanciation qui, sans mettre en jeu leur affection réciproque, trouve une forme différente de celles que nous avons décrites jusqu'ici : opposition caractérielle active — scènes — ou passive — bouderie —, passages à l'acte impulsifs, fugues, aventures incontrôlées, hyperactivité socio-professionnelle, etc.

Le dépassement de la problématique intérieure à chacun, défense de soi, surinvestissement de l'autre, et le dépassement de la problématique interpersonnelle liée à l'engrenage des interactions entre les partenaires, peut exiger du temps. Il n'est jamais achevé, puisque toujours susceptible d'évolution. L'étude précise de ces intrications en profondeur est particulièrement intéressante dans les cas — rares — où les deux partenaires ayant déjà achevé ou entrepris une cure psychanalytique personnelle, éprouvent le besoin de clarifier leur relation, donc d'expliciter ce qui chez la plupart des autres couples reste latent et plus ou moins méconnu.

Obs. n° 32.

Ainsi consulte un couple jeune, André et Martine A., dont il est clair que les liens affectifs sont très puissants. Ils sont tous deux très richement dotés par la nature, et dans leur harmonie corporelle, et dans leurs capacités intellectuelles. Ils disposent déjà d'une assez vaste culture humaine et de beaucoup de points communs. Ils partagent des options philosophiques, une activité politique qui les situe tous les deux « à gauche », et une foi religieuse évoluée qui sous-tend leur conduite, bien qu'ils se refusent actuellement à l'exprimer dans une pratique régulière jugée trop routinière. Pressentant depuis longtemps les difficultés de la vie conjugale, ils ont pris des précautions pour ne pas tout faire en commun, veillant notamment à ce que leurs activités socio-politiques et leurs relations extérieures s'exercent dans des lieux ou des circonstances différentes. Ils ont deux enfants auxquels ils sont attachés tous deux. Tous les deux ont acquis une formation psychanalytique qu'ils commencent à traduire dans le cadre d'une pratique professionnelle, cependant différente pour chacun d'eux. Ils ont l'habitude d'un dialogue approfondi, chacun sentant et même pour une part connaissant assez intimement les principales dispositions ou attitudes de l'autre, ainsi que ses goûts, et jusqu'à un certain point, ses mécanismes de défenses, depuis qu'ils ont acquis une formation psychanalytique.

Malgré toutes ces conditions, ils éprouvent une insatisfaction dans le domaine sexuel. Il ne leur manque pourtant aucune connaissance et ils participent même à l'enseignement sexologique dans leur pays d'origine. Aucune défaillance non plus sur le plan physiologique n'explique cette difficulté, du reste intermittente, qu'ils considèrent comme inquiétante et signe d'un malaise entre eux.

Pendant longtemps Martine a vécu leur échec sexuel principalement comme venant d'elle; a priori, pour elle, *toute défaillance dans leur couple ne pouvait procéder que d'elle-même, tant au départ elle avait été attirée par le sentiment de la supériorité de son mari,* dont elle avait été étudiante et qu'elle avait auréolé d'un grand prestige. Après réflexion, Martine jugea souhaitable d'établir des relations sexuelles avec un de ses collègues, qu'elle avait choisi précisément parce qu'elle avait peu d'occasions de le revoir, de façon que cette tentative ne risque pas de devenir une véritable liaison.

Rassurée par cette tentative sur ses propres capacités à éprouver et à séduire, elle se montra capable quelque temps d'établir des relations sexuelles meilleures avec son mari; mais cette amélioration est de courte durée; pendant quelque temps, stimulé dans son désir de conserver sa femme, André, montre une ardeur réveillée. Il affiche alors une grande aisance, montrant par là qu'il est au-dessus de ces problèmes de rivalité. Cette première attitude leur permet d'améliorer leur relation, tous deux se sentent sécurisés, l'une par son expérience, l'autre par son attitude protectrice et quasi éducative.

En fait, l'attitude d'André était quelque peu une fuite en avant, et une tentative pour nier l'insécurité qu'avait réveillée en lui l'expérience de sa femme; peu à peu, il se remet à douter de lui-même, puis se résout à compléter sa cure analytique première comme pour liquider les séquelles de ses anciennes angoisses de castration; mais le bénéfice qu'il tire de cette nouvelle tranche d'analyse se révèle surtout au niveau de sa vie sociale et professionnelle, mais ne modifie pas grand-chose à ses relations conjugales.

Après réflexion, il envisage lui-même de recourir au moyen qu'avait utilisé sa femme, c'est-à-dire l'établissement d'une relation sexuelle extra-conjugale, en prenant le même type de précaution qu'elle, pour que cette expérience ne risque pas de devenir une véritable liaison.

Avec une légère différence cependant : tandis que la décision initiale prise par Martine avant d'envisager son expérience avait été évoquée devant lui et qu'il avait de la sorte participé lui-même à la décision — ce qui lui avait du reste permis ultérieurement de prendre cette attitude de supériorité quasi éducative — là au contraire, il se décidait seul et vérifiait ses propres capacités viriles.

Les époux retrouvent un enthousiasme mutuel de grande valeur érotique, et Martine, contrairement à son habitude, prend l'initiative des rapports. Mais la réussite est brève. Après un premier acte satisfaisant, elle reprend une nouvelle initiative, et tout à coup elle croit lire sur le visage d'André la crainte angoissante que cette ardeur ne manifeste une supériorité de sa puissance sexuelle à elle : comme si Martine plus puissante devait conduire André à une position passive, à un renoncement ou à une quelconque attitude de castration. Elle interrompt brusquement son initiative et se refuse à tout autre accomplissement.

Au cours de l'entretien conjoint où s'analyse cet événement, elle justifie son attitude en expliquant qu'elle ne veut plus risquer la frustration intense qui serait la conséquence d'un refus, ou d'une incapacité d'André, au moment où elle-même aurait laissé monter très haut sa propre excitation : justification classique, en quelque sorte, qui cependant n'explique pas la brusquerie de son retrait ni surtout son mutisme après cet incident, mutisme si contraire à leur habitude commune de dialoguer sur tous les plans.

L'entretien révèle alors, au milieu d'un climat émotionnel extrêmement chargé, qu'au moment précis de l'incident, elle se trouve très identifiée à lui, ou à ce qu'elle imagine qu'il éprouve. A cet instant elle croit lire en lui ce qu'elle avait l'habitude d'éprouver elle-même : le sentiment d'une incapacité à répondre à l'ardeur d'un partenaire senti comme tellement supérieur. A cet instant d'une grande intensité dramatique, quasi fusionnée en lui, elle éprouve l'angoisse qu'elle croit lui voir ressentir. Divisée en elle-même, elle veut alors lui épargner cette angoisse et renonce à toute initiative. Pour éviter la frustration intense qui pourrait naître alors, elle étouffe en elle tout désir.

La fin de l'entretien conjoint montre que la représentation qu'elle a de son mari ne s'est guère modifiée depuis des années ; elle continue toujours de projeter sur lui ce qu'elle projetait depuis longtemps, alors que lui-même a beaucoup évolué. En réalité. André n'est pas, quant à lui, angoissé à l'idée que Martine témoignerait désormais d'une grande puissance génitale. Cela ne met pas en question sa propre sécurité intérieure et ne réveille pas l'angoisse de castration. Mais Martine, dans cet instant dramatique, a projeté sur lui cette crainte angoissante qui l'a paralysée.

Si l'analyse personnelle d'André et de Martine leur a permis de se restaurer individuellement, de se rassurer contre l'angoisse, et notamment l'angoisse de castration, ou ses dérivés, elle n'a cependant pas suffi à modifier la représentation que chacun a de l'autre. Quelque chose entre eux, une sorte de crypte, s'est maintenue où, après la psychanalyse individuelle, des messages endo-cryptiques continuent à passer avec leur signification archaïque. Dans les moments de grande émotion, les conditionnements antérieurs continuent à se faire jour ; bien qu'il s'agisse d'un couple dont les communications sont aisées, ils n'ont pu analyser seuls ce processus pourtant apparu fort clairement au cours de l'entretien conjoint. Ainsi les projections de Martine sur André continuent-elles à répéter l'histoire initiale de leur couple, et à maintenir sur André les représentations anciennes, *l'enfermant en quelque sorte dans le rôle que le couple lui a attribué à son origine.* Ce phénomène mérite une attention particulière, car il se montre extrêmement fréquent ; dans bien des cas où, après des difficultés initiales, les partenaires ont beaucoup évolué, et qu'ils sont susceptibles de se donner satisfaction mutuelle, ils décident cependant *de se séparer* non pas en fonction de leur insatisfaction, mais *en fonction de leur incapacité de modifier chacun les représentations projetées sur l'autre.*

Par exemple, André et Martine ont envisagé au moment de ce dernier échec l'éventualité d'une séparation, alors que la suite des événements a montré combien il leur était possible de se donner satisfaction mutuelle, sur tous les plans, y compris sur le plan sexuel, au prix d'une modification de la structure de leur couple et de leur distribution de rôles. Cependant, malgré leur grande aptitude à la communication mutuelle, il a fallu plusieurs entretiens conjoints pour qu'ils parviennent à percevoir ce phénomène, et on comprend que chez beaucoup de couples n'ayant ni ces possibilités de communication, ni le recours possible à une thérapie de couple, la modification des conditionnements antérieurs et des attributions de rôle soit impossible ; et les partenaires sont alors conduits à se séparer, non parce qu'ils le souhaitent profondément, mais faute de pouvoir modifier leurs représentations mutuelles.

Un autre phénomène important, fréquemment rencontré dans les couples, et notamment chez ceux dont les relations sont denses, est illustré également par le cas cité plus haut. André et Martine en effet sont non seulement très attachés l'un à l'autre, mais encore se comprennent fort bien l'un l'autre, et communiquent très bien l'un avec l'autre : rien de caractéristique à ce niveau et encore moins, rien de pathologique. Néanmoins, ce qui est remarquable chez eux est leur mode d'identification : tout se passe, à certains moments, *comme si chacun d'eux, renonçant à être soi-même, se trouvait en quelque sorte obligé de devenir l'autre*, ou de devenir une partie de l'autre. C'est une sorte « *d'invasion par l'autre* » qui donne parfois la prépondérance à l'autre sur le Moi, ou qui, en d'autres termes, remplace le Moi par l'alter ego. A certains moments, entre « être soi-même » ou « être l'autre », la priorité revient à « être l'autre ».

C'est un phénomène plus ou moins caricatural, plus ou moins intense et plus ou moins symétrique. On observe des couples dans lesquels cette identification à l'autre sur un mode quasi-fusionnel avec absorption du Moi par l'autre, est surtout le fait d'un des partenaires. Souvent, cependant, leur choix réciproque se fait de telle manière que ce processus est mutuel et à peu près symétrique ; mais ce qu'il faut souligner, c'est que ce *phénomène d'invasion par l'autre, ou d'identification objective quasi obligée,* reste typiquement conjugal et n'est vécu qu'au sein du couple ; par exemple dans le cas d'André et Martine, les deux partenaires remarquent bien que dans aucun autre champ de leur vie sociale ou affective ne se manifeste un tel degré d'identification. Seule Martine, en quelques très brefs moments après ses accouchements, a peut-être ressenti quelque chose de comparable dans sa relation avec l'enfant qui venait de naître d'elle, et qu'elle ressentait encore comme faisant partie d'elle-même. Hors ces quelques moments exceptionnels, elle n'atteint jamais un tel degré d'identification à l'autre, ou plus exactement à ce qu'elle projette chez l'autre, sauf avec son mari.

Il faut encore noter qu'*elle tend le plus souvent à s'identifier à ce qu'elle a projeté de souffrant* chez son mari, de douloureux ou de source d'échec. Ainsi dans l'instant critique où elle a brutalement renoncé à son initiative sexuelle, c'est à un mari angoissé, menacé de castration et souffrant, qu'elle s'est identifiée : en d'autres termes, c'est sa propre angoisse, sa propre insécurité dont elle s'est débarrassée en la projetant sur lui et à quoi, secondairement elle s'est à nouveau identifiée.

On ne peut pas comprendre les processus de fonctionnement du couple sans avoir recours à ce mode particulier de fonctionnement qu'est l'identification projective, et qu'on retrouve à un degré ou à un autre, chez la plupart des couples ayant des relations denses. Mode de fonctionnement qui ne signifie nullement dysfonction au sein du couple puisque, dans bien des cas, il reste partiel, limité, sans conséquence pathologique : il est vrai qu'ailleurs (et notamment dans le cas d'André et Martine), les conséquences pathologiques sont bien visibles, et c'est à ce titre qu'on peut comprendre le long passé d'échec génital entre eux comme une tentative, fût-elle pathologique, d'échapper à ces processus d'invasion réciproque par le partenaire.

La distanciation sous différentes formes comme défense contre l'invasion par le couple.

Ainsi un des aspects qu'illustre le cas d'André et Martine et qu'on retrouve à un degré ou à un autre en beaucoup de couples est celui qui naît du *besoin du couple d'opérer une distanciation intérieure entre des partenaires trop facilement identifiés l'un à l'autre* sur un mode d'identification projective. Bien des processus de crises apparaissent comme des tentatives d'opérer cette distanciation nécessaire à la survie psychique des partenaires ; le couple est jusqu'à un certain point, à travers les satisfactions qu'il apporte à chacun, vécu comme menaçant l'identité de chacun, surtout lorsqu'il s'agit de sujets fragiles. Dès lors, les processus de la crise témoigneront des tentatives de chacun, pour sauvegarder sa propre identité face à ce que chacun ressent comme l'invasion par l'autre.

De même pourront être souvent interprétés comme des *tentatives de distanciation* certains symptômes, tels que ceux que nous avons déjà évoqués en ce chapitre : réactions caractérielles, violentes, brusques décharges agressives, fugues, aventures extra-conjugales sans conséquence, et plus souvent encore échec sur un plan précis, particulièrement sur le plan de la vie génitale. Ils s'observent chez bien des couples, sans qu'il y ait pour autant une pathologie individuelle de chaque partenaire. Il s'agit d'un processus particulier de structuration du couple où la densité des relations ressentie comme excessive par les partenaires, conduit à limiter symptomatiquement cette relation sur un plan. Les processus contemporains des phases de crises remettent évidemment souvent en question ce type de structuration ; c'est du reste ce qui est arrivé à André et Martine qui ont appris par la suite à trouver d'autres modes de distanciation pour mettre un terme à l'intensité de leurs identifications projectives mutuelles ou tout au moins la limiter.

Les deux constatations principales illustrées par ce cas, que nous montre plus généralement l'expérience des thérapies du couple, pourraient être ainsi résumées : on constate chez beaucoup de couples, formés de personnalités sans caractéristiques véritablement pathologiques et sans dysfonction importante, des processus d'identification mutuelle particulièrement denses comprenant une part notable d'identification projective ; or ces processus se manifestent presque exclusivement au sein du couple qu'ils contribuent ainsi à structurer. *Le seul espace où la frontière du Moi n'est pas clairement définie est offert au conjoint,* mais un conjoint spécialement choisi pour qu'il puisse l'accepter et éventuellement y répondre symétriquement. Ce qui est mal défini dans le Moi de chacun s'organise dans le choix d'un partenaire tel que cette relative indistinction se réalise sans expression à l'extérieur du couple, protégeant ainsi la « normalité » de chaque Sujet. Une des *fonctions psychiques du couple consisterait à réserver précisément à l'espace intérieur du couple les processus de clivage ou l'indistinction des frontières du Moi.* Cette théorie permet d'ailleurs de comprendre un certain nombre de phénomènes apparaissant au sein du groupe familial, lorsque précisément se structure mal cette fonction psychique du couple. Par exemple en cas de mésentente importante, ouverte sous la forme d'une menace de séparation, ou close sous le couvert d'une très mauvaise communication, « indécidable » entre les époux, cette fonction psychique déficiente du couplage laisse apparaître, dans la relation parent-enfant, la frontière mal fermée d'un parent se trouvant ouverte du côté d'un enfant, faute de pouvoir s'ouvrir vers le partenaire. L'autonomisation — ou même « l'individualisation » — de l'enfant s'en trouve rendue bien plus difficile.

L'autre conclusion que permet l'observation des thérapies du couple et qu'illustre le cas précédent, se résume ainsi : une partie notable des processus qui se vivent au sein du couple humain et qui sont particulièrement importants à l'occasion des crises, consiste dans le *développement dialectique opposant les intérêts narcissiques fondamentaux des individus aux exigences du couple stimulées par les désirs libidinaux.* Cette théorie permet la compréhension de nombreux phénomènes observés, soit pendant la phase aiguë des crises, soit pendant les périodes critiques, et même préventivement, dans le type de choix amoureux ou dans le refus d'un choix durable très engageant. En d'autres termes, elle permet la compréhension d'une série de comportements comme faisant partie de la stratégie d'un Sujet dans son conflit entre ses exigences pulsionnelles et les menaces ressenties en lui, dans la mesure où, se soumettant aux exigences pulsionnelles, il doit supporter un certain degré de dépendance, d'absorption par l'Objet d'amour, ou d'invasion par le couple.

Suivant le degré de fragilité du Sujet ou de capacité à maintenir son unité et son autonomie dans le cadre d'une relation affective dense, cette stratégie aboutira à différentes réactions : dans les cas les plus fragiles (nous l'avons vu à propos du choix d'Objet), refus et évitement d'une relation dense face au danger d'un amour trop intense, avec engagements de caractère très parcellaire. Chez d'autres, lorsque le Sujet s'est engagé dans une vie amoureuse d'assez longue durée, les réactions défensives prendront la forme de manifestations agressives, d'opposition active ou passive, de refus génital par exemple, ou de fugues, ou plus particulièrement d'aventures extra-conjugales.

Ainsi faut-il admettre que, contrairement à une opinion courante, *ce type de relation extra-conjugale n'est pas nécessairement à interpréter comme une défaillance de l'Objet d'amour principal,* encore moins comme une disqualification de celui-ci, mais bien souvent comme une tentative d'échapper à une excessive invasion par le couple. En ce cas la stratégie du Sujet peut consister en le choix d'un type de relation particulier avec ce second Objet, qui ne risque pas de l'envoûter comme sa relation avec son partenaire premier. Le second a pour effet de le protéger contre cet envoûtement par son principal Objet d'amour, sans conduire aux mêmes risques.

On sait cependant que de telles liaisons peuvent aboutir, secondairement, à une disqualification du premier partenaire, à une rupture du couple premier et à la formation d'un second couple. Le second partenaire choisi se plaint souvent du maintien d'une relation affective avec le premier, comme si, pour éviter aussi d'être absorbé dans cette seconde relation amoureuse, le Sujet avait besoin de garder un minimum de relations avec son premier partenaire.

Nous ne prétendons pas énumérer ici toutes les tentatives entreprises par les individus pour se préserver d'un engagement trop intense, ressenti implicitement comme dangereux pour leur autonomie. Les nécessités défensives de l'individu en face des exigences du couple, lorsque la relation est dense entre les partenaires, peuvent être décrites tant d'un point de vue systémique que d'un point de vue individuel. Il s'agit d'une sorte de saturation ou de « sursaturation » du couple, qu'on observe plus fréquemment chez les couples mariés lorsqu'ils lient leurs membres sur tous les plans à la fois, sans limitation de durée.

Du point de vue psychanalytique, la référence à la dyade mère-enfant peut être utile : face à l'empiétement par une mère intrusive, le nourrisson ne dispose pas toujours de moyens suffisants. Il réagit de différentes manières qui peuvent devenir pathologiques, notamment par l'anorexie ou le refus alimentaire, qui lui permettent une ultime défense en rejetant ce dont pourtant il a besoin. Lorsque la relation est dense entre deux partenaires d'un couple, mais sans intrusion réciproque, chacun provoque naturellement le développement du désir de l'autre. Mais si cette stimulation est ressentie comme une excitation obligée, un forçage du désir ou une intrusion, on peut voir se développer, à l'insu des partenaires, une réaction latente qui conduit l'un deux inconsciemment à « *désirer ne plus désirer* » : *il échappe à l'intrusion ou à l'empiètement du partenaire en n'éprouvant plus d'attrait érotique* pour celui qui, jusque-là, savait trop bien les stimuler.

C'est ce type de mécanisme qui sous-tend le « dégoût sexuel sélectif », dégoût qui ne concerne que le partenaire principal, lequel reste par ailleurs objet d'une vive affection. Ce dégoût sexuel électif pour l'aimé est une des problématiques les plus mal comprises par les intéressés et souvent aussi, il faut le reconnaître, par les médecins ou autres intervenants susceptibles d'être consultés à ce propos, car avant d'apparaître comme un dégoût sexuel électif réservé au partenaire principal, il est pris pour une frigidité ou une impuissance.

Une investigation insuffisante quant à l'histoire et à l'origine d'un tel trouble aboutit donc à un diagnostic erroné de frigidité et à un échec thérapeutique. En ce cas, les thérapeutiques sexologiques de déconditionnement d'inspiration behaviouriste sont inutiles et souvent même nuisibles, renforçant l'inhibition et le dégoût chez le porteur de symptôme. En effet le thérapeute se ferait alors *l'allié d'un partenaire intrusif ressenti comme « exigeant qu'on le désire spontanément »*. A cette démarche paradoxale non analysée répond un renforcement du dégoût, comme la perte d'appétit répond au gavage.

Mais en de tels cas, une psychothérapie psychanalytique individuelle aboutit souvent elle aussi à une impasse : parfois elle échoue purement et simplement, mettant à jour les besoins défensifs du Sujet face à son partenaire dominant, et le confirmant dans son désintérêt sexuel; parfois elle permet de remplacer l'opposition passive que représente ce désintérêt sexuel par une opposition active exprimée explicitement sur un mode caractériel; d'autres fois, elle permet la levée de l'inhibition et le réveil d'une initiative qui met finalement le partenaire dans l'embarras, comme nous l'avons illustré au chapitre du choix du partenaire, en conduisant ce dernier à porter désormais un symptôme semblable.

Il convient au contraire de bien *distinguer le dégoût sexuel électif d'une véritable frigidité* et de le considérer comme un effet spécifique des processus d'interaction au sein du couple. Il s'agit, non d'un trouble individuel, mais d'une réaction d'un individu à ce qui est ressenti comme imposé par le couple, ou par le partenaire représentant la Loi du couple. Le symptôme présenté traduit alors la crise du couple et une tentative passive et maladroite pour opérer une distanciation nécessaire à la sauvegarde individuelle. Ni les besoins défensifs individuels d'autonomie pour chaque partenaire, ni le caractère incorporant, enveloppant ou pénétrant de la relation amoureuse ne disparaîtront, sauf à étouffer précisément la relation amoureuse elle-même.

Mais ce serait sans doute une piètre évolution pour l'être humain que de devoir renoncer à cette possibilité de développement de sa capacité d'aimer et d'être aimé, sous prétexte qu'elle représente un danger qu'il n'a pas encore réussi à pallier. Précisément la qualité érotique est souvent liée à ce mouvement de compénétration, plus ou moins englobant ou dévorateur. Le problème est alors de trouver le moyen de faire que cette « *codévoration* » *garde une valeur érotique* et unissante, sans engloutir l'un des deux partenaires jusqu'à l'anéantissement, autrement dit de trouver une forme dans laquelle cet engloutissement prenne une forme symbolique. Forme très variable d'un couple à l'autre, également très variable dans le temps pour un même couple et susceptible d'évoluer jusqu'à un âge très avancé. Par exemple, forme ludique qui réalise un désir « comme si », faisant l'économie d'un réel engloutissement : jeu où s'expriment, à travers les préludes sexuels et les fantaisies de la période précoïtale teintée de représentations prégénitales, les thèmes développés souvent par la poésie amoureuse : thèmes de dévoration, de possession totale, d'annexion, de fusion, de disparition au sein de l'aimé, etc.

CHAPITRE V

LE RETOUR DU REFOULÉ

Si la loi la plus universelle et la plus intériorisée, celle de l'interdit de l'inceste, étend son contrôle sur l'ensemble du champ de la vie amoureuse, nous devons en voir la trace à tous les moments de l'existence, après avoir observé le rôle prédominant qu'elle jouait au moment du choix amoureux : choix référé directement au parent de sexe opposé, ou bien référé négativement sous la forme d'un partenaire recherché précisément en ce qu'il apparaît comme spécifiquement différent, sinon opposé, à ce parent : deux modalités en apparence contradictoires, toutes deux marquées du sceau de l'interdit de l'inceste. Il ne suffit pas, pour échapper à cette loi, de choisir un partenaire biologiquement différent des parents, l'interdit continue son action une fois le choix réalisé, même s'il a été précisément opéré pour protéger le Sujet de désirs incestueux trop vifs et d'une relation œdipienne encore mal dépassée. La loi interdictrice reste constante, et le refoulement actif, mais le désir ne disparaît pas pour autant et chacun sait qu'il reprend plus tard d'autres formes derrière d'autres déguisements.

Le retour de l'Œdipe.

Dans la clinique des couples, une crise apparaît lorsque l'évolution maturative d'un des membres le conduit à désirer secondairement la satisfaction pulsionnelle contre laquelle il s'était défendu au départ en choisissant son compagnon. C'est sans doute à propos du désir archaïque de l'Œdipe que l'illustration est le plus fréquemment rencontrée.

Obs. n° 33.

Arlette D., dernière fille d'une fratrie de plusieurs garçons, née longtemps après eux, a été dans son enfance très choyée par un groupe familial admiratif. Le père d'abord, mais aussi la mère et les grands frères n'ont cessé de la protéger et de la gratifier, situation aggravée par l'âge avancé du père qui a perdu ses parents au moment de la naissance de l'enfant. Il a dès lors, d'après la mère, « rabattu son affection sur Arlette ». L'adolescence a été difficile, car après une phase de soumission, la jeune Arlette a cherché à soulever le poids de cette pesante affection par diverses manifestations, contestant toutes les valeurs familiales et principalement paternelles. C'est dans ce contexte qu'elle fréquente un garçon un peu plus jeune qu'elle, lui-même échappé récemment d'un giron maternel très longtemps présent. Leur union officieuse est facile au départ, tant qu'elle est très juvénile et qu'elle n'est marquée d'aucun projet clair. Mais quelques années plus tard, elle a l'occasion de s'occuper d'enfants jeunes et se découvre un vif intérêt pour eux. Elle désire en avoir et se marier dans cette intention. Elle conteste le mariage classique, mais estime trop difficile cependant la situation et le statut des enfants de parents non mariés.

Le garçon surpris par la brusquerie de ce projet jusque-là récusé, n'est pas prêt à suivre, d'autant qu'après quelques années de flottement, il reprend goût à des études. Arlette se plaint alors de son manque de maturité, de son caractère bohême, de l'aspect insécurisant de la vie « qu'il lui fait mener ». Alors qu'elle paraissait séduite précisément par ses fantasmes, ses caprices, son absence de projet défini, sa liberté d'allure, et son non-conformisme, elle lui reproche maintenant ces caractéristiques comme des défauts, et le compare au modèle paternel. Il accepte pour lui plaire de se soumettre au mariage, mais elle le sent peu concerné, passif. Le contraste s'accentue entre ce qu'elle recherchait en lui et ce qu'elle attend maintenant de ce futur père qu'il se doit d'être, avec ses responsabilités... Il multiplie les actes manqués, alors elle se fâche et il la quitte brusquement peu avant le mariage qu'il n'acceptait que du bout des lèvres.

La crise peut aussi éclater lorsque l'évolution maturative conduit l'un des partenaires à ne plus se contenter de ce que le partenaire, au début du couple, apportait positivement ou négativement, par exemple des caractéristiques par lesquelles il différait des figures parentales de référence. Cette différence, recherchée au départ dans le cadre d'un mouvement défensif contre l'image parentale trop prégnante, devient inutile lorsque la maturité approche, et à l'inverse, elle apparaît comme une insuffisance, toujours par comparaison avec cette image parentale contre laquelle il n'est plus nécessaire de s'organiser.

Obs. n° 34.

Geneviève R. avait reçu une éducation assez sévère dans le cadre d'un milieu familial marqué par un père d'origine sociale très modeste, qui, sans aucune aide de son milieu, s'était hissé par son énergie et son savoir jusqu'à un rang très élevé de la société. Cet homme supportait mal que ses enfants, ayant au départ de l'existence l'avantage de bénéficier de son soutien et de sa propre position, n'en profitent pas pour étudier avec l'acharnement qu'il souhaitait. Il manifestait à leur égard, comme à l'égard de leur mère, une agressivité importante, teintée de mépris pour ces « bourgeois qui n'essaient même plus de sauver leur rang », suivant son expression. La mère de Geneviève, d'origine sociale beaucoup plus favorisée, n'avait pas fait d'études et avait une place très dévalorisée dans le groupe familial dont le père définissait les normes. Peu heureuse dans son couple, avec des sentiments d'échec et de culpabilité, sans doute dépressive, cette mère apparaissait à Geneviève comme une sorte de domestique méprisée du père, à laquelle elle ne pouvait en aucune manière s'identifier. Après quelques échecs scolaires, Geneviève, renonçant définitivement à trouver grâce aux yeux de son père par son travail scolaire, abandonnait la partie et traînait au fond de la classe « parmi les cancres ».

A l'adolescence, elle compense ce sentiment d'échec et d'infériorité par de nombreux flirts où elle trouve l'occasion de se faire apprécier par des garçons ; elle est particulièrement flattée de découvrir que, parmi eux, elle peut plaire notamment à un « homme de grand avenir », du fait de la grande école dont il est sorti après un concours difficile. Elle se sent elle-même « moins que rien ». « Moi, bonne à rien, dit-elle, être recherchée par un homme comme lui, cela me paraissait impossible, le paradis m'arrivait. » Bien que vivant tous deux dans un milieu qui n'attachait pas de valeur particulière à la virginité, elle était cependant restée vierge jusqu'à sa rencontre avec lui. Dès leurs premières relations, elle se trouve enceinte, avant le mariage, et elle se hâte de faire une cérémonie solennelle où, bien entendu, elle invite au premier plan son père — « une sorte de revanche », dit-elle.

Cependant l'idylle n'est pas longtemps paradisiaque, et elle se plaint vite de ce mari très sûr de lui, au caractère déjà très ferme, plus âgé qu'elle et qui ne supporte pas qu'elle se montre ignare. Au début, elle tolère les manifestations agressives du mari qui les lui fait accepter, en disant « C'est pour ton bien que je te dis ça, tu es capable, tu es intelligente et je ne veux pas d'une femme bonne à rien ». Propos rassurants qui l'encouragent à se cultiver, puis peu à peu à reprendre des études qu'elle poursuit ensuite sans beaucoup de peine. Après différentes expériences, elle abandonne définitivement sa profession première, et acquiert un statut de psychosociologue qui lui donne l'occasion de comprendre beaucoup mieux les processus interrelation-nels, y compris ceux que vit avec plus ou moins de difficulté son mari. Elle-même se met à souffrir des insuffisances et des échecs sociaux relatifs de ce mari qui avait *a priori* toutes les conditions favorables à une réussite socioprofessionnelle plus brillante. Pendant un temps, ce dernier peut encore accepter les commentaires critiques de sa femme, qui jusqu'à un certain point lui confirment qu'il a réussi à faire d'elle une femme instruite. Mais elle devient de plus en plus sûre d'elle, de moins en moins dépendante de lui, et bientôt c'est elle qui ne supporte plus les critiques qu'il formule à son égard.

La situation devient tumultueuse. Les échanges sont marqués par de nombreuses difficultés de communication comme le montrent les quelques entretiens conjoints qu'il accepte non sans réticence. Elle interprète constamment le discours extrêmement rationnel qu'il tient et elle lui démontre qu'il est d'une agressivité abominable et qu'il lui faut se transformer du tout au tout s'il veut la conserver. Il accepte « quelques efforts », mais, quand il a l'occasion de les prouver, elle objecte qu'il ne s'agit là que d'efforts, et non d'un véritable changement intérieur et spontané comme elle l'attend : la communication devient tout à fait paradoxale avec cette « exigence de spontanéité ».

En fait, ni l'un ni l'autre ne sont déjà plus intéressés, ni par les entretiens conjoints, ni par la survie de leur couple. Il avait épousé une petite jeune fille insécure et ignorante qui ne contestait pas son savoir, et il n'accepte plus cette femme confirmée qui met en question son statut et sa réussite. Elle, de son côté avait espéré un appui paternel de cet homme, mais n'est plus aujourd'hui en état de ratifier un choix qui ne correspond plus à ses besoins actuels. Il lui reproche la première grossesse, qu'il interprète aujourd'hui comme une tentative pour lui forcer la main, avant leur mariage. Leur communication perd peu à peu toute valeur informative. Ils ne se répondent plus au niveau explicite et font exclusivement allusion aux aspects implicites de leurs relations.

Ainsi les reproches mutuels ne sont plus moteurs d'un changement de leurs relations, ils ne sont plus que l'occasion d'une disqualification, d'une « disconfirmation du partenaire ». Ils n'ont plus plaisir à vivre ensemble, n'espèrent plus rien l'un de l'autre et cherchent à s'organiser chacun de son côté, pour poursuivre leur existence : les rares entretiens conjoints n'ont plus pour but que de leur permettre une très difficile négociation destinée à protéger l'enfant de leur intolérance mutuelle.

Obs. n⁰ 35.

Monsieur et Madame S. se sont mariés jeunes ; ils ont le même âge, la même origine sociale. Le couple qu'ils ont formé leur a donné satisfaction plusieurs années, et ils ont maintenant une famille à laquelle ils tiennent et sont attachés l'un à l'autre ; mais elle se plaint que son mari ne prenne pas ses responsabilités et se comporte en enfant qu'on doit sans cesse mettre en garde contre ses propres erreurs ou négligences. Elle estime qu'il ne tient pas son rôle de père, bien que certainement très attaché à ses enfants. Son père, à elle, occupait dans la famille, au contraire, un rôle très important où chacun était tenu de se référer à lui. Elle avait même dû, depuis son adolescence, se protéger contre cette autorité un peu jalouse du père, à travers une attitude boudeuse faite de mutisme, de perfection quelque peu servile dans l'accomplissement des tâches exigées d'elle, — comportement qui laissait sans effet les conduites trop investigatrices de ce père. A la rigueur de ce dernier s'oppose le côté artiste du jeune mari qu'elle choisit très tôt, — artiste et bohème —. Ce dernier appréciait beaucoup les différentes compétences de sa femme ; mais il n'appréciait guère son beau-père qu'il ne pouvait pas comprendre, et dont la communication avec le jeune ménage était restée extrêmement superficielle. Il en avait implicitement déduit qu'il ne lui fallait surtout pas, en quoi que ce soit, reproduire ce modèle paternel rejeté par eux deux. Son éducation libérale lui avait permis d'accéder à la profession qui lui plaisait, sans doute peu rémunératrice, mais source d'intérêts personnels et sociaux. Il avait le sentiment d'avoir eu une jeunesse heureuse, puis d'avoir accompli un mariage heureux. Aussi était-il surpris de voir, depuis quelque temps, sa femme lui faire de plus en plus de reproches sur des plans qu'elle ne critiquait pas autrefois. Il reconnaissait la justesse de certaines de ses critiques, mais sans comprendre pourquoi ce qui plaisait hier ne devait plus plaire demain. Il n'avait sans doute pas beaucoup évolué depuis leur mariage et fut assez surpris de découvrir, à l'occasion des entretiens conjoints, que les désirs de sa femme avaient par contre évolué : elle avait à l'origine repoussé tout ce qu'il pouvait y avoir en lui de « paternel », de lié à la figure de son propre père, elle revenait maintenant partiellement sur sa position et réclamait de lui une attitude dite plus mûre, qui prît une forme plus virile à ses yeux. « C'est vrai qu'aujourd'hui je cherche un roc et que je ne le trouve pas en toi. Pas encore, dépêche-toi. »

Obs. n° 36.

Monsieur K. vient consulter parce qu'il ne sait plus comment faire comprendre à sa femme qu'il se lasse de la voir se cantonner dans un rôle maternel exclusif. Jeune homme carencé sur le plan de sa relation à une mère pathologique, il avait beaucoup apprécié de trouver chez sa femme la tendresse, les attentions et en quelque sorte les capacités d'une vraie mère, et avait été tout à fait comblé d'avoir avec elle plusieurs enfants dont il est très fier. Très heureux également de s'assurer que sa femme n'a pas « besoin » de travailler à l'extérieur, et qu'elle peut très bien s'occuper des enfants et du foyer. Mais elle se relâche petit à petit, devient frigide, accumulant des kilos inutiles par sa gourmandise. Enfin il se plaint de sa négligence, notamment sur le plan physique et sexuel, mais elle lui répond toujours gentiment, réagissant par une tendresse à ses critiques de plus en plus acerbes.

Las de cette vie monotone et d'une certaine forme de tendresse dont il n'a plus grand besoin aujourd'hui, d'autant moins qu'elle contribue à stimuler des désirs érotiques auxquels sa femme se refuse, il a établi une liaison avec une jeune femme en prenant quelques précautions pour éviter d'être emporté par une passion tumultueuse qui contrasterait trop avec la tiédeur tendre de sa relation avec son épouse. Il ne peut la rencontrer que rarement ; en outre, elle est mariée et en bons termes avec son mari. Il se demande s'il doit en faire part à sa femme : il craint de la blesser, mais ne doit-il pas craindre encore plus de la laisser s'enfermer dans cette attitude de tendresse maternelle qu'il a sans doute appréciée autrefois, mais dont le développement met aujourd'hui le couple en question. Il se demande même s'il n'est pas déjà trop tard et si l'annonce de cette liaison provoquera suffisamment de jalousie, de la part de sa femme, pour induire chez elle un réveil salutaire tant qu'ils sont profondément attachés l'un à l'autre : « Je lui ai souvent dit que si elle continuait, je chercherais une autre fille, mais elle me répondait par un sourire charmant et elle s'assurait qu'aucun bouton ne manquait à ma chemise ! »

Illustration d'un problème latent qui contamine l'existence de nombreux couples dont la communication est insuffisante. Faute d'être en état d'exprimer leurs désirs profonds, faute d'affronter le risque d'un conflit et d'une blessure mutuelle, les partenaires se taisent jusqu'à ce que l'insatisfaction ait atteint des proportions telles qu'il leur devient difficile de réorganiser leurs relations personnelles de manière satisfaisante.

Retour de l'homosexualité.

Le retour du refoulé comme introduction de la crise ne concerne évidemment pas les seuls désirs œdipiens. Tous les désirs et leurs bases pulsionnelles pourraient être illustrés ici sans peine. Nous nous contenterons d'en évoquer quelques aspects.

Le plus important est sans doute de constater que le *refoulement* lui-même joue un rôle décisif à l'origine du couple et qu'il *est renforcé par le choix même du partenaire,* organisé pour le renforcer. Bien souvent le partenaire sent confusément qu'il est choisi comme tel, utilisé dans cette fin, puisque, pour plaire, il doit insister sur telle ou telle de ses caractéristiques personnelles. *Le couple distribue les rôles de telle manière que chaque partenaire doit s'opposer au retour du refoulé chez son conjoint.* C'est bien pourquoi au moment d'une crise, un conjoint est souvent surpris de constater qu'on lui reproche ce qu'on appréciait si fort en lui. Etait-il bohême, fantasque, joueur? On l'en vantait, on le lui reproche aujourd'hui. Etait-il sérieux, tenace, fidèle, on lui reproche de manquer d'humour et de fantaisie. Etait-il tendre, câlin, patient? C'est de l'ardeur, voire de la violence qu'on attend de lui. Et rien ne l'avait préparé à jouer ce rôle nouveau, imprévu au départ.

Parmi le réveil d'autres manifestations pulsionnelles, une place très importante doit être accordée à la satisfaction des tendances homosexuelles latentes. Ce thème est classique depuis que Freud et Jung ont souligné leur présence : la conception psychanalytique de la bisexualité humaine oblige à considérer la relation amoureuse comme une union à quatre composantes, où chacune doit trouver une forme de satisfaction, soit directe, soit symbolique ou sublimée (¹).

L'utilisation des aspects latents de l'homosexualité est connue comme très importante dans l'établissement des relations amicales, de manière souvent claire et affichée aux yeux du partenaire. En outre le concept de bisexualité psychique permet aujourd'hui, moins que jamais, de distinguer la partie masculine de la partie féminine chez chaque être humain bisexué. La composante homosexuelle constamment confirmée par l'expérience psychanalytique comme soubassement des relations amicales, va jouer un rôle très grand dans cette amitié si particulière, composante nécessaire de toute vie conjugale.

Lorsque cette composante homosexuelle latente n'est pas suffisamment « utilisée » dans le fonctionnement du couple, cela peut se traduire par une « amitié » insuffisante entre les partenaires. C'est ce qu'on observe parfois chez certains couples conflictuels où seule la composante érotique hétérosexuelle paraît maintenir provisoirement la cohésion du couple : par exemple, chez certains parmi ceux dont le dicton populaire dit qu'ils se réconcilient sur l'oreiller. Chez d'autres couples, nombreux sans doute, tout se passe comme si les composantes homosexuelles ne trouvaient pas leur satisfaction au sein même du couple, chaque partenaire menant sa propre vie et établissant ses amitiés à l'extérieur. Les composantes hétéro et homosexuelles recherchent alors des objets distincts, la composante hétéro définissant seule le choix du conjoint.

(¹) Est-il toujours possible de faire une distinction aussi claire entre le passage à l'acte et le registre symbolique utilisé dans le fantasme ou le jeu? Le cas précédent de Monsieur K. pourrait l'infirmer, lui qui pour une part se sert de sa liaison pour faire comprendre quelque chose à son épouse légitime. En ce qui concerne les traces de l'homosexualité latente il est encore plus difficile de le dire, la proportion des passages à l'acte au sens d'une réalisation homosexuelle étant beaucoup plus rare, statistiquement parlant, que sous sa forme hétérosexuelle.

Mais c'est sans doute dans les situations inverses que se manifeste le plus la *prégnance considérable des dispositions homosexuelles latentes, s'exprimant à travers l'attachement tendre et apparemment peu érotisé* sur un mode classique des deux partenaires. Il est frappant de voir le nombre important de couples — peut-être plus spécialement de couples légitimes? — qui paraissent se satisfaire fort bien d'une absence ou d'une limitation considérable des échanges hétérosexuels, comme si, contrairement à ce qui est répété aujourd'hui quotidiennement, il s'agissait là d'un élément finalement secondaire de l'existence quotidienne en couple. Certains d'entre eux ont commencé leur existence de couple comme la plupart, c'est-à-dire avec une activité hétérosexuelle, mais peu à peu l'attrait érogène du partenaire s'est trouvé amenuisé ; la relation se trouve alors presque totalement « désérotisée », les partenaires ayant entre eux des relations quasi fraternelles.

Certes parmi ces couples, certains voient le réveil de leur agressivité mutuelle, mais beaucoup d'autres semblent supporter cette « désérotisation » sans secousse ni réveil pulsionnel extraconjugal. L'investissement affectif du partenaire peut rester très vif ; sur quelle base pulsionnelle s'appuie-t-il alors? Il n'est pas toujours facile de le percevoir. Le phénomène est souvent accentué par l'arrivée des enfants, les rôles parentaux prenant une importance croissante. On voit souvent se dessiner une sorte de *co-identification mutuelle* qui les conduit petit à petit à se ressembler l'un l'autre, *comme si chacun devenait véritablement l'alter ego dans lequel le narcissisme de chacun peut trouver son compte.* Il ne s'agit pas d'une sénescence précoce. La Clinique quotidienne et les études sexologiques contemporaines sur le troisième âge confirment que bien des couples maintiennent leur vie sexuelle tout au long de leur existence, jusqu'à un âge extrêmement avancé et qu'en tout cas l'érotisation du partenaire se maintient ; d'autre part, le décès du conjoint montre parfois chez les couples abstinents, le réveil des désirs et de l'activité sexuelle chez le survivant. Aucune référence scientifique ne permet donc en ce domaine de parler d'une « normalité » ni d'une sénescence dont les définitions seraient purement arbitraires.

Dans certains cas, le processus le plus évident est celui de *l'assimilation du partenaire à une figure parentale ;* il s'agit en fait du réveil d'une relation œdipienne mal liquidée, conduisant à éprouver pour le partenaire une affection tendre, mais progressivement débarrassée de toute charge érotique. Il nous a semblé que ce mouvement s'amorçait fréquemment après un événement grave dans lequel les deux partenaires, négligeant leur relation mutuelle, étaient conduits tous deux à se préoccuper d'un tiers, par exemple d'un enfant, et résumant là leurs rôles familiaux. Mais le déplacement sur le partenaire des images parentales œdipiennes, aboutissant à une relation *quasi fraternelle* entre les époux, n'explique pas sur quel mode continuent à fonctionner de tels couples, alors que tant d'autres voient leur équilibre gravement bouleversé lorsque se produit une diminution même partielle de leur attrait érotique.

Il faut faire jouer là encore un rôle aux tendances homosexuelles latentes sous-tendant l'amitié et même la co-identification mutuelle. Il semble qu'ainsi certains partenaires puissent maintenir leurs relations sur un mode atypique, mais relativement stable, tout au moins tant que l'un d'eux n'oriente pas vers un tiers des attraits hétérosexuels ou homosexuels jusque-là atténués ou écoulés au sein du couple premier.

Ailleurs, c'est en utilisant des dispositions à la fois hétéro et homosexuelles que semblent fonctionner certains couples ou certaines petites communes dans lesquels les mouvements de rivalité hétérosexuelle sont largement compensés par les processus d'identification aux tiers homosexués.

Obs. n⁰ 37

Gertrude G. a entrepris une psychanalyse à la suite d'une décompensation dépressive déclenchée par des circonstances de sa vie professionnelle. Elle a beaucoup souffert d'une enfance perturbée par la guerre et d'une carence maternelle, qui l'a conduite par la suite à rechercher chez les femmes ou les hommes de son entourage un substitut à cette carence maternelle. La faiblesse de son environnement pédagogique pendant l'adolescence a été compensée par la présence d'une femme à laquelle elle s'est fixée très intensément dans une de ces « flammes » adolescentes. Pour échapper à cette passion devenue trop forte, elle s'est hâtivement mariée avec un jeune homme séduisant, mais assez immature, qui lui révélait cependant ses propres capacités hétérosexuelles.

Ses amitiés continuaient à l'orienter vers d'autres femmes avec lesquelles elle se sentait finalement plus liée qu'avec son époux, et ce mariage, vécu comme une charmante idylle adolescente, fut de brève durée; voyant qu'ils n'avaient entre eux que des fantaisies somme toute assez infantiles, ils jugèrent préférable de se séparer amicalement. Elle vécut alors quelques épisodes de passion authentique avec plusieurs femmes, dont une véritable liaison pendant plusieurs années. Mais pendant ce temps, Gertrude mûrissait, travaillait et se remettait à de nouvelles études. Ses intérêts culturels s'étant considérablement développés, elle devenait plus exigeante quant au choix de ses partenaires; elle commençait à se lasser de ses diverses aventures et d'une instabilité dont elle avait beaucoup goûté le charme pendant sa première jeunesse.

C'est dans ces conditions qu'elle rencontre son futur mari. Ses origines sociales, son éducation traditionnelle, sa profession lui donnent l'impression d'une stabilité dont elle manque. Elle trouve aussi en lui quelque chose qu'elle ne trouvait pas chez les autres : une sorte de féminité naturelle à travers sa solidité. Etait-ce féminité? Etait-ce restes d'attaches ou d'attitudes infantiles? Il n'a pas eu de son côté d'aventures homosexuelles, mais connaissait bien le passé de sa future femme et n'en était nullement embarrassé; sans doute trouvait-il un certain charme à ses grandes capacités séductrices et surtout à leur nature polyvalente. Il comprenait en tout cas fort bien l'homosexualité de sa femme, et était capable de s'identifier profondément à elle. Il savait répondre à la carence maternelle de sa femme en se montrant maternellement protecteur et trouvait plaisir à la nourrir autant qu'à la dorloter, quitte parfois ou au cours des préludes, à se faire lui-même dorloter « comme un nourrisson », ce qui plaisait beaucoup à sa femme.

Les dons poétiques de Gertrude s'exprimaient en historiettes ou poèmes dans lesquels elle manifestait une très grande compréhension de son mari. Son identification à lui s'exprimait particulièrement en certains textes jusqu'à confondre le « toi » et le « moi », au point qu'il n'était plus possible de savoir qui dorlotait maternellement l'autre. Gertrude avait jusque-là utilisé surtout ses capacités de séduction homosexuelle en s'attirant une véritable cour de jeunes femmes célibataires, divorcées ou mariées qui trouvaient auprès de ce jeune couple une chaleureuse amitié qu'elles disaient ne pas trouver chez les autres. Amitiés qui restaient le plus souvent platoniques, avec quelques exceptions, dont l'une concernait une jeune femme, d'abord objet de la séduction de Gertrude, avant de devenir une amie attitrée des deux conjoints, jusqu'à partager leur lit.

Cela n'empêchait nullement Gertrude de parvenir à l'orgasme, ni même plus tard à développer ses capacités hétérosexuelles dans la conquête d'un amant qu'elle ajoutait, somme toute, assez simplement à son mari. D'ailleurs l'évolution de Gertrude l'orientait de plus en plus sur un mode hétérosexuel au fur et à mesure que s'éloignaient dans le passé les traces de sa carence maternelle, si bien que les différentes idylles homosexuelles s'éteignirent peu à peu, pour n'être plus remplacées que par des aventures hétérosexuelles plus classiques.

Le début de son analyse avait indiqué une relation transférentielle dense et complexe où se superposaient les aspects maternel et paternel, vivant sa castration avec une charge d'angoisse considérable et une envie de pénis qui déclenchait épisodiquement en elle une haine rageuse à l'égard de ceux qui disposaient de cette « petite différence phallique » : rage qui la conduisait à *développer ses capacités de séduction pour s'emparer du détenteur du phallus* jusqu'à l'incorporer elle-même. Toutes ses capacités d'*insight*, d'intuition, de séduction, d'incorporation et d'identification ne l'empêchaient nullement de développer des crises paroxystiques de jalousie, lorsque son mari s'intéressait de trop près à une femme qu'elle n'avait pas encore réussi à séduire elle-même : cela jusqu'à une phase avancée de sa cure analytique où elle se trouvait plus assurée d'elle-même, de sa valeur propre et moins dépendante de l'habituelle bien qu'incertaine admiration d'autrui. Alors apparut un certain trouble chez le mari qui, après avoir bien supporté la tumultueuse évolution de Gertrude, s'adaptait mal à sa nouvelle autonomie.

L'usage des dispositions homosexuelles latentes est bien connu dans les processus de séduction adressés aux deux membres d'un couple; la littérature la plus classique s'est attachée à sa description soit sous des formes discrètes, dûment rationalisées, ou plus grossières, hypocrites ou vénales : Molière, l'abbé Prévost, Stendhal, Balzac, Baudelaire, etc., pour n'évoquer que quelques-uns parmi les Français.

Ce qui nous intéresse ici est l'utilisation de ces dispositions, latentes ou patentes, dans le cadre même de la structuration du couple et non point pour séduire un tiers. Le cas de Gertrude, particulièrement douée sur le plan de ses dispositions tant homo qu'hétérosexuelles montre bien, en dehors de fantaisies plus ou moins exceptionnelles, ce que la composante homosexuelle de sa personnalité lui permet de saisir chez ses partenaires et notamment chez son mari. Est-ce seulement l'effet d'une plus grande intuition — intuition acquise grâce aux plus grandes capacités d'identification masculine que permet cette composante?

Quoi qu'il en soit, le phénomène est sûrement très important : *co-identification mutuelle et choix d'Objet narcissique sont facilités par l'importance de composantes homosexuelles habituellement latentes.* Elles facilitent l'amitié au sein de la relation amoureuse et n'excluent en rien des manifestations de tendresse dont le caractère érotique peut difficilement être attribué exclusivement à une part hétéro ou homosexuelle.

Ce qu'il est intéressant d'observer, c'est le caractère en général tout à fait inconscient de cette participation, y compris chez les plus avertis dans le domaine de la psychologie, qui par ailleurs n'ignorent rien des données du refoulement et de l'homosexualité. Tout se passe comme s'ils avaient besoin, dans leur relation au partenaire — tout au moins dans leur cadre culturel — de méconnaître eux-mêmes ou de *laisser méconnaître à l'autre l'importance de cette composante homosexuée,* ou comme si l'organisation en couple hétérosexué imposait une distribution de rôles tels que *chacun soit chargé de confirmer la véritable hétérosexualité du partenaire.*

Si l'on donne aux composantes homosexuées latentes leur importance dans la structuration du couple et dans l'intrication des attraits mutuels des partenaires, on constate que la différence entre les couples hétérosexuels classiques, les couples hétérosexuels atypiques dont les relations sont désérotisées, et les couples composés de partenaires homosexués est plus réduite qu'à première vue. Cela est surtout vrai des couples qui s'organisent pour durer : pour affronter et dépasser les situations de conflit, ils ont intérêt à ne pas appuyer leur assise sur des bases trop strictement hétérosexuelles et à renforcer par exemple les liens sentimentaux et l'amitié, plus que dans le cas de liaisons éphémères. On retrouve ici la classique perspective de Freud et sa distinction entre les pulsions à but inhibé, correspondant aux soubassements du courant tendre de la sexualité, et les pulsions à but non inhibé sous-tendant le courant sensuel de la même sexualité : la relation amoureuse stable ne pouvant s'établir après la phase de latence que si les deux courants trouvent une coalescence sur un même Objet, détaché cette fois des images parentales.

Bien que sous une forme un peu différente, ce qui est vrai du courant hétérosexuel, l'est également du courant homosexuel ; on ne saura jamais quelle est la part « agie » dans l'accomplissement génital et celle qui est sublimée en dévouement, identification, etc. (²).

(²) On sait que dans les conditions actuelles la stabilité des couples homosexuels est sensiblement inférieure à celle des couples hétérosexuels. Les couples homosexuels masculins sont particulièrement rongés par des processus liés de près ou de loin à la jalousie, cette dernière pouvant prendre des formes hétéro ou homosexuées. Les couples féminins semblent cependant beaucoup plus stables. Dans les deux sexes, en tout cas, l'activité génitale proprement dite semble dans la plupart des cas très peu importante, sinon totalement exclue, la relation prenant alors son caractère platonique, mais il est difficile d'appuyer une réflexion sur ces phénomènes dans ces conditions actuelles, dans la mesure où ils sont pour une grande part déterminés par l'intolérance de la société à leur égard, qui rend beaucoup plus difficile la cohabitation prolongée des partenaires, surtout masculins. Nous ne pourrons pas en dire beaucoup plus ici à partir d'un matériel clinique précis, dans la mesure où un trop petit nombre de couples homosexués ont été amenés à consulter en couple, du fait de ces interdits socio-culturels contemporains. La principale source d'information reste la cure psychanalytique individuelle. Il faudrait aussi que des études analogues aient pu être faites dans les lieux et les périodes de l'histoire de l'humanité où l'homosexualité ne subissait pas la même répression. Malheureusement, nous savons peu de choses du couple de Platon et encore moins de ses semblables. Enfin il faut ajouter qu'il est beaucoup plus difficile de définir un couple homosexué qu'un couple hétérosexué, dans la mesure où il ne peut être à l'origine d'aucun groupe familial procréé. Il y aurait sans doute lieu de distinguer, parmi les couples composés de personnes de même sexe, des unions prolongées formant de véritables couples, avec leurs processus d'interaction de choix réciproque et autres caractéristiques définies à propos des couples classiques, et d'autre part des groupes organisés pour procurer à des individus isolés des conditions socio-économiques et affectives plus favorables que l'isolement absolu qui les menace s'ils ne s'associent pas entre célibataires. Nuance peut-être excessive, car ces associations amicales doivent aussi, pour durer, trouver une forme d'équilibre qui par certains côtés se rapproche de celle du couple classique : par exemple l'obligation de trouver un compromis entre les besoins, l'autonomie de chaque individu, d'une part, et d'autre part les nécessités du fonctionnement du groupement qu'ils ont constitué avec ses règles propres.

Retour du prégénital.

Nous avons vu combien le refoulement et les mécanismes de défense contre les traces des désirs œdipiens jouaient un rôle structurant dans le choix conjugal et dans la structuration du couple, et combien le retour du refoulé était important au cours des phénomènes de crise. Le refoulement, puis le retour du refoulé jouent également un rôle fondamental en ce qui concerne le jeu des dispositions homosexuelles au sein du couple. Mais c'est sans doute à propos des pulsions prégénitales que cette dynamique refoulement — retour du refoulé est la plus expressive ([3]). Si le couple s'est choisi et structuré pour réprimer collectivement ces pulsions prégénitales, leur retour introduit ou plus souvent traduit directement la crise.

Bien souvent, les pulsions partielles réprimées ou refoulées s'expriment directement au cours de passages à l'acte à l'occasion de relations extra-conjugales. Les nombreux cas cités montrent que le partenaire, Objet et moyen de ces relations, est souvent choisi en fonction de caractéristiques qui l'opposent point par point au conjoint légitime. C'est autour d'une pulsion non satisfaite et à satisfaire que s'organise le choix de l'aventure, parfois celui de la liaison un peu plus longue. C'était autour d'elle aussi, mais pour ne pas la stimuler ni y succomber, que s'était organisé le choix du conjoint dans une union à long terme. Si le refoulement a été bien effectué grâce à l'aide du partenaire légitime, celui-ci est souvent surpris par l'événement qui traduit l'irruption de la pulsion refoulée : *il est parfois le dernier à soupçonner que son conjoint puisse être animé par une telle pulsion partielle, dont il était chargé de refouler la représentation.* C'est ce qui explique la fréquence avec laquelle le passage à l'acte dans l'aventure peut rester ignoré du conjoint légitime, même s'il est répétitif ou prolongé dans une liaison investie partiellement, comme latéralement. Dans ce cas, elle ne met guère en question la stabilité du couple, mais peut contribuer à envenimer les relations des conjoints en perturbant leur communication — le conjoint ne pouvant comprendre ce qui manque à l'infidèle, ni l'agressivité qu'il manifeste subitement.

Ce phénomène est trop classique et suffisamment raconté dans la littérature, le théâtre de boulevard et le cinéma pour que nous ayons besoin de l'illustrer ici. Ce qui est sans doute plus intéressant est l'évolution introduite dans le couple par le retour du refoulé. Ce refoulé peut se traduire de manière brutale, et la crise qui survient voit alors un Sujet accuser *explicitement* son partenaire de ne pas lui donner satisfaction sur tel plan, alors qu'il continue *implicitement* de lui demander de l'aider à combattre ce même dangereux penchant...

([3]) Notamment à propos du cas de Pierre H., IIe partie, chapitre II.

Dans les entretiens conjoints, les couples viennent souvent parce qu'ils ne comprennent pas leur malaise, ou parce qu'ils ne sont pas en état d'expliciter clairement leurs représentations. Mais le thérapeute perçoit vite ce type de contradiction et l'aspect paradoxal de cette communication où un message explicite recouvre un message implicite contradictoire.

D'autres fois cependant — ou encore dans le cas précédent après thérapie — l'intégration des pulsions refoulées se fait plus progressivement. Le refoulement s'atténue, et peu à peu se réintroduit le refoulé trouvant une issue dans la conscience à travers des représentations variées : plaisanteries, chicanes, provocations érotiques, etc. C'est sans doute à l'occasion des préludes sexuels que se « récupèrent » le plus souvent ces dérivés pulsionnels confirmant les analyses de Meltzer d'après lequel la période précoïtale se charge plus volontiers des aspects les plus prégénitaux de la vie psychique.

Que les partenaires soient ou non en état d'élaborer ce qu'ils vivent dans ces moments émotionnellement si chargés, qu'ils soient ou non en état de communiquer entre eux sur ces thèmes ou à propos des fantaisies ou scénarios qu'ils imaginent, c'est sans doute à l'occasion des préludes sexuels que s'expriment les représentations, et que se métabolisent les dérivés pulsionnels les plus interdits, les plus culpabilisés, les plus longtemps refoulés. Ce que la clinique sexologique montre en tout cas, c'est la capacité de développer l'activité fantasmatique souvent très tard dans la vie des couples. Il n'est pas rare de voir se développer une telle activité psychique après la soixantaine et au-delà, chez des couples qui pendant longtemps n'avaient exprimé leur activité génitale que sur des modes quasi stéréotypés ou comme une activité exclusivement physique, plus ou moins satisfaisante. *L'ingrédient pulsionnel prégénital le plus longtemps refoulé est susceptible d'être ajouté tardivement* et permet la découverte d'une expression érotique nouvelle, restée inconnue jusque-là. Certains parlent d'une « nouvelle lune de miel » quand il en ont connu une première, ou d'une « découverte de la sexualité » lorsqu'ils n'y étaient jamais parvenus.

Ce sont, parmi les pulsions partielles, les jeux à caractères sadomasochiques qui paraissent les plus répandus et les plus susceptibles de renouveler l'érotisation réciproque des partenaires, qui, derrière l'organisation anale de leur caractère, s'étaient interdits la manifestation d'une sexualité prégénitale. Avec la possibilité de les exprimer, de « jouer », ils découvrent souvent tardivement, dans un contexte libidinal plus rassurant, leur capacité de se servir positivement de forces qu'ils pressentaient jusque-là comme essentiellement dangereuses, déstructurantes et antisociales. Ce qui les frappe souvent, c'est que leur partenaire soit aussi susceptible qu'eux-mêmes de développer l'expression des mêmes désirs prégénitaux en des jeux ou scénarios réversibles ou alternés.

Il arrive qu'une telle découverte se fasse à l'occasion d'une aventure extra-conjugale; ailleurs c'est une évolution progressive, ailleurs encore, et, fréquemment aujourd'hui, elle est provoquée par une lecture ou un film évocateur. On sait que la soi-disant « rubrique des lecteurs » dans les revues dites sexologiques, est remplie de pseudo confidences attractives, où les vrais lecteurs alimentent leur imagination pour façonner leurs propres scénarios. De manière comparable, bien des dysfonctions sexuelles contemporaines sont en rapport avec l'anxiété liée aux fantasmes très culpabilisés d'une scène sadomasochique.

Mais la « mise en scène » de tels fantasmes met en œuvre également les pulsions scoptophiles. Le jeu secret du voyeurisme et de l'exhibition sous leurs formes les plus variées est utilisé aussi comme ingrédient permettant le réveil d'un appétit libidinal disparu, ou étouffé par diverses inhibitions névrotiques.

Ainsi le sort de ces différentes pulsions partielles peut être résumé en trois évolutions.

1) Pour certains, elles subissent un refoulement précoce, maintenu longtemps et renforcé par différentes rationalisations, dénégations ou autres mécanismes de défense. Les représentations mentales correspondantes, ou bien ne franchissent pas le seuil de la conscience, ou bien le franchissent, mais seulement après avoir perdu leur charge affective, grâce à une isolation renforcée par le choix d'un partenaire ayant lui-même réprimé la pulsion en question ou sa complémentaire (par exemple, chez un Sujet aux dispositions sadiques refoulées, choix d'un partenaire ayant totalement contrôlé ses pulsions masochiques, avec des rationalisations entretenues par le Sujet) : ainsi se constitue dans le couple une organisation systémique où le fonctionnement intrapsychique de l'un renforcé par l'appui des défenses propres du partenaire conduira à un véritable « silence pulsionnel ». Bien des couples fonctionnent ainsi et se maintiennent stables sans symptomatologie précise ou avec une symptomatologie névrotique faite d'inhibition; tout se passe comme si les deux partenaires, liés par des affinités régressives latentes, préféraient maintenir leur équilibre initial et le statu quo de leur couple, éventuellement au prix de symptômes bien supportés, perceptibles dans la seule sphère sexuelle.

2) D'autres fois, l'équilibre initial du couple est bouleversé par des circonstances particulières vécues par un des partenaires (rencontres, lectures, stimulations externes, aventures, etc.) qui lèvent son « silence pulsionnel » et rendent insuffisant le refoulement ou les divers mécanismes de défense. La pulsion partielle réveillée cherche alors une voie de satisfaction. Si le conjoint, choisi pour la mieux refouler, maintient sa pression initiale, la pulsion réveillée s'exprime :

— soit auprès d'un tiers (dans l'aventure extra-conjugale, dans une rencontre fortuite, dans des rapports avec des prostituées...),

— soit à travers des activités masturbatoires réapparaissant à l'âge adulte,

— soit à travers diverses formes plus ou moins pathologiques (brusque apparition de manifestations sadiques, ou masochiques, conduites d'échec ou d'autopunition, dépression, somatisation, etc., expressions éventuellement facilitées par le recours à l'alcool servant à lever l'inhibition).

3) Enfin dans de nombreux cas, notamment lorsque existe une relation dense entre les conjoints, et surtout si leur communication explicite ou implicite n'est pas mauvaise, le second partenaire ressent avec douleur l'évolution du premier, y perçoit un danger, mais y fait face notamment par une évolution personnelle. Il peut alors :

— soit refuser de donner lui-même satisfaction à la pulsion qu'il était implicitement et inconsciemment chargé de contrôler ; il peut alors orienter vers d'autres Objets cette pulsion (par exemple en tolérant certaines manifestations extérieures incontrôlables) ou se distancier de son partenaire en s'autonomisant, éventuellement en se séparant de façon à maintenir son propre équilibre,

— soit donner satisfaction à la pulsion jusque-là refoulée de son partenaire, *quitte à subir lui-même une évolution intrapsychique* plus ou moins importante, par exemple en levant certaines de ses inhibitions, en renonçant, dans la mesure où il le peut, à certaines de ses défenses propres, en laissant pénétrer dans son propre champ de conscience des représentations mentales jusque-là refoulées chez lui-même, etc. Souvent, la satisfaction n'est accordée que partiellement ou *sur un mode purement fantasmatique* (par exemple des jeux, des plaisanteries...) ou dans des comportements précis qui se ritualisent peu à peu dans la vie du couple (comme dans les préludes sexuels). Un nouvel équilibre s'instaure alors entre deux partenaires qui ont profondément évolué l'un et l'autre dans leur fonctionnement intrapsychique personnel, après une phase de crise plus ou moins longue et difficile, introduite par le retour du refoulé chez l'un des deux. C'est un phénomène fréquemment observé en raccourci au cours des thérapies de couple, où l'amélioration des modes de communication permet la découverte des attentes mutuelles actuelles, la réorganisation profonde des relations et des attraits, avec une nouvelle idéalisation et notamment une « surestimation sexuelle » du partenaire (au sens freudien du terme), liée à une nouvelle érotisation de leurs relations.

Le retour du refoulé joue donc un rôle dynamique essentiel, et ce qu'il introduit dans les processus de crise, aboutit à des évolutions très diverses.

Cela peut notamment se traduire par *un retour de l'idéalisation instauratrice du lien amoureux*. D'une manière ou d'une autre, c'est un phénomène qu'on peut considérer comme général, perceptible chez tous les couples qui durent, dès qu'ils sont ainsi conduits à se réorganiser en renouvelant leurs relations. Les partenaires, à la faveur de la déception instauratrice de la crise, renoncent à une idéalisation initiale mutuelle, et reconstituent une nouvelle forme d'idéalisation suivie d'un nouveau travail critique, puis d'une nouvelle idéalisation, etc. Il est vrai que, hormis les premières, ces périodes se chevauchent de plus en plus, et c'est de manière tant soit peu abstraite qu'on peut plus tard distinguer phase de crise et phase de restauration. Crises et restaurations ultérieures utilisent la même dynamique et gardent les mêmes formes.

Même si le travail de deuil portant sur un aspect particulier n'est pas achevé, une nouvelle idéalisation succède à l'ancienne, sous une forme de plus en plus élaborée, discrète parce qu'appuyée sur des données plus proches à la fois de la réalité psychique et de la réalité perçue du partenaire, — réalités beaucoup moins perceptibles par les tiers que par le conjoint, affectivement très proche et ressentant son partenaire de « l'intérieur ». Il faut considérer qu'il s'agit là d'un processus constant et répétitif, même chez des couples dysfonctionnels, tant que subsistent une valorisation narcissique réciproque et une relation privilégiée entre les partenaires, parfois même après une séparation objective.

Sur quoi s'appuie cette nouvelle idéalisation? Souvent, sans doute, sur l'intense besoin narcissique d'être constamment réassuré par le partenaire, qui, *pour apporter sa véritable « confirmation » doit être bien qualifié pour cela* et donc recevoir lui-même estime et affection. Cela suppose que chaque membre soit susceptible de découvrir de nouveaux aspects gratifiants chez l'autre. L'idéalisation nouvelle peut aussi provenir d'une déculpabilisation progressive permettant de donner valeur positive à ce qui, au début de la relation amoureuse, était souvent ressenti comme négatif ou suspect chez l'autre, et à ce titre, méconnu, ignoré chez lui : aspect particulièrement net à propos de l'*érotisation renouvelée du partenaire, appuyée sur la déculpabilisation de pulsions prégénitales initialement refoulées,* comme on peut l'observer notamment à l'occasion de thérapies de couples relativement âgés.

Cependant cette idéalisation secondaire n'est jamais que l'idéalisation d'une représentation du partenaire. Un nouveau clivage permet de détacher en lui un bon et un mauvais aspect. On peut éventuellement ne vouloir reconnaître en lui qu'un aspect, quitte à le détacher presque totalement de la perception relative de sa réalité. Ce bon Objet introjecté, qu'un Sujet veut reconstituer intact en lui pour se sentir bon lui-même, suivant les vues kleiniennes déjà citées, n'est qu'un reflet détaché de la personne totale de l'autre.

Le partenaire comme support des représentations des mauvais Objets inté-
riorisés.

Nous avons, à propos des crises qui ponctuent et structurent l'évolution du Couple, évoqué successivement les rôles du partenaire comme support externe de l'image intériorisée du bon Objet (⁴), puis comme support d'une image d'Objet absorbant le Sujet (⁵). Reste encore à évoquer une situation sans doute moins fréquente et moins claire où le partenaire est chargé des représentations du mauvais Objet. Problématique plus complexe, puisqu'il ne peut devenir véritable partenaire stable dans le Couple s'il n'est qu'un mauvais Objet. Dans ces conditions, il servira d'étai à la fois à une figure de bon Objet et de mauvais Objet ; en général, il est dans un premier temps Objet de désir et investi comme bon sur un mode ambivalent, mais qui s'inverse ensuite. Son investissement narcissique doit rester au moins un temps supérieur à sa qualité d'Objet mauvais, source de frustration et de persécution. Mais la clinique des couples montre la réalité de projections très intenses, faites sur le partenaire, des mauvais aspects d'un Objet intériorisé dans le passé du Sujet. La problématique du rapport avec un partenaire investi comme mauvais Objet est ainsi toujours complexe et instable, puisqu'il ne peut pas être seulement investi de cette manière, mais toujours en association avec d'autres modes plus positifs d'investissement.

Certains Sujets, habituellement gênés par d'importantes difficultés relationnelles, se comportent comme s'ils avaient *besoin d'un partenaire à hair,* faute de quoi ils sombrent dans de plus grands troubles et notamment dans un délire de persécution, ou un vécu persécutoire accompagné des troubles du comportement correspondants.

Mais si certains malades peuvent apporter la caricature de tel fonc-tionnement, la problématique du choix d'un partenaire vécu comme mauvais Objet ne doit pas être considérée comme une exception éprouvée seulement par des malades. Au contraire, il convient de la reconnaître à un degré ou à un autre au sein de la plupart des couples, puisqu'elle tendra un jour à se manifester, de manière plus ou moins voilée. L'ambivalence qui définit toute relation affective s'inscrit naturellement dans le rapport amoureux, même si elle est refoulée ou niée dans les premiers temps de la relation. Comme il a été souligné à propos des phases précritiques, le partenaire est protégé longtemps contre le retour de cette ambivalence, et l'aspect agressif frustrant ou persécutoire est attribué d'abord à des éléments extérieurs : un clivage dichotomique tend à faire attribuer cette disposition hostile à des tiers ou des rivaux, dont le partenaire semble dépendre, ou avoir dépendu : son milieu, sa famille, les mauvaises

(⁴) Notamment in IIIᵉ partie, chapitre III.
(⁵) Notamment in IIIᵉ partie, chapitre IV.

influences qu'il subit, les mauvaises conditions biologiques ou sociologiques (travail, fatigue...) dont il est une victime contrainte. Mais le partenaire peut être lui-même atteint et accusé d'être aussi facteur de souffrance pour le Sujet, sinon cause et origine de cette souffrance. Ainsi se traduit l'échec des premiers mécanismes de défense et des clivages par lesquels le partenaire était jusque-là protégé du réveil de la pulsion d'agression.

Certaines conditions rendent plus fréquent ce phénomène :

1) D'abord des dispositions psychopathologiques personnelles : Sujets à la limite de la décompensation psychotique, « *border line* », ayant vécu des expériences dissociatives partielles, limitées — quelle que soit l'étiologie qu'on puisse reconnaître à de telles dépersonnalisations — ou encore, et la frontière entre les deux situations est souvent difficile à définir, Sujets gravement carencés ayant subi de notables traumatismes psychiques dans leur première enfance.

2) D'autre part, la nécessité subjective de protéger des liens privilégiés avec d'autres personnes très importantes et très investies — parents, frères et sœurs, idéaux —, qui ne doivent être à aucun prix menacés par la vie conjugale ; par exemple relation de culpabilité refoulée à l'égard d'un parent.

Le Sujet qui se défend de toute haine inconsciente à leur égard grâce à une formation réactionnelle, leur attribue au contraire toutes les vertus. En quelque sorte, l'hostilité ne peut se frayer un chemin vers eux et se rabat sur le partenaire : les projections de la haine inconsciente ont été déplacées sur lui.

Cette dernière considération éclaire sans doute un fait clinique fréquent, à savoir que, le plus souvent, le couple n'est pas détruit par ce courant de haine : tout se passe comme si *le Sujet, encombré d'une telle charge de haine d'origine archaïque*, profondément inconsciente, obligé de ménager certains de ses Objets, *avait un besoin absolu de son couple pour y décharger cette haine*, quitte à la compenser par un grand dévouement ou d'autres processus de réparation. Dans une perspective kleinienne, on peut comprendre les motivations profondes de certaines attitudes apparentées à la réparation, par lesquelles la figure maternelle initialement haïe ou fantasmatiquement blessée est déplacée sur un partenaire qu'il convient secondairement de « réparer », au sens kleinien du terme. De même, l'envie, dans sa forme radicale et mortifère, peut être détournée du premier Objet d'amour, et manifestée contre un partenaire choisi de telle manière qu'il puisse s'y prêter.

Généralement, ces affects où se manifeste la pulsion destructrice ne sont pas exprimés de manière constante, et donnent plutôt lieu à des comportements oscillants ou instables : gestes de haine, comportements vindicatifs et persécuteurs sont alors suivis, chez le Sujet, de sentiments de culpabilité accompagnés de dévouement tendre et de séduction, *permettant au partenaire de se laisser rétablir, et surtout de témoigner qu'il n'a pas été totalement détruit par l'accès initial de rage destructrice.* Ainsi, en retour, le Sujet se trouve à nouveau narcissiquement rassuré : *le couple joue bien son rôle de confirmation mutuelle des partenaires.* Il arrive cependant que, dans de tels cas, les rapprochements les plus intimes, notamment l'union sexuelle, deviennent très difficiles et que le plus fragile des deux protagonistes — en général le plus persécuteur — ne soit pas capable de ressentir un véritable émoi pendant l'union : il parvient peut-être à exécuter ou à accepter l'acte, à condition de n'y pas trop participer, de n'y pas trop « éprouver », et souvent grâce à l'utilisation de raisonnements où les sentiments moraux — proches de la réparation — ont une place majeure.

L'expérience montrant que le couple peut parfois résister longtemps à ces intenses explosions de haine ou de mépris, le problème ainsi posé par l'organisation de tels couples est celui de la tolérance du partenaire, autrement dit des bénéfices inconscients que ce dernier peut tirer de tels liens. La première réponse, classique, invoque les *caractéristiques individuelles* de ce dernier : tendances dépressives et autopunitives, ou caractère masochique. Cette réponse a indubitablement sa part de vérité que peut confirmer l'entretien clinique personnel. Cependant cela ne suffit pas à expliquer entièrement cette tolérance à l'intense manifestation de haine du persécuteur : en effet, avant leur mariage, certains de ces conjoints n'avaient pas toujours manifesté eux-mêmes de grandes tendances autopunitives, ni de traits masochiques marqués. Il est difficile de ne pas faire sa place ici à une seconde réponse, invoquant un *jeu systémique* des connexions entre les modes de fonctionnement de chaque membre, puisque c'est à l'intérieur du couple, et seulement là, que se manifestent ces attitudes réciproques.

Les exposés de certains auteurs, notamment de Richter et de Stierlin, apportent ici un éclairage intéressant en soulignant que l'attribution ou l'acceptation d'un jeu de rôles est utilisée par chacun pour le débarrasser d'une tension psychique intra-individuelle. Le conflit personnel ne reste plus intrapsychique, mais est introduit dans la relation et permet la manipulation réciproque du partenaire comme Objet substitutif ou prolongement narcissique de soi-même. C'est sans doute dans le cadre d'un engrenage à peu près symétrique des rôles qu'on peut le mieux saisir le fonctionnement de tels couples, à condition de renoncer à attribuer à un seul des deux la responsabilité de cette distribution.

Par exemple, le Sujet tolérant qui prend le rôle de victime a souvent choisi son persécuteur comme Idéal du Moi — sans doute dans le sens initial où Freud distinguait encore mal ce terme de ce qui devait devenir le Surmoi de sa seconde topique : c'est un aspect surmoïque qui est attendu chez le persécuteur. Dans la partie la plus profondément refoulée de son inconscient, le Sujet tolérant attend de violents reproches et des sanctions sévères pour la transgression plus ou moins fantasmatique d'interdits qu'il a habilité son partenaire à formuler. Seul ce dernier est chargé de définir et de représenter la « Loi » ainsi que d'incarner la menace de castration. C'est ainsi que de très violentes expressions de haine méprisante — qui seraient intolérables pour beaucoup d'individus, et depuis longtemps auraient fait disparaître leur couple — sont tolérées par certains et paraissent ne pas mettre en question l'intégrité narcissique du Sujet menacé. La haine et la dénégation de toute valeur propre, qu'émet le persécuteur, ne paraissent pas être ressenties par la victime comme exprimant une menace d'anéantissement mortel, physique ou moral ; elles sont vécues seulement dans le registre de la castration et de l'expiation, et dès lors confirment la victime dans le sentiment même de sa propre existence et de sa perfectibilité.

Parfois, il convient de distinguer à l'intérieur du concept de rôle, différentes significations. Parmi celles-là, on peut retenir celle d'une sorte de « mission » dévolue à la victime, qui doit par son expiation permettre la « rédemption » du partenaire haineux. Cet aspect semble important dans certaines situations dramatiques paroxystiques, passagères bien que répétitives.

On l'observe notamment dans la réaction au conjoint alcoolique. Il est traditionnel d'y décrire l'exemple de la relation sadomasochique. Mais cela n'est pas toujours suffisant pour comprendre l'ensemble de la situation, ni l'intense confortation narcissique dont bénéficie la victime immolée, chargée d'accomplir la rédemption du bourreau bien-aimé qui risquerait l'enfer sans ce sacrifice sublime. Il est évident que les connotations culturelles peuvent s'ajouter à ce tableau et en certaines conditions modifier les bénéfices narcissiques que trouve alors la victime. Les confesseurs d'autrefois connaissaient cet aspect et l'exploitaient parfois dans le sens de la gratification de la victime et du renforcement de la tolérance ; les conditions culturelles actuelles semblent plutôt jouer en sens inverse, en dévalorisant le sacrifice ou en culpabilisant le masochisme.

D'autres fois, la perception de cette mission protectrice est exprimée différemment. Elle apparaît dans l'entretien conjoint sous forme d'un changement de niveau de communication.

Obs. n⁰ 38.

Témoin cet entretien très difficile, où une femme très véhémente et volubile s'excitait de plus en plus contre son partenaire, passant de l'expression de griefs précis à celles d'injures de plus en plus infamantes, véritablement hurlées en séance à son mari auquel elle interdisait toute réponse ou ébauche de justification. Le niveau sonore de l'entretien atteignant son paroxysme, et exigeant deux secondes de respiration complémentaire pour la femme, le mari qui, d'abord très ému et irrité, regardait sa femme avec une expression de plus en plus compatissante, eut le temps de dire tranquillement au thérapeute :

« Voyez, je crois qu'elle est un peu nerveuse. » Sans doute comprit-elle, car cela suffit à la faire changer de registre, fondre en larmes et se faire consoler par le mari, de nouveau ému, mais cette fois dans un registre protecteur.

En quelque sorte, il avait cessé de se sentir atteint par le comportement explicite du discours qu'elle émettait pour n'en plus retenir, à travers la signification relationnelle du message, que la dimension existentielle de souffrance ou de faiblesse, à quoi il répondait en accomplissant sa mission de protecteur et en donnant de la relation une autre « définition ».

D'autres fois — comme l'évoque déjà l'exemple précédent — la distribution de rôles, même caricaturaux, prend un *caractère alternatif*. A la limite, si elle est très souple, réversible, variant suivant les différents plans, cette distribution de rôles ne se remarquera plus du tout ; et le couple, comme structure ou système, devrait alors être considéré comme sain, facilitant l'attribution et l'acceptation du rôle de mauvais Objet suivant la tolérance ou les besoins de chaque partenaire. L'identification projective peut alors présenter un caractère *flottant* comme l'évoque Dicks [6].

Une telle structure du couple peut même être désignée comme thérapeutique, ou au moins préventive, en ce qu'elle protège les individus contre un vécu persécutif ou des réactions de type paranoïaque : le partenaire aimé, s'il peut se permettre de supporter ces projections culpabilisantes ou persécutoires, devient le meilleur « moyen » pour un Sujet de se débarrasser de cette part de soi-même qui l'encombre et qu'il n'a plus besoin de manifester ailleurs. C'est sans doute dans ces conditions que peut le mieux se percevoir la véritable « fonction psychique du couple » (ou plutôt de ce qui correspond à l'expression anglaise de *pair making*).

Il est vrai cependant qu'une telle souplesse dans la distribution alternative des rôles ne peut guère concerner que des individus eux-mêmes souples, particulièrement adaptables, et utilisant avec aisance le registre entier de leurs mécanismes de défense ; et en ce sens ce sont ceux qui ont le moins besoin d'une telle relation conjugale. Et il faut reconnaître que les Sujets qui, du fait de la souplesse de leur fonctionnement défensif, pourraient être définis comme normaux, sont souvent ceux qui font le choix d'un système de relation amoureuse plus satisfaisant.

Qu'en est-il des autres ? Ceux dont les traits de caractère personnels, habituels, témoignent de l'obligation rigide ou stéréotypée de recourir toujours au même mécanisme de défense, — autrement dit de ceux qui se

[6] DICKS (Henry V.), *Marital Tensions. Clinical Studies towards a Psychological Theory of Interaction*. London, Routledge and Kegan Paul, 1969.

présentent avec une rigidité caractérielle qui les apparente aux névrosés, aux psychotiques ou aux personnalités psychopathiques? Que font-ils des divers aspects du mauvais Objet interne? Il nous semble remarquer que, dans leur couple même, ils parviennent à en vivre une part, et en quelque sorte, à l'y métaboliser, notamment par une identification projective sur le partenaire. Et ceux-là pour lesquels le couple — ou le « pair making » — *représente un mode spécifique très important de normalisation et de protection contre le risque d'une décompensation pathologique,* tiennent évidemment beaucoup au maintien de leur couple, même s'ils y souffrent. Par exemple, les discours contemporains répudiant la vie en couple en tant que mode médiéval d'existence, et d'aliénation, n'ont pas prise sur eux, qui pourtant souffrent précisément dans leur couple. Malgré tout, la possibilité de projeter sur un partenaire contrôlé ce qu'ils ne supportent pas en eux-mêmes est trop précieux pour qu'ils prennent le risque de le perdre, sous prétexte de certaines souffrances ou défaillances.

On observe avec une certaine fréquence des couples très conflictuels, dysharmonieux, dont, à première vue, on saisit mal la nature des liens qui les unissent, devant l'importance de la souffrance qu'ils se font éprouver : — non seulement couples sadomasochiques, qui parviennent encore à érotiser à leur manière l'agressivité qu'ils se témoignent, mais plutôt couples où l'érotisation elle-même apparaît réduite; par exemple, couples sans satisfaction ni activité génitale, partenaires « coexistants », mariages dits de raison, etc. On constate chez eux un fonctionnement groupal tel qu'il interdit le traitement et l'évolution séparés d'un des partenaires, comme s'il s'agissait avant tout de *maintenir la possibilité pour chacun de posséder toujours un partenaire à haïr.* Hors de leur vie familiale ou conjugale, ils paraissent à l'aise, ils sont adaptés au mode de vie de leur milieu où on les définit souvent comme équilibrés. *Equilibrés dans le monde, et psychotiques seulement dans le cadre de leur couple à qui ils réservent l'enfer de leur vie.* Ainsi voit-on parfois leur brutale décompensation lorsque, malgré leurs efforts, disparaît leur couple pour une raison indépendante d'eux.

Obs. n⁰ 39.

Témoin l'histoire de Catherine F. Peu désirée au sein d'une famille conflictuelle, elle a eu une enfance pénible et garde le sentiment d'avoir été, plus que négligée, rejetée. Sa mère refuse d'écouter ses plaintes, et son père, de plus en plus souvent absent, a pris ses distances. Sitôt passé son Certificat d'Etudes, elle est envoyée en usine et se trouve l'objet des brimades des autres. Une tuberculose l'oblige d'abord à un arrêt de travail la ramenant dans la dépendance matérielle de sa famille qui le lui fait sentir, puis à une hospitalisation éloignée; on lui écrit très peu. Au retour, elle se fiance à un garçon qui est tué pendant son service militaire... Elle s'isole de plus en plus, se sent l'objet d'un rejet général et développe une méfiance à l'égard de tous. Elle veut cependant se marier et « en désespoir de cause », épouse, par annonce publicitaire, un homme, de vingt ans son aîné, dont elle apprécie qu'il se considère, comme elle, victime d'une société hostile. Elle juge son anticonformisme comme un signe d'originalité ; elle remarque ses conflits habituels avec l'autorité, et remarque même le rejet dont il est l'objet de la part de tous. Ex-militant d'extrême droite, puis d'extrême gauche, il se dit anarchiste et tyrannise ses subordonnés par une discipline de fer, — en les épiant et les sanctionnant —, ce qui a pour effet de le faire repousser par tous. Elle comprend très bien ses sentiments, et même les partage. Et elle apprécie vivement qu'il veuille la protéger et prendre en pitié sa faiblesse.

Comme elle s'oppose à cette pitié devenue pesante, elle la voit alors remplacée par des manifestations d'hostilité, puis de mépris. Il impose sa loi, il la prive de satisfactions sexuelles et justifie cette abstinence successivement par la nécessité de la punir, puis par une homosexualité qu'il affirme, puis par des maladies vénériennes. Plus elle revendique, plus il s'abstient ; mais l'expression du sadisme du mari aboutit quelque temps à une relative érotisation de leurs rapports. Cependant, elle se décide à consulter. Elle bénéficie alors d'une psychothérapie individuelle qui l'amène à comprendre le masochisme masqué et latent de son mari, ce qu'elle exploite quelque temps. La relation s'améliore, devient plus symétrique, sinon très satisfaisante ; mais ils continuent de se persécuter mutuellement, en se punissant par des sanctions par lesquelles chacun se punit autant qu'il punit son partenaire. Elle revient alors exprimer sa haine et son mépris, mais il n'est question ni pour elle, ni pour lui d'une quelconque séparation malgré l'enfer qu'ils vivent et l'absence d'enfants. Le mari refuse toute aide psychologique, tant individuelle qu'en couple, et elle n'insiste plus.

Huit ans plus tard, elle revient en pleine crise. Elle a perdu son mari d'un cancer et s'est trouvée seule et désemparée. La méfiance s'est réveillée. Personne n'a accompagné au cimetière cet homme détesté de tous. Elle s'est vraiment sentie l'objet d'un mépris général, puis d'une hostilité plus active, et elle s'est peu à peu persuadée que ses voisins pénétraient chez elle en son absence, empoisonnaient ses aliments, lui envoyaient des odeurs nauséabondes ou des rayons troublant son sommeil, épiant ses moindres gestes et allant jusqu'à répéter ses pensées secrètes. Elle finit par porter plainte à la police, qui, après enquête, cesse d'intervenir, ce qu'elle interprète comme une complicité avec ses voisins. Elle a alors porté plainte en justice contre le commissaire de police qui ne voulait pas la protéger, puis contre le procureur de la République qui ne condamnait pas le commissaire...

Enfin un délire systématisé de persécution l'a totalement envahie ; elle ne cherche pas à étayer son argumentation qu'elle ne critique absolument pas : sa conviction est entière, bien qu'elle ne cherche à fournir aucune preuve des intuitions auxquelles elle adhère sans réticence. Elle accepte cependant une chimiothérapie préparée sous l'alibi d'une protection de son cerveau contre les attaques de ses persécuteurs : traitement qui réussit d'abord à la calmer, puis à faire disparaître toutes les hallucinations cénesthésiques, olfactives, puis auditives, enfin qui atténue le délire, qu'elle oublie peu à peu, mais dont elle ne fait cependant aucune critique rétrospective. Elle est aujourd'hui pacifiée, mais convaincue, sans savoir pourquoi, que rien de tout cela ne pouvait survenir du vivant de son mari, dont cependant elle rappelle toujours qu'il la persécutait bel et bien, et elle ajoute : « *Je ne peux plus me dresser contre lui aujourd'hui, le pauvre homme, il est mort.* »

Avoir sous la main quelqu'un, bien à soi, sur qui on peut écouler sa haine, est aussi un bon moyen de se débarrasser de cette haine. Mais cela suppose que le partenaire qui tient ce rôle ne risque pas d'y échapper : il doit être bien possédé, être lié par une relation de dépendance et même de propriété. La haine elle-même est toujours facile à justifier, puisque le partenaire ne répond jamais à toutes les attentes idéalisées, placées initialement en lui.

On dit souvent que le partenaire se charge du rôle de « bouc émissaire », mais un bouc émissaire qui resterait présent, répétitivement utilisable, et que le Sujet ne sacrifierait jamais totalement : plutôt ce qu'on appelle « une tête de Turc ». En effet, on l'accuse de tous les péchés, on le charge de toutes les défaillances, et plus largement, de tout ce que le Sujet ne supporte pas en soi-même : ainsi peut-il le haïr et le mépriser. Mais il a bien trop besoin d'un tel partenaire haïssable pour risquer de le perdre ; il faut que ce dernier subsiste et se restaure assez pour être en état de recevoir la prochaine décharge de haine. D'où *la nécessité* qu'une telle relation s'accompagne d'*appropriation réciproque* [7]. Or, ce sentiment peut être en rapport avec un degré important d'identification mutuelle chez les partenaires, ou encore avec une relation de non-différenciation des partenaires : lorsque les frontières du Moi sont mal définies entre eux, l'autre est vécu partiellement comme faisant partie de soi. Le Toi est plus ou moins intérieur au Moi. Les identifications projectives peuvent alors jouer leur rôle maximum et, tout particulièrement, permettre la projection

[7] Noter que ce sentiment d'appropriation réciproque n'est pas lié au mariage en tant qu'institution, et on le trouve aussi fréquemment chez des couples non légalement mariés. Cela se comprend fort bien si on saisit le lien entre ce sentiment d'appropriation et le fait d'une non-différenciation des partenaires en pleine collusion.

sur l'autre des aspects rejetés de soi, quitte à ce que la réciproque se réalise. *L'intimité des partenaires repose alors, dans l'inconscient, sur le partage d'une commune haine* qui peut parfois survivre au couple officiel, comme on peut l'observer après le divorce.

Certaines conduites vindicatives après séparation ou divorce peuvent se comprendre dans ce cadre, comme si un individu, pour ne pas se haïr soi-même, avait besoin d'écouler toute *sa haine sur un autre ayant autrefois fait partie de soi.* Si le partenaire a trahi, il justifie alors la haine salvatrice qu'on a pour lui, grâce à laquelle on n'est plus obligé de se haïr et de se détruire soi-même. La projection de la pulsion de mort sur le partenaire garde sa vertu après la mort du couple. Malheureusement la haine peut s'exprimer en des termes qui atteignent l'enfant du couple en tant qu'il est vécu comme enfant de l'autre — (soit qu'il lui ressemble, qu'il dise le préférer, qu'il témoigne d'une distance ou d'une indifférence apparente à la guerre entre les parents, etc.) — Médée punit Jason en tuant les enfants qu'elle a eus de lui.

Ainsi arrive-t-il que la mort du couple ne mette pas fin à la haine qui animait les partenaires, haine dont ils avaient parfois besoin pour survivre, tandis que chez d'autres la mort du couple ne laisse plus l'espoir d'écouler des dispositions persécutrices qui, faute de cette focalisation, prendront la forme étendue d'un grand délire.

QUATRIÈME PARTIE

COUPLE ET SOCIÉTÉ

CHAPITRE PREMIER

COUPLE ET COMMUNICATION

La communication et sa clarification dans l'entretien conjoint.

On ne soulignera jamais assez l'importance des problèmes de communication en ce qui concerne le fonctionnement du couple, et il n'est pas possible de chiffrer la proportion des échecs de vie en couple liée à la médiocrité de la communication entre les partenaires : insuffisance parfois quantitative, lorsque dès le départ, un obstacle extérieur au fonctionnement du couple tend à la limiter : langues différentes, carence du développement intellectuel, carence du développement verbal..., facteurs rarement isolés qui retentissent les uns sur les autres. Le plus souvent la communication est qualitativement insuffisante, et on connaît ces couples dont les partenaires sont capables de se transmettre une très grande quantité d'informations sans que pour autant leur communication soit bonne. Cette avalanche d'informations est précisément un moyen de ne pas communiquer sur l'essentiel, témoignant par là que beaucoup se défendent contre une communication qu'ils redoutent.

Il en va sur ce plan de la vie des couples comme de la vie de tous les groupes et de la Société plus largement : on peut utiliser les canaux d'information nombreux mis en principe à la disposition des citoyens, de telle manière qu'ils reçoivent une très grande quantité d'informations sans importance, ce qui permet de noyer dans ce flot les quelques messages importants, ceux qui seraient susceptibles de modifier leur comportement, et qu'un pouvoir bien établi peut avoir tout intérêt à masquer sans oser pour autant les censurer tout à fait officiellement. De même en est-il au niveau du couple, où la médiocrité de la communication tient souvent aux différentes manières de brouiller les messages. Les mesures de protection individuelle en face du couple ou du partenaire — auxquelles nous avons souvent fait allusion — conduisent ainsi les intéressés à tenter de couper la communication, mais, suivant le postulat proposé par Watzlawick et ses collaborateurs, « on ne peut pas ne pas communiquer ». Pour essayer cependant de ne pas communiquer, il faut utiliser toute une série de stratagèmes qui forment eux-mêmes une communication destinée à en empêcher une autre.

Ailleurs la communication peut être insuffisante par la forme qu'elle prend ou par les canaux qu'elle emploie, dont la multiplicité peut conduire aux contradictions : rarement contradictions antinomiques qui obligent à rectification, mais beaucoup plus contradictions masquées, sous forme de paradoxes qui interdisent une réponse adaptée, ou qui sont une manière d'éviter de répondre à une question explicite ou implicite. Les troubles de la communication peuvent encore être liés au caractère évolutif des relations à l'intérieur du couple, aboutissant à accumuler les sens successifs sur un même message, jusqu'à lui retirer toute possibilité d'utilisation pragmatique. La communication varie dans le temps et paraît même revêtir parfois une forme cyclique, ponctuée par les grandes phases cycliques qui la renouvellent.

Enfin les partenaires et le couple qu'ils forment sont soumis aux pressions du groupe social environnant, qui dès le début de l'existence les « informe », en leur donnant accès au langage et aux lois dites et non dites auxquelles ce dernier se réfère. Ainsi la Linguistique, sinon la Sémiotique, permet-elle dans sa complexité un nombre immense d'interprétations, depuis les plus psychanalytiques jusqu'aux plus sociologiques.

Dans la pratique clinique des thérapies de couple, l'activité la plus importante du thérapeute consiste habituellement à favoriser la communication entre les partenaires. Le plus souvent, c'est par là qu'il obtient presque sans interprétation les résultats les plus manifestes, les plus rapides, parfois profonds. Même si ce premier travail reste insuffisant et exige un approfondissement ultérieur, il consiste d'abord en une clarification des messages et une confrontation entre les sens différents qu'ils ont pour l'un et l'autre des partenaires : travail considérable qui, pour se montrer efficace, doit être mené avec précision, quitte à *n'utiliser qu'une très brève séquence* du matériel apporté dans la séance.

Il faut travailler cette séquence *jusqu'à ce que tous les éléments latents du discours aient été envisagés, repris, retravaillés par l'un puis par l'autre,* le thérapeute devant sans cesse intervenir, pour conduire celui qui reçoit le message à préciser ce qu'il a entendu et les sens divers qu'il lui donne avant d'y réagir sur le fond. Il faut ensuite redonner la parole à celui qui émis le premier message, pour qu'il précise ce qu'il entend de la réaction de son partenaire sur son premier discours, et, avant qu'il le corrige, il faut que le receveur puisse lui-même réagir à la réaction de l'émetteur, etc. C'est sans doute à ce niveau que se fait l'essentiel du travail dans la plupart des entretiens conjoints.

Même si l'entretien conjoint ne peut approfondir qu'une ou deux phrases, il est le moyen d'apprendre aux partenaires à communiquer sur leur communication, ou si l'on veut, à métacommuniquer : aspect pédagogique du problème absolument fondamental permettant l'évolution du couple qui apprendra progressivement à se passer des services provisoirement nécessaires du médiateur qu'a été le thérapeute. L'évolution du couple se montre directement liée à ce travail de clarification des messages, clarification qui ne signifie certainement pas maintien des relations antérieures, mais qui va faciliter l'évolution soit dans le sens d'un approfondissement ou d'un réengagement mutuel, soit dans le sens d'une séparation. Seule cette élucidation peut permettre à d'anciens partenaires de garder un minimum de relations dignes d'être appelées humaines.

La multiplicité des canaux de communication.

Un des éléments qui contribue à la si grande complexité des problèmes de la communication au sein du couple, vient de la multiplicité des canaux par lesquels les messages peuvent être adressés : le langage de la vie affective reste toujours très proche du corps ; c'est un mode de *communication analogique,* sans syntaxe précise, toujours chargé de sens multiples qui doivent être interprétés par le receveur du message. Or l'absence d'une syntaxe précise, l'impossibilité d'une véritable négation, et son caractère polysémique le rendent difficilement interprétable ; il est fonction à la fois de la manière dont il est émis par l'émetteur et de la manière dont il est reçu par le récepteur, donc de toutes les conditions, floues, dans lesquelles s'inscrit la relation entre les partenaires. En outre, les différents canaux corporels par lesquels passe une partie de l'expression des affects — gestuelle, mimique, sexuelle, regard, etc. — ne peuvent être exploités sans un recours au langage verbal. Le langage corporel a besoin d'être interprété et il ne peut guère l'être que par l'intermédiaire de ce langage verbal qui, malgré ses défauts, s'avère en fin de compte prépondérant.

Mais ce dernier lui-même est bien imparfait pour transmettre un message « affectif » clair. Quels que soient les facteurs psychologiques ou sociologiques qui expliquent cette imprécision, ces connotations, cette multiplicité de sens, il reste très proche du langage corporel ; il se situe à *l'opposé du langage scientifique,* qui fabriqué sur des bases rationnelles a cherché *a priori* à définir des concepts clairement délimités, susceptibles d'être utilisés dans des opérations formelles ; mais l'histoire du langage scientifique (¹) (²) révèle qu'avant de parvenir à des concepts opératoires efficaces, il a fallu que les mots soient soigneusement détachés, épurés

(¹) LEMAIRE Jean G., *Psychopathologie de la Pensée mathématique et du mathématicien* (thèse Fac. Méd., Paris 1957).
(²) Le LIONNAIS F., *Les grands courants de la Pensée mathématique,* Cahiers du Sud, Paris, 1948.

progressivement des sens annexes considérés comme des scories, qu'ils contenaient au départ. Or précisément, c'est de ces scories, de ces sens annexes, de leur origine ou de leur éthymologie que le langage affectif tire toute sa richesse, notamment en ce qui concerne l'état amoureux, distinct mais proche des états pathologiques et des vécus très primitifs, liés aux racines pulsionnelles les plus archaïques de l'être. Au sens psychanalytique, le processus primaire y opère encore activement comme dans le rêve et le fantasme, avec ses processus de déplacement et de condensation.

La communication des affects et des émois les plus importants se fait, même chez les adultes, davantage par les gestes, les mimes et les sons que par les mots qui ne viennent qu'après, ou qui accompagnent, précisent, nuancent ou démentent ce que déjà la mimique a dit. C'est donc lorsque les tendances affectives sont au maximum que l'être, même l'adulte, utilise le plus ses canaux primitifs de la communication, d'où l'importance de leur observation au moment des conflits.

Autre conséquence de cette primauté des signifiants corporels sur les verbaux en cas de charge émotive intense : le retour en arrière vers ces modes d'expression anciens s'accompagne des particularités du fonctionnement psycho-affectif premier, notamment de l'inconscience. L'affect ainsi exprimé à l'autre par le corps peut être ignoré par le Sujet, qui a réussi à en refouler la représentation (³). Son partenaire le perçoit, alors que le Sujet qui l'exprime le méconnaît en toute bonne foi. Ainsi « respire-t-il la bonté », « transpire-t-il la peur », ou « laisse-t-il sourdre une haine » qu'il méconnaît, mais que l'entourage perçoit. Alors la contradiction devient manifeste pour autrui, puisque la mimique « dit » clairement un affect intense que le mot « nie » effrontément. Cela suffit à accuser de mauvaise foi le locuteur ignorant de la multitude des signaux qu'il émet. Il devient inconscient de ses messages mimiques, comme il l'était, quand, bébé, il les émettait avant d'être conscient de soi-même et de sa propre existence.

C'est cette contradiction des messages émis par les canaux différents qui est sans doute la source la plus importante des brouillages de la communication. Entre le canal verbal et le canal mimique, l'inconscience fréquente du second a des conséquences particulièrement lourdes. C'est ce qui justifie certaines tentatives contemporaines de thérapies du couple — ou de la famille — utilisant le magnétoscope, qui permet au locuteur en colère d'observer la « gueule qu'il fait » lorsqu'il « engueule », ou celle qu'il fait lorsqu'il contredit cette expression mimique par une dénégation, peu convaincante pour l'entourage : mise au point parfois décisive qui nécessiterait une longue explicitation verbale sans ce moyen technique,

---

(³) On sait les débats entre psychanalystes au sujet du refoulement des affects. Certains estiment que c'est seulement leur représentation qui est refoulée dans l'inconscient, tandis que les affects ne peuvent l'être et ne sont que réprimés. Mais la notion d'affect est elle-même une représentation.

auquel recourent certains thérapeutes, notamment lorsqu'ils interviennent en milieu fruste où la pauvreté linguistique permet mal l'élucidation approfondie.

Les rapports entre les signaux émis par ces canaux de communication sont complexes, par exemple la gestuelle et la mimique peuvent accompagner le discours verbal pour le confirmer : la main, le poing, le masque du visage et particulièrement le regard sont utilisés couramment *pour appuyer* l'expression orale sans que celui qui parle en soit très conscient. Il arrive aussi que l'expression gestuelle et mimique soit utilisée précisément *pour atténuer* ce qui est exprimé oralement. Dans ce cas, une autre sorte de contradiction apparaît qui est constamment utilisée dans la vie sociale et à plus forte raison lorsque la charge affective est plus importante. Par exemple, lorsqu'on parle à son adversaire, on peut facilement confirmer par le geste ce qu'on lui dit, mais si l'on veut critiquer un ami, si l'on veut faire un reproche, de manière efficace, c'est-à-dire susceptible d'être pris en considération par l'ami, il faut compenser ce qui peut être reçu comme agressif sur le plan oral, et corriger l'aspect rationnel du message par un autre message, insistant sur l'amitié qui lie les protagonistes. Ce fait, déjà facile à observer au sein des petits groupes et dans la vie sociale en général, est particulièrement net à l'intérieur du couple : pour que la critique puisse passer, ou que l'injonction adressée au partenaire puisse être suivie d'effet, il faut qu'il puisse l'entendre et l'accepter, et c'est souvent le rôle de l'expression mimique ou gestuelle. Par exemple, comme on le constate souvent dans les entretiens conjoints, au moment où l'un des partenaires revendique ou reproche quelque chose à l'autre, il se rapproche un peu de lui, lui sourit, lui présente une mimique favorable, désarmant toute réaction agressive ou hostile. Le langage mimique et gestuel n'est d'ailleurs pas le seul utilisé dans ce sens, car le message oral lui-même va comporter des nuances qui, confirmant la mimique et la gestuelle, sont destinées à rassurer le récepteur du message.

Le problème peut secondairement se compliquer quand celui qui réclame un changement aura obtenu gain de cause; le partenaire qui aura été convaincu peut généralement sans le savoir, vivre la situation comme s'il avait échoué dans la négociation, ou comme s'il avait été vaincu; il reste désormais sur ses gardes, ce qui l'amènera la prochaine fois à *se méfier*, non plus de l'injonction claire émise verbalement, *mais surtout des signes d'accompagnement chaleureux et favorables;* par exemple, le geste de tendresse qui va précéder la revendication sera ressenti, non plus comme geste de tendresse, mais comme simple ruse pour obtenir un effet. La communication peut alors devenir très difficile, car l'émetteur de l'injonction qui a déjà plusieurs fois réussi à convaincre, ne comprend pas le changement d'attitude de son partenaire; il ignore de bonne foi l'usage qu'il a fait lui-même de cette expression mimique et de ce témoignage d'affection; il ne comprend pas non plus qu'ayant réellement « convaincu » plusieurs fois son partenaire, il le conduit à se défendre mieux, sans réaliser que ce dernier a été plus ou moins narcissiquement blessé.

Ainsi celui qui a cédé plusieurs fois a appris à se méfier des messages d'accompagnement évoquant la tendresse, l'amitié, la sympathie, sinon l'amour et donne à ces messages une signification contraire de ruse, d'hypocrisie ou d'hostilité franche. Par exemple, le mot « chéri », souvent utilisé dans ce sens, accompagnant généralement une mimique ou une gestuelle marquant la tendresse, peut, par sa simple évocation, être suffisant pour évoquer chez le récepteur une réaction de défiance. C'est comme si, après avoir été séduit les premières fois, il découvrait qu'il avait été soumis à un véritable chantage affectif ; désormais il refusera d'aliéner sa volonté et de se laisser « posséder ». L'histoire du couple conduit alors à ajouter une connotation suspecte du terme « chéri » quand il est employé entre les partenaires, et par là à compliquer ou à « sophistiquer » toujours un peu plus leur communication.

Des remarques similaires pourraient être faites à propos d'autres aspects du dialogue (⁴), utilisant d'autres canaux de communication et d'autres formes de langage. *Le langage génital, par exemple, a un caractère de provocation.* Il faut souligner sa valeur d'incitation à l'action qui peut entraîner aussi des réactions d'opposition masquée. Par exemple, le message émis dans des conditions favorables a habituellement pour effet de susciter ou de réveiller le désir sexuel du partenaire, qui y répond symétriquement. Ainsi modifie-t-il presque malgré lui les dispositions latentes de ce partenaire. Cette activité préludique ou « pré-préludique » s'organise le plus souvent sur un mode non conflictuel notamment dans les premières relations, puisque l'éveil du désir de l'autre est à la fois agréable et valorisant narcissiquement, corrigeant la trace éventuelle des blessures antérieures ou du complexe de castration.

Mais il peut se faire également que cette incitation au désir ou ce jeu complexe dans lequel s'enracine l'histoire des partenaires puisse là aussi se sophistiquer : *l'éveil du désir,* dans la mesure où il est provoqué, voulu par l'autre, peut très bien être *ressenti comme imposé par le partenaire provocateur, dépossédant ainsi le Sujet de son désir propre.* D'où des significations conflictuelles comparables à celle que nous avons citée dans l'exemple précédent, concernant le langage mimique : l'invitation du par-

---

(⁴) A ce niveau, il nous faut remarquer, en ce qui concerne l'échange sexuel dans le couple, l'inadéquation de la distinction psychanalytique classique entre l'acte et le discours, entre l'agir et le parler : quand, dans la pratique d'une cure, on oppose à juste titre les deux, c'est dans la mesure où un acte ou un *acting* sert à un Sujet à échapper à une situation conflictuelle latente, à un processus inconscient (le plus souvent à un mouvement transférentiel, s'il s'agit d'un *acting*), en quelque sorte interrompant ou gênant le processus analytique ; mais dans le cadre de la relation génitale entre les deux partenaires, il n'y a plus lieu d'opposer cet *acting* aux discours, les deux se situant dans le registre symbolique, suivant des formes différentes et parfois contradictoires, mais néanmoins toutes deux symboliques.

tenaire est d'abord plaisante et valorisante, confirmant le Sujet dans le sentiment de sa valeur comme Objet du désir de l'autre; mais il peut se faire qu'au moment où s'organise cette incitation, celui qui reçoit le message ne soit pas dans des dispositions favorables au triomphe de son partenaire; peut-être se trouve-t-il au contraire dans un moment tel qu'il vit la situation comme une compétition ou un conflit larvé entre eux.

Dans ces conditions, les messages préparatoires, qui, jusque-là, avaient l'effet agréable de susciter le désir, prennent la signification d'une exigence du partenaire, aliénant la liberté du désir du Sujet lui-même; il peut s'opposer alors soit de manière active, d'autres fois de manière plus subtile et passive, par exemple en ne ressentant plus ou en n'éprouvant plus rien. La clinique du couple le montre fréquemment à propos du traitement des impuissances, des frigidités ou d'autres formes de difficultés sexuelles : un plaisir « vulgaire » et solitaire peut alors être accordé au partenaire-adversaire à qui sera plus profondément *déniée la capacité de susciter le désir et d'imposer sa loi.*

Plus que les autres, au moins dans ces circonstances, le symptôme génital fait partie d'un langage à deux, qui acquiert et conserve une signification systémique; c'est le système-couple entier qui fonctionne à travers lui; nous l'avons évoqué dans les chapitres précédents notamment à propos du dégoût sexuel électif, à considérer comme perturbation du système-couple, perturbation circulaire des interactions entre les deux partenaires, et pas nécessairement perturbation isolée intrapsychique chez l'un d'eux. Une compréhension de caractère systémique nécessaire à ce niveau n'exclut pas une compréhension psychanalytique individuelle; elle n'exclut pas non plus une explicitation en termes de rapports de pouvoir, la sollicitation du partenaire pouvant avoir pour effet de modifier le Sujet lui-même dans son intime : ce partenaire acquiert un pouvoir subtil sur le sujet que ce dernier est amené un jour à rejeter, quitte *pour se défendre à refouler son désir* et à échouer dans l'acte qui nécessite leur participation conjointe.

Le partenaire ayant été choisi en fonction de l'attrait exercé, c'est-à-dire de sa possibilité de correspondre aux pulsions partielles du Sujet, la connivence qui s'organise entre leurs inconscients au moment du choix continue de jouer son rôle important, tant que les pulsions partielles animant l'un d'eux trouvent leur répondant complémentaire chez l'autre; on connaît les « couples de pulsions partielles » sadiques et masochiques, voyeuristes et exhibitionistes, etc. La vie sociale interdit habituellement chez les sujets à peu près socialisés l'expression directe des pulsions sadiques, mais les pulsions refoulées continuent d'être actives. Si elles ne sont pas traduites directement dans le concret de la vie sociale réelle, c'est souvent dans la dimension fantasmatique au sein du couple que ces évocations peuvent retrouver leur caractère hautement érogène; les partenaires se découvrent alors, très lentement, progressivement, —

quelquefois des décades d'années après leur mariage, — avec des pulsions enfouies, accompagnées de désirs jamais satisfaits parce qu'habituellement impossibles à satisfaire au niveau de la vie réelle.

Par exemple, dans les moments qui précèdent l'acte ou ses préludes, un jeu particulier peut se trouver réalisé, par lequel celui qui dispose ce jour-là des dispositions sadiques peut provoquer le réveil de désirs masochiques de son partenaire, en ayant recours, pour les provoquer, à un style ou à un langage beaucoup plus violent. Dans les exemples évoqués plus haut, il s'agissait pour un partenaire de se montrer sympathique, tendre et accueillant pour obtenir le réveil du désir chez l'autre ; il y parviendra ici en se montrant violent, dans un jeu plus ou moins cruel qui décodera le partenaire ; mais cependant jeu difficile, car il n'est pas évident que le partenaire l'entendra toujours comme une provocation érotique : il peut aussi lui attribuer d'autres aspects, notamment une signification agressive sans valeur érogène. Ainsi ce « langage » génital, aussi « dynamique » et « opératoire » soit-il, peut se compliquer, se sophistiquer, accumuler des significations superposées multiples, et imposer une clarification que seule l'expression orale sera susceptible de lui donner, soit *a priori,* soit plus souvent *a posteriori,* notamment à l'occasion d'un échec, ou au cours d'une thérapie.

Les signifiants factuels.

Les autres formes d'expression symbolique, importantes au niveau des communications à l'intérieur du couple, se situent dans le cadre de la vie pratique et de l'existence quotidienne ; mais leur évolution est du même ordre que celle des autres langages, mimiques, gestuels et génitaux. Les situations évoluent, elles ne s'effacent pas toujours mais se superposent, d'où une complexification progressive. On peut l'illustrer par exemple avec *l'échange alimentaire* chargé de significations affectives qui peuvent prendre des sens successifs : par exemple, préparer le repas, ou le café, la table, etc., peut signifier qu'on fait un geste en l'honneur du partenaire et lui confirmer par là sa propre valeur, en même temps que confirmer la capacité de celui qui les prépare à satisfaire son partenaire. Mais on peut aussi faire ce repas parce qu'il est réclamé, et qu'à la suite de compromis divers, il apparaît préférable de céder à sa demande ; le repas n'est donc plus préparé en l'honneur de l'autre, mais sous sa pression exigeante.

Dès lors, accomplir cette tâche *à la perfection acquiert une signification encore plus agressive et culpabilisante,* soulignant auprès du partenaire l'extrême degré de ses exigences, leur excès et la déformation de la relation à laquelle conduisent ses revendications. « Monsieur est servi » exprimé ainsi en geste, de manière muette, traduit le rapport maître-servante ; il ôte toute valeur affectueuse à la préparation, la remplaçant par une signification d'hostilité, de vengeance ou de haine sourde ; à moins qu'il ne s'agisse d'un jeu où se glisse le plaisir passager de subtiles relations sadomasochiques très érotisées ! La préparation de ce repas peut aussi prendre, dans son asymétrie même, la signification d'une preuve de l'incapacité du partenaire pour lequel le repas est fait : on lui prépare comme à un enfant puisqu'il est incapable de le faire lui-même.

Toutes ces significations et beaucoup d'autres encore peuvent se superposer sans s'exclure ou se succéder dans le temps... Tout cela n'empêche pas des exceptions rendant particulièrement difficile l'interprétation des actes ainsi réalisés, lorsque au sein du couple ils ne sont pas accompagnés d'une possibilité d'élaboration verbale. *Les références à l'ordre culturel et sociopolitique sont évidentes* et il est indubitable qu'elles suivent les mouvements divers des conflits sociaux ou politiques ; par exemple, l'influence du M.L.F., même auprès de couples situés idéologiquement fort loin de ses positions, est manifeste depuis quelques années, tant l'imprégnation culturelle se fait discrète, sourde, mais générale. Un changement de caractère culturel ou idéologique tout à fait extérieur au couple a ainsi son retentissement à l'intérieur du couple, ajoutant à partir d'une certaine année une signification nouvelle, ou encore renforçant massivement l'une des significations antérieures. La fameuse grève génitale des femmes américaines a bien eu son retentissement chez certains couples de ce côté-ci de l'Atlantique, même si elle a provoqué beaucoup de rires.

Nous avons pris d'abord, à propos du langage pratique des actes, l'exemple alimentaire, sujet plus que d'autres à modifications récentes, dans la mesure où les rapports de l'homme et de la femme évoluent rapidement, particulièrement dans les milieux dits intermédiaires. Un tout autre exemple aurait pu être choisi, concernant les communications utilisant l'activité quotidienne et les moyens matériels : par exemple, la *conduite automobile* reste encore l'occasion de mini-conflits répétitifs. Mais peut-être faut-il que les partenaires puissent de temps en temps trouver un lieu et des conditions propres à des agressions finalement brèves et ponctuelles ! Le fait de conduire peut signifier la méfiance en ce qui concerne les capacités du partenaire, ou la peur, sinon la phobie d'une position passive en auto, ou encore une tentative de réduction du partenaire à une sorte d'impuissance, surtout quand on sait qu'à l'heure actuelle le permis de conduire est vécu, dans sa symbolique, comme le rite initiateur témoignant de l'entrée à l'âge adulte, permettant entre autres au partenaire mineur, souvent la femme, d'accéder à une sorte de majorité symbolique. Conduire ou donner à conduire revêtent ainsi des sens multiples qu'il serait abusif d'énumérer ici.

Plus largement, aider le partenaire ou participer à un travail en commun a souvent la signification d'un geste de sympathie, affectueux, parfois condescendant ou encore traduisant une bonne intégration des deux partenaires, et l'intériorisation par chacun d'une sorte de loi du partage des tâches, c'est-à-dire un acte allant de soi sans signification affective importante. Mais ailleurs, ou dans certaines conditions, aider le partenaire contribue à le culpabiliser, à l'inférioriser, à le dévaloriser en lui montrant sa propre incapacité par l'aide même qu'on lui accorde. *L'échange d'objets matériels* n'échappe pas à toutes ces ambiguïtés étant aussi source d'erreurs d'interprétations. Inutile d'insister ici sur *l'ambiguïté du don et du cadeau,* témoignage d'affection, marque d'attention, etc., mais aussi peut-être tentative pour compenser une blessure et par conséquent marque de la blessure elle-même; ou bien encore tentative de séduction quasi vénale pour obtenir un avantage personnel qui peut donner au cadeau son caractère « empoisonné ». Ailleurs, le cadeau peut être reçu comme une sorte de test dans une situation embarrassante où il faut manifester visiblement une satisfaction plus ou moins éprouvée et, d'une certaine manière, mentir. Ailleurs encore le cadeau donné à un partenaire qui se sent coupable, inférieur, dévalorisé, aggrave et peut servir à *aggraver chez lui ce sentiment de dette,* d'infériorité ou de culpabilité. Quant à la circulation de l'argent au sein du couple, elle a des significations souvent différentes, touchant davantage encore les rapports de pouvoir, plus qu'une véritable communication de caractère affectif ([5]).

La difficulté des communications au sein du couple est patente devant certains types de comportement dont la valeur affective est sujette à des interprétations contradictoires, tel qu'on le voit couramment dans les entretiens conjoints. Un exemple des plus fréquents concerne le cas suivant : l'un des partenaires revendique un changement d'attitude de son compagnon, ce qui est supposé demander quelque effort à l'autre qui, en acceptant et donnant satisfaction à cette revendication, témoigne qu'il a « fait effort » en faveur du premier. Mais le geste accompli, pour valable qu'il soit objectivement, *perd subjectivement de sa valeur affective s'il a fallu précisément un « effort » pour l'accomplir,* traduisant ainsi qu'il n'a pas été motivé par un sentiment amoureux dans une sorte d'acte généreux et spontané, dont rêvait plus ou moins celui qui le réclamait de son partenaire.

Par conséquent, si cet « effort » peut parfois être reconnu comme ayant valeur à la fois pour celui qui l'accomplit et pour celui qui en est bénéficiaire, il peut aussi être vécu comme le signe d'une faiblesse de l'élan amoureux, ou encore comme celui d'une incompréhension ou d'une incapacité spontanée, plus ou moins assimilable à une certaine forme d'impuissance. Il en est de même pour les signes accompagnateurs de cet effort, par exemple la fatigue ou une légère souffrance physique mises en avant comme signes de l'effort accompli; on y retrouve l'ambiguïté de la signification de cet effort, positive, s'il est entendu comme don amoureux, négative, s'il est intégré comme obligation compensant l'absence d'élan amoureux.

([5]) Voir chapitre II de la 4e partie.

Ces exemples sont parmi les plus fréquents du modèle de communication paradoxale en « doubles contraintes » (« double bind ») pouvant être résumées dans la formule : « montre-moi spontanément que tu m'aimes », condamnant le récepteur du message à l'échec, qu'elle que soit l'attitude qu'il adopte, puisqu'il y a contradiction entre contenu et mode d'emploi de ce message.

Les attitudes comme signifiants et leur interprétation variable.

Un autre aspect particulièrement fréquent, évoqué dans les entretiens conjoints, concerne le problème des attitudes de séduction que recouvrent les jeux de l'élégance corporelle, capillaire et surtout vestimentaire : se faire beau et, encore plus, belle pour l'autre. Mais devant les tiers, un tel comportement est ambivalent. *A priori,* il valorise celle qui se fait belle et par là celui qui a la chance d'en être le mari, mais si la tentative de séduction va jusqu'à lui attirer le regard des tiers, une telle séduction a-t-elle davantage pour le mari une valeur narcissiquement positive, ou plutôt celle d'une menace ? Un débat tumultueux en entretien conjoint accompagne souvent les divergences d'interprétation quant à une attitude dont les sens peuvent être aussi opposés.

Cela nous amène à la question plus centrale, mais rarement exprimée en ces termes, du *rapport de possession à l'intérieur du couple.* On y retrouve les contradictions de la communication paradoxale. Par exemple, celle qui se fait belle apporte une valorisation à celui qui se vit comme « la possédant », mais seulement tant qu'il la « possède » ; or c'est précisément cette possession qui peut se trouver mise en question si elle se montre très belle devant les tiers et les rivaux : témoignage narcissique, témoignage de la puissance et des capacités séductrices du mari quand elle est « sa » femme ; mais si l'attitude de la femme est vécue par ce dernier comme « libre » ou comme une tentative pour en séduire d'autres, l'avantage devient négatif, et c'est une blessure d'autant plus vive qu'elle est infligée devant les rivaux supposés. De même pour toutes les conduites dans lesquelles un des partenaires tente de se faire valoir par ses mérites, son intelligence, sa capacité, sa réussite professionnelle ou sociale, etc., avantage pour le Sujet, avantage pour le partenaire tant qu'il le considère comme « sien » ; par exemple la réussite sociale d'un mari est source de gratifications pour la femme à qui il « appartient », mais ce sentiment d'appartenance est essentiel, car, en dehors de cette perspective, les mêmes attitudes peuvent être vécues comme tentatives de séduction auprès des rivales, etc. *La communication sera donc sur ce plan, dépendante de rapports non-dits d'appartenance.*

Ainsi la nature des rapports varie *suivant que la qualité et le mérite sont principalement appréciés dans les rapports avec l'extérieur ou dans les rapports à l'intérieur du couple.* Dans les schémas traditionnels des Français contemporains par exemple, « avoir » une femme bonne cuisinière — ou un mari excellent bricoleur — apporte un bénéfice au couple et aussi au partenaire qui en est glorifié par les tiers. Par contre à l'intérieur du couple, c'est son infériorité qui est soulignée : il est d'autant plus difficile au mari d'acquérir une propre compétence culinaire ou à la femme une compétence pratique en bricolage : on pourrait dire qu'à l'intérieur du couple, les rapports de compétition sont inversement proportionnels aux rapports de possession. « Posséder » un partenaire brillant sur un plan quelconque est un avantage et une valorisation extérieure pour qui a su le conquérir, mais, *une fois la conquête faite, le « possédant » se trouve dans une situation de faiblesse et d'incapacité, par rapport à l'Objet de sa conquête* et s'il veut s'y confronter, la compétition sera difficile. Eternelle dialectique du maître et de l'esclave !

En général, ce phénomène échappe au départ à la conscience des intéressés. Chacun donnera alors une interprétation différente aux qualités ou aux comportements de l'autre suivant que les rapports les plus importants sont ceux du couple avec l'extérieur, ou au contraire se situent à l'intérieur du couple, ou en d'autres termes, suivant que les rapports de possession sont plus ou moins importants que les rapports de compétition interne. Ce sont là faits concrets qui se présentent dans la clinique quotidienne avec une particulière fréquence, et qui soulignent combien le langage exprimé par le comportement est soumis à des interprétations latentes, inédites qui varient avec le temps, notamment depuis celui de la conquête. En cas de conflit, tout cela nécessite une explication dont tous les couples sont loin d'être capables spontanément. C'est aussi ce qui rend particulièrement décisifs certains entretiens conjoints, et il n'y a pas toujours besoin de beaucoup de temps pour apprendre aux intéressés à décoder les significations successives ou superposées de leurs propres attitudes, et par là à sortir d'imbroglios dont la persistance met en cause la bonne qualité de leurs rapports et les satisfactions qu'ils en tirent.

La réduction de la communication. Contraintes fonctionnelles et socio-économiques.

Nous venons de voir à propos de l'ambiguïté et des contradictions des messages, comme à propos des différents canaux par où circule la communication, combien cette dernière variait avec l'âge du couple; une évolution générale se fait souvent sentir, qui mérite d'être soulignée ici dans la mesure où la communication joue un grand rôle dans la structuration du couple. Nous avons observé au sein du couple, comme au sein de tout groupe, des forces structurantes construisant un « institué » qui tend lui-même à figer « l'institution » et à limiter l'évolution ultérieure des rapports. Entre cet « instituant » et cet « institué », un mouvement dialectique s'organise donc très vite dont la perception est très nette au niveau de la communication.

A l'origine du couple, avant même qu'il existe comme groupe et que soit perçu un « nous » entre les partenaires, le désir de conquérir et de séduire, ainsi que le plaisir à être séduit et conquis jouent un rôle extrêmement important dans l'appétence réciproque et, à travers elle, dans le désir de communiquer avec l'autre. Non que les messages émis à cette période soient plus authentiques, plus vrais et plus fidèles à la réalité que ceux qui seront émis plus tard, bien au contraire. Mais le désir d'informer le futur, et la quête d'informations venant de lui sont généralement très vifs, de même que le désir par chacun de s'exprimer. La communication est d'autant plus facile qu'elle est ressentie comme plus agréable, les partenaires ou les futurs partenaires ont envie d'être l'un avec l'autre, de se parler et d'échanger entre eux.

Dans un premier temps de la vie du couple, la communication tend à s'accentuer et donc à s'approfondir, alors qu'elle est encore relativement facile. Chacun sait d'ailleurs que c'est à la période de la lune de miel qu'il est si important pour le couple que la communication s'établisse sous ses différentes formes et qu'elle contribue à une meilleure connaissance réciproque. C'est avant la période des crises que cette communication doit avoir pris l'habitude de se faire, puisque ceux qui n'ont pas profité de ce temps fort pour accroître leur connaissance réciproque perdent un atout considérable dans le jeu de leurs relations mutuelles, confirmant que la structuration du couple se fait en s'appuyant sur cette période où la communication est facilitée par le grand désir mutuel de communiquer et de se connaître.

Pourquoi dès lors le mouvement semble-t-il s'arrêter puisqu'il est si plaisant et enrichissant mutuellement et si structurant pour le couple ? D'où vient qu'à partir d'un certain moment, *la communication, sans jamais disparaître, tend à se réduire et à se montrer souvent moins efficace ?* D'où vient qu'apparaissent de véritables freins à la communication ? Bien entendu, certains couples se montrent capables d'améliorer et d'approfondir toujours leur communication et réinventeront toute l'existence de nouveaux modes de communication permettant de restructurer périodiquement leur relation mutuelle. Mais, chez beaucoup au contraire, cette réduction de la communication commence très tôt, la formation d'un véritable « nous » étant déjà très difficile. Il semble d'ailleurs que cette « loi générale » d'une véritable « réduction de la communication » n'est pas propre au couple, puisqu'on l'observe dans les autres groupes sociaux, notamment au sein du groupe familial où elle a été également remarquée par les auteurs qui se sont intéressés aux processus de la pathogenèse familiale [6].

[6] WATZLAWICK P., HELMICK BEAVIN, JANET, Don D. JACKSON, *Une logique de la communication*. Paris, Seuil, 1972.

Il en est de même des autres petits groupes, dont les buts concernent un objectif extérieur et non pas les relations internes des membres entre eux : le bon fonctionnement du groupe impose alors une réduction de la charge affective entre les membres, au bénéfice d'une communication rationnelle simplifiée, plus fonctionnelle. En tant qu'il a aussi des buts extérieurs à lui-même, le couple, comme tout groupe, a besoin que des messages à caractère plus informatif s'écoulent facilement, sans être sans cesse compliqués par la transmission simultanée de valeurs affectives. Le couple ne fera donc pas exception à cette sorte de règle générale qui tend, *au bénéfice d'une meilleure efficacité pratique, à limiter la communication des charges affectives* malgré son importance décisive.

Quels sont donc les freins spontanés à cette communication ? Dans une perspective systémique, dyadique, l'analogie avec les petits groupes de caractère strictement fonctionnel peut être intéressante à étudier. Ces derniers — ateliers de production, groupes de travail, équipes de recherche, sections syndicales, cellules de parti politique, etc. — ont besoin d'être déjà institués pour produire l'effet pour lequel ils ont été fondés et devenir institutions fonctionnelles. De même les différentes tâches pratiques que doit accomplir le couple en dehors de lui-même — tâches éducative, alimentaire, économique, sociale, etc. — imposent que les rapports internes puissent avoir un minimum de stabilité et que chaque partenaire ait l'information la plus précise possible en ce qui concerne l'activité objective, l'intention et les buts de son partenaire.

Ainsi, pour que l'énergie dépensée ne soit pas entièrement absorbée par la mise au point des fonctions des membres et la définition de leurs relations, un certain nombre de règles tendent à s'instituer, qui dépendent des conditions matérielles, sociales et culturelles, par exemple un partage des tâches. Ces fonctions productives et économiques des couples ne doivent pas être négligées ou perdues de vue sous le couvert d'une vision exclusivement « psychologisante ». Pour qu'elles soient réalisées dans des conditions satisfaisantes, il faut que se crée un « institué » qui entre dans un rapport dialectique avec « l'instituant » qui le produit, instituant qui est lui-même étroitement lié au jeu des forces affectives ; ce jeu, s'il n'était limité, tendrait par son dynamisme, à remettre constamment en question l'institué, c'est-à-dire l'organisation des rapports internes du couple, nécessaire à une bonne production.

Il y a donc contradiction entre les nécessités de la production économique et le bon fonctionnement interne, contradiction qui n'est pas propre au couple, mais à tous les groupes. (Qu'on pense par exemple aux débats internes en Chine et à l'affrontement entre plusieurs tendances correspondant à ces divers aspects.) La meilleure production suppose un accord approximatif, fût-il discutable et contesté, mais reconnu par tous et qui soit assuré d'un minimum de durée et de continuité. Ainsi dans la mesure où ces tâches économiques, productives, ou l'ensemble des tâches extérieures au couple lui-même, familiales, sociales, etc., seront prépondérantes, on peut comprendre que l'institué l'emporte sur les forces instituantes, entraînant une certaine stabilité du couple, liée à une limitation des communications affectives et à la nécessité contraignante de privilégier des tâches jugées essentielles.

Ainsi en clinique observe-t-on bien souvent des couples qui se disent ou sont dits avoir été « très unis » à une période de leur existence, quand ils avaient des tâches communes débordantes, de caractère urgent ou nécessaire, travail rémunérateur, installation, établissement d'une activité professionnelle, charges familiales, etc. Pendant ce temps, le couple a limité les remises en question qui auraient été rendues possibles par une communication plus riche au niveau des échanges affectifs. C'est finalement grâce à ou *au prix d'une réduction de leur communication sur le plan affectif, qu'ils ont pu mieux fonctionner sur le plan social, économique, familial,* etc. Mais dès que cette tâche est accomplie — dès que la maison est achevée, comme dit le proverbe chinois — le lien entre les partenaires s'atténue radicalement ; parmi eux, certains pourront sans doute découvrir de nouveaux buts communs et réorganiser la structure de leur couple, tandis que d'autres ne découvriront pas ces possibilités, et resteront sans but commun désormais avec des communications restreintes sur le plan de leur vie affective, conditions qui ne permettront plus de développer de nouvelles affinités ou des attraits érotiques suffisants.

Leur exemple montre bien, et l'importance des communications sur le plan de la vie affective, et les inconvénients de ces échanges dont le dynamisme peut limiter l'efficacité pratique. Constatation fréquente qui tend en certains milieux à être oubliée, comme si, découvrant les vertus de la communication, on devait en faire une sorte de mythe et avant tout communiquer pour communiquer. Il existe un mouvement dialectique entre les forces instituantes et les forces instituées, entre obligations économiques, activités orientées vers l'extérieur, vers la famille, d'une part, et utilité d'échanges affectifs d'autre part.

Autres freins et sophistication de la communication.

Il existe cependant d'autres freins à la communication au sein du couple, dont il peut devenir difficile de définir exactement s'ils sont d'ordre systémique ou d'ordre individuel. La recherche d'une certaine sécurité, d'un mode de vie paisible, l'évitement de conflits conduisent souvent les intéressés à limiter plus ou moins volontairement leur niveau de communication, même si l'on tient compte de la grande part d'illusion qu'il peut y avoir dans une telle attitude ; le « repos » que les partenaires peuvent chercher à trouver à l'intérieur de leur couple — couple refuge — s'ils ne le trouvent pas à l'extérieur, peut les conduire à limiter leurs communications internes pour compenser, soit l'investissement de leurs activités extérieures communes ou séparées, soit l'épuisement qui découle de telle attitude.

Enfin il faut tenir compte du *lien entre communication et information.* Si l'enrichissement de l'information est très important chez tous les couples au début de leur union, l'information réciproque peut tendre à se tarir dans la mesure où chacun des deux membres n'évolue plus guère et n'est plus capable d'élaborer de nouveaux messages à l'adresse de son partenaire. Cela est surtout vrai lorsque ni l'un ni l'autre n'est plus guère sollicité par les pressions de la vie sociale extérieure. Peut-être était-ce surtout vrai autrefois : on peut imaginer que ceux qui vivaient au Moyen Age au fond d'un vallon et n'avaient avec le monde extérieur que des communications très restreintes, n'éprouvaient pas le besoin d'une constante remise en question de leurs relations réciproques, à supposer qu'ils en aient eu les moyens ; mais les conditions technico-culturelles dans lesquelles nous vivons et en particulier l'introduction universelle des mass media, la stimulation — de bonne ou mauvaise qualité — qui en découle, oblige à un certain type de remise en question, plus ou moins radicale. « On ne peut pas ne pas communiquer », mais la communication est cependant tributaire de l'information autant que du désir de communiquer.

Enfin, et c'est sans doute l'un des facteurs les plus importants, le *caractère analogique et non point digital de la communication affective* interhumaine ne permet guère la négation ni même l'effacement des messages précédents. Une nouvelle information va en quelque sorte s'ajouter ou se surimprimer aux précédentes sans les effacer, quitte à les contredire partiellement, d'où des messages nuancés, mais évidemment plus difficiles à lire. Le sens nouveau d'un message ne supprime pas les sens plus anciens comme nous l'avons évoqué dans quelques exemples ; *l'ensemble de ces surimpressions aboutit à une sophistication considérable de la communication,* source de malentendus qui exigerait, pour être corrigée, une élaboration particulièrement précise, dont tous les individus ne sont pas capables spontanément dans les conditions actuelles.

Par exemple pour se clarifier, la communication exige constamment que plus de capacité d'élaboration et aussi plus de temps lui soient consacrées, ce qui suppose en même temps que la relation mutuelle soit toujours suffisamment investie par les partenaires. Ainsi la communication peut-elle s'augmenter quantitativement, puis s'améliorer qualitativement dans la première période chez la plupart des couples ; par la suite, ses plus grandes exigences d'élaboration, de temps et d'investissement affectif, conduiront à des variations considérables, spécifiques de chaque couple. Certains pourront jusqu'au dernier soir de leur existence continuer à approfondir leur mutuelle relation, tandis que la plupart des autres verront leur communication se réduire, ce qui d'ailleurs ne veut pas toujours dire que leurs relations affectives soient insatisfaisantes.

Cette dernière remarque nous conduit à nous attacher maintenant à l'observation *des freins individuels à la communication*. Nous avons déjà évoqué le cas où les partenaires paraissent préférer la paix intérieure de leur relation, fût-elle appuyée sur un *modus vivendi* contestable, plutôt que sur une clarification qui leur serait désagréable et les obligerait à la recherche d'un nouveau et difficile *modus vivendi*. Pseudo-sécurité ou politique de l'autruche peut-être, en fait c'est cependant la plus commune, malgré son caractère fataliste et pessimiste plutôt que réaliste. En général, la communication initiale a un caractère d'une part agréable et érogène, d'autre part valorisante d'un point de vue narcissique; aucun frein alors ne s'exerce contre elle, même si chaque partenaire élimine de ses messages ce qui risque d'être entendu comme agressif à l'égard de l'autre. L'information de cette première époque n'est donc peut-être pas exacte, mais en tant qu'elle est plaisante et valorisante, elle est investie favorablement et encouragée par l'un et l'autre partenaire.

Ce n'est qu'après un certain degré de sophistication que l'information sera plus difficile à donner et éventuellement source de désagréments : comment justifier tel acte, tel comportement sans rappeler tel aspect masqué dans un message précédent? Comment tenter de nier un aspect de soi-même apparu spontanément et jusque-là soigneusement tu? Comment surtout obtenir de l'autre un changement d'attitude ou l'émission d'un message plus favorable, sinon en lui laissant entrevoir une certaine forme d'insatisfaction qui, lui étant désagréable, le conduira à se modifier. Ainsi les messages mutuels ne seront peut-être plus agréables ni valorisants, ni pour l'un ni pour l'autre, et *la crainte de déplaire* compensera le désir de recevoir une gratification.

L'ensemble aboutit à une réduction de la communication en ce qui concerne la vie affective. Ainsi est freinée l'émission d'un message critique dont l'émetteur pourrait craindre en retour un autre message disqualifiant, et il préférera se taire ou encore brouiller ses propres émissions. Comment se taire si l'on est questionné? Ne pas répondre, c'est bien confirmer le sous-entendu que l'on voudrait voir disparaître; y répondre, n'est-ce pas aussi le confirmer? Tant et si bien que *le seul type de réponse sera souvent une réponse brouillée*. Le brouillage des communications apparaît ainsi comme une activité importante chez la plupart des couples, même si le plus souvent elle se fait à l'insu des intéressés, de leur bonne volonté et de leur bonne foi. En effet, reconnaître ce brouillage serait aussi manifester le désagrément de répondre, c'est-à-dire en fin de compte le malaise de la relation et plus largement « le malaise à être avec » l'autre dans ses composantes dévalorisantes, destructrices de soi-même et de lui. *On ne peut donc pas reconnaître qu'on brouille les messages.* Le nier ou le méconnaître apparaît comme obligation autant altruiste qu'égoïste qui s'impose comme une loi, jusqu'à un certain point obligatoire; mais on sait la parenté, dans le discours analogique, entre la négation et l'assertion.

C'est pourquoi plutôt qu'une explicitation douloureuse mettant à jour la souffrance et un certain échec du couple, beaucoup préfèrent ignorer et taire leur malaise, parfois même jusqu'à une rupture qui peut surprendre par sa brusquerie chez tel ou tel couple apparemment uni. Evolution assez fréquente pour ne pas imposer ici une illustration, et qui montre, *a contrario*, l'importance décisive de l'explicitation du malaise à l'occasion de la crise, ainsi que le rôle structurant de la communication, sans laquelle il n'y a guère de renouvellement du lien amoureux, ni de dépassement de la crise.

CHAPITRE II

COUPLE ET POUVOIR

Nous avons, à propos de méthodologie, souligné la nécessité d'observer les processus du couple de plusieurs points de vue, et, tout au long du chapitre précédent, évoqué à plusieurs reprises le fait que le couple, comme groupe et comme institution, était nécessairement relié aux autres groupes et à la vie sociale tout entière. Cependant certains aspects de la structuration du couple sur lesquels nous avons été amené à insister se référaient davantage soit à une compréhension des processus individuels, par conséquent plus ou moins inspirés directement de la compréhension psychanalytique, soit à une compréhension systémique considérant le couple comme « système » ou groupe ayant son fonctionnement propre de groupe, ses lois internes et son homéostasie ; mais sur certains plans, s'imposait déjà un regard par lequel le couple pouvait être interprété, sinon comme un reflet, du moins comme ayant un fonctionnement plus ou moins déterminé par les structures sociales qui l'entourent, par exemple à propos du langage, des communications internes et des rapports de forces.

En effet, ni la famille, ni l'individu, ni le couple ne seront jamais totalement isolés ; tous subissent les pressions parfois considérables qu'exerce sur eux l'organisation sociale ; en outre, les conditionnements qui exercent sur l'individu cette pression de la collectivité peuvent être décrits de différentes manières. On sait par exemple le rôle décisif que jouent, sur le développement de la personnalité de l'enfant, sa relation et notamment son identification aux images parentales, donc à travers elles la relation interne du couple qui donnera une tonalité particulière au complexe d'Œdipe. Par cet intermédiaire, la collectivité du moment et celle des temps passés, continue à imprimer une marque extrêmement durable, tant sur l'individu que sur le couple ; comme l'écrivait déjà E. Durkheim : « Il s'agit d'une pression de tous les instants... pression même du milieu social qui tend à le façonner à son image, et dont les parents ne sont que les représentants et les intermédiaires » [1].

---

[1] DURKHEIM E., *Les règles de la méthode sociologique*. Paris, P.U.F., 1963, p. 8.

Toutes les sociétés contemporaines se comportent comme si elles cherchaient à marquer et à conditionner le développement des individus dès le plus jeune âge, ce qu'elles font en recourant d'abord aux services de la famille, puis de l'école et des mass media. Il n'est pas jusqu'aux livres d'enfants, ni aux bandes dessinées qui ne contribuent, souvent à l'insu de leurs auteurs, au conditionnement des rôles familiaux, comme si la société craignait fort que ces rôles puissent évoluer (²).

On sait combien les courants contemporains inspirés du behaviourisme cherchent à modifier dans une perspective thérapeutique les rôles et les types de comportement dont ils ont montré le conditionnement; mais il y a longtemps qu'est supputé le rôle des rapports sociaux dans l'organisation de la personnalité; et il suffit d'évoquer parmi ces classiques, Marx, dans la fameuse sixième thèse sur Feuerbach, critiquant la notion d'essence humaine et écrivant : « L'essence humaine n'est pas une abstraction inhérente à l'individu isolé dans sa réalité; elle est l'ensemble des rapports sociaux. » Si déjà l'individu ne peut pas être conçu dans son fonctionnement propre sans une référence aux rapports sociaux, encore en est-il davantage des groupes humains, notamment de la famille; non seulement chaque individu est en contact avec un grand nombre, mais surtout la structure même de la famille et les rapports internes de ses membres sont plus ou moins modelés sur l'organisation sociale.

Sur un plan plus général, il est intéressant d'observer que les interrogations actuelles des travailleurs sociaux, d'éducateurs spécialisés mais aussi de psychologues cliniciens, de conseillers conjugaux ou de psychiatres, confrontés quotidiennement aux grandes souffrances humaines, les conduisent aujourd'hui plus que jamais à évoquer la question des effets exercés par l'organisation sociale sur les comportements et les mentalités individuelles. Les plus extrémistes d'entre eux en viennent même à mettre en question le principe de l'intervention thérapeutique individuelle ou familiale, dans la mesure où ces interventions seraient « récupérées » par le groupe social dominant, pour tenter de réduire à un problème individuel un malaise qui ne serait peut-être que l'effet d'un processus social plus global.

Certes, il est difficile d'admettre qu'il faille laisser dans la souffrance les individus, sous prétexte que c'est de leur souffrance et de leur malaise que

---

(²) Les pressions idéologiques jouent un rôle inducteur très prégnant lorsqu'elles sont appliquées de façon masquée auprès d'enfants très jeunes, sous le couvert de bandes dessinées, de livres de lecture et d'arguments publicitaires télévisés, reproduisant les distributions de rôle et de pouvoir pour des raisons de rentabilité commerciale : fixation précoce des individus en des rôles définitifs qui paraît bien dangereuse dans une période de changement culturel. Sans doute faut-il y voir la crainte des défenseurs de l' « ordre » devant une évolution des rôles des partenaires dans le couple et la famille, qui retentirait un jour sur les structures socio-politico-économiques.

viendraient un jour des forces contribuant au renversement de cette société pathogène. En outre, cette réduction du fait psychologique individuel à cette seule dimension sociale est, scientifiquement, plus que critiquable, puisqu'elle néglige tout l'apport de la clinique ainsi que l'expérience psychanalytique. Mais ce mode de pensée, s'il mérite critique, est important à repérer et à comprendre, confirmant ce que rappelle Anzieu, à savoir que les concepts des sciences sociales correspondent souvent à des tentatives de solution aux crises survenant dans les sociétés et leur culture (³).

Une sorte de mouvement dialectique semble s'être organisé passant d'une première thèse à son antithèse. La première, née sans doute de la médecine, interprète telle conduite familiale, telle dégradation alcoolique, tel trouble du comportement comme liés au désordre d'un individu, qui, par son trouble, fait supporter aux autres un supplément de souffrance : c'est alors cet individu qu'il convient de traiter, dans la mesure du possible, ou, à la rigueur, il faut essayer de l'empêcher de nuire aux autres. L'antithèse évoquerait à peu près ceci : le groupe social au pouvoir impose une organisation du travail et donc des rapports sociaux contribuant à maintenir l'organisation dont il bénéficie ; pour se protéger de la révolte de ceux qu'il opprime, il développe un système répressif, mais aussi d'autres moyens, notamment idéologiques ; si l'organisation sociale ainsi imposée introduit nécessairement des souffrances et des aliénations catastrophiques pour les individus, il faudra convaincre ces derniers que ce système social est inamovible, sain, qu'il est un fait de « nature » et non d'oppression sociale, quitte à y ajouter un dispositif d'assistance à la disposition des individus en difficulté.

Thèse et antithèse ne manquent pas d'arguments ni de prédicateurs. En attendant que ce mouvement dialectique ne devienne plus ample et ne permette le dépassement de ces contradictions, il entretient un malaise croissant chez les travailleurs sociaux et chez un nombre notable de cliniciens, psychologues, conseillers conjugaux et psychiatres, et même chez certains hauts fonctionnaires ; et ce bouillonnement d'idées a aussi pour effet de multiplier les interventions sur les groupes, les tentatives de thérapeutique institutionnelle et des recherches d'analyse institutionnelle.

Changements dans la société et changements dans le couple.

Les différents essais à ambition clinique et thérapeutique n'ont pas toujours trouvé une méthodologie suffisamment précise ; les études sociologiques et statistiques sont souvent plus avancées, mais dans l'abondance des travaux sociologiques, on n'en trouve qu'un petit nombre

(³) ANZIEU D., *Bulletin de psychologie*, Univ. Paris, n° spécial, 1974. Groupes. Introduction, p. 2.

concernant le groupe familial et surtout le couple. On retrouve des études statistiques très documentées portant sur un grand nombre de cas et permettant des corrélations intéressantes ; elles n'ont malheureusement pas d'utilisation clinique directe et encore moins thérapeutique. Cependant certaines études sont particulièrement intéressantes sur le plan psychologique parce qu'elles mettent en rapport, ou en discontinuité, les comportements avec les opinions ou l'idéologie qui les accompagne (⁴). De même sont intéressants les travaux d'historiens de la société et des mœurs (⁵) dont les travaux permettent la remise en question de conceptions classiques.

Mais concernant les processus du couple lui-même, si nous ne trouvons qu'un très petit nombre d'études systématiques de caractère scientifique, c'est qu'à ce niveau de groupe très réduit où se situent le couple et la famille, l'étude impose peut-être de passer par les cliniciens, même si leur travail ne peut avoir la même forme que celui des sociologues, ni une quantification permettant la statistique. Le point central de ces recherches concerne sans doute la notion de pouvoir au sein du couple en ses différentes modalités, par exemple en fonction de la classe sociale, des conditions culturelles, nationales, idéologiques, religieuses, etc.

Le clinicien du couple est très concerné par l'ensemble de ces phénomènes qu'il observe et qu'il cherche à comprendre mieux, car, dans une perspective strictement thérapeutique, il est obligé de tenir le plus grand compte de ses contre-attitudes personnelles. Il lui faut pour prendre en considération et utiliser ces éléments, et pour favoriser les prises de conscience de ses consultants, être très au fait de ses attitudes personnelles, de la manière dont il risque d'induire quelque chose dans le groupe qui le consulte, etc. ; tout cela l'oblige à une constante réflexion sur ses propres positions, sa propre évolution, sa propre pratique au sein de son couple, etc., et, bien entendu, sur les contradictions inévitables entre ces différents phénomènes.

Cependant, il faut noter qu'en pratique cette *question des rapports de pouvoir a été très peu étudiée au sein du couple.* Est-ce pour des raisons de complexité, parce qu'elles mettent en jeu trop de facteurs qui se superposent, mais s'intègrent mal ? Par exemple, la nécessité de tenir compte des positions contre-transférentielles au sens psychanalytique, et des contre-attitudes d'origine socio-culturelle ou idéologique, phénomènes qui se surajoutent mais ne sont pas de même ordre ? Il y a pourtant là un champ d'observation extrêmement important, même si son interprétation est très difficile.

Avant d'aborder plus directement l'étude des rapports de pouvoir au

---

(⁴) Voir par exemple les travaux de L. ROUSSEL, *La Famille après le mariage des enfants.* Paris, 1976, et *Le Mariage dans la société française contemporaine,* Paris 1975.
(⁵) ARIÈS Ph., *L'enfant et la vie familiale sous l'ancien régime,* Paris, Plon, 1960

sein du couple, il convient de réfléchir sur les rapports entre le couple et les différentes institutions sociales agissant sur lui. Le couple reproduit la famille qui reproduit la société, répète-t-on souvent, mais il ne faut pas non plus oublier aussi, à l'inverse, que la société conditionne les relations internes du futur couple, de telle manière qu'il est amené plus ou moins à confirmer la société dans son organisation et à la conserver. Le clinicien sera donc conduit à tenir le *plus grand compte des changements internes des institutions* qui ont leur effet à l'intérieur du couple. On sait par exemple que, dans les pays où se sont maintenues des structures médiévales plus ou moins féodales, le groupe familial reste marqué par l'autorité patriarcale. Par contre, dans les sociétés industrialisées où le mode de production ne concerne plus tout l'ensemble familial, mais seulement des individus, sociétés où se sont développées les classes bourgeoises, les relations d'autorité s'organisent tout autrement, et semblent tendre vers une relative égalisation des pouvoirs de l'homme et de la femme. Dans les états autoritaires, même lorsqu'ils sont dits progressistes, les rapports d'autorité sont renforcés au sein du groupe familial, surtout l'autorité paternelle. Ainsi les changements techniques et économiques jouent un rôle dans la structuration des rapports de pouvoir au sein du couple, sans doute par l'intermédiaire des changements politiques et sociaux qui les accompagnent.

De même, les modifications culturelles et idéologiques sont à observer de très près ; par exemple *les organisations féministes,* qui restent marginales et ne recouvrent en Europe, et notamment en France, qu'une très faible proportion de la population féminine, ont néanmoins une grande influence ; elles imprègnent la mentalité, non seulement de leurs quelques militantes, mais de l'ensemble du corps social. Comme toute doctrine émise par les éléments les plus marginaux, elles sont signes du malaise global, en ce qui concerne les rapports homme-femme. Est-ce la voix qu'elles émettent, ou le fait qu'une majorité du corps social — des femmes, mais aussi des hommes — est prête à remettre en question quelque chose de leur rapport ? En tout cas, l'influence de ces éléments idéologiques exprimés par ces quelques-unes, contribue à modifier les rapports de pouvoir entre les partenaires, dans la grande majorité des couples contemporains, y compris ceux qui n'ont jamais rien lu ni entendu de précis sur ce plan.

Le mouvement militant lui-même est devenu de fait une sorte de groupe chargé de définir l'idéologie, au même titre que les Églises et que les corps légiférants des Etats. De même sont significatifs à ce niveau idéologique, les débats internes parmi les théologiens qui expriment les courants extrêmes et contradictoires au sein des Églises. Par exemple, y est de plus en plus admise l'idée que l'institution du mariage est beaucoup plus liée à la structure sociale des siècles précédents qu'à l'esprit même de l'Evangile ; de même, l'intérêt porté à la période historique où s'est organisée cette institution autour des textes de saint Paul, montrant le lien du mariage, d'une part, avec une attente messianique quelque peu matérialiste sous la forme d'un retour immédiat d'un Christ Roi, et d'autre part, avec un contexte sociologique où le mariage romain était tombé en désuétude malgré les efforts d'Auguste et de quelques empereurs.

Ainsi tandis que certains théologiens estiment nécessaire de repenser l'institution du mariage, ainsi que le sens profond du terme de fidélité qui lui est associé, d'autres au contraire, chercheraient à rétablir l'organisation sociale antérieure, exprimant le souhait que l'ancienne organisation familiale ranimée leur permette de réaliser ce projet. Ils rappellent par leur attitude combien les représentants de l'autorité publique ou des corps légiférants espèrent se servir des structures familiales pour rétablir une idéologie et un ordre renversé ou ébranlé. « Récupération » de la « Famille », ou plutôt d'une certaine forme de famille et d'une certaine forme d'idéologie, qui conduit d'autres auteurs, sensibles à cette récupération ou à cette utilisation politique réactionnaire de la famille, à vouloir la détruire radicalement.

C'est ce qui donne un caractère polémique et en même temps idéalisé, donc chargé de méconnaissance, au débat concernant la « Famille ». Cela souligne en tout cas l'importance des interactions famille-société auxquelles le couple ne peut pas échapper, et souligne aussi le caractère réciproque de ces interactions : l'analyse des rapports interpersonnels à l'intérieur du couple, lors des entretiens conjoints, est susceptible de faire prendre conscience aux intéressés de leurs rapports sociaux à l'extérieur du couple, et aboutit à une « conscientisation globale »; et réciproquement, l'évolution et notamment comme nous l'avons vu l'organisation hiérarchique des structures sociales a un effet sur la distribution des rôles d'autorité au sein du couple.

Ce qui est attendu du couple.

Les changements des rapports sociaux ont leur traduction au sein du couple, mais cette traduction ne se fait pas toujours dans le même sens [6].

---

[6] Il est intéressant de comprendre les aspects idéologiques évoqués dans des ouvrages de caractère polémique et de style plus ou moins journalistique tels qu'il en paraît aujourd'hui beaucoup, y compris sous la plume de cliniciens ou de sociologues, et il est important pour le clinicien de se situer lui-même dans cet ensemble, dans la mesure où il a auprès de ses consultants à jouer un rôle d'aide et non pas celui d'un militant. Par contre, on est souvent déçu par la pauvreté des arguments envisagés dans ce combat idéologique qui « utilise » le couple et la famille comme moyens dans le cadre d'une lutte politique. Une critique des positions dogmatiques est souvent facile, qu'il s'agisse de ceux qui cherchent à « récupérer » la Famille dans sa forme ancienne pour tenter de rebâtir un ordre social aujourd'hui révolu, ou de ceux qui pour parvenir à une société plus parfaite voudraient « mettre

Certains dogmatistes tendraient à nous faire penser que le couple est un groupe comme un autre, et qu'étant soumis aux mêmes pressions extérieures, son organisation va se faire sur le même mode que les autres groupes sociaux. Ce que nous constatons, quant à nous, est fort différent puisque, quelle que soit l'importance de facteurs économiques et sociaux au sein du couple, ce sont les facteurs affectifs qui y jouent le plus grand rôle. Dès lors, ce que les individus cherchent au sein du couple n'est pas une structure du même ordre que les autres structures sociales, mais précisément une structure à l'inverse des autres structures sociales, en quelque sorte une *structure-refuge :* là où vont pouvoir se vivre les désirs, les besoins et les différentes tendances qui, justement, ne trouvent pas leur satisfaction dans le cadre des autres groupes sociaux, ni des autres institutions.

Ce qui motive les individus dans leur recherche d'un partenaire est lié aux aspects les plus archaïques de leur personnalité, aux désirs les plus refoulés ou aux mécanismes de défense organisés contre ces désirs. Ainsi

---

à mort » la Famille. Les uns et les autres parlent comme s'il existait une Famille qu'on pourrait isolément faire revivre ou faire mourir, comme si elle existait en soi, indépendamment des structures sociales et des interactions famille-société. Rêver d'autres structures familiales sans tenir compte de ces conditions économico-culturelles est fictif, ce qui ne veut pas dire qu'il ne faille pas aider concrètement les victimes de cet état de choses à améliorer leur mode de communication. La méconnaissance des interactions entre institution familiale et institution sociale a pour effet de réduire une certaine problématique à des données illusoires ; par exemple, un faux débat se développe parfois parmi des militants souhaitant une modification radicale de la société, entre d'une part, ceux qui, estimant que la famille n'est que le reflet de l'organisation sociale, renoncent à toute action sur ce plan sous prétexte de concentrer les efforts sur d'autres formes de lutte, et d'autre part ceux qui, estimant que la famille contribue à reproduire les modèles sociaux dominants à détruire, cherchent à faire disparaître « l'institution familiale » jugée responsable. La structure du couple — et de la famille — est en fait variable, évidemment référée à l'organisation économique autant qu'idéologique de la société. Tel type de structure familiale contribue peut-être à renforcer ou à ébranler tel type d'organisation sociale et de structure de pouvoir, mais non pas la « Famille » en soi. Il est encore plus illusoire de prêcher sa mort en oubliant les rôles effectifs de plus en plus nombreux que, précisément, les structures familiales contemporaines sont amenées à jouer, rôles économique, nutritif, mais aussi social, culturel, accueil, etc. Sans doute d'autres structures pourraient être inventées et sont parfois tentées — « grandes familles », communes, etc. — mais ces groupes aussi à leur manière voient se jouer en leur sein des rapports de forces très difficiles à maîtriser, lorsqu'ils durent assez pour procréer, ce qui en exclut dans l'immédiat la généralisation. La structure du couple est certainement appelée à se modifier sensiblement, peut-être pas au rythme que souhaitent certains, étant donnée sa dépendance des lourdes structures économiques. Mais il existe peu d'autres manières de vivre des relations affectives ayant une certaine densité. Le problème actuel n'est sans doute pas tellement celui du couple en soi que celui de son aspect institutionnel et surtout du rôle que l'Etat ou la grande société ont à jouer en son sein.

cherchera-t-on à vivre au sein du couple ce qu'on ne peut pas vivre en dehors du couple.

Or il est des modes de relation que ne permet pas de réaliser la vie sociale, soit parce qu'ils aboutiraient trop vite à des échecs, soit parce que l'idéologie véhiculée par la grande société ou les sub-cultures locales les interdit implicitement. Considérons par exemple *les rapports de possession, les désirs de possession* dans un sens actif ou passif (c'est-à-dire désir de posséder l'autre, ou d'être possédé par l'autre) : ils sont interdits en pratique dans la vie sociale en dehors de la vie amoureuse ; s'ils se manifestent quelquefois, ils aboutissent à des relations d'exploitation entraînant d'immenses souffrances et conduisant les victimes à des échecs cuisants. L'atmosphère générale pousse donc chacun à se défendre dans l'existence, à ne pas se laisser écraser, à augmenter ses possibilités de lutter, à se montrer combatif pour éviter d'être écrasé. Ces pressions qui se généralisent, notamment dans les pays où le développement et la compétition économiques sont à l'ordre du jour, aboutissent donc à développer la combativité de chacun et à interdire l'abandon et la confiance à l'autre.

Que deviendront alors les *désirs passifs des individus,* leurs besoins de s'abandonner, *leurs « besoins » de dépendance, leur recherche plus ou moins nostalgique des plaisirs dans leur enfance ?* Tous ces désirs et ces attentes appuyés sur les éléments les plus archaïques de l'être, de plus en plus interdits dans la vie sociale, vont se trouver ravivés et relégués au sein de la vie familiale et conjugale. Ainsi, dans telle ou telle consultation conjugale, comprendre comment les individus se trouvent soumis aux pressions du groupe social permet parfois de dépister, en contrepoint, quels sont précisément les satisfactions et les désirs qui sont à l'œuvre dans l'organisation du couple, en tant qu'il est une structure refuge, structure sur certains points tout à fait opposée aux autres structures sociales. Aider les individus à vivre mieux leurs relations familiales suppose que le conseiller conjugal puisse repérer, et les pressions sociales contraignantes ou interdictrices, et les attentes contradictoires des individus qui s'appuient sur leur couple.

Cette remarque pourrait nous entraîner un peu plus loin en l'associant au constat que nous faisons aujourd'hui et que nous confirment les recherches des historiens. Ce qui est attendu du couple et de la famille est de plus en plus grand par comparaison à ce qui en était attendu dans les siècles et même les décades passés. Sans nous lancer dans la discussion des origines d'un tel phénomène, nous pouvons penser qu'il est lié en partie à une sorte d'insatisfaction globale, d'un mal de vivre de plus en plus marqué, au moins pour les jeunes générations, et d'une perception de l'organisation sociale contemporaine comme trop contraignante. Malaise inégalement perçu dans les différents pays et dans les différentes couches sociales, mais malaise profond qui a son retentissement évident au niveau du couple. *Plus le malaise est grand, plus la structure-refuge doit accueillir et donner satisfaction, plus on est exigeant avec elle;* c'est bien une des raisons qui doit être mise en rapport avec la fréquence croissante, dans l'ensemble du monde, des demandes de divorce.

En fin de compte, il est tant attendu du couple aujourd'hui qu'il lui devient extrêmement difficile de satisfaire ensemble toutes ces attentes. Le couple doit remplir à la fois des fonctions économiques, comme autrefois, des fonctions procréatives, sur lesquelles la pression est moindre, mais qui restent très importantes, des fonctions sociales, et bien sûr apporter aux individus des satisfactions affectives et sexuelles. Cette accumulation d'exigences peut apparaître comme excessive, aboutir à des insatisfactions, à des échecs et donc à des ruptures. Suivant l'image d'un observateur averti, le couple est comme un pont prévu pour le passage de voitures de tourisme et sur lequel on voudrait faire passer d'énormes camions!

N'est-ce pas d'ailleurs ce qui pousse certains parmi les jeunes et les plus marginaux, à chercher d'autres formules de vie plus satisfaisantes, et notamment des tentatives de vie en communauté?

Quand on parle aujourd'hui de la crise du couple, ce n'est cependant pas du fait de ces tentatives non conjugales, puisque l'expérience montre que les jeunes, tout au moins dans un grand nombre de pays, ou bien se marient très tôt, ou bien, s'ils ne se marient pas officiellement, forment couple très tôt et de plus en plus tôt. *Ce n'est donc pas l'institution du couple qui est abandonnée, bien au contraire, elle est en quelque sorte préférée et tellement attendue* qu'elle ne peut pas toujours satisfaire à cette énorme attente. Ce qui est beaucoup plus contesté, au contraire, c'est son institution sociale, et l'idée que la société en général a son mot à dire sur la vie privée des individus, qu'elle peut légiférer en ce domaine, prescrire, obliger ou interdire au nom d'impératifs qui ne sont plus compris.

Pressions socio-politico-culturelles.

Les pressions socio-culturelles qui s'exercent sur le couple apparaissent donc comme *à la fois multiples et contradictoires,* tendant, soit à façonner les relations à l'intérieur du couple comme elles le sont dans la grande société, soit au contraire à exiger du couple les satisfactions qui ne se trouvent plus dans la vie sociale. D'où l'importance pour le clinicien d'aider ses consultants à repérer les pressions auxquelles ils sont soumis, et à tenir compte des plus cachées, celles qui sont liées aux conceptions véhiculées par la culture et parfois organisées sous la forme d'une idéologie ou même d'une véritable mythologie.

Obs. n⁰ 40.

Le couple R. illustre l'importance de ces aspects. La femme est une Européenne, née en Afrique, d'une famille de tradition catholique et d'un milieu aisé, dont l'aisance liée en partie à un héritage, s'était considérablement réduite lorsque cette famille a dû se rapatrier sur le territoire français. Son père, défini comme une « fin de race », c'est-à-dire comme le membre peu doué, dégénérescent, d'une famille autrefois plus influente, ne tirait sa gloire que de cette appartenance familiale et était ainsi obligé d'en adopter les valeurs : il appréciait principalement ce qui touchait à la fortune, méprisait les études, était hostile à l'émancipation des femmes, et très concrètement, aux études de ses filles qu'il a interdites. La jeune femme devenue critique à l'égard de la tradition représentée par son père, y restait cependant plus ou moins référée malgré elle, et rêvait d'épouser un « battant(⁷) ».

Celui qu'elle a épousé en fait est un immigré, issu d'une minorité germanophone d'Europe centrale; les vicissitudes de la guerre et de l'après-guerre ont imposé à cette famille d'origine paysanne fruste, de se réfugier en France. Son père a dû se débrouiller, avec plus ou moins d'habileté; il rêvait pour son fils d'une « ascension sociale » et d'une certaine gloire, et faute de pouvoir y accéder lui-même, lui suggéra de se lancer dans la branche qui, à ses yeux, permettait les plus rapides succès visibles, c'est-à-dire le commerce. Sa mère, déçue, avait au sein du groupe familial une influence mineure. Après des études technico-commerciales, le jeune homme accédait à une vie professionnelle satisfaisante, mais gardait un malaise intérieur qu'a perçu sa future femme quand ils se sont rencontrés. « Il avait, dit-elle, quelque chose de plus grave que moi, du mal à vivre, et j'ai eu l'espoir que je pourrais l'aider à mieux vivre, comme moi j'avais mieux vécu; mais de son côté, il ne m'a pas aidée. »

L'entretien révèle que l'homme a une attitude ambivalente entraînant des succès sociaux variables : à certains moments, il s'est affirmé violemment, dans la vie sociale, tandis que d'autres fois, il se laisse dominer par crainte d'écraser les autres par sa propre combativité; fait plus remarquable, il pense ne donner satisfaction à sa famille que par les biens matériels qu'il lui apporte; il insiste sur les sacrifices qu'il fait en renonçant à ses soirées au profit de son travail, dans l'espoir d'une plus grande ascension sociale.

Mais c'est précisément ce qu'aujourd'hui sa femme lui reproche, puisqu'elle vit son hyperactivité professionnelle comme un désintérêt pour elle et sa famille. Il est opposé à ce qu'elle travaille, ce qu'elle accepte d'autant plus qu'elle n'a pas eu l'occasion d'acquérir une sérieuse qualification professionnelle. Il la perçoit comme intelligente, comme réussissant bien ce qu'elle entreprend, comme rattrapant parfois les erreurs qu'il commet; elle lui permet en outre une

---

(⁷) Expression familière définissant un homme habile, à qui tout réussit, qui sait s'affirmer, s'afficher, et qui, s'affirmant plus, réussit d'autant mieux.

introduction dans les milieux sociaux qu'il souhaite fréquenter ; mais en même temps, il la limite dans son rôle, il redoute ses écarts et les relations qu'elle a, il se montre de plus en plus jaloux ; il veut la soumettre, tout en admirant qu'elle soit brillante. De ces contradictions, elle ne se satisfait pas, elle proteste, puis elle perd courage, petit à petit elle se sent dévalorisée, elle désespère. Lui ne comprend pas réellement le malaise qu'elle ressent ; lui aussi est déçu, il ne sait plus comment la satisfaire.

Au début de leur mariage, se sentant aimé et apprécié, il a pensé qu'il pouvait montrer ses propres faiblesses à sa femme et plus tard son insatisfaction ; mais voilà qu'elle a ressenti cette attitude comme une blessure pour elle, comme la preuve qu'elle n'était pas capable de le rendre heureux. Il ne montre sa puissance qu'à l'extérieur du couple, dans sa vie socio-économique. « Il voit la réussite beaucoup plus que le bonheur », dit-elle, et il reconnaît que cette recherche constante de la réussite matérielle est sa seule justification et comme la preuve de son amour.

Brusquement M. R. est plongé dans le chômage ; c'est pour lui la fin de la réussite, l'effondrement, non pas la misère physique parce que les indemnités sont élevées, mais la misère morale ; il se sent dévalorisé, il doute de l'amour de sa femme et il lui dit un jour : « C'est parce que je ne réussis pas que tu ne m'aimes pas », propos qu'elle vit comme une véritable insulte. Elle croit lui témoigner son amour et sa protection en cherchant elle-même un travail. Alors apparaît toute l'ambiguïté du problème de la réussite : il s'imagine qu'il doit être brillant, combatif à l'extérieur pour obtenir un succès, de façon à la conquérir. Elle proteste contre cette conception qui la dévalorise profondément puisqu'elle la réduirait à n'être qu'une sorte de femme entretenue, attirée seulement par les avantages matériels : moralement atteinte, elle manifeste son agressivité. Plus tard, M. R. retrouvera du travail, mais reste pris dans cette problématique complexe, qu'il exprime en disant : « Si je réussis, je ne saurai jamais si tu m'aimes ou si c'est ma réussite que tu cherches. »

Les deux membres de ce couple se présentent comme des personnes intelligentes, sans plus de difficultés psychopathologiques que leurs concitoyens. Ils ont reçu ce qu'il est convenu d'appeler une bonne éducation, dans le cadre d'une tradition religieuse. En fait — outre une lecture individuelle et une lecture systémique possibles — l'histoire de leur échec peut être également comprise comme l'effet des pressions socio-culturelles du milieu dans lequel ils vivent et dont ils ont intégré les normes. Petit-fils de paysans pauvres, fils de réfugié immigré empêché de réussir, il s'est senti, dès le plus jeune âge, chargé de la « mission » de réussir socialement et de venger les humiliations vécues par son père. Les études auxquelles il s'est attaché avec énergie ne lui ont nullement appris à communiquer ni à exprimer ses désirs, mais seulement à conquérir les places sociales les plus recherchées, celles qui apportent les honneurs, la « Mercédès » rêvée par son père, et notamment l'argent, qui est peu à peu devenu pour lui la seule chose dont il puisse faire cadeau et qui confirme sa valeur.

Sans s'en rendre compte au moment du mariage, il a trouvé en sa femme une fille blessée de n'être que la descendante d'un homme « fin de race », plus ou moins méprisé, bien qu'appartenant à une famille aisée de la haute bourgeoisie. Sans le savoir, elle rêvait de se rétablir dans cette classe sociale en épousant un « battant », un homme qui, par sa réussite, effacerait la blessure venant de son père. En confirmant sa propre réussite, le mari rassurait et confirmait sa femme, en confirmant leur appartenance de classe. Sans le savoir *ils accomplissaient le vœu secret des groupes familiaux dont ils étaient issus.*

On voit comment *l'idéologie commune à ces deux familles, soumise à celle des classes dominantes, les conduisait à valoriser la lutte,* l'affirmation de soi, la compétition, *la réussite matérielle par l'argent, le pouvoir sur autrui,* et à négliger les valeurs « humaines » et affectives. Il leur a fallu la crise économique, le chômage, l'effondrement de leurs rêves de réussite pour faire la critique des pressions socio-familiales auxquelles ils avaient été soumis, et découvrir de nouvelles bases humaines sur lesquelles ils essaient aujourd'hui de rebâtir difficilement leur couple.

Même en centrant l'analyse de ce cas sur son aspect socio-politique dans ce chapitre, on ne peut saisir complètement ces aspects, sans comprendre les soubassements intrapsychiques et systémiques qui les sous-tendent ou y interagissent. D'un point de vue psychanalytique, M. R. garde encore les traces infantiles de son ambivalence à l'égard du père comme de la mère; l'identification au père est difficile; il reprend à son compte les rôles induits par le père et la mission de réussir, non sans ambiguïté ni culpabilité. Il ne voit pas d'autres manières de s'affirmer que sur un mode agressif, en écrasant les autres, ce qui finalement le culpabilise, et le conduit à renoncer à cette affirmation. Il n'a pas supporté que sa mère accepte sa propre humiliation par le père, et il traduit dans son comportement son refus d'identification à l'image maternelle qu'il rejette, quitte parfois à rétablir avec les autres cette relation sadique qu'il reproche pourtant à son père. Sa volonté d'emprise sur sa femme est évidente, il est valorisé par son brio, mais il ne tolère pas que, grâce à cet aspect brillant, elle ait ses relations propres et des succès propres qui ne lui soient point attribués à lui, et il la maintient en tutelle. La problématique de castration est également perceptible : s'affirmer, provoquer l'envie des autres et par là redouter la menace de castration dans une référence principale à l'image paternelle.

Mais la problématique déborde celle de la castration, car c'est sa propre

« valeur » et son narcissisme qui sont en jeu, quand lui est supprimée la réussite sociale, investie sur un mode à la fois phallique et narcissique ; même avant le chômage, il ne trouve ni satisfaction, ni véritable sécurité, l'angoisse de la castration le ramenant constamment à une problématique prégénitale et à des fixations anales prépondérantes. Sous ce signe, apparaît l'investissement massif qu'il fait des relations d'argent, de l'argent-cadeau qu'il donne ou pourrait donner, et par quoi il retient, contient et tente de contrôler ou de maîtriser ses Objets et notamment sa femme. Mais c'est aussi cet aspect que Mme R. supporte plus mal, non qu'elle n'apprécie l'argent et sa symbolique fécale de rétention, de réserve et de puissance, tels qu'elle les a connus dans sa jeunesse, mais elle ne leur donne pas tout à fait la même signification et ne supporte pas de situer leur relation à ce niveau, ni de se réduire à la situation d'une « femme entretenue ». Sa problématique anale, à elle, est différente et l'oblige à se défendre avec violence contre l'intrusion anale du mari. Plus il prend une position régressive à ce niveau, plus elle paraît s'en libérer ou organiser une formation réactionnelle et accepter sur ce plan une attitude pseudo-mature [8].

Mais au niveau du fonctionnement de leur couple, c'est sans doute les processus de projection qui sont les plus intéressants à observer. M. R. reste pris dans cette problématique contradictoire : il veut « posséder » une femme appréciée par autrui, objet de valeur auprès des tiers, bien qu'entièrement référée à lui ; mais si elle est ainsi contrôlée, dominée sans autre recours, quelle valeur accorder à ses gestes amoureux s'ils sont obligés et non plus spontanés ? Aussi ne sait-il plus s'il est aimé, malgré les tentatives maladroites qu'il entreprend pour se rassurer. Même lorsqu'il a cessé d'être chômeur, s'il cherche à réussir, il ne saura jamais s'il est objet des désirs de sa femme ou si c'est sa réussite qui est recherchée par une épouse intéressée, mais dès lors méprisable et incapable de le conforter narcissiquement. Il reste tourmenté, envahi par une angoisse de type paranoïde qui le rend méfiant et jaloux à l'égard de sa compagne. *Il projette alors sur elle le doute qu'il a sur lui-même.* A-t-elle quelque valeur intrinsèque ? Est-elle capable d'aimer autre chose qu'elle-même ou l'argent qu'il lui apporte ? Projection qui le libère du doute qu'il avait sur sa propre valeur et sur sa propre capacité d'aimer. *C'est d'ailleurs à ce doute qu'il est renvoyé lorsqu'elle réagit violemment* et le culpabilise d'avoir osé réaliser pareille projection sur elle à travers cette image dévalorisante pour elle. Il est alors renvoyé d'une angoisse de type paranoïde à une angoisse dépressive.

Dans un cas comme dans l'autre, comme le remarquent les auteurs kleiniens, et notamment Dicks [9], ce qui est exclu du Moi par les processus d'identification projective est aussi refoulé ou en tout cas ne peut

---

[8] Qui serait appelée « progressive » dans la terminologie de Jürg Willi.
[9] DICKS, Henri V., *Marital tensions...*, London, 1969.

plus communiquer avec le reste du Moi, le « Moi » central. Ainsi ce qui est écarté du Moi est à la fois l'Objet et aussi la partie du Moi liée à cet Objet. Ainsi dans la position paranoïde comme dans la position dépressive, ne sait-il plus s'il aime, pas plus qu'il ne sait s'il est aimé. Situation angoissante et pour lui et pour elle. Ce qui « confirmait » les deux partenaires à l'origine du couple était un renforcement narcissique du sentiment de la valeur propre à chacun, avec refoulement des doutes sur cette valeur narcissique ; actuellement, chacun n'est plus confirmé en sa valeur propre par l'autre et ne confirme plus celle du partenaire.

Nous retrouvons ici l'importance des processus d'auto et d'hétéro-confirmation évoqués à propos de la compréhension psychanalytique de la crise, de même que nous retrouvons la collusion des problématiques internes — ici principalement problématiques anale et phallique — rejoignant les perspectives systémiques dyadiques. Quant à la perspective socio-politique, elle est perceptible à travers l'intrication de leurs problé-matiques intrapsychiques mutuelles. Mᵐᵉ R. réagit avec violence en refusant d'accepter l'image d'une femme entretenue, qui n'apprécierait son partenaire qu'en tant qu'il réussirait et apporterait l'aisance matérielle ; elle réclame qu'il manifeste à nouveau les « sentiments », c'est-à-dire ses bons sentiments, ceux qu'elle a connus en lui quand elle l'a découvert et apprécié à l'origine de leur amour ; mais elle se sent absolument brisée par le propos qu'il tient et l'image qu'il se fait d'elle — à l'occasion du mécanisme projectif.

A ce moment — comme elle le dit — elle préférerait se séparer de lui, plutôt que de vivre avec un homme, qui, resté attaché à elle, se fait d'elle une image profondément blessante. *Il faudrait que ses qualités réelles et ses sentiments profonds redeviennent valorisants pour elle.* Alors il oserait les manifester et *il serait de nouveau apprécié d'elle, tandis qu'en retour elle serait confirmée dans le sentiment de sa valeur propre.* Mais ce qui empêche cette confirmation mutuelle, c'est l'attitude par laquelle M. R. consi-dère les sentiments comme affaire de faibles, la bonté comme absence de courage, tandis qu'au contraire la réussite sociale et son signe matériel signifient puissance et valeur. C'est dans cette attitude qu'on retrouve *le rôle des facteurs sociologiques attachés à une société ultra-compétitive,* où l'honneur et les gratifications reviennent à celui qui triomphe. Tant que cette perspective reste dominante chez lui, il ne peut pas accepter ses propres sentiments, ni l'idée d'être « bon » ou « sentimental », et de la sorte il est incapable de donner à sa partenaire la réassurance qu'elle quête avidement : la conviction d'être une femme digne d'être aimée par un homme bon, de valeur, riche de « sentiments ».

L'histoire du cas R. dont on pourrait tirer d'autres développements, permet plusieurs lectures et on y retrouve l'interaction de ces différents processus de fonctionnement du couple, comme on les observe plus ou moins clairement dans tous les couples.

Rapports de pouvoir et facteurs économiques.

Plus haut a été évoqué, sur les structures du couple, l'effet des influences idéologiques véhiculées par la société. C'est sans doute à leur « infrastructure » économique qu'il convient d'abord de porter attention. L'étude de ces couples de milieu défavorisé, vivant dans des conditions pénibles, souligne à l'évidence que la coexistence en couple a une base économique majeure. C'est d'abord pour des raisons de survie et de moindres frais que bien des gens se marient ou tout au moins se mettent en couple. Il y a sans doute aujourd'hui de nouvelles possibilités sur ce plan réalisées par les « communautés ». Si la plupart échouent à long terme, ce n'est pas principalement pour des raisons économiques, où elles peuvent montrer une certaine efficacité de gestion par une réduction massive des dépenses de consommation. Nous avons vu (au chapitre sociologique) combien les possibilités de choix mutuel des personnes sur des bases psycho-affectives pouvaient se trouver restreintes, ce qui entraîne bien entendu un lourd handicap sur les possibilités d'une coexistence prolongée ; les unions dites « libres » sont souvent très peu libres du fait du poids des contingences économiques. En des cas scandaleusement trop nombreux, l'*insuffisance des revenus* joue un très grand rôle, en limitant différentes possibilités, par exemple celle de *se loger* de manière décente, sans promiscuité obligée et entassement du groupe familial dans des locaux surpeuplés. Ailleurs l'insuffisance des revenus conduit à un *travail supplémentaire harassant :* hommes et femmes étant obligés d'accepter des travaux écrasants qui les ramènent chaque soir épuisés l'un en face de l'autre et incapables de développer leur véritable potentialité humaine. Ce sont là des cas trop fréquents, face auxquels le clinicien du couple en tant que tel, est désarmé : ce serait au pouvoir politique d'intervenir là, s'il le voulait réellement.

Mais d'autres fois, les rapports d'argent vont avoir un effet pernicieux, alors que ce n'est pas la quantité matérielle d'objets, d'aliments, de logement qui est en soi insuffisante : l'idéologie commune, renforcée massivement par les mass media et les moyens divers dont dispose la publicité, conduit les intéressés à *valoriser avant tout les rapports d'argent.* Souvent il n'est pas même question du simple plaisir que peut apporter directement le gain, par exemple sous forme d'achat d'objets : il est seulement question de montrer aux tiers sa propre capacité, et c'est bien cet argument qu'utilise si souvent la publicité pour conduire tant de nos concitoyens à se précipiter pour acheter, à crédit s'il le faut, des objets de luxe peu utilisables, mais par lesquels ils affichent une illusoire « supériorité » sur leurs voisins. Combien par exemple veulent acheter des voitures aux performances remarquables, aujourd'hui inutiles du fait des limitations de vitesse! Pseudo-valorisation par le gain d'argent qui conduit à des réactions catastrophiques lorsqu'elle s'effondre, par exemple en cas de chômage.

Autre aspect du même problème, vécu à l'intérieur du couple, lié à l'assimilation de la « valeur » à la quantité d'argent : *la comparaison des gains entre le mari et la femme*. Malgré la loi, la rémunération globale des femmes est inférieure statistiquement à celle des hommes ; néanmoins, il arrive que les rapports soient inversés ou susceptibles de le devenir. On voit des conflits apparaître autour de ce thème, certains hommes ressentant la supériorité du gain de leur femme comme une menace à leur prééminence phallocratique et, à travers elle, à leur virilité.

Ces quelques exemples nous ont conduit à aborder, à propos des conflits à l'intérieur des couples, les problèmes posés par les rapports de pouvoir au sein du couple. Par exemple, comment s'organisent les processus de décision ? Comment sera-t-il décidé que l'argent du ménage sera utilisé pour l'achat de tel ou tel appareil facilitant le travail de l'un ou de l'autre, pour l'obtention de loisirs plus agréables ou pour l'achat d'objets signifiant essentiellement l'appartenance à une certaine classe sociale ? Qui va décider ? Comment va se faire la décision ? etc. C'est bien souvent à l'occasion de conflits déclenchés par de tels problèmes qu'un conseiller conjugal sera consulté.

Celui qui détient l'argent ou les biens dispose d'un pouvoir considérable ; c'est ce qu'ont bien compris les sociétés qui veulent réserver totalement à l'homme ce pouvoir et qui, en consacrant le mariage, permettent d'idéaliser le sacrifice que devait en faire la femme : ainsi les premiers mariages romains où la femme passait de la tutelle du père à celle du mari. D'ailleurs, quand plus tard, la femme romaine a pu garder à elle le bien hérité de son père, l'institution du mariage est tombée en désuétude au point que bien des hommes n'ont plus trouvé à se marier « avec des femmes » (ce qui explique sans doute les cérémonies de mariage entre hommes organisées notamment sous Néron). C'est en réaction contre cette société décadente que saint Paul a rédigé ses épîtres qui ont été utilisées pour fournir une base théorique justifiant la soumission de la femme à l'homme dans les sociétés dites chrétiennes.

Aujourd'hui encore, les pays qui tiennent à conserver le pouvoir aux hommes seuls, comme beaucoup de pays islamiques, veillent à ce que les femmes ne puissent pas détenir les sources de richesse, et en particulier ne puissent ni gagner de l'argent, ni recevoir un héritage important. Ainsi restent-elles tributaires et soumises à l'homme qui a tout intérêt à user ou abuser d'arguments sacrés ou religieux pour justifier un tel état de choses et le faire considérer comme naturel par la femme dès son plus jeune âge.

L'importance de conflits surgissant à propos de l'argent est d'autant plus grande que les possibilités d'utilisation des ressources sont elles-mêmes plus grandes. Dans les situations les plus misérables, la fonction de l'argent est principalement alimentaire et les conflits à cet égard ne peuvent porter que sur des détails : à des niveaux de développement économique plus importants apparaît un certain choix possible dans l'utilisation de l'argent, et autour de ce choix, surviennent les conflits et la lutte pour le pouvoir de décision.

En ce qui concerne le pouvoir principal de décider, il faut distinguer un grand nombre de situations différentes. Bien souvent, fixer les dépenses importantes en commun après un débat suppose, sinon une bonne entente, du moins une capacité de communiquer. En cas de divergence, la voix prédominante va souvent à celui qui gagne l'argent lorsqu'un seul le gagne. Lorsque — rarement — c'est le cas de la femme, elle veille souvent à ce que le mari ne soit pas blessé par cette situation et masque son pouvoir, par exemple lorsque l'homme a été contraint de suspendre son activité du fait du chômage ou de la maladie. Il apparaît souvent qu'il n'y a pas de débat sur ces plans et qu'un important non-dit veille à l'évitement de ce problème commun resté sous-jacent. Lorsque l'homme est déjà en retraite, tandis que la femme travaille encore, le problème est différent, le retraité disposant de revenus, situation proche du cas de plus en plus fréquent où les deux partenaires ont une activité professionnelle : le pouvoir ultime de décision ne semble pas alors provenir nécessairement de celui qui a les revenus les plus importants. Le simple fait que *la femme travaille et apporte une contribution matérielle modifie massivement les rapports entre eux.* La décision ne peut plus en général être prise sans elle ; dans la plupart des cas, elle paraît disposer d'une sorte de veto, et plus souvent d'un pouvoir de proposition très convaincant.

Toutefois, il existe aussi des couples conflictuels où le fait qu'elle travaille est précisément ce que supporte très mal le mari, qui se sent blessé comme si l'activité professionnelle de sa femme signifiait sa propre incapacité personnelle et sa castration. Certains tentent de se rassurer en pensant que l'activité de leur femme n'est qu'une sorte de passe-temps ; cette difficulté à tolérer une égalité de fait et une capacité professionnelle à la femme semble, bien entendu, moins fréquente dans les jeunes générations, mais on en retrouve encore des traces nombreuses, même chez ceux qui n'ont pas reçu une éducation ancienne ou qui partagent une idéologie commune, politiquement très avancée.

Obs. n⁰ 41.

Un couple d'âge moyen vient consulter sur le conseil du futur analyste de la femme. Elle souhaite entreprendre une cure personnelle ou au moins faire le point depuis qu'à l'occasion de son travail, elle a fait une expérience de groupe qui l'a amenée à s'interroger sur elle-même et sur leur couple. Le mari, qui a mal supporté cette expérience, a protesté et manifesté de manière de plus en plus agressive au point de mettre en péril la vie commune. Il s'agit pourtant de partenaires qui se sont connus tous deux dans une école d'ingénieurs, qui partageaient tous les deux les mêmes opinions et une pratique politique dans un grand parti d'extrême gauche. La naissance de plusieurs enfants a amené la femme à cesser momentanément son activité, puis à reprendre dans une autre direction, l'enseignement, où elle dispose d'un salaire nettement moindre. La qualification du mari par contre s'est confirmée dans la branche initiale.

Bien qu'ils soient tous les deux d'accord en théorie sur leur travail à chacun et sur leurs principes de base, leur conflit reste extrêmement vif et prend la forme d'un conflit de pouvoir à propos des questions d'argent. Après avoir accumulé des griefs contre elle, après avoir tenté de la culpabiliser ou de la dévaloriser, ou s'être plaint de son incapacité ménagère, de l'influence dont elle abuserait sur leurs grands enfants — tandis que lui a perdu la sienne — il en arrive à dénigrer son travail. Le ton monte, il finit par exprimer son malaise et son envie, en lui clamant d'une voix vigoureuse : « Ah! ton travail, c'est un ouvrage de dames, une justification, ça ne sert à rien : tu gagnes le tiers de ce que je gagne.» En fait les propos étaient tels, et tellement contradictoires avec leur commune idéologie, qu'elle n'a aucune peine à les retourner contre lui, en lui montrant son incohérence et sa faiblesse, l'enfonçant dans le sentiment de dévalorisation qu'implicitement il avait déjà de lui-même. Néanmoins, quand il a exprimé avec violence sa comparaison des salaires respectifs, on sentait que ce grief était latent depuis longtemps, sans avoir été explicitement exprimé jusque-là.

Un tel cas évoque à la fois les aspects psychologiques personnels de l'homme dévalorisé de l'âge mûr, dont l'ascension est proche de son terme et par conséquent déjà menacée, correspondant au réveil des angoisses de castration mal liquidées jusque-là. Il est clair qu'il aurait besoin sur ce plan d'être aidé personnellement. Sur le plan systémique, on observe un mouvement de bascule et d'interaction entre l'homme, autrefois en position d'apparente maturité tant que la femme avait la position « basse », traduite par une attitude passive et soumise, et le réveil de cette dernière dont la personnalité s'affirme après son expérience. N'est-ce pas elle qui paraît la plus solide, comprenant les temps nouveaux, gardant le contact avec les adolescents, exerçant une activité intéressante et épanouissante, ayant la possibilité de succès masculins, tandis que lui, enfermé dans son *travail technique de moins en moins satisfaisant, n'a plus, comme compensation, qu'un gain d'argent devenu signe de son pouvoir et de sa puissance virile*, et donc chargé de significations phalliques. Plus elle croissait, plus il se sentait condamné à une position seconde, *sauf à donner à la différence de leurs gains cette dimension phallique* qui lui permettrait de nier quelque temps encore sa castration.

C'est là que s'intrique une problématique socio-politique. Malgré ses convictions, c'est *l'idéologie dominante apparemment contraire à la sienne qui l'imprègne — bien qu'il prétende militer contre elle —* en prenant l'argent comme critère quantitatif de valeur. La femme n'a aucune peine à observer cette massive contradiction et à profiter de cette décadence morale de son partenaire pour rétablir à son profit sa propre suprématie. Dans d'autres milieux, aucune critique véritable ne serait faite à ce choix de l'argent comme critère de valeur.

Mais à propos du rôle de l'argent dans la distribution des rapports de force, ce serait une erreur de croire que c'est toujours à celui qui en gagne le plus que sourit le pouvoir. D'abord cette distribution dépend assez étroitement de la classe sociale autant que de l'idéologie. Dans les classes sociales défavorisées, et chez les couples issus, à l'origine, de ces classes, alors même qu'ils disposent actuellement de moyens d'existence très satisfaisants, il arrive souvent que les partenaires se comportent en conformité avec la tradition ouvrière : l'homme apporte intégralement sa paie à la femme qui fait la répartition en décidant des achats, et en prélevant une petite part pour l'argent de poche du mari. Cette tradition semblait correspondre à une situation où l'argent en lui-même n'était pas source de conflit à l'intérieur du couple, dans la mesure où l'insuffisance des salaires ne permettait pas beaucoup de possibilités en dehors du nécessaire.

Pour marquer les aspects évoqués jusque-là, il faudrait tenir compte d'autres facteurs et d'abord *de la provenance des revenus,* différents selon qu'ils viennent du travail et de la compétence professionnelle, ou qu'ils viennent d'un héritage qui lie à la famille d'origine. Dans les milieux très fortunés, les conflits d'argent sont parfois très apparents, comme dans les romans de Balzac, et recouverts d'alibis divers. Mais inversement l'importance des revenus, étant sans rapport avec le travail ou la valeur professionnelle, n'est donc pas investie narcissiquement comme signe de valeur personnelle, comme cela se voit dans les autres milieux où l'argent est gagné par le travail et la compétence.

Un autre aspect du problème est celui de *la conscience de classe,* le conflit apparaissant lorsque l'argent contribue à un changement d'appartenance de couche sociale : *l'un des partenaires veut rester attaché à sa classe d'origine tandis que l'autre fait effort pour en sortir.* Or le gain d'argent est le principal moyen d'échapper à la classe d'origine chez un sujet qui cherche à faire partie d'une autre classe et espère y être assimilé. A l'inverse, l'obtention des revenus élevés, notamment par un travail qualifié, peut entraîner une certaine culpabilisation d'un sujet né d'une classe sociale très modeste, et gardant le sentiment d'appartenance à cette classe dont précisément peut l'éloigner son salaire élevé. Le problème est alors surtout aigu lorsque les deux partenaires ne sont pas issus de la même couche sociale. Le cas difficile de Mlle H., évoqué ([10]) à propos du choix conjugal,

([10]) Cf. IIe partie, chapitre III, p. 81.

illustrait assez bien l'importance du changement de classe sociale dans son lien avec l'institution matrimoniale. Ainsi l'argent est souvent un moyen d'affirmer un pouvoir sur le partenaire ; d'autres fois, son utilisation et les prises de décision le concernant apparaissent comme le signe des rapports de force entre les partenaires ; à ce titre, l'argent paraît souvent un analyseur assez remarquable, permettant au clinicien d'appréhender et de faire appréhender par les partenaires un certain type de rapports sous-tendant leur conflit.

Autres appuis des relations de pouvoir.

Il va de soi que l'argent n'est pas le seul moyen d'affirmer son pouvoir sur un partenaire : le savoir et la compétence professionnelle ne sont pas sans rapport avec l'exercice du pouvoir. En fait, il s'agit beaucoup plus de la *réputation* de compétence, dont le conjoint n'a en général que l'écho, et c'est l'image même de ce savoir qui joue un rôle important dans l'attribution de valeur conférée ainsi au partenaire. Un titre scientifique ou une réussite à un concours difficile renforce l'attrait exercé par un fiancé, même si ce titre n'apporte pas un train de vie correspondant. Cela souligne souvent la dépendance d'un partenaire à son milieu d'origine ; l'exemple est classique dans les familles de Polytechniciens, la fille d'un Polytechnicien est souvent sensible à ce titre ; de même, dans les familles d'Officiers de marine, puisque épouser un Officier de marine est valorisant en soi, alors que le salaire correspondant est modeste ; le prestige conféré par le savoir apporte ainsi à l'élu une sorte de supériorité sur d'éventuels rivaux. Si, comme nous l'avons évoqué à propos du problème de communication, il est valorisant d'épouser un partenaire prestigieux, *le bénéfice de cette opération reste lié à la possession stricte de ce partenaire*, à l'intérieur du couple, les rapports de pouvoir seront d'autant plus défavorables à celle qui a ainsi pris possession de ce partenaire prestigieux : ce qui donne valeur à l'extérieur renforce à l'intérieur la puissance virtuelle du protagoniste et le danger qu'il représente.

Le savoir n'apporte pas une puissance seulement en tant qu'il est source possible de revenus ; *certains types de savoir-faire* sont en eux-mêmes occasion de montrer une certaine supériorité sur le partenaire ; par exemple le bricolage, l'habileté culinaire, vestimentaire, etc., ne sont pas seulement source de prestige, mais jouent un rôle dans le rapport de forces. De même, *certaines compétences donnent un pouvoir particulier* à qui les détient, surtout si c'est à l'occasion de situations graves ou difficiles qu'elles ont l'occasion de se manifester.

Ainsi en est-il par exemple de couples dont l'un des membres est médecin. Le groupe familial lui confie un pouvoir décisif à certains moments, et son rôle protecteur persiste au-delà de cet épisode. Toutes proportions gardées, il en va de même de certaines professions paramédicales et notamment des infirmières qui sont souvent choisies comme épouses par des sujets appréciant qu'elles soient capables d'accorder une certaine protection teintée de caractère maternel. Bien des couples dont la femme est infirmière se structurent de ce fait sur un mode très particulier.

Assez différent apparaît le type de relations qu'apporte la capacité de faire plaisir à l'autre et de le séduire d'une certaine manière. Cela était autrefois bien connu à propos de l'art culinaire, du temps où celui-ci était spécifiquement l'affaire des femmes : on apprenait à certaines le moyen de « garder » un mari grâce à ces « petits plats ».

Une autre forme de savoir ou de savoir-faire est encore plus importante que les précédentes et joue un rôle fondamental dans les rapports de pouvoir. Il s'agit de la *capacité d'élaboration verbale,* mais il faut tout de suite distinguer suivant sa nature : le plus capable des deux partenaires sur le plan du langage opératoire ou du langage pratique n'est pas pour autant le plus favorisé dans les rapports de forces. Par contre, ce qui est décisif est la capacité d'élaborer les affects, qui, en donnant à l'un des partenaires une *capacité d'analyse des processus du couple,* soumet l'autre au réseau étroitement contrôlé de ses rationalisations.

Obs. n⁰ 42.

Le couple B. vient consulter dans une phase de crise née récemment de changements de leurs rapports internes; en effet, le mari issu d'une grande école et disposant d'un prestige lié à ses connaissances scientifiques a été longtemps celui qui prenait les décisions et fixait les normes de fonctionnement du groupe familial. C'est en se référant à lui et à son appréciation que la femme prenait éventuellement quelques décisions d'appoint; mais elle ne s'est guère plainte de cette situation pendant de nombreuses années. Mariée jeune, restée longtemps sous la tutelle morale de son milieu familial qui n'avait guère favorisé le développement scolaire de Mme B., elle avait fort apprécié de se trouver désirée par un garçon plein d'avenir, qui lui permettait d'accéder à un milieu social et surtout culturel beaucoup plus évolué que le sien. Cela lui donnait le sentiment de faire partie, par la personne interposée de son mari, de ce milieu intellectuel qu'elle avait découvert au moment de ses fiançailles. En fait, le garçon sortait d'une couche sociale équivalente, mais ses parents artisans avaient au contraire beaucoup stimulé son désir de faire des études et il avait tiré partie de cette opportunité. Marié jeune lui aussi, à une époque où il n'était pas encore confirmé dans sa position sociale, il avait à l'origine de son couple trouvé satisfaction à être admiré pour son savoir encore récent, et à être écouté et suivi dans ses explications et décisions.

Cependant la jeune femme avec les années supportait plus mal de se situer dans une position d'infériorité, sinon intellectuelle, du moins culturelle, et la référence au savoir et à l'arbitrage du mari lui pesait de plus en plus. Lorsqu'il y avait hésitation, ses propres arguments et son propre jugement étaient de peu de poids avant la décision finale prise par le couple sur les arguments du mari. Elle avait abandonné son travail avec la naissance de ses premiers enfants, envisageant vaguement de le reprendre un jour, mais ce travail peu qualifié ne l'attirait plus; c'est ainsi qu'elle se décidait à entreprendre des études supérieures. Le mari n'y était pas opposé dans la mesure où il commençait à souffrir de l'insuffisance du bagage de connaissances de sa femme.

Mais ce bagage allant croissant, et les études de Mme B. lui permettant d'acquérir une capacité d'élaboration verbale plus importante amenait bientôt un changement dans les rapports du couple : Mme B. ne se laissait plus convaincre aussi facilement; elle mettait en avant ses propres arguments dans des conditions beaucoup plus cohérentes, en tout cas beaucoup plus adaptées à la mentalité de son mari. Vint un temps où les discussions se firent plus vives; le rapport de forces continuant à pencher de plus en plus vers Mme B., les décisions tendaient à échapper de plus en plus au mari qui ne savait plus comment défendre sa propre cause. Il y réagit d'abord sur un mode agressif, avec d'autant moins de succès qu'il renforçait l'avantage moral de sa femme; puis sur un mode dépressif; mais ce faisant, il lui confiait un pouvoir consolateur et protecteur; il se consolait encore en pensant que c'était grâce à lui qu'elle avait pu réaliser cette évolution, mais cela n'était pas suffisant pour lui rendre son aisance initiale.

Ces réactions dépressives paraissant en rapport avec ce jeu systémique, ils engagèrent une thérapie de couple. Là se manifestait très nettement la différence entre leurs modes d'élaboration : lui, présentait les choses sur un mode objectif — ou objectivant —, rationnel, étayé sur des principes dont il tirait des conclusions claires et simples. Mais à cet « esprit de géométrie », sa femme opposait un « esprit de finesse » et mettait en lumière les insuffisances de son raisonnement, ou mettait en question le caractère définitif et décisif des principes généraux aux noms desquels il tirait ses conclusions. Très désarçonné par ce type d'argumentation auquel il ne savait répondre, il sentait bien que le pouvoir lui échappait, mais il ne savait plus ni se défendre, ni réorganiser ses propres raisonnements. Ses colères lui faisaient perdre la face devant une femme calme, d'autant plus tranquille qu'elle sentait s'accroître progressivement sa propre aisance et sa sécurité intérieure.

De temps en temps, ces échanges ressentis par le mari comme trop complexes lui donnaient la tentation de mettre un terme aux entretiens conjoints. Il cherchait à échapper à un climat dominé par ce qu'il ressentait désormais comme la supériorité de sa femme et son emprise, mais il restait cependant profondément attaché à cette dernière, et n'envisageait guère qu'en fantasme la possibilité de lui échapper à travers une véritable séparation. Elle-même également très attachée à lui ne se rendait pas compte de l'aspect destructeur, dévalorisant de sa propre attitude au moment des débats, alors qu'elle croyait seulement étayer son argumentation personnelle. Les entretiens auraient pu même être dangereux si elle avait utilisé sa meilleure compréhension des relations interpersonnelles, pour se livrer à une forme d'analyse sauvage de son partenaire. En fait, elle n'était nullement animée d'intentions perfides et c'était plutôt inconscience de sa part que malveillance véritable; ainsi en témoignait sa réaction aux premières interventions de la thérapie, lorsque le thérapeute aidait le mari à exprimer ce qu'il ressentait de destructeur pour lui-même dans les propos de sa femme.

Ce qui a permis aux deux partenaires d'y voir plus clair et de modifier leur relation, c'est le repérage simultané, en commun, de ce qui, dans les propos tenus par la femme, était disqualifiant et blessant narcissiquement : lui d'abord, en découvrant mieux le fonctionnement propre de son épouse et en apprenant à repérer le moment où l'argumentation de sa femme prenait un caractère destructeur, et elle, en découvrant des aspects jusque-là inconscients de son agressivité. Un très petit nombre d'entretiens seulement s'avéra nécessaire pour leur permettre de retrouver un dialogue, ou plutôt de le trouver, dans la mesure où, si les rapports de forces entre les partenaires s'étaient modifiés dans le temps, ils avaient été jusque-là établis sur la base de la soumission de l'un aux raisonnements de l'autre. Il devenait désormais possible d'exprimer les affects sous-jacents à leurs attitudes et à leurs discours, de s'en faire part et d'amorcer un dialogue authentique.

Ce qui paraît décisif à propos du langage *dans la distribution du rapport de forces au sein du couple est la capacité de définir les relations mutuelles.* Les aspects les plus importants sont ceux qui permettent d'élaborer les affects et de définir les relations. Saisir les communications sur la communication — *les métacommunications* — est plus important que la communication en général. L'observation montre sans difficulté que la somme d'informations ou de connaissances d'un des partenaires peut être beaucoup plus étendue que celle de l'autre, sans que cela lui donne un pouvoir bien sensible. Au sein du couple, la compétence et le savoir ne donnent pas directement le pouvoir; ils peuvent conférer un certain prestige et c'est uniquement par l'intermédiaire de ce prestige qu'ils peuvent apporter un certain pouvoir à celui qui le détient, dans la mesure seulement où le partenaire le reconnaît. Ce n'est pas le savoir technique, mais son appréciation par le partenaire qui est en fait à l'origine de ce pouvoir, d'ailleurs souvent limité par rapport à celui que donne la capacité de saisir et d'élaborer les relations interpersonnelles.

L'importance de cette distinction permet de comprendre, par exemple, le pouvoir parfois surprenant d'une femme très peu instruite sur un mari très instruit, pouvoir qui déborde largement certains aspects immédiats ou pédagogiques, mais qui s'étend souvent sur l'ensemble de leur existence. Ainsi les *conditionnements socio-politiques* qui poussent, en bien des milieux, à favoriser l'étude des enfants de sexe masculin en vue de l'acquisition d'une « situation » susceptible de leur apporter des avantages matériels et sociaux, *aboutissent paradoxalement à une inversion des rapports de pouvoir dans le couple* qu'ils fondent. En effet, de tels conditionnements visent à privilégier les études utiles à l'appareil de production, par exemple les études de caractère technique ; ils ont pour effet de contraindre ces garçons à une spécialisation rentable, mais précoce, en réduisant leurs « temps morts » et leur interdisant les rencontres qui leur auraient permis de se familiariser avec le jeu des relations sociales, affectives et interpersonnelles. Les mêmes conditionnements sociaux libèrent partiellement les filles de cette contrainte, et leur permettent davantage l'utilisation de ces temps en leur donnant l'occasion de rencontres et de fréquentations qui les familiarisent avec le maniement des rapports interpersonnels.

Même si cette différenciation entre l'éducation des garçons et des filles tend à s'atténuer, au moins dans les classes moyennes des grandes villes, sa longue persistance explique le cas de ces couples caricaturaux dans lesquels un homme de pouvoir social reconnu et bien placé peut se trouver un petit enfant auprès d'une femme dépourvue de diplômes. Il tient de très beaux discours rationnels, dispose d'un compétence technique reconnue qui lui apporte de notables revenus dont il est fier, *mais il ne comprend rien à ce qui se passe à l'intérieur de son groupe familial;* il perd tout pouvoir pédagogique et, en fin de compte, tout pouvoir de participer aux décisions importantes du couple, tandis que sa femme sans qualification technique importante, a obtenu, parfois par le mariage, sinon par ses fréquentations faciles d'avant le mariage, les moyens et le temps de développer certaines capacités d'écoute : elle est finalement plus qualifiée dans la science des relations humaines.

Souvent d'ailleurs aujourd'hui son pouvoir sur ce plan est renforcé par son appartenance à des groupes, notamment à des groupes de femmes, ainsi que par la plus facile utilisation des mass media qui lui permettent d'être plus au courant que son mari des changements socio-culturels, et, par là, de mieux comprendre le temps actuel et ce que vivent ses enfants ou ses adolescents. Le mari est resté figé à des principes ou à des pratiques adoptés au temps de sa jeunesse, mais ne saisit rien de ce qui se passe parmi ses enfants; il se trouve rapidement disqualifié par eux en perdant à leurs yeux toute autorité morale, dans la mesure où son discours est celui d'un autre âge. Seule la femme reste capable de garder des contacts avec eux, et l'homme est obligé de recourir à elle pour garder un minimum de liens avec des enfants qu'il continue cependant d'aimer profondément, même s'il ne les comprend plus. Les pressions d'une organisation sociale hantée par les problèmes de production lui ont permis d'acquérir une « très belle situation » sociale et matérielle où il se croit un maître, alors qu'il est ressenti comme un « esclave » par ses propres enfants.

Rapports de forces et facteurs affectifs.

Ces considérations amènent à réintroduire la dimension affective : pour étudier les rapports de forces au sein du couple, nous partions de *l'analyse des compromis, accords, propos et agissements considérés comme expressions de ces rapports de forces.* Mais, dans cette lutte conjugale pour le pouvoir, les facteurs affectifs s'introduisent d'eux-mêmes, d'une part comme assise du pouvoir lui-même, d'autre part en tant que masques pour mieux l'exercer en dissimulant sa crudité.

A la base même de la compréhension des rapports « politiques » des partenaires au sein du couple ou de toute union amoureuse, on retrouve le pouvoir du séducteur qui fascine son partenaire jusqu'à le soumettre ; c'est donc ce processus si fondamental qui, par sa répétition, contribue à organiser les rapports de forces entre les partenaires. L'effet le plus fréquent est une relation de dépendance affective souvent inégale ; dans la mesure où une relation dense existe entre les partenaires, un minimum plus ou moins important de dépendance affective se joue nécessairement entre eux ; certains couples montrent une codépendance extrêmement étroite, qui n'empêche d'ailleurs pas des rapports conflictuels très agressifs ; *la densité du lien est à distinguer de la dépendance affective.* Cette dépendance peut avoir un caractère assez symétrique ; ainsi des sujets fragiles, dont l'attitude générale est une quête constante de réassurance narcissique, ont une appétence particulière pour un compagnon correspondant aux mêmes dispositions, réalisant une véritable collusion autour de cette problématique commune, quitte à ce que l'un des partenaires se montre davantage celui qui reçoit, et l'autre celui qui donne ; mais leur attirance commune conduira ainsi à un jeu de dépendance mutuelle relativement symétrique. Dans d'autres types de collusion, par exemple au niveau oral, les relations peuvent être plus asymétriques, l'un des deux partenaires étant conduit à une position d'autant plus parentale que l'autre adopte un style plus régressif. Dans ce jeu plus asymétrique, *le membre le plus régressif a tendance à déléguer son pouvoir à son partenaire,* et plus il régressera, plus il aura tendance à le lui déléguer, en même temps que s'affirmera davantage sa dépendance à son égard.

A l'intérieur de ces jeux subtils au sein du couple, s'organise de la manière la plus inconsciente la dynamique des rapports de pouvoir. On observe du reste qu'une telle délégation, même très asymétrique, peut entraîner une grande satisfaction mutuelle et un fonctionnement stable du couple ; mais la stabilité peut être mise en échec brutalement à l'occasion d'un incident qui supprime à l'un des partenaires la possibilité de compter sur l'autre. En effet, en cas de conflit grave, *celui qui accomplit un geste symbolique traduisant sa capacité d'aller jusqu'à la rupture,* montre par là sa capacité d'autonomie, affirme ainsi son indépendance, met son partenaire dans une situation difficile en le rendant encore plus dépendant, comme à sa merci. *Il exerce ainsi un véritable pouvoir sur lui,* à partir du moment où il est capable de formuler ses exigences et de définir avec intransigeance les conditions minima qu'il met au maintien de la vie commune. Sans aller jusque-là, alors que n'est pas évoquée directement l'éventualité d'une séparation, une attitude affichée d'autonomie, laissant entendre une capacité de vivre seul, peut conférer un certain pouvoir. Certains couples fonctionnent comme s'ils vivaient constamment *cette lutte pour le pouvoir ; ils prennent des risques en se provoquant l'un l'autre, chacun cherchant à afficher une plus grande indépendance* et à démontrer qu'il ne se laissera pas « posséder » par un chantage affectif. D'autres fois, on assiste à de brutales modifications des rapports de pouvoir à l'occasion d'une menace de séparation.

Obs. n° 43.

Un couple vient consulter à la suite d'une série de conflits qui prennent une tournure dramatique. C'est la femme qui a demandé la consultation et le mari y arrive avec une certaine condescendance. Il se carre avec aisance dans le fauteuil, jette un regard global et quelque peu supérieur sur ce qui se passe autour de lui ; par un signe de la tête, il indique à sa femme qu'elle doit parler. Celle-ci se plie alors à cette directive et explique la situation. Il corrige ce qu'elle évoque, formule quelques rectifications et puis commente en expliquant à sa manière où est l'origine de leur souffrance. D'après lui, c'est essentiellement la faute de sa femme, qui ne se soumet pas aux exigences minima qu'impose la coexistence ; elle ne se montre ni raisonnable, ni véritablement aimante, puisqu'elle a un comportement gênant pour le couple.

Cette dernière tente alors, dans l'entretien, de se défendre pied à pied en se justifiant devant chaque grief, en faisant constamment référence aux principes du mari, qui dans ce couple est chargé de définir la loi : ainsi elle ne serait pas si mauvaise qu'il le croit, ou si elle l'a été, c'est en fonction de telle ou telle considération ou de telle erreur involontaire, etc. Le mari alors rectifie à *nouveau* et lui explique ce qu'elle doit faire si elle tient réellement à vivre une vie de couple. Elle confirme bien qu'elle y tient spécialement, mais qu'il lui est bien difficile de faire seule les efforts exigés, si lui se comporte sans la moindre remise en question, de telle manière que rien ne puisse évoluer au sein du couple ; il se justifie alors en s'appuyant sur ses propres critères, pour proclamer en fin de compte que c'est à elle seule de se modifier puisque les principes qu'il émet sont indiscutables.

La femme en effet ne met pas en question les principes du mari, et reste dans une situation de soumission souffrante, comme si elle ne pouvait pas elle-même exprimer ses propres jugements, malgré les conditions d'un entretien organisé précisément pour lui donner à chaque instant la parole, au moment où son partenaire est susceptible de l'entendre. Du point de vue du mari, les entretiens n'ont d'ailleurs pas d'intérêt. Inutile donc de leur donner suite, bien que le thérapeute laisse entrevoir le risque important à ne pas mettre à jour plus profondément le mode de fonctionnement du couple, ce qui supposerait au moins quelques entretiens. Le mari juge tout cela inutile, malgré les timides tentatives de la femme pour obtenir un second entretien. Malgré une dernière mise en garde, il reste seulement convenu qu'il reprendrait contact s'il l'estimait un jour souhaitable.

En effet, très longtemps plus tard, il téléphone pour réclamer d'urgence un entretien conjoint. D'emblée, ce jour-là les rapports apparaissent bouleversés : la femme entre tranquille et le mari très agité, tourmenté, explique que sa femme a commis un acte d'une extrême gravité en prenant la décision d'une séparation. Elle corrige alors, expliquant qu'en fait elle n'a encore pris aucune initiative réelle, mais qu'elle y a pensé devant l'immuabilité de la position rigide de son mari, et est aujourd'hui prête à entreprendre cette démarche ; mais depuis qu'elle a prononcé cette déclaration d'intention, le mari est tombé dans un état tel qu'elle y a provisoirement renoncé.

Cependant elle exige que les conditions de leur vie commune soient profondément modifiées. D'ailleurs elle ne restera plus soumise à des raisonnements qui ne sont qu'une manière pour lui de se justifier. Il n'est pas possible non plus qu'il devienne mutique dès qu'il n'est pas satisfait, ni qu'il mène le groupe familial à sa seule fantaisie, etc. Le mari essaie alors soit de nier, soit de minimiser l'importance des griefs que formule sa femme, mais il se réfère à ce qu'elle dit. Elle estime maintenant que les enfants souffrent davantage de leur coexistence douloureuse et agressive qui est un véritable enfer pour eux. Lui continue à tenter de réduire la portée de ce qu'elle évoque, ou se défend de quelques reproches ponctuels par des circonstances également ponctuelles, sans mettre en question la référence constante qu'il fait désormais aux propos et aux principes généraux posés par sa femme : il doit se modifier radicalement, elle n'admettra plus ses colères, encore moins ses bouderies. Elle exige désormais d'être tenue au courant de tous les aspects de leur vie, notamment de leurs ressources, que lui seul gérait jusque-là. Elle se réservera un temps pour elle-même, avec éventuellement la possibilité d'acquérir une profession et une certaine autonomie matérielle.

Sur ce plan, le mari raisonne et précise que le désir de qualification de sa femme ne lui permettra pas une véritable autonomie, sauf au détriment total de la vie de famille, tandis qu'il est lui-même capable de leur apporter l'aisance suffisante. Elle rétorque qu'elle ne cherche pas là une plus grande aisance, mais une moindre dépendance à son égard. Il craint que de ce temps elle ne fasse tout autre chose, le thérapeute l'invite alors à clarifier sa position, et il manifeste la crainte que la nouvelle attitude de sa femme ne la conduise à se détacher de lui en trouvant d'illusoires satisfactions auprès de tiers : elle a de nombreux atouts, elle est jeune, belle, intelligente, capable d'étudier, son pouvoir de séduction est entier. Mais elle commettrait une grave erreur en les utilisant auprès d'autres qui ne pourraient lui donner les satisfactions qu'elle a avec lui.

Le mari aimerait que l'entretien conjoint soit renouvelé, avec l'arrière-pensée que le thérapeute pourrait user de son influence pour convaincre sa femme des qualités de son raisonnement. Mais dans ces conditions et avant même que le thérapeute ait répondu, c'est elle qui refuse une telle éventualité. « Ce n'est pas à moi à changer, dit-elle, c'est à toi, et si tu peux tirer quelque chose de l'entretien, c'est ce qui te permettra de te modifier à temps. » Le thérapeute répète alors ce qui avait déjà été dit, à savoir qu'il n'a pas à faire pression ni à agir dans un sens ou dans un autre, et qu'il est là d'abord pour leur permettre de communiquer, ou peut-être si leurs rapports deviennent meilleurs, à mieux comprendre ce que chacun, d'une manière latente, attend de l'autre.

Ces propos paraissent à peu près compris, au moins par la femme, mais le mari continue à espérer que ce sera l'occasion pour sa femme de réfléchir sur ses attitudes. Au moment de la décision, la femme prend l'initiative et estime que trois entretiens seront utiles et suffisants. Le mari, suppliant, voudrait que le principe fut admis de consultations régulières, ce à quoi elle répond par un veto clair et définitif, dont l'analyse est entreprise à l'entretien suivant. Un travail de clarification est engagé au cours de ces trois seuls entretiens, mais la femme est décidée à ne pas aller plus loin, malgré les supplications de son mari. Les deux refusent également l'idée d'une aide psychologique individuelle, chacun estimant que l'autre seul en a besoin, et en refusant de mettre en question sa propre perspective. Sur ce plan-là, ils sont tous les deux d'accord, malgré le thérapeute qui estime souhaitable une aide psychologique à chacun d'eux.

Dix-huit mois plus tard, le mari téléphone en catastrophe; il est dans un état dépressif accentué; sa femme s'est engagée dans une relation extra-conjugale à quoi il a réagi d'une manière très vive, sur un mode très dépressif. Plus il la supplie, plus elle se montre affirmative, hautaine et même méprisante. Il n'est plus question d'entretien conjoint, c'est un traitement urgent qu'il réclame pour lui-même.

Nous avons déjà évoqué différents facteurs susceptibles de jouer un rôle déterminant dans le rapport des forces au sein du couple et dans la distribution du pouvoir. Il est évident qu'un seul de ces facteurs n'est pas suffisant à expliquer l'attribution d'un pouvoir définitif; un facteur extérieur, par exemple un changement de statut économique, n'a d'effet que dans la mesure où il correspond à un changement interne du couple, ou à une manière différente d'apprécier ce facteur, mais ces changements internes dépendent eux-mêmes des variations socio-culturelles. Par exemple, si le chômage ne modifie guère la structure du couple, il joue un rôle à plusieurs niveaux dans la relation entre les partenaires, par le fait qu'il prive l'intéressé d'une raison de vivre, qu'il diminue ses responsabilités et ses revenus ou qu'il l'oblige à accepter un emploi inférieur. Ailleurs, chez certains couples fonctionnant sur un modèle traditionnel, le conflit naît du repli du mari sur le territoire où la femme exerçait sa dominance.

D'autres fois, la mise à la retraite plus ou moins anticipée joue un rôle analogue, et on sait la grande difficulté qu'éprouvent bien des couples à cette échéance que rien dans leur existence jusque-là n'a préparé, surtout lorsqu'elle est brutale. Ailleurs encore c'est la maladie de l'un d'eux, ou l'image que s'en fait le partenaire, qui modifie radicalement la relation entre eux; la structure familiale peut aussi être transformée par des modifications d'ordre socio-culturel, ou bien l'évolution personnelle d'un des partenaires à l'occasion de sa vie sociale, de ses fréquentations, de ses expériences, ou d'un traitement psychothérapique.

Un tel traitement semble jouer sur plusieurs facteurs : une plus grande aisance entraînant une moindre dépendance, une modification des différentes collusions inconscientes sur lesquelles le couple s'est fondé, une capacité de se comprendre soi-même et une intuition de la problématique du partenaire, une capacité à élaborer verbalement ses désirs ou ses besoins. A cette évolution personnelle de l'un des partenaires, il arrive que l'autre réagisse aussi sur un mode individuel, parfois brutal : par exemple un passage à l'acte au sens impulsif du terme, une fugue, une aventure, voire une tentative de suicide *témoignant d'une décompensation d'un équilibre jusque-là « compensé » par la relation avec son conjoint.*

Le premier des partenaires a subi une évolution à l'occasion d'une cure psychothérapique qui a entraîné la résolution d'un certain nombre de ses problèmes personnels, l'a conduit à une moindre dépendance, et, par contre-coup, laisse en suspens les désirs ou les besoins défensifs que son partenaire appuyait à l'origine du couple sur les traits névrotiques du premier. C'est donc le partenaire qui se trouve, au moins momentanément, décompensé et qui réagit de différentes manières. Souvent, il se montre capable d'évoluer et de se libérer peu à peu de certaines attitudes névrotiques en quelque sorte entretenues par l'organisation systémique du couple. D'autres fois, au contraire, ces traits névrotiques s'accentuent pour obliger son partenaire à revenir à la situation primitive. Généralement, ces démarches successives, plus ou moins contradictoires, aboutissent à un véritable travail de deuil, qui permettra une nouvelle restructuration du couple.

Quoi qu'il en soit, *une modification des rapports de dépendance affective entraîne un important changement dans la distribution du pouvoir* au sein du couple. Ailleurs encore, c'est l'évolution du statut de la femme avec la prise de conscience de son appartenance à l'ensemble des femmes, et éventuellement de sa situation d'exploitée qui lui donne un poids nouveau, une assurance nouvelle. De ce fait s'observent chez certains couples, où la femme avait à l'origine une position mineure, des changements rapides, d'autant plus brutaux qu'ils sont tardifs dans la vie du couple, allant parfois jusqu'à la rupture entre les partenaires, ayant vécu jusqu'à un âge avancé sans problèmes visibles, tant que la femme restait soumise à un mode de fonctionnement archaïque du couple.

C'est surtout chez les couples relativement hétérogames que ces processus évolutifs éventuellement divergents ont le plus d'importance ; hétérogamie qui, estimée rare par les statisticiens du mariage, n'en est pas moins de plus en plus fréquente par rapport à l'ensemble des couples mariés ou non, au moins sur certains aspects comme celui de la couche sociale d'origine. Si institution matrimoniale et classe sociale avaient des corrélations importantes, elles semblent en avoir moins : d'une part la nouvelle génération, plus que les précédentes, exprime davantage de solidarité et de liens interpersonnels entre ses membres, de quelque appartenance sociale qu'ils soient, d'où des rapprochements hétérogames ; d'autre part, même si les mariages légaux très hétérogames sur ce plan restent peu fréquents, des unions libres relativement durables se créent, et encore plus des unions juvéniles. L'hétérogamie initiale de ces « couples mixtes » rend plus aigus les problèmes posés par l'évolution personnelle d'un des membres, si elle n'est pas parallèle à celle de l'autre.

A propos de ce phénomène d'hétérogamie quant à la couche sociale, on peut observer l'intrication des problématiques personnelles des membres avec le jeu des rapports de pouvoir. Des motivations multiples *surdéterminent le choix d'un partenaire d'une autre classe d'origine ;* certaines sont d'ordre idéologique, mais elles servent en même temps de rationalisation et de justification à l'établissement d'une sorte de rapport de pouvoir, « inassumable » à l'origine parce que hautement interdit par l'idéologie, et très culpabilisé ; mais rapport de pouvoir réel, souvent appuyé sur les acquis culturels, le savoir théorique, technique ou pratique, et la capacité d'élaboration des relations sociales et interpersonnelles, qui confèrent un avantage considérable à celui qui le détient — en même temps qu'un prestige teinté d'envie. Mais l'ambivalence de la relation, son aspect hautement culpabilisé, ses contradictions et ses consonnances névrotiques, la rendent fragile autant que complexe, surchargée de compensations diverses, et par conséquent très sensible aux premiers conflits. Cela se voit beaucoup plus fréquemment au sein des unions brèves et des unions juvéniles qu'au sein des couples mariés. Les conflits apparaissent alors, notamment lorsque la qualification professionnelle apporte à l'un des partenaires des revenus qui modifient, avec le train de vie, l'appartenance sociale, ou lorsque l'idéologie se modifie avec l'âge ou avec les « accidents » historico-politiques, ou encore lorsque des liens affectifs avec les familles d'origine, momentanément mis en sourdine, retrouvent une expression plus dense (par exemple à l'occasion de deuils ou d'événements familiaux).

Le pouvoir efficace est masqué.

Un des constats les plus importants des rapports de pouvoir concerne la manière dont ils sont presque toujours masqués, niés ou inversés. Exceptionnels sont les cas où le pouvoir est déclaré. En général, le membre dominant, celui qui définit les lois, qui exerce le plus souvent l'autorité et le pouvoir décisionnaire, veille à les masquer. En évitant de les souligner, il ménage la susceptibilité de son partenaire, il évite de réveiller chez ce dernier d'archaïques angoisses de castration. Il évite aussi toute révolte contre sa propre dominance et protège efficacement son pouvoir réel. S'il laisse percevoir la réalité du pouvoir qu'il exerce, il entraîne une réaction de son protagoniste qui, en général le lui fait perdre, excepté quelques situations où se revivent dans leur intensité des relations sadomasochiques. C'est dire qu'on n'observe guère en pratique que des situations de pouvoir masquées, déniées ou donnant une apparence inversée.

C'est là sans doute une des lois les plus constantes des relations de couple. Est-elle en contradiction avec le fonctionnement habituel de la Société et des groupes de vastes dimensions ? C'est une question qui reste d'autant plus ouverte que les relations d'autorité semblent se modifier depuis peu, et qu'on observe dans les groupes et les foules des attitudes diverses suivant les lieux, les traditions, les générations. Il semble certain que l'Autorité ne s'exerce plus de la même façon qu'il y a quelques années, ni dans la société civile, ni dans les familles : *un pouvoir qui s'affiche tend souvent aujourd'hui à entraîner une contestation qui l'amoindrit :* l'affirmation du pouvoir a acquis une signification provocatrice qu'elle n'avait guère avant 1968. Pour se maintenir, l'autorité adroite reste voilée, modeste. L'éminence grise remplace le roi ou le président. Pour éviter d'être attaquée, l'autorité de fait s'affirme libérale et même sans pouvoir. Mais ces changements sont encore discrets, variables, peut-être provisoires dans les grands groupes, aléatoires dans la société civile ou politique.

Au sein du couple, ce phénomène semble généralisé. *Les messages d'autorité sont ainsi remplis de paradoxes et de doubles contraintes.* Au sein du couple, ils font appel non seulement à des rationalisations, mais surtout aux facteurs affectifs. Certes le phénomène n'est pas nouveau. « Tu me feras plaisir si tu... » et plus souvent « Tu me ferais plaisir si tu... » ont remplacé les « Je te prie de... » ou les « fais-moi cela... ». De même, les mouvements féministes contemporains et plus encore l'attitude concrète de beaucoup de jeunes femmes traduisent bien le refus de se laisser dominer par le biais d'une admiration que les hommes leur témoignent, ou d'une séduction qu'ils leur attribuent. Elles ne cessent de se méfier de la galanterie et des autres formes de courtoisie qui, en les faisant passer visiblement les premières, flattent leur amour-propre et désarme leur vigilance ou leur auto-défense. *Elles deviennent ainsi méfiantes en face des voiles classiques et des attitudes qui leur retireraient leur pouvoir réel précisément en le leur attribuant trop visiblement.* « Je suis, Madame, votre serviteur... », « J'obéis à vos charmes... et suis soumis à vos désirs » ne sont plus usités comme formules verbales, tant la ruse en est aujourd'hui éventée, ce qui n'empêche pas l'usage d'une attitude équivalente, suffisamment masquée pour n'être plus détectée.

Il existe, il est vrai, de notables exceptions. Sans parler des relations sadomasochiques où les deux partenaires, consciemment ou non, sont d'accord de fait sur une distribution de pouvoir, il reste des traditions qui en certains milieux continuent d'avoir cours, là notamment où les mœurs et l'idéologie traditionnelle se sont davantage maintenues. Si on les trouve rarement dans les classes intellectuelles, on les retrouve dans les campagnes, les provinces et les couches populaires ou issues du prolétariat.

Obs. n° 44.

Dans une famille d'origine ouvrière habitant la banlieue, le père, Monsieur S., apporte tous les mois sa paie à sa femme qui gère le budget et organise la distribution. Elle rend à son mari la part qui correspond à son argent de poche, à ses frais de transport dont il a besoin pour son travail, son tabac et quelques petites fantaisies ; elle distribue à chacun des enfants ce dont ils ont besoin pour leur activité scolaire ou parascolaire, et utilise la plus grande partie du reste pour les besoins collectifs du groupe familial, en particulier alimentaires. Quand cependant l'occasion vient de faire quelques dépenses plus importantes matériellement ou plus significatives, par exemple la bicyclette ou la robe de la fille aînée, elle décide pratiquement de l'achat et le réalise, mais elle fait en sorte qu'au moment de la distribution, ce soit le père qui présente à la fille sa robe, ou au garçon sa bicyclette, ce qu'il réalise avec un grand plaisir. On peut comprendre là qu'elle ménage son propre pouvoir par cette attitude : on peut éventuellement penser qu'il n'est déjà plus qu'un instrument de production au service de la famille ; mais souvent la relation est complexe et, par son attitude, la femme veille à ce que le mari ait une compensation en rapport avec le statut social dont elle a rêvé pour lui, et qui reste dominant dans leurs milieux familiaux mutuels.

Le plus souvent au contraire, ces modèles patriarcaux étant désavoués par les familles contemporaines, *l'art consiste désormais à afficher que l'on n'a pas le pouvoir, que c'est au partenaire qu'il appartient,* ce à quoi il répond par une attitude rigoureusement symétrique. Les changements idéologiques semblent avoir leur traduction directe dans le style même des processus de prise de pouvoir, ce qui oblige à des *communications complexes, sophistiquées, et notamment des mécanismes de double contrainte,* dans lesquels apparaît une sorte de contradiction entre, d'une part, le principe — la liberté —, et d'autre part, la pratique — l'obligation — comme on l'entend dans des discours du type : « Tu es libre, mais,... » et sous-entendu « Tu es bien obligé de faire comme je te le dis, sinon c'est que tu ne m'aimes pas », ou que « tu n'es pas fidèle à toi-même », ou bien encore « Si tu ne fais pas comme je te le dis, c'est que tu es stupide ». Le sous-entendu n'est pas évoqué aussi clairement, mais il est extrêmement présent, alors que la seule affirmation claire est « Tu es libre ». *Cette double contrainte généralisée permet de masquer le pouvoir* du partenaire dominant auprès de l'autre, tandis que la reconnaissance de ce pouvoir le lui ôterait.

Il va de soi que ces jeux ne sont efficaces que tant qu'ils sont exécutés à l'insu des deux partenaires qui, le plus souvent, sont de bonne foi lorsqu'ils méconnaissent leur pouvoir. Ces phénomènes n'ont aucun caractère pathologique en soi-même au sens d'une éventuelle pathologie sociale. On les retrouve à un degré ou à un autre chez tous les couples, y compris ceux qui se disent heureux et fonctionnent avec peu de conflits. En ces cas, le pouvoir — notamment celui de définir les normes de fonctionnement, les normes morales — est souvent partagé, chacun ayant un domaine propre et une certaine évolutivité. Les couples dysfonctionnels et conflictuels utilisent les mêmes processus, mais de manière rigide et agressive ou même blessante, au moins pour l'un des partenaires, mais dans tous les cas, le rapport de forces s'appuie en grande partie sur le jeu des facteurs affectifs qui sert, ou contribue à « masquer » les relations de pouvoir.

CONCLUSIONS

CHAPITRE PREMIER

NORMAL OU PATHOLOGIQUE?

Le concept de normalité est de plus en plus difficile à définir au fur et à mesure que les différentes conceptions qui dirigent les recherches en psychopathologie, en se multipliant, mettent en évidence de nouvelles conditions favorisant l'éclosion des troubles; ces manifestations, actes ou perceptions vécues sont aussi plus difficiles à situer : les affirmer comme pathologiques paraît arbitraire. La psychiatrie traditionnelle, dans sa pratique asilaire ancienne, observait des tableaux caractérisés parce qu'elle s'adressait à l'évolution terminale ou chronicisée d'états dont on n'avait guère l'occasion de repérer les étapes premières, encore moins de les modifier. Le courant psychanalytique a ensuite mis en évidence le rôle déterminant des premières relations au monde du petit humain, véritable prématuré, avec son entourage, relations dont la perturbation limite les possibilités d'un développement harmonieux. Mais à ces difficultés initiales, les individus réagissent de différentes manières suivant les conditions ultérieures de leur existence affective, sociale, pédagogique, culturelle... Ainsi toute l'organisation sociale marque de son empreinte le développement humain, en même temps qu'elle en fixe les normes de fonctionnement et les modèles. Cependant on distingue nettement déviance, même extrême, et pathologie. Aliénation sociale et trouble psychique sont des concepts d'ordres entièrement différents, qui ne se recoupent que dans certaines circonstances. La psychologie ne peut méconnaître la sociologie, encore moins s'y réduire, pas plus qu'elle ne peut se réduire à une biologie ou à une mécanique neurologique, comme le concevaient certains ancêtres de la psychiatrie.

Quels critères pour une psychopathologie de la vie en couple ?

Il conviendrait donc de distinguer des plans différents non réductibles, ainsi que des conditions étiologiques différentes dont la convergence laisse parfois apparaître des rigidités psychiques, des inhibitions, des angoisses, des incapacités relationnelles plus ou moins stables qu'on peut qualifier de symptomatiques. Il est devenu présomptueux de parler de causalité en psychopathologie, il est seulement question de préciser les conditions étiologiques dans lesquelles peuvent survenir des troubles. Par exemple, la recherche constante d'une approbation, d'un soutien, d'une affection, la quête d'une réassurance ou d'une confirmation traduisent un doute, une incertitude, une angoisse ou une incapacité à parvenir à la perception d'une identité stable de soi-même. Mais les difficultés internes ne prennent forme pathologique que si le milieu empêche l'individu de satisfaire ses besoins psychiques élémentaires et de trouver une voie cohérente à son propre développement. Accusera-t-on alors principalement sa fragilité intra-psychique personnelle (liée aux avatars de ses conditions affectives dans sa première enfance, aux traumatismes subis, aux mauvaises dispositions génétiques ou sociales initiales...), ou bien les conditions pathogènes d'un milieu défavorable? Ou bien encore l'interaction entre l'une et les autres?

Y a-t-il véritablement contradiction entre une première définition, individuelle, et une définition systémique de la psychopathologie? Ainsi Ackerman se représente la maladie mentale comme « l'engrenage de la vulnérabilité des divers membres de la famille qui, à la longue, fait se manifester les séries de troubles cliniques qui affectent tantôt l'un, tantôt l'autre »[1]. Pichon-Rivière[2], de son côté, définit la maladie telle qu'elle se manifeste phénoménologiquement comme un « essai d'élaboration de la souffrance provoquée par l'intensité des angoisses de base, essai qui échoue de par l'utilisation de mécanismes de défense rigides, stéréotypés qui s'avèrent inefficaces pour maintenir le Sujet dans un état d'adaptation active au milieu ». En insistant sur « l'adaptation active », en opposition à une adaptation passive, soumise et conformiste, et sur les interactions entre les mondes interne et externe, par les processus d'introjection et de projection, il tente une synthèse des liens entre une compréhension psychanalytique et une compréhension systémique ou sociogénétique. Ces quelques textes sont significatifs ici parce que liés à des considérations thérapeutiques concernant le groupe familial.

Il est des cadres où peut cependant se définir plus clairement une certaine pathologie; *le couple, au contraire, est un lieu où la frontière entre normal et pathologique est particulièrement fluctuante, incertaine, arbitraire souvent :* la vie amoureuse, et la passion qui la sous-tend, supposent le recours à des fonctionnements psychiques hérités des aspects les plus archaïques; elles supposent aussi que ces phénomènes archaïques soient en

[1] ACKERMAN, N. W., « Les troubles infantiles et l'engrenage pathologique des relations familiales », in *L'enfant dans la famille,* collectif, Paris, Masson 1970, p. 240.

[2] PICHON-RIVIÈRE, *Del psicoanalisis a la psicologia social,* Buenos Aires, Galerne, 1971.

interactions avec les processus les plus archaïques du partenaire : les aspirations fusionnelles les plus indifférenciées, les tendances les plus régressives, les pulsions prégénitales, les défenses les plus primitives des premières positions paranoïdes et dépressives s'y font jour.

Ce serait un non-sens de couvrir du terme de pathologique toute expression d'un mécanisme névrotique ou psychotique, quand nous savons que tout être humain garde en lui la trace de ces phénomènes hérités de sa prime enfance, et qu'il est conduit à les utiliser quelque part, quelque jour : trace habituellement muette, sauf quand s'exprime la passion. Si la passion prend parfois la forme extérieure de la pathologie [3], il importe de bien distinguer néanmoins passion, notamment amoureuse, fût-elle dangereuse, de pathologie fût-elle amoureuse.

D'un point de vue psychanalytique, on ne peut pas définir comme pathologique le fait d'avoir recours par exemple au fonctionnement de la position la plus archaïque, la position schizo-paranoïde ; mais ce qui peut être défini comme *pathologique, c'est l'incapacité de fonctionner autrement* que sur ce mode particulièrement archaïque : ce n'est pas le recours au clivage ou à l'idéalisation — si importants au moment de l'instauration, puis de la restauration du lien amoureux chez tous les couples —, qui est pathologique en soi, mais c'est l'impossibilité de recourir ultérieurement à d'autres fonctionnements ; malgré l'épreuve de réalité, malgré le temps, c'est par exemple le déni de cette réalité, qui empêche un individu de reconnaître à son partenaire une existence propre et, par des clivages et une massive méconnaissance, maintient l'idéalisation de l'image qu'il s'est faite de lui à l'origine. C'est encore l'impossibilité pour un Sujet de renoncer un instant à satisfaire ses besoins narcissiques, ou la limitation de la relation à ses seuls aspects narcissiquement gratifiants. Au contraire, loin d'être pathologique, le retour de pulsions agressives contre le partenaire est la condition même qui va permettre le retour à une relation ambivalente, et la reconnaissance d'une certaine autonomie de l'Objet d'amour, sans le limiter à sa fonction gratifiante pour le Sujet.

Ce qui apparaît comme *pathologique est l'impossibilité d'accéder à une relation ambivalente,* pour tenter de garder l'image totalement favorable en niant chez l'autre une partie peu gratifiante attribuée alors à l'influence de tiers. C'est moins le déchaînement de l'agressivité, que son orientation, essentiellement destinée à maintenir hors de toute atteinte de la réalité et de toute relation avec le monde une partie fantasmée de l'Objet d'amour :

[3] On sait aujourd'hui dans l'arène publique quels abus sont commis au nom de la psychiatrie, quand la force publique ou la raison d'Etat, s'abritant odieusement derrière une conception soi-disant psychiatrique, prétend assimiler à une maladie mentale la manifestation de la passion ou l'idéalisme passionné qu'on retrouve plus ou moins chez les authentiques militants. On connaît sur ce plan les prises de position de l'Association mondiale de psychiatrie (Honolulu, 1977).

orientation évidemment liée au clivage, d'une part, et à l'impossibilité de reconnaître en soi un élément de haine adressé à ce partenaire. Ce qui paraît pathologique est donc de maintenir un déni prolongé de la réalité, pour essayer de méconnaître la pulsion de mort dans ses deux aspects, destructeur de soi et destructeur de l'autre.

Les différentes rationalisations et justifications des comportements agressifs apparaissent comme les conséquences de ce besoin absolu, chez un sujet fragile, *de dénier la présence en lui-même de cette pulsion de mort ainsi que sa projection, comme si le sujet éprouvait une culpabilité d'une intensité insupportable à percevoir une once de haine à l'égard de son Objet d'amour.*

Du point de vue psychanalytique encore, la difficulté n'est pas de percevoir l'autre comme mauvais, mais *l'autre en tant qu'Objet d'amour,* c'est-à-dire seulement dans la mesure où il a de fait été absorbé et introjecté par l'acte d'amour. Tout se passe alors comme si, devenu mauvais, cet Objet introjecté contaminait le Sujet lui-même, dans le cadre d'un fonctionnement analogue à celui de la première position schizopara-noïde où la stratégie consiste, grâce au clivage, à utiliser les mécanismes de projection et d'introjection, de façon à séparer nettement les bons et les mauvais Objets. Si l'introjection du mauvais Objet dans le Moi contribue à le rendre mauvais et à le détruire, c'est contre ce péril, vécu sur un mode extrêmement archaïque, que se défend le Sujet. Celui-ci évite l'épreuve de réalité, par exemple en maintenant une idéalisation non critique de son partenaire, réduit à l'état d'image en miroir de lui-même. Protéger le Moi en le séparant du mauvais Objet reste encore sa stratégie fondamentale, si, plus tard, le partenaire est devenu le représentant de ce mauvais Objet. Il faut alors le haïr pour mieux le séparer et accumuler sur cet Objet de haine toutes les projections agressives, seule manière de protéger le Moi et ses bons Objets. Ainsi se comprennent les pressions exercées par certains parents sur leurs enfants pour les inciter à rejeter et à haïr l'autre parent; c'est devenu une nécessité narcissique vitale de le haïr pour se préserver et pour garder un minimum de cohérence et de sentiment de valeur propre.

Il est donc difficile d'employer le langage traditionnel de la psychopa-thologie à propos de la vie amoureuse, dans la mesure où l'amour utilise les formes les plus primitives de la vie psycho-affective : l'incorporation, l'absorption, la dévoration de l'autre, ou l'absorption par l'Objet sont des *constituants de l'amour,* et leurs manifestations, même agies, ne peuvent pas y être considérées comme pathologiques.

C'est sans doute ce qui permet aussi de comprendre cette constatation clinique si fréquente, à savoir le *contraste entre les comportements d'un Sujet à l'intérieur et à l'extérieur de son couple :* ces personnes jugées « équili-brées », pondérées, nuancées et compréhensives dans leur vie socio-professionnelle, qui sont des tyrans familiaux dans leur vie domestique; ou à l'inverse parfois, des criminels, des tortionnaires exprimant si dange-reusement leur perversité et leurs pulsions destructrices dans la vie sociale,

mais qui se montrent tendres, patients et fidèles dans leur vie amoureuse
ou familiale.

La pathologie amoureuse est très proche de la pathologie du narcissisme.
C'est seulement quand les frontières de l'être ou l'investissement narcissique du Moi sont en danger que se manifestent des réactions de défense
susceptibles de prendre des formes pathologiques extrêmes : pathologiques, en ce sens qu'elles témoignent des contradictions internes d'un
Sujet obligé de s'opposer plus ou moins violemment à l'Objet de son
amour, en même temps qu'il a besoin de se le conserver ; autrement dit *de
lutter contre son propre couple alors qu'il ne peut supporter de le mettre en
question,* encore moins de le rompre.

Pathologie individuelle et « pathologie » du couple ?

En fait, il est impossible d'aborder le problème de la psychopathologie
de la vie amoureuse en termes strictement individuels. Cet « engrenage des
vulnérabilités » ne peut se concevoir qu'en termes d'ensemble, de
fonctionnement circulaire et de rétroactions : rétroactions négatives, si le
Couple ou le partenaire atténuent les réactions du Sujet et ramènent à
l'équilibre antérieur ; rétroactions positives, si le Couple est structuré de
telle manière qu'il amplifie le trouble du premier partenaire par les
réactions symétriques du second, sans parler bien entendu de l'engrenage
lié à la participation éventuelle des enfants.

La question naïve la plus souvent posée par les consultants : « Est-ce
normal qu'il me fasse ceci ou qu'elle me fasse cela », laisse bien se profiler
le jeu des interactions entre les partenaires et leur commune participation
au même fantasme : par exemple celui de l'absorption réciproque, de la
persécution, du sadomasochisme, etc. Mais, si les deux partenaires y
participent conjointement, cela signifie-t-il qu'il n'y ait aucune pathologie
individuelle ? L'impuissance cesse-t-elle d'être pathologique parce qu'elle
serait l'effet conjoint des communications des partenaires ? Le fait de la
comprendre ainsi et de pouvoir la traiter (ou la « guérir »), grâce à cette
compréhension, n'en supprime pas le caractère pathologique. Cela signifie
seulement qu'un des sujets a eu recours à une inhibition particulière de
son fonctionnement traduisant son impossibilité de l'assumer totalement :
symptôme qui réalise un compromis entre ses intentions explicites d'une
part (chercher lui-même satisfaction, procurer satisfaction au partenaire,
affirmer sa virilité et ses significations sociales, etc.), et, d'autre part, ses
intentions implicites (refus de soumission au désir de l'autre, de
reconnaître son pouvoir, le punir, etc.) ou inconscientes (éviter d'assumer
la composante agressive ou sadique de la puissance génitale, éviter
l'angoisse de castration, etc.). *Le symptôme apporte la preuve d'une
contradiction interne chez un des sujets,* et *à ce titre mérite d'être considéré
comme pathologique au niveau individuel,* quels que soient les facteurs

individuels, systémiques ou sociaux qui sont à son origine et que le thérapeute choisira comme primordiaux, dans une perspective pragmatique.

Il faut dans ces conditions *bien distinguer une « pathologie individuelle » d'une « pathologie du couple »,* quelles que soient les difficultés de les définir strictement l'une et l'autre et surtout la seconde.

C'est ce que montre en tout cas la clinique lorsqu'elle souligne le contraste, entre, d'une part, des couples souffrants, qui étouffent et aliènent des partenaires ne manifestant avant leur union aucun signe clinique, et d'autre part, des individus porteurs de gros troubles psychopathologiques qui parviennent, à partir de leur union, à contrôler cette pathologie jusque-là bruyante. *De grands malades peuvent former des couples fonctionnels et à peu près harmonieux* qui paraissent leur procurer les conditions d'un épanouissement inaccessible jusque-là.

Par exemple, nous avons vu de grands psychotiques délirants contracter sans bruit un lien amoureux de longue durée. On observe alors souvent une structure particulière de leur couple, marquée par une grande tolérance du partenaire à l'expression explicite du délire, tolérance que les enfants adoptent habituellement et qui souvent n'a pas sur leur développement les conséquences redoutables qu'on pourrait craindre *a priori* [4]. On peut encore distinguer parmi ces couples deux modes extrêmes de processus d'identification mutuelle :

— chez certains, ils sont très réduits, les partenaires sont distants, ignorant chacun le fonctionnement intra-psychique de l'autre, avec des communications très restreintes.

— chez d'autres, au contraire, les identifications mutuelles sont très intenses, structurant ainsi un couple plus fragile, ressenti comme assurant à chacun une moindre protection contre sa fragilité propre ; la conséquence peut en être le risque d'un délire commun, véritable délire à deux, même lorsqu'un seul des deux peut être considéré comme structuralement psychotique dans la terminologie psychiatrique.

Les couples de grands déprimés sont très fréquents et souvent présentent une structure particulière. Leur observation est très intéressante aussi parce qu'elle met en évidence un fonctionnement caricatural chez eux, mais que l'on retrouve à l'état de traces chez un grand nombre, et qui souligne l'utilisation de la vie conjugale dans la lutte contre la pulsion de mort. L'attitude dépressive de l'un des partenaires (dévalorisation, culpabilité, douleur morale, pessimisme, doute de soi, *taedium vitae*...) est ressentie par l'autre comme un appel à une protection et à une confirmation plus vigoureuses quant à sa valeur narcissique. Le second se trouve alors « confirmé » lui-même dans sa qualité de protecteur et dans sa

---

[4] Cf. BOURDIER, P., « L'hypermaturation des enfants de parents malades mentaux », in *Rev. franç. de Psychanal.* 1972, n° 1, XXXVI, pp. 19-42.

valeur propre, par la dépression du premier et par le soutien qu'il se montre capable de lui témoigner. La distribution des rôles est alors caractérisée et organisée de manière systémique.

Plusieurs éventualités sont possibles :

1º Le second peut se maintenir dans cette attitude protectrice qui confirme son pouvoir, dont il se sert inconsciemment pour maintenir la règle du jeu et la définition des relations ; le premier seul reste déprimé, grâce à quoi l'autre va bien. Eventualité fréquente confirmant bien les intuitions déjà anciennes d'analystes, comme Oberndorf écrivant : « Celui qui crée une situation de famille névrotique passe souvent pour normal et croit l'être lui-même » (5), ou Mittelmann (6) évoquant le fait qu'un individu cache son angoisse aux frais d'un autre qui réduit ses propres satisfactions et devient plus angoissé qu'il n'était, permettant à son partenaire d'apparaître comme normal.

2º Une autre éventualité plus fréquente et plus caractéristique amène un *mouvement de bascule* par lequel le second se déprime tandis que le premier reprend confiance en lui jusqu'à une inversion complète de l'attitude initiale.

Plusieurs facteurs peuvent jouer un rôle dans le déclenchement du phénomène de bascule.

— C'est parfois un événement extérieur qui agresse le prétendu normal et introduit en lui une dévalorisation, à quoi le partenaire déprimé réagit en tentant de le rassurer, ce qui l'amène à adopter un rôle protecteur valorisant narcissiquement pour lui-même.

— Parfois, c'est le traitement du premier malade qui prive le bien-portant de son rôle narcissiquement très investi.

— D'autres fois, c'est un mouvement d'identification massive qui conduit le bien-portant à vivre, et à prendre en charge la dépression du malade jusqu'à l'éprouver et avoir besoin lui-même du soutien de l'ex-malade.

Les psychanalystes connaissent ce phénomène par lequel souvent, à la fin d'une cure, un patient demande l'adresse d'un autre analyste pour soigner la décompensation du partenaire. Les psychiatres connaissent la fréquence d'une réaction dépressive, en général passagère, d'un membre prétendu bien-portant du groupe familial, à l'occasion d'une thérapie engagée pour un autre, désigné initialement comme patient par le groupe. Qu'on interprète ces phénomènes de décompensation de l'autre, d'un point de vue individuel psychanalytique (disparition des points d'ancrage sur lesquels s'appuyaient les mécanismes de défense), ou groupal et systémique (homéostasie du groupe et permutation des rôles) ne change rien à la

(5) OBERNDORF, « Folie à deux », in *Intern. Journal of Psychoanalysis*, 15, 1934, pp. 14-24.

(6) MITTELMANN B., « The concurrent analysis of married couples », in *Psychoanal. Quarterly*, XVII, 1948, pp. 182-187.

fréquence et à l'importance du fait clinique lui-même. Il traduit à la fois le bouleversement des structures du groupe au niveau interpersonnel et celui de l'équilibre intrapsychique individuel.

Exceptionnellement, il faut noter cependant que *les régulations systémiques ne se font pas toujours dans le sens d'une « bascule » des phénomènes dépressifs.* Dans les cas habituels, les rétroactions au sein du couple se font sur un mode négatif au sens cybernétique, tendant à réduire la dépression de l'un et son report sur l'autre dans un processus circulaire, atténuant l'intensité des phénomènes pathologiques, grâce à une sorte d'autorégulation cybernétique du couple ; plus rarement, on constate que les rétroactions se font positivement, c'est-à-dire que se produit une sorte d'amplification mutuelle des dépressions individuelles. On peut, *a posteriori,* considérer ce phénomène comme à l'origine probable de certains drames marqués notamment par un *suicide collectif.* En effet, sans avoir eu l'occasion d'être consulté directement pour des cas semblables, il nous a semblé parfois que les régulations circulaires habituelles par rétroaction négative n'avaient pas bien fonctionné. Elles peuvent être gênées par un processus contraire plus ou moins important, comme si *la douleur morale vécue par un partenaire entraînait* la culpabilité, l'angoisse et *la douleur morale de l'autre, empêchant un changement de rôle et l'enclenchement d'une fonction protectrice* de soutien chez l'un des deux. Il y a échec, ou trop grande lenteur de ce processus réparateur qui n'a plus le temps d'intervenir avant le drame et le suicide : le malheur vécu de l'un entraîne la « disconfirmation » de l'autre qui, à son tour, « disconfirme » le premier dans le sentiment de sa valeur propre. En ces cas exceptionnels, on pourrait dire que *le couple, au lieu d'exercer les fonctions habituelles de défense ou de réparation, exerce celle d'une amplification péjorative* et a un effet pathogène.

En vérité, un tel phénomène est rarement observable. Et si l'occasion de l'observer ne se rencontre guère, c'est sans doute que de tels couples ne se forment pas, ou ne se maintiennent pas longtemps. Si le fait de former couple exerce une fonction psychique, on comprend que ses membres ne fondent ou ne maintiennent pas un couple qui aurait non pas cette fonction protectrice, mais au contraire un effet destructeur : si l'Objet du désir est ressenti comme mettant en question la valeur narcissique intrinsèque du Sujet, un lien stable ne peut pas s'organiser entre eux : le couple ne peut se fonder et se maintenir que si l'autre est, à la fois, Objet de désir, et encore plus, *moyen de confirmation narcissique de soi-même ;* et la séparation, ou une forme quelconque de distanciation, se fait d'elle-même : ce couple ne peut guère être pathogène longtemps, il se détruit de lui-même. Tout au moins en est-il ainsi quand le couple risque d'être pathogène pour les deux membres à la fois ([7]).

([7]) L'effet pathogène pourrait alors se manifester lorsque les partenaires sont empêchés de se séparer (par exemple du fait de conditions économiques — incapacité professionnelle de la femme, ou chômage, absence de logement)

En effet, il arrive que l'effet pathogène apparaisse seulement auprès d'un des partenaires, tandis que l'autre au contraire se trouve débarrassé de sa pathologie visible, comme nous l'avons noté. On le voit notamment dans le *couple formé par un paranoïaque et un déprimé*, attelage relativement solide et stable tant que le déprimé ne guérit pas. Le premier accuse le second, tandis que ce second s'accuse lui-même, si bien que l'ensemble se comporte comme s'ils étaient d'accord pour que soit reconnue par un seul la culpabilité dont l'autre est lavé. Ce dernier agit alors de manière à empêcher le traitement du déprimé, en général par des raisonnements dépréciant la psychologie ou le travail des thérapeutes présenté comme subversif : subversif en effet dans la mesure où il met en question une structure de couple stabilisée en un « ordre social » permettant au paranoïaque chargé de définir la loi, de maintenir le déprimé sous sa tutelle culpabilisante.

Ainsi est souvent interrompue la thérapie individuelle ou la psychanalyse du plus faible, du déprimé, du plus dépendant reconnu coupable, avant qu'elle ait eu le temps d'exercer des effets salvateurs et autonomisants suffisants pour que ce dernier la poursuive de son propre chef[8]. En ces cas, la poursuite d'un traitement exige parfois, pour obtenir l'accord *sine qua non* du dominant, que soit reconnu par les conjoints et par le thérapeute le principe d'une intervention portant *en principe* non sur l'attitude dépressive de l'un, mais sur la souffrance du couple dans ses manifestations tangibles (échecs, frigidité...) ou sur les « fautes » du coupable (apragmatisme, incurie, abus d'alcool, etc.).

Dans le cadre d'une compréhension systémique du fonctionnement du couple, avec son modèle cybernétique, ses principes de causalité circulaire et ses rétroactions tendant habituellement à rétablir l'homéostasie du groupe, on pourrait éventuellement *définir comme pathogène le couple où les rétroactions mutuelles sont positives, amplifiant les processus pathologiques amorcés par chaque individu.* Les distributions de rôles ne remplissent plus leur fonction dans l'homéostasie, mais au contraire la rompent. Il y a un effet d'entraînement mutuel. On l'observe parfois dans certains tableaux de lutte conjugale pour le pouvoir. Cependant *en général, ce fonctionnement amplificateur dure peu,* et apparaissent des pauses dans cette lutte où les partenaires redéveloppent des transactions complémentaires, et non plus symétriques, quitte à reprendre leur lutte plus tard : leur cas se

---

ou de conditions familiales et ethico-culturelles (interdiction légale ou morale du divorce et de la séparation, présence de jeunes enfants). Dans ce dernier cas, il est fréquent d'observer qu'un des enfants est alors « utilisé » par le couple comme patient. Le couple reste peu pathogène pour ses membres, mais les effets pathogènes sont déplacés sur l'un ou l'autre des enfants qui devient le bouc émissaire chargé de porter les péchés du groupe.

(8) LEMAIRE J. G., Communication orale au colloque de la Société Psychanalytique de Paris, Deauville 1975.

rapproche alors du cas habituel où les partenaires se partagent des rôles opposés autour d'une problématique commune de type prégénital. Les pulsions partielles complémentaires souvent évoquées ici nous ont montré l'illustration des engrenages les plus courants : par exemple, le pôle masochique de l'un répondant au pôle sadique de l'autre, le pôle exhibitionniste de l'un au pôle voyeuriste de l'autre, avec une réversibilité possible en fonction de la souplesse des individus et de la structuration du couple.

En général, la collusion des partenaires permet l'expression et l'érotisation des dispositions prégénitales de chacun. Ainsi l'expression des tendances sadiques de l'un est favorisée par les aptitudes masochiques de l'autre, mais tout cela est vécu seulement à l'intérieur du couple, et l'individu n'est plus conduit à les manifester à l'extérieur. Ces couples ne peuvent pas être définis comme pathogènes, car il n'y a pas amplification de ces tendances régressives. Elles ont plutôt, *au sein du couple, l'occasion de se manifester et c'est leur expression qui est favorisée, mais non pas la tendance elle-même.* Il n'y a donc pas d'effet d'entraînement, mais au contraire une limitation liée à une focalisation.

Il y a aussi une autre limitation habituelle, celle qui est liée à la réversibilité des rôles au sein du couple : par exemple, les manifestations des tendances sadiques ne sont pas toujours exprimées par le même, il y a au contraire alternance, qui se réalise à l'insu des partenaires sans qu'aucun des deux soit conscient des processus en cause. Parfois, l'alternance a une périodicité beaucoup plus large et apparaît nettement aux yeux du clinicien, par exemple chez certains couples d'alcooliques, où les phases sont particulièrement marquées par les périodes d'imprégnation alcoolique. Ainsi l'un des partenaires dont les tendances sadiques sont habituellement à peu près contenues, perd son contrôle sous l'influence de l'alcool et manifeste crûment son sadisme. Après l'ivresse au contraire, il se sent coupable et fortement culpabilisé par l'autre qui le punit, le met en tutelle; et en général l'humilie gravement, humiliation qui se poursuit jusqu'à la prochaine prise d'alcool, etc. Dans tous ces cas, il y a manifestation du sadisme, ou du masochisme, ou des différentes pulsions partielles, et le couple joue un rôle dans la régulation de ces manifestations; mais en réalité, on n'observe pas une amplification des tendances en question. Elles étaient latentes, elles peuvent prendre une forme patente plus ou moins réversible et cyclique, mais cela à l'intérieur du couple et sans accentuation des tendances elles-mêmes. Ainsi n'observe-t-on généralement pas *cet effet d'amplification qui, lui seul, peut être considéré comme pathogène.*

En résumé, il ne semble pas que soient observés souvent de véritables effets pathogènes liés à la formation du couple. Les exceptions sont relativement rares; leur rareté s'explique sans doute par le fait que — de manière implicite — ce qu'un individu cherche dans son couple est précisément de l'ordre d'une fonction protectrice contre les aspects les plus archaïques ou les plus mal contrôlés de lui-même. S'il se trouve qu'à un moment donné le partenaire ou la structure du couple ne joue plus ce rôle protecteur, l'attrait pour le partenaire tombe et le couple tend à disparaître.

Y a-t-il d'autres critères définissant une « pathologie du couple » ?

Or, c'est bien autour du rôle éventuellement pathogène du couple que doit porter la réflexion sur le problème de la « pathologie » du couple. La véritable question est bien en effet celle de savoir si, face à des individus porteurs d'une pathologie plus ou moins marquée, *le fait de former couple risque d'atténuer ou d'amplifier leurs dispositions pathologiques personnelles.* Quelle autre définition en effet donner à celle d'une pathologie du couple? Sur quel critère pourrait-on la définir?

Le critère de la souffrance induite par le couple? Il serait sans doute envisageable s'il y avait une fixation dans la souffrance chez l'un ou chez les deux partenaires. Encore serait-il bien souvent difficile de définir si le couple joue un rôle important dans cette souffrance; la rupture du couple, bien souvent, ne l'atténue pas. D'autre part, le masochisme qui joue un rôle dans cette problématique de la souffrance, ne semble pas amplifié par le fonctionnement en couple; il est tout au plus rendu plus manifeste en même temps que plus érotisé, et en quelque sorte une espèce de plaisir accompagne la souffrance. Aussi le critère de souffrance est mal adapté pour définir la pathologie; à un degré ou à un autre, elle fait partie de toute existence humaine, et elle apparaît fonctionnellement à certaines phases critiques du couple, phases essentielles à la réorganisation des liens internes et dont le dynamisme novateur est décisif pour la constante restructuration d'un couple vivant.

Le critère d'une éventuelle « aliénation » des deux partenaires l'un par l'autre, ou de l'un par l'autre, liée à une éventuelle absorption de l'un par l'autre, ou à la soumission de l'un aux désirs de l'autre, pourrait être en principe retenue comme signifiant une certaine pathologie du couple. Certaines structures de couples semblent contribuer au maintien de rapports aliénants entre les membres, et peuvent être considérées comme pathogènes, renvoyant au débat évoqué plus haut. C'est souvent en ces cas qu'interviennent les thérapies du couple, qui permettent à certains individus aliénés dans le désir de l'autre de retrouver une expression propre et un degré d'autonomie et de liberté.

Le critère d'une insuffisante satisfaction réciproque est plus difficile à retenir pour apprécier le degré de « pathologie d'un couple ». Il en est de cette question comme de celle du bonheur pour laquelle nous n'avons pas d'échelle de valeur utilisable. La seule observation clinique ne permet guère de tirer des cas particuliers une loi plus générale; si quelques individus se disent plus heureux après la rupture de leur couple, d'autres qui paraissent malheureux avant, se disent encore plus malheureux après cette rupture. Il s'agit en tout cas de critères trop subjectifs et qui ne permettent guère de comparaison. *Ainsi c'est autour de l'effet pathogène éventuel d'une structure de couple que peut être appréhendé le problème de sa « pathologie ».*

Mais ce terme de « pathologie » est mal adapté à un fonctionnement de groupe. Peut-il être repris d'une autre manière ? S'il s'agit de fonctionnement, l'expression même de pathologie perd de son intérêt et il convient davantage, quand on regarde le couple comme groupe, d'observer son caractère éventuellement « dysfonctionnel ». Ainsi s'expriment en général les thérapeutes de famille habitués à travailler avec un groupe familial dans son ensemble. M. Selvini Palazzoli (⁹) considère comme dysfonctionnel un tel groupe lorsqu'on peut distinguer dans sa structure un *décalage important entre son « organigramme officiel » et son fonctionnement de fait.* Le groupe familial est dysfonctionnel s'il y existe des pseudo-assignations de rôles qui ne correspondent pas aux rôles réels au sein de ce groupe. Cela est comparable à ce que serait une société dont les directeurs officiels ne seraient pas les directeurs de fait. Sans doute, cette notion de dysfonction peut être parfois utilisée dans l'observation de couples, où elle peut aider à une simplification d'une communication devenue trop sophistiquée chez des couples dont « l'organigramme officiel » est en effet très différent de son fonctionnement de fait, notamment en ce qui concerne les relations de pouvoir. Ainsi dans la pratique peuvent être observés des effets thérapeutiques importants, lorsque l'explication des relations et contradictions entre les messages paradoxaux laisse percevoir aux deux intéressés que leur fonctionnement les conduit à recourir à l'usage d'une véritable maladie, ou d'une véritable souffrance pour rétablir un équilibre dans leur relation de pouvoir.

Par exemple, des échecs à répétition ou des manifestations somatiques apparaissent chez l'un des partenaires — en principe dominé — comme un moyen pour rétablir un pouvoir qui lui était totalement dénié par un conjoint autoritaire définissant les lois du couple.

Obs. n° 45.

Un partenaire J. T., apparemment dominé, présentant les symptômes d'échec et de souffrance somatique, ne semblait pas en état de faire face par le raisonnement au raisonnement du partenaire apparemment dominant. Il acquiesçait toujours au discours théorique de ce dernier, mais le mettait en échec par ses propres symptômes, rendant inapplicables les projets du dominant : ce dernier, jamais contesté, ne pouvait donc pas accuser le malade, qui par son état et ses échecs, rétablissait cependant en sa faveur la relation de pouvoir entre

(⁹) SELVINI PALAZZOLI, Communication verbale, Table ronde sur les thérapies familiales. Congrès de Zurich, 1977.

eux. Quand leur mode de fonctionnement a pu être clairement explicité, et qu'eût été clairement exprimé par le malade son désir de prendre part aux décisions communes, tous deux comprirent l'impossibilité de définir leurs rapports d'autorité sur le terrain des raisonnements — où l'un d'entre eux avait une supériorité de fait —; il n'a plus désormais été fait recours aux mécanismes répétitifs d'échec ni à la somatisation.

En résumé, nous avons vu que le couple était un lieu où s'exprimaient les tendances très archaïques de l'être et les manifestations de son inconscient dans ses zones les plus obscures; c'est pourquoi le couple est aussi un lieu où la définition du pathologique et du normal est particulièrement arbitraire, et l'expression des processus les plus primitifs peut y prendre une forme érotisée malgré son intensité. Les jeux sadomasochiques, les injures, les coups, les caresses, les unions sexuelles, les déclarations et les négations, y manifestent ce qui ne peut être manifesté nulle part en dehors du couple. Au nom de quel critère peut-on les définir comme pathologiques?

Généralement, chaque individu cherche en l'autre, et dans le lien qui les unit, une certaine fonction protectrice en même temps que la satisfaction de certains de ses désirs. Il est attendu de l'autre une profonde confirmation de la valeur narcissique de soi. Si cette dernière ne se fait plus jour, le couple est menacé à court terme, et généralement disparaît avant qu'il ait pu entraîner des effets directement pathogènes, du moins dans la majorité des cas; mais cependant la structure de ce couple et la perturbation de ses communications qui s'enchevêtrent et se contredisent, peuvent conduire à un dysfonctionnement du couple comme groupe.

Par ailleurs, les liens du couple à la société sont organisés de manière complexe, en ce sens que le couple est souvent vécu comme un lieu en contradiction avec les normes de fonctionnement de la société en général, alors qu'en d'autres circonstances, il est vécu comme une reproduction en miniature des rapports sociaux de la vaste société. Pour certains individus, des dispositions jugées pathologiques du fait de leur caractère contradictoire, ou du fait de leur caractère anti-social, peuvent trouver leur traduction soit au sein du couple pour certains individus, soit au contraire pour d'autres dans la vaste société en protégeant les relations de couple, comme cela s'observe notamment chez certains déviants, chez certains délinquants ou chez certains idéalistes.

Les problèmes posés par la pathologie au sein du couple sont de ceux pour lesquels s'impose une triple grille de lecture. On ne peut éliminer aucun des éclairages pour le réduire à un autre. On ne peut négliger les processus individuels intrapsychiques — (même s'ils sont induits par la pathologie du groupe familial dont les sujets sont issus) — qui se traduisent, quelle que soit leur origine, par une certaine fragilité et des contradictions internes perceptibles au niveau des communications avec autrui. On ne peut non plus négliger une compréhension systémique observant au sein du système-couple des modes d'échanges symétriques ou complémentaires, et des rétroactions réciproques rétablissant l'homéostasie du groupe ou, parfois, amplifiant des manifestations pathologiques. On ne peut enfin négliger l'ensemble des conditions sociologiques, leur base matérielle, leur expression culturelle et notamment l'ensemble des rapports qui lient, ou qui opposent le fonctionnement du couple et celui de la société dans son ensemble. Une certaine perception « écologique » des phénomènes du couple s'impose non seulement à l'observateur scientifique, mais encore au clinicien dans sa pratique.

CHAPITRE II

LES FONCTIONS PSYCHIQUES DU COUPLE

Les fonctions du couple ne sont pas toutes psychiques.

Nous avons à maintes reprises souligné l'importance, dans le fonctionnement des couples, de l'ensemble des facteurs, et pas seulement des facteurs psychiques. Ainsi en est-il à propos des aspects économiques de l'existence matérielle, présents quelque part comme fond de la problématique générale dans bien des cas. Le terme *d'alliance*, autrefois synonyme de mariage en certaines langues, souligne une partie de ce problème. Il était sans doute vécu avec plus d'intensité en d'autres siècles où l'insécurité matérielle imposait une plus grande solidarité. Alliance politique, tentative de rétablissement de la paix en unissant deux provinces ou deux pays, sous une même couronne ; plus souvent alliance économique entre deux familles dont les communs descendants disposeront de terres mieux aménagées ou plus importantes. A l'heure actuelle, *la fonction économique du mariage* reste importante ; on sait combien la vie isolée des célibataires est proportionnellement plus difficile, non seulement sur le plan affectif, mais aussi sur le plan matériel et financier.

« Se mettre ensemble » correspond en bon nombre de cas à une tentative dont l'un des buts est de faciliter l'existence matérielle. Cet aspect n'est pas à négliger ; l'organisation socio-administrative actuelle, les problèmes du logement, des revenus ou du partage des tâches notamment familiales incitent puissamment à organiser une communauté ; à deux ou parfois à plusieurs, suivant quelques formules dont l'histoire atteste l'origine ancienne, mais dont l'époque contemporaine voit refleurir le développement ; formules difficiles, plus difficiles que l'union de deux personnes, et, dans les circonstances actuelles, sans doute trop difficiles pour permettre une existence durable dans des conditions favorables à l'éducation stable des enfants. Ces tentatives intéressantes à observer montrent, en les caricaturant parfois, les difficultés d'une coexistence collective. Si elles permettent de remplir plus facilement certaines fonctions économiques, elles ont, pour durer, de telles exigences quant à l'organisation et la discipline intérieure qu'elles ne peuvent guère s'adresser qu'à des personnes disposant d'un haut degré de conscience sociale et de maturité : véritables communautés qui supposent une intense participation à une vie spirituelle ou idéologique partagée en commun. La seule fonction économique remplie par la communauté ne suffit certainement pas à rendre compte du fonctionnement des très rares exemples que leur durée permet de considérer comme des structures familiales.

Mais le fonctionnement économique ne permet pas non plus de rendre compte de la très longue coexistence que vivent aujourd'hui tant de couples. Encore en dehors des fonctions psychiques, *le projet familial* — et particulièrement procréatif — joue de toute évidence un très grand rôle. Que les géniteurs continuent à vivre ensemble comme parents, qu'ils se séparent ou envisagent d'autres formes de coexistence, il n'en reste pas moins que le couple seul est géniteur, et que cette fonction procréative apparaît toujours à l'arrière-fond du vécu de la quasi totalité des couples, y compris de ceux qui n'ont pas d'enfants, et même de ceux qui affirment ne pas en désirer. Ce projet, le seul qui puisse prétendre au terme de « naturel » dont il a été tant abusé, lie les aspects biologiques et sociaux. En soi, il n'impose pas la coexistence prolongée, encore moins la relation amoureuse entre les géniteurs, comme on le constate parfois. Cependant cette visée procréative n'est pas seulement une invention *a posteriori* des théologiens ou des juristes, elle fait partie du vécu latent de la plupart des couples avec ou sans enfants. Son exclusion explicite ou plus souvent implicite, comme on l'observe souvent dans certaines unions juvéniles (qui précisément ne sont pas suffisamment assurées pour prévoir une coexistence ultérieure), aboutit à la formation de couples structurés de manière très différente : dans ces cas, le choix mutuel s'est organisé dans des conditions telles qu'il présuppose, dans l'inconscient, ou l'implicite, une fin prochaine du couple. Ainsi, suivant qu'il est accepté, repoussé ou regretté, le projet familial procréatif latent distingue-t-il souvent ces couples de ceux qui se sont choisis et structurés en fonction de la dimension temporelle de durée.

Mais les fonctions économiques d'une part, procréatives d'autre part, si elles jouent un rôle très important dans l'organisation d'une assistance mutuelle, sont loin d'être suffisantes aujourd'hui pour expliquer le fonctionnement et la durée des couples : il existe en effet d'autres formes d'organisation économique que celle du couple de longue durée, et, il est des *projets de coexistence durable* qui ne pivotent pas autour d'un projet familial, mais d'un autre but commun, servant de « tiers » permettant de dépasser la problématique individuelle de chaque membre. Aussi sur le plan de leur structuration, on peut assimiler à des couples certaines associations de deux personnes, même lorsqu'elles n'ont pas de possibilité procréative, ni de cohabitation habituelle, ni même de relations sexuelles, du moment qu'elles sont liées par des liens affectifs denses et organisées en fonction d'une certaine durée. On retrouve en effet en leur sein la plupart des caractéristiques retrouvées chez les couples conjugaux les plus fréquents. C'est ainsi que peut se définir une véritable fonction psychique du couple, il faudrait dire une fonction psychologique du fait de « former couple » — « couple-making », « pair-making » à défaut d'un terme français spécifique que ne traduit pas le terme de « couplage », porteur d'autres connotations.

Le couple de type conjugal, la durée et la lutte contre la mort.

Ce couple que nous avons appelé conjugal, au sens large, parce qu'il se structure sur des bases affectives et un projet au moins implicite de longue durée, présente des caractéristiques précises : le choix spécifique du partenaire, le processus d'idéalisation, la confortation narcissique des intéressés, le réveil d'un mouvement d'autonomisation individuelle, l'intrication mutuelle des désirs inconscients, l'utilisation réciproque de la relation à l'Objet comme modalité défensive principale contre les désirs pulsionnels prégénitaux insuffisamment contrôlés par la primauté du génital. Enfin une distribution spécifique des rôles autour d'une collusion des processus intrapsychiques individuels y organise un véritable système autoréglé avec ses rétroactions circulaires permettant une certaine homéostasie.

La notion de durée est fondamentale pour définir un tel ensemble ; lorsqu'elle n'est pas présente, le couple ne s'organise pas suivant ce modèle.

Quant aux autres caractéristiques, hétérosexualité, cohabitation, intention procréative, lien légal, si elles sont habituellement retrouvées, et quelle que soit leur importance, elles ne sont pas rigoureusement nécessaires et on peut, sur le plan psychique, parler de structuration de couple sans leur présence.

Il faut évidemment laisser une *place particulière à l'érotisation mutuelle*, bien qu'elle n'apparaisse pas comme absolument indispensable au fonctionnement de tous les couples : il peut y avoir couple de longue durée sans qu'elle soit « agie » sur le mode habituel : cas non exceptionnel chez les couples hétérosexués, cas fréquent chez les couples homosexués. La sexualité y semble parfois représentée surtout par un courant tendre donné par Freud comme issu de la sexualité infantile initiale, non refoulé pendant la latence et rejoint après la puberté sur le même Objet par le courant sensuel.

A l'inverse, certains couples satisfont leur sensualité et paraissent rejeter la tendresse ; sans doute faut-il considérer l'ambivalence de leur relation, qui manifeste une importante dimension agressive et sadique, masquant la tendresse plutôt qu'elle ne l'empêche ou n'en interdise l'expression. En effet, une relation de longue durée peut difficilement se maintenir sans que se traduise, quelque jour et quelque part, une certaine forme de tendresse, fût-elle pudiquement voilée comme interdite, ou recouverte de sensualité sadomasochique : *La sexualité est toujours présente, visible ou masquée, dans son courant sensuel ou dans son courant tendre,* le plus souvent sous les deux formes conjointes.

Le plus important de ce qui se vit dans la relation du couple est sans doute *l'enrichissement et la confortation narcissique des partenaires.* Tout se passe comme si à la base de toutes ces relations, on trouvait d'abord la quête d'une relation visant à conforter un Sujet jamais suffisamment comblé ni sécurisé. Au fond de l'insuffisance narcissique fondamentale du « manque » existentiel, apparaît le mouvement, et se font jour les pulsions qui commandent le choix de l'Objet et l'organisation de la relation avec lui : restauration narcissique pour les plus traumatisés, qui ont subi les carences les plus graves, ou que des conditions internes ont empêché de parvenir à une suffisante unité ; confortation pour d'autres, qui, moins blessés et susceptibles d'autres modes de vie, trouvent néanmoins soulagement et plaisir à se trouver confirmés dans le sentiment de leur valeur propre par un *alter ego* intimement apprécié et dès lors bien placé pour conforter.

Mais cet intense « comblement narcissique », nécessaire à la survie pour les uns, source d'intense plaisir pour tous, c'est la relation amoureuse en général qui l'apporte. Il est clair qu'au sein de la fonction psychique du couple, une part essentielle est liée à la « fonction » de l'amour. Y présente-t-elle quelque spécificité ? La relation amoureuse exprime, au moins au niveau des fantasmes, une tendance à la fusion mutuelle, à l'effacement des limites des deux sujets, à la formation d'une sorte de frontière commune extérieure à tous les deux : tentatives pour reformer la symbiose primitive de la dyade mère-enfant, processus d'annexion partielle permettant d'éviter la séparation avec ses angoisses abandonniques, ou de possession réciproque, apportant les bénéfices érotiques liés à la fusion : fusion nostalgiquement désirée et fantasmatiquement vécue à certains moments, tel l'orgasme.

Mais fusion dangereuse si elle a quelque intensité : elle serait régression annihilante dans une « désindividuation », dans une « dédifférenciation » et en fin de compte dans un retour au grand tout, au néant et au zéro du temps. La relation amoureuse est habituellement vécue hors du temps, au moins au niveau du fantasme, même si les plus expérimentés ont une connaissance rationnelle de la durée et de la fin. En tout cas, l'aspect fondamental de réassurance narcissique la plus radicale qu'apporte la relation amoureuse — comme l'extase mystique — a besoin de se vivre hors du temps. Or c'est précisément ce facteur de durée qui pose question dans la concrétude de l'existence, avec, à l'arrière-plan, *la problématique de la mort et de l'usure.*

Il est deux manières de réagir. Beaucoup tentent, pour y échapper, *d'écarter le problème* en posant la relation amoureuse comme limitée *a priori* dans sa durée. S'il est entendu que les partenaires se quittent dès que la relation n'est plus satisfaisante, ou qu'une nouvelle plus plaisante se présente à l'un d'eux, ils peuvent ainsi profiter des bénéfices tant narcissiques qu'érotiques de l'instauration du lien amoureux et de la fusion initiale, en échappant aux insuffisances de sa conflictualisation ultérieure liée à ses phases critiques. L'idéalisation de la relation pourrait se poursuivre à travers sa mort même si les partenaires ne se fréquentent plus. C'est une tentative pour rendre compatible, au moins sur un mode fantasmatique, la nostalgie de l'Amour parfait avec le caractère transitoire de ses aventures successives.

C'est dans un tout autre sens que s'organise en général le couple de type conjugal; la dimension sous-jacente à son existence reste là aussi celle de la lutte contre la pulsion de mort, tant chez les intéressés qu'au sein du groupe qu'ils cherchent à constituer en formant couple. L'organisation conjugale est adaptée à ce but implicite; certes sa fonction première est la même que toute relation amoureuse, associant la confortation narcissique à la satisfaction érotique; mais en faisant le pari — aussi souvent implicite qu'explicite — de la durée, les partenaires sont obligés de prévoir la conflictualisation de leur relation, et l'ajout considérable de la dimension agressive à la dimension érotique. *Le couple conjugal est structuré de telle manière que les projections mutuelles* — plus ou moins flottantes — *contribuent alors à décharger sur les tiers ou sur le partenaire les parties les plus insupportables de la pulsion de mort,* pour permettre à chacun de conserver son « bon Objet » interne et sa relation à lui; chacun se confirme ainsi à soi-même et confirme aussi à l'autre le sentiment de sa propre valeur : lutte individuelle contre la pulsion de mort et restauration narcissique par annexion de la bonne partie de l'autre, ou éventuellement par projection sur lui de la mauvaise partie de soi, dont nous avons vu les multiples formes possibles.

Dans le cadre de *cette stratégie défensive, le couple apparaît alors comme le mode d'organisation de ces introjections et projections mutuelles,* par lequel chacun, confronté à ses pulsions de mort, utilise l'autre comme support externe à la fois du bon et du mauvais Objet. Faire couple apparaît alors comme le meilleur moyen de *focaliser* les traces des tendances le plus difficilement assumables, notamment les plus archaïques, les plus morcelantes, les plus mortifères, les plus susceptibles de prendre des formes pathologiques. Faire couple est une manière de se débarrasser ou de *métaboliser* les traces latentes des tendances paranoïdes — persécution, notamment — ou dépressives de chacun. Un autre est là, on en est assuré, pour remplir ce rôle de support de projections : on l'aime assez et on est assez sûr d'être aimé de lui, pour éventuellement supporter de le haïr, de le persécuter, d'être persécuté par lui, etc. Il rassure assez profondément au niveau narcissique pour qu'on se sente « Objet » pour lui et donc « valeur » en soi, digne de survivre. Cela vaut la peine de sacrifier quelque chose pour garder un *alter ego* si précieux dont la perte pourrait se traduire par un cataclysme intérieur.

Mais *l'équilibre de la relation nécessite que les inconvénients mortifères de la si délicieuse fusion amoureuse soient évités par l'édification de protections individuelles.* Une distanciation doit devenir possible, ne serait-ce que pour protéger l'autre ou soi-même contre un excès d'affect, dévorant dans l'amour comme dans la haine; lent apprentissage, jamais achevé, toujours indispensable. L'aspect défensif de la structuration du couple de longue durée s'y manifeste : *capacité de durer, c'est-à-dire ici, non pas de supporter l'usure, mais au contraire capacité de reconstruire du neuf,* quitte à remodeler périodiquement la relation sur des bases nouvelles. La durée chronologique, nous l'avons vu, n'a rien à voir avec cette durée dont nous parlons ici. *Les couples qui se contentent de supporter leur usure ne « durent » pas; ils se rendent possible une relative cohabitation, mais ils meurent en tant que couples,* même s'ils gardent leur façade légale. Ceux qui vivent sont au contraire ceux qui constamment restructurent leurs liens en abandonnant leur passé avec sa structure surannée.

La dimension défensive du couple se manifeste à chacune de ses étapes. Le lien conjugal la contient dès l'origine, avant l'origine, peut-on dire dans la mesure où elle préexiste au choix si spécifique du conjoint. Hors le cas où les conditions sociologiques rendent impossibles un véritable choix chez ceux qui n'en sont pas à se choisir, mais ont à peine le moyen de se rencontrer ou de se trouver, toute élection du partenaire montre son éminente spécificité, si caractéristique que la définition du conjoint permet souvent la définition clinique du Sujet lui-même, en dehors même d'une pathologie exprimée. Mais ce que ce choix spécifie surtout, c'est l'utilité de l'autre comme moyen de défense, comme auxiliaire des « mécanismes de défense » au sens psychanalytique habituel, comme « défense psychosociale » utilisant les caractéristiques inconscientes ou latentes de l'autre comme moyen de protection complémentaire.

Compromis et bénéfices.

Ainsi le choix du conjoint est organisé pour permettre la satisfaction de la plupart des désirs, mais aussi, inconsciemment pour mettre à l'écart telle pulsion vécue comme dangereuse par le Moi. Les caractéristiques recherchées chez le conjoint sont telles qu'elles ne doivent pas stimuler la pulsion insuffisamment réprimée, mais permettre par ailleurs un ensemble de satisfactions suffisant pour ne pas frustrer, de façon à éviter le développement de la pulsion mal contrôlée et habituellement refoulée. Le retour de ce refoulé posera problème et introduira la crise. Il exigera une réorganisation des interactions et des défenses. C'est parfois à l'occasion d'une relation extra-conjugale qu'il se manifeste, précisément à l'occasion d'une relation de caractère provisoire. Auprès de ce partenaire second et transitoire est cherchée l'occasion de satisfaire la pulsion inassouvie, que le partenaire principal avait été implicitement chargé de réprimer en tant qu'il était utilisé comme auxiliaire des mécanismes insuffisants de refoulement. Si cette liaison n'assouvit que la pulsion réprimée sans renforcer par ailleurs d'autres fonctions défensives, elle ne lie pas durablement les partenaires : cela confirme encore *le lien entre la durée et la fonction défensive.*

Evidemment, le compromis entre la satisfaction des pulsations et la protection contre la stimulation d'autres pulsions est variable :

— Les compromis satisfaisants ne mettront à l'écart que quelques aspects pulsionnels secondaires ;

— Des compromis moins satisfaisants conduisent des sujets trop fragiles ou trop immatures à mettre à l'écart un ensemble pulsionnel trop important, qui risque fort de réapparaître lorsque les mécanismes répresseurs auront atténué leur vigueur, ou que les circonstances occasionnelles extérieures stimuleront ces pulsions jusque-là réprimées.

— Enfin, dans d'autres cas, plus difficiles encore, la fragilité de deux partenaires les conduira par mesure de sécurité à sacrifier la dimension érotique du plaisir, pour sauvegarder leur existence psychique ou physique. C'est pour eux d'abord une question de survie et la problématique principale impose que l'accent soit mis sur les aspects de défense narcissique : plus que tout autre, l'individu fragile, cherche, par identification ou identification projective, à utiliser chez son partenaire ce qui peut l'aider à faire fonctionner, de manière plus adéquate, ses plus archaïques processus de clivage et d'idéalisation. L'opération fusionnelle se limite alors à peu de choses, tant elle apparaît dangereuse, et des digues sont maintenues à la frontière du Soi pour éviter l'absorption par l'autre, *quitte à limiter étroitement la densité des relations et le plaisir qui en découlerait :* « Tant pis pour le plaisir si la survie est assurée » par le moyen d'un couple, peut-être conflictuel, dysfonctionnel, mais dont les membres ont cependant trop besoin pour le sacrifier sur l'autel d'Eros.

Pour ces couples-là, la lutte contre Thanatos l'emporte sur la recherche d'Eros. C'est ce qui échappe à trop de « conseilleurs » ignorants et dangereux, qui, abrités derrière de confortables rationalisations, supportent cependant mal de voir un couple conflictuel, à qui ils se hâtent de recommander, suivant leurs préférences idéologiques, soit le divorce d'urgence, soit la « Communication » absolue, la « Vérité » des relations, soit telle recette sexologique ou tout autre formule de rapprochement. Certains sujets, bien que sans manifestation pathologique en dehors du couple, sont précisément trop fragiles, ontologiquement parlant, pour supporter aussi bien une séparation qu'un rapprochement avec le partenaire. La problématique des plus sains n'est pas la même que celle des plus fragiles qui ont besoin d'un « espace transitionnel » protégeant les frontières indécises de leur Moi :

espace transitionnel qu'apporte leur couple distant, qui les protège d'un non-Moi redoutable vécu comme persécuteur. C'est souvent, répétons-le, une question de vie ou de mort pour certains, comme le montre la fréquence des suicides après rupture amoureuse.

On a trop tendance dans le grand public, à voir dans le couple une forme médiocre de relations amoureuses plus ou moins imposée par une société pervertie. Cela est sans doute vrai dans nombre de cas, mais c'est une explication insuffisante pour faire saisir le fonctionnement du couple, et pour faire saisir le bénéfice secret que certains sujets tirent précisément d'un couple dysfonctionnel auquel ils s'accrochent. Et il conviendrait de rectifier l'erreur qui consiste à mettre l'accent essentiellement sur la satisfaction, notamment érotique, en négligeant des besoins vitaux existentiels encore plus prégnants dans la vie de beaucoup.

Même dans les cas visiblement pathologiques — par exemple dépressions à bascules — les bénéfices du fait de « former couple » sont perceptibles — au moins dans l'inconscient — par chaque partenaire : être rassuré par l'autre, assuré de ses soins, de sa protection, être confirmé dans le sentiment de sa valeur propre dans une première phase, puis, dès que l'autre fléchit, se mettre à le protéger, le consoler, le conforter, ce qui apporte d'autres satisfactions narcissiques ayant valeur restauratrice pour soi-même. Ailleurs, par exemple chez ces couples conflictuels où la haine se fait jour, *disposer d'un Objet bien à soi, susceptible d'éponger toute la haine intérieure, de se prêter à tous les fantasmes de persécution,* de rester disponible pour toutes les agressions, apporter une aide existentielle irremplaçable qui vaut la peine qu'on s'arrête, dans la haine, au seuil de la rupture ; sans parler ici des bénéfices latents, masochiques ou autres, qu'on peut trouver au fait d'être agressé, ou d'être vécu comme un persécuteur si puissant, « malin », proche du génie de la malignité ou de la perversité...

Le narcissisme aussi y trouve son compte, qui mérite bien qu'on conserve bien à soi, cet Objet de haine dont on a tant besoin, d'autant plus qu'il sait si bien traduire son amour au travers même de ses gestes de haine et d'agression ! Mais l'échange est si complexe que la communication finit par devenir indémêlable. Et la proximité d'un tel autre devient tellement dangereuse qu'il faut néanmoins ne pas trop s'en approcher... si bien que tout message porte un double sens et que la meilleure manière de se débrouiller avec cet individu avec lequel « on ne peut pas ne pas communiquer », c'est sans doute de rendre le message « indécidable ».

Mais laissons là ces exemples pathologiques. Laissons de même les « moments pathologiques », où quelques résidus pathologiques latents chez chaque individu trouvent occasionnellement la possibilité de se faire jour et de se décharger. Laissons même de côté ces brèves décharges communes à tous les couples, par lesquelles se réalise une véritable vaccination où les partenaires apprendront à manier avec prudence de petites doses de haine, comme on se protège de la maladie par le maniement de petites doses de virus atténué.

Quels sont en fin de compte les bénéfices personnels de l'organisation en couple, ou plus précisément ceux de la collusion conjugale? A quoi sert-elle sur le plan psychique? Chaque partenaire utilise cette collusion pour mieux faire fonctionner ses processus de clivage :

1. D'abord, dans la mesure où les aspects surmoïques ou même persécuteurs se trouvent désormais projetés sur le conjoint par un processus d'identification projective, le Sujet accepte plus facilement la partie libidinale de son propre Moi. Ainsi les deux aspects — libidinal et surmoïque — restent à la disposition du Sujet, mais le second projeté sur le partenaire libère le Sujet de sa pression.

2. Ensuite cela permet la justification rationalisée d'une certaine dose d'agressivité, et éventuellement de haine, contre le partenaire auquel est prêté cet aspect interdicteur et antilibidinal, dose d'agressivité rendue ainsi plus supportable et dont le Sujet est alors protégé.

3. A ces premiers bénéfices s'en ajoutent d'autres, à un autre niveau : en effet, chacun projette aussi sur l'autre les parties libidinales qu'il réprouve en lui, et contre lesquelles il se défendrait mal sans la collusion conjugale ; grâce à elle au contraire, cet aspect libidinal réprouvé du Moi est attribué à l'autre, précisément choisi en fonction de caractéristiques qui permettent qu'on lui prête facilement cet aspect réprouvé du Moi. A ce niveau le bénéfice est multiple :

a) D'une part, par cette projection sur le partenaire, le Sujet écarte plus facilement de son Moi les aspects mal assumés, désormais prêtés à l'autre.

b) D'autre part, cela justifie là aussi l'agression et la critique contre cet autre à qui est attribuée cette mauvaise partie libidinale du Moi : par exemple, certaines tendances à l'acte impulsif, à l'insouciance, à la boisson, à des manifestations pulsionnelles prégénitales sadomasochiques que le Sujet refuse de deviner en lui-même, mais qu'il peut facilement attribuer à un partenaire choisi tout exprès.

Cela n'empêche d'ailleurs pas de vivre par identification ces tendances récusées et d'en tirer des satisfactions fantasmatiques.

c) En troisième lieu, les deux partenaires par leur collusion valorisent une certaine image d'eux-mêmes qu'ils présentent à leur entourage, et consolident ainsi, l'un par l'autre, la forme de personnalité en laquelle ils se sont complus et qui répond en général à l'appel des tiers et de la société.

Ainsi s'organise entre eux un ensemble complexe dans lequel leurs « Moi » sont partiellement identifiés, tandis que pour une autre part, la collusion leur sert à projeter chez l'autre, soit l'Objet persécuteur, soit l'Objet libidinal récusé, ce qui permet une véritable polarisation, et un fonctionnement facilitant la résolution ou l'évacuation des conflits intra-personnels de chacun des Sujets.

Si la structuration inconsciente du Couple semble une manière de métaboliser les pulsions les plus mal contrôlées ou les plus dangereuses, cette fonction protectrice ou préventive est insuffisante en certains cas. Certains malades sont trop perturbés pour s'engager dans une vie amoureuse dont nous avons vu les risques, d'autres individus sont trop fragiles : l'utilisation du partenaire comme moyen de réassurance, comme objet de satisfaction, comme Surmoi ou comme Moi auxiliaire, reste insuffisante pour éviter la décompensation d'un équilibre vraiment trop précaire et ne peut empêcher la chute dans la psychose, soit sous sa forme dépressive, soit sous sa forme délirante.

Dans bien des cas de cette gravité, on peut observer cependant, que, pour ceux qui sont parvenus à « faire couple », une rémission a été obtenue, limitant strictement pendant un temps la pathologie dans le champ de la relation au partenaire : par exemple, réactions abandonniques limitant les tendances dépressives à un appel répétitif et désespéré à la présence et au soutien du partenaire; ou encore manifestation des tendances persécutoires limitant le délire à des comportements référés au partenaire. Lorsque ce dernier ne supporte plus de jouer le rôle attendu et que le couple se rompt, on assiste alors à un débordement de la pathologie dans l'ensemble de la vie sociale. Le suicide ou le délire gagnent alors. L'épisode conjugal n'aura été qu'une halte au cours d'une décompensation comme une tentative pour limiter, contenir ou focaliser les dispositions délirantes ou suicidaires.

Avantages, risques et effets pathogènes.

La fonction psychique du couple n'est pas réservée aux « malades ». Elle est utilisée par la plupart des individus, qui s'en servent pour maîtriser ou dériver les quelques résidus latents de leurs processus psychotiques ou névrotiques toujours présents au moins à l'état de traces. Mais si cette fonction psychique du couple s'adresse principalement aux aspects les plus immaturés ou les plus archaïques inclus dans la personnalité de chacun, se pose la question de savoir si les individus les plus « solides », les plus mûrs, les plus « autonomes » en ont réellement besoin? Sans reprendre ici un discours — interminable, au sens strict — sur le concept si discutable de normalité psychique, on peut en effet se poser la question.

On constate que certaines personnes, en particulier après différentes expériences prolongées de vie en couple, se comportent comme si elles avaient acquis une plus grande maturité. Après veuvage ou disparition de leur couple, elles paraissent souhaiter garder la possibilité de relations amoureuses supposées profondes, sans se lier cependant de manière définitive. Elles disent tenir avant tout à leur liberté et à leur autonomie, qu'elles craignent de voir limitées par un lien de type conjugal. Ont-elles moins « besoin » de ce qu'elles cherchaient autrefois dans un couple, dans la mesure où elles pourraient établir des relations amicales multiples, plus ou moins érotisées ? Peut-on dire que les expériences de leur vie conjugale ancienne ont entraîné une maturation qui leur rend maintenant inutile un nouveau lien conjugal ? La question mérite d'être posée, mais il paraît impossible d'y répondre devant le nombre des paramètres de l'interrogation, et notamment de ceux qui tiennent à des facteurs non personnels : contexte économique, contexte social et culturel, contexte familial, intentions par rapport à d'éventuels enfants, possibilité ou non de trouver un partenaire correspondant — notamment pour la femme — etc. Ce n'est pas le seul problème du mariage institutionnel qui est posé ici, dans la mesure où, dès que n'existe plus l'intention de procréer, la pression économico-socio-culturelle contemporaine ne se fait plus très forte, sinon même inverse de ce qu'elle était traditionnellement.

Beaucoup de ces sujets, de fait, s'engagent à nouveau dans des unions qui, légalisées ou non, ont toutes les formes d'une union durable. Si certains ne se marient pas légalement, ils n'en reforment pas moins un couple de structure conjugale organisé pour durer. Même parmi ceux qui présentent les apparences extérieures de la sagesse, on en voit beaucoup s'unir dans des conditions qui paraissent contredire cette apparence d'indépendance et de maturité : lorsqu'ils forment couple, c'est de nouveau en s'appuyant sur les aspects les plus défaillants, les plus fragiles de leur personnalité, fussent-ils peu visibles et peu importants. *Comme si leur nouveau couple, pour s'instituer, devait aussi établir ses bases inconscientes sur la part la plus archaïque d'eux-mêmes, sur leur noyau psychotique latent,* pourtant bien compensé et bien masqué ailleurs... ?

Nous avons suffisamment insisté sur les aspects protecteurs, défensifs ou thérapeutiques du lien amoureux de type conjugal. Il convient de ne pas perdre de vue d'éventuels effets défavorables pour l'individu, pour ses proches ou pour le corps social.

D'abord au niveau individuel : certains, pour rompre leur coexistence, sont obligés de faire un effort considérable et réalisent en fait un véritable progrès maturatif en conquérant un minimum d'autonomie qu'étouffait un lien conjugal tourmenté et contradictoire. La rupture d'un lien — ou au moins la capacité de se séparer — peut être en certains cas, au niveau individuel, le signe d'un progrès pour tel ou tel individu. En outre, pour tel autre, la sophistication de la communication, nous l'avons vu, peut aggraver non seulement la dysfonction, mais encore le caractère éventuellement pathogène d'un couple. Il faut à ce titre *mettre en garde contre une mystification contemporaine dangereuse qui vanterait les vertus de la vie en couple comme un remède personnel et social.* Quels que soient son importance et l'intérêt de son étude d'un point de vue clinique ou scientifique, le couple ne peut pas être considéré comme un but en soi. Il est un groupe très particulier ayant un mode de fonctionnement spécifique avec ses avantages et ses inconvénients. Avantages pour ses membres tant qu'ils sont liés par un sentiment amoureux explicite ou implicite, et pour la famille qui est issue d'eux. Mais il a ses inconvénients et peut avoir des effets pathogènes.

Pathogène pour ses membres, le couple peut l'être aussi pour son entourage. Sur le petit être en construction, on sait l'effet pathogène d'une existence liée étroitement à deux parents qui se manifestent mutuellement leur hostilité, tandis qu'il est conduit à s'identifier à chacun d'eux à la fois.

Des études, aujourd'hui classiques, ont souligné la proportion massive de couples dissociés ou en mésentente chronique parmi les parents d'enfants troublés. D'autres plus récentes font jouer un rôle pathogène majeur aux troubles de la communication au sein du groupe familial, notamment aux doubles contraintes auxquelles l'enfant dépendant est soumis malgré lui, et auxquelles, contrairement à l'adulte, il ne peut échapper par la fuite ou la séparation; il est alors conduit à renoncer à sa propre existence psychique, à son Moi, faute de pouvoir se sauver.

Mais ce qui est moins souvent souligné, ce sont les effets pathogènes produits parfois sur les enfants par des couples paraissant bien s'entendre. Le désir d'« avoir » un enfant tire son origine des tréfonds les plus archaïques de l'être, où l'amour et la possession sont étroitement liés, et où l'avoir et l'être sont mal distingués. Si on persiste à « être » par l'enfant qu'on « a », si on se survit grâce à lui, c'est qu'on focalise en lui le plus précieux de soi et qu'on le vit à un niveau narcissique comme une annexe de soi-même : attitude qui, si elle se prolonge, menacera son autonomisation. L'enfant peut être ressenti aussi comme menacé par l'intrusion de « l'autre », le conjoint. Toutes les projections peuvent alors se faire sur l'enfant, avec toutes leurs contradictions qu'une communication profonde d'inconscient à inconscient lui fait sentir, mais qu'il n'est pas capable d'élucider ni de rejeter. L'enfant souffrira d'être le point de rencontre de désirs pas toujours compatibles.

Comme l'apporte l'expérience des thérapies familiales, on voit s'organiser certains couples qui trouvent ou retrouvent leur accord ou leur cohérence interne, à condition de faire jouer à l'enfant un rôle spécifique, éventuellement pathogène pour lui, par exemple celui de « bouc émissaire », chargé de « porter les péchés » du couple ou, en d'autres termes, d'être le représentant des pulsions refusées ou des menaces vécues par les deux parents qui projettent hors d'eux-mêmes et sur leur enfant ce qu'ils ne peuvent supporter de découvrir au fond d'eux-mêmes. D'autres compromis du même ordre sont susceptibles d'induire un comportement ou tout au moins de favoriser la résurgence chez lui de difficultés qui, sans cette induction, resteraient latentes. On connaît depuis longtemps les difficultés pour l'enfant de dépasser sa problématique œdipienne, si le parent auquel il doit principalement s'identifier, ayant mal résolu la sienne propre, réagit en rival plus qu'en parent. Ailleurs, l'enfant devient le substitut de ce que le parent n'est plus capable de, ou se refuse à apporter. De manière non explicite — et même niée — on exige de l'enfant ce qu'il ne peut donner.

Ailleurs encore, l'enfant tente en vain de frapper à la porte close d'un couple parental, circonstance aggravée par le fait que ce type de couple est souvent reclus, replié du monde, isolant encore plus l'enfant qui ne trouve plus personne à qui s'adresser, ni au-dedans, ni au-dehors. La mésentente chronique est sans doute la source des effets les plus pathogènes, mais *certains accords tacites entre les parents peuvent aussi avoir des effets pathogènes.* Ainsi la bonne santé apparente du couple et son accord explicite peuvent parfois se faire au détriment d'un tiers, notamment de l'enfant. Bien sûr, cela ne veut pas dire que ce possible soit toujours réalisé et que tout accord conjugal exige une victime! Cela signifie encore moins qu'il n'y ait rien à tenter pour remédier à semblables situations : c'est précisément le délicat travail des thérapies familiales que de clarifier les relations, d'en permettre la réorganisation en mettant au jour le non-dit implicitement contenu dans un accord commun.

Structures sociales et structure du couple.

Il est parfois dit superficiellement que les problèmes de couple ne sont que des problèmes de société, comme si le couple et la structure familiale n'étaient que des superstructures imposées par les institutions liées à l'organisation socio-économique actuelle. Cette schématisation très réductrice est aussi très excessive. Nous avons, il est vrai, souligné que le mode de fonctionnement du couple n'est pas indépendant de la structure sociale, comme le montre l'étude des rapports de possession, de pouvoir, de hiérarchie, etc., mais cela ne signifie pas pour autant que le couple soit seulement l'effet de l'organisation sociale.

Une autre organisation sociale plus tolérante pourrait sans doute éviter de contraindre les individus à choisir entre une vie réglementée en couple, ou un célibat souvent plus redoutable ; une vie sociale moins ennuyeuse et moins contraignante n'obligerait pas, sous peine de rupture, les individus à exiger de leur couple ou de leur vie familiale tant de ces satisfactions dont ils manquent dans leur vie sociale extérieure. Selon les études historiques contemporaines, les siècles antérieurs n'exigeaient pas des partenaires un engagement aussi étendu qu'aujourd'hui sur le plan affectif. La structure-refuge que présente le couple contemporain était sans doute moins nécessaire en ces temps que dans la civilisation du « métro-boulot-dodo », l'échec apparent d'un grand nombre de couples est sans doute en rapport avec le poids excessif de ce qui en est attendu.

Est-ce pour autant que la vie de couple perdrait son attrait et son intérêt ? Nous ne le croyons nullement, même s'il était un jour démontré qu'une autre structure ait pour le développement des enfants les mêmes avantages que la structure familiale. Les quelques formules parfois tentées par quelques-uns au sortir d'une jeunesse encore incertaine, correspondent surtout à la crainte de s'engager dans la vie aliénante qu'ont connue certains de leurs aînés. L'expérience actuelle montre qu'elles sont souvent l'occasion d'un apprentissage d'une vie familiale reniée au départ. Ces formules initiales présentent aussi des avantages sur le plan psychique, mais leurs difficultés de fonctionnement paraissent encore plus grandes que celles du couple, imposant un accord très profond entre un nombre plus grand d'individus, et de ce fait leur probabilité de durée est très réduite, hormis quelques communautés extrêmement structurées. Il est sans doute trop tôt pour en juger.

A supposer que de telles expériences puissent, avec les années, permettre le développement d'autres modes de fonctionnement, nous ne croyons pas pour autant que le couple soit réellement menacé comme mode de vie sociale dans l'avenir ; non parce qu'il est plus proche des conditions naturelles d'existence quand il unit deux géniteurs, ni parce que la tradition millénaire l'a nourri d'une relative sagesse populaire, mais parce qu'il est pour beaucoup la moins aliénante des structures sociales, en permettant un véritable métabolisme des diverses pulsions et processus intrapsychiques que chaque sujet a tant de peine à manier.

Moindre aliénation ? Etant donné l'importance des phénomènes régressifs dans l'amour qui fait revivre aux partenaires les premières étapes de leur développement — et notamment celle où n'existe pas encore pour le Sujet une véritable distinction d'avec l'Objet — il est impossible d'écarter de la relation amoureuse toute expression du désir de posséder ou d'être possédé. Une certaine part de l'autonomie et de la liberté se trouve ainsi réduite ou menacée.

Or le courant socio-culturel contemporain est particulièrement sensible à toutes les menaces qui planent sur la liberté humaine, d'autant que l'Humanité n'a pas trouvé dans son organisation socio-économico-politique une structure capable d'en sauvegarder l'essentiel, et que les apports récents des Sciences Humaines soulignent chaque jour davantage le déterminisme des comportements ainsi que l'enchaînement de l'individu au groupe social. Quoi d'étonnant dans ces conditions à cette méfiance devant la vie de couple ?

Cependant ce qui est surtout contesté est la forme la plus réglementée et la plus institutionnalisée de la vie en couple, c'est-à-dire le mariage. Ce qui est mis en question n'est guère la vie en couple elle-même, mais son institutionnalisation, c'est-à-dire le droit de regard de l'Etat sur la vie privée des individus, qui refusent de plus en plus ce contrôle.

On parle beaucoup de crise du couple. Cependant si l'âge moyen au mariage remonte un peu, il reste beaucoup plus jeune qu'il y a 30 ans dans la plupart des pays. Si le divorce est beaucoup plus fréquent, la plupart des divorcés se remarient. Et parmi ceux qui ne se précipitent pas pour se marier ou se remarier officiellement, la très grande majorité se précipite encore plus tôt pour vivre en couple. *La vie de couple attire encore plus, plus tôt, plus fort : sans doute en attend-on trop, ce qui finit par la fragiliser.*

Il est vrai qu'une certaine contestation touche parfois tout projet de vivre à deux dans le cadre d'une relation amoureuse. En effet, même en « union libre », toute relation amoureuse entraîne l'aliénation d'une parcelle de soi-même, de ses désirs, de sa liberté. On peut la critiquer comme une compromission dangereuse qui, pour un peu de plaisir, de chaleur, ou de sécurité, accompagnerait une renonciation au bien le plus précieux de l'homme : sa liberté.

Mais ceux qui poussent à son extrême degré cette contestation de tout projet de vivre à deux, ignorent souvent ce qu'ils perdent en y renonçant, sans parler d'autres formes d'aliénation auxquelles leur refus les condamne. La sécurité, la communication, la joie et même l'érotisation exigent le sacrifice d'une part de soi, si petite soit-elle.

Hélas, une sorte de mouvement dialectique oppose ainsi autonomie et isolement à amour, plaisir et dépendance.

Où est la plus petite part d'aliénation?

BIBLIOGRAPHIE

ABRAHAM, G. ; PASINI, W. : *Introduction à la sexologie médicale.* — Paris, Payot, 1974, 387 p.

ACKERMANN, Nathan W. : *Treating the Troubled Family.* — New York, Basic Books, 1966, XII, 306 p.

ACKERMANN, Nathan W. ; PAPP, Peggy; PROSKY, Phoebe : « Les troubles infantiles et l'engrenage pathologique des relations familiales », in *L'Enfant dans la Famille,* Vol. 1. — Paris, Masson, 1970, pp. 218-241.

ANTHONY, E. J. : « Un modèle hypothétique d'études familiales », in *L'Enfant dans la Famille* Vol. 2, Paris Masson, 1974, p. 318.

ANZIEU, Didier; Groupes : « Psychologie sociale clinique et psychanalyse. Introduction », in *Bull. psychol. Université Paris* 1974, pp. 1-13.

ANZIEU, Didier : *Le groupe et l'inconscient.* — Paris, Dunod, 1975, VI, 344 p.

ANZIEU, Didier : « Le transfert paradoxal. De la communication paradoxale à la réaction thérapeutique négative », in : *Nouv. Rev. de Psychanal.,* 1975, n⁰ 12, pp. 49-72.

ARIÈS, Philippe : *L'enfant et la vie familiale sous l'Ancien Régime.* — Paris, Le Seuil, 1973, 318 p.

ARIÈS, Philippe : « La durée dans le mariage et en dehors, dans l'histoire du couple », in *Le couple et le risque de la durée.* — Paris, Desclée, 1977, pp. 100-110.

ARIÈS, Philippe : « La famille et la ville », in *Esprit,* janvier 1978, pp. 3-12.

L'Attachement (Ouvrage collectif). Didier ANZIEU, John BOWLBY, Rémy CHAUVIN, François DUYCKAERTS, Harry H. F. N. HARLOW, Cyrille KOUPERNIK, Serge LEBOVICI, Konrad LORENZ, Philippe MALRIEU, René-A. SPITZ, Daniel WIDLOCHER, René ZAZZO. — Neuchâtel (Suisse), Delachaux et Niestlé, 1974, 209 p.

BALINT, Michael : *The Basic Fault.* — London, Tavistock Publications, 1968. Trad. franç. *Le défaut fondamental.* — Paris, Payot, 1971, 271 p.

BANNISTER, Kathleen, PINCUS, Lily : *Shared Phantasy in Marital Problems : a Therapy in a Four-Persons Relationship.* — London, Tavistock Institute of human relations, 1975.

BARTHOLINI, Giovanna : *Il Consulente di Coppia Consultori Operatori Metodologia.* — Bologna, Dehoniane, 1976, 407 p.

BASCOLO, Luigi. *Voir :* SELVINI PALAZZOLI, Mara : *Paradosso e Controparadosso,* 1975.

BATESON, G., JACKSON, D. D. ; HALEY, J. ; WEAKLAND, J. : « Towards a Theory of Schizophrenia », in *Behav. Sc* 1, 1956, pp. 251-264.

BAULEO, Armando J. : *Ideologia Grupo y Familia.* — *Buenos Aires, Kargieman,* 1970, 153 p.

BEAVIN, HELMICK Janet. *Voir :* WATZLAWICK : *Une logique de la communication...,* 1972.

BELANGER, Robert; CHAGOYA, Leopoldo : *Techniques de thérapie familiale.* — Montréal, Les Presses de l'Université de Montréal, 1973, 158 p.

BELLEVILLE Titus P.; RATHS, Otto; N. BELLEVILLE, Carol J. : « Conjoint Marriage Therapy with a Husband-and-Wife Team », in *Amer. J. of Orthopsychiatry,* Avril 1969, Vol. 39, Number 3, pp. 473-483.

BERGERET, J. : *La dépression et les états limites.* — Paris, Payot, 1975, 349 p.

BERNOT, L.; BLANCARD, E. : *Nouville, un village français.* — Paris, Institut d'Ethnologie, 1953, VIII, 447 p.

BETTELHEIM, Bruno : *The Empty Fortress,* 1967. Trad. franç. *La forteresse vide.* — Paris, Gallimard, 1969, 589 p.

BIC P. de. *Voir :* HENRYON, C. : *Le mariage en Belgique,* 1968.

BION, W. R. : *Attention and Interpretation.* — Tavistock Publications. London 1970. — Trad. franç. Paris, Payot, 1974, 217 p.

Bisexualité et différence de sexes (Collectif), in *Nouv. Rev. psychanal.* 1973, nᵒ 7.

BLANCARD, E. *Voir :* BERNOT, L. : *Nouville, un village français,* 1953.

BOONS, M. C. : « La lutte des classes dans le champ psychanalytique », in : *Psychanalyse et politique.* — Paris, Le Seuil, 1974, pp. 129-139.

BOSZORMENYI-NAGY, Ivan, Ed. (by 15 Authors) : *Intensive Family Therapy. Theorical and Pratical Aspects.* — New York, Harper and Row, 1965, XIX, 507 p.

BOSZORMENYI-NAGY, Ivan : *Family Therapy. Dialectic View of Intergenerational Family Therapy* (Unpublished). — Zürich, Institut des Sciences du mariage et de la famille, 1975, 13 p. ronéotypées.

BOUHDIBA, Abdelwehab : *La sexualité en Islam.* — Paris, P.U.F., 1975, 320 p.

BOURDIER, Pierre : « L'hypermaturation des enfants de parents malades mentaux », in *Rev. franç. psychanal.,* 1972, nᵒ 1, T. XXXVI, pp. 19-42.

BOURGUIGNON, Odile : « Quelques textes freudiens sur la famille », in *Perspect. Psychiatr.* 1976, I, nᵒ 55, pp. 33-42.

BOUVET, Maurice : *Œuvres psychanalytiques.* T. I : *La relation d'Objet.* — Paris, Payot, 1972, 437 p.

CASSELMANN J.; SOLMS, H. : « Psychopathologie sexuelle des relations conjugales des éthyliques. Le milieu familial de l'alcoolique », in *Inform. Psychiatr.* 1 (1971), pp. 39-47.

CASTORIADIS-AULAGNIER, Piera : « Le droit au secret : condition pour pouvoir penser », in *Nouv. Rev. Psychanal.,* nᵒ 14 Paris, 1976, pp. 141-157.

CECCHIN, Gian Franco. *Voir :* SELVINI PALAZZOLI, Mara : *Paradosso e Controparadosso,* 1975.

CHAGOYA, Leopoldo. *Voir :* BELANGER, Robert : *Techniques de thérapie familiale,* 1973.

CHASSEGUET-SMIRGEL, Janine : XXXIIIᵉ Congrès des psychanalystes de langues romanes, Paris. *Essai sur l'idéal du Moi.* Paris, P.U.F., 1973, 200 p.

CHESTER, Robert : *Divorce and the Family Life Cycle in Great Britain* (For the 13th annual Seminar of the Committee on Family Research of the international Sociological Association.) — Paris, 1973 (31 août 1973), 26 p. ronéotypées.

CHESTER, Robert : « Le stade post-parental dans la vie familiale et conjugale. » Trad. franç. in *Dialogue* nᵒ 44, juillet 1974, pp. 9-15.

CHILAND, Colette : « Questions sur l'orgasme », in *Rev. franç. psychanal.* 1977, nᵒ 4, T. XLI, pp. 553-562.

CLASTRES, Pierre : « Le devoir de parole », in *Nouv. rev. psychanal.* 1973, nᵒ 8, pp. 83-85.

CONDRAU, Gion : « Liebesfähigkeit und Dauerbindung », in *Die Zukunft der Monogamie*. Tübingen, Katzmann, 1972, pp. 48-60.

Universita degli studi di Milano Institute di clinica psichiatrica. Italo CARTA, Francesca CODIGNOLA, Salvatore FRENI, Marco MARINETTI, Giorgio MAX, Chiara MORANDI : *Contributo alle Studio Psicodinamico della Impotenza Relativa Selettiva Nella Coppia Conjugale*. Communicazione presentata elettiva al Congresso Internationale su « Educazione sessuale false problema? », Milano, 11-14 Marzo 1975, 8 p. ronéotypées.

CORDELISON, A. *Voir :* LIDZ, Theodoro : « Intrafamilial Environment of the Schizophrenic patient », 1958 (*Arch. of neurol. and psychiat.*).

COTINAUD, Olivier : *Groupe et analyse institutionnelle. L'intervention psychosociologique et ses dérivés.* — Paris, Centurion, 1976, 235 p.

Les couples (Ouvrage collectif). — Paris, Jules Taillandier, 1972. — *La Nef*, 46-47, février-mai 1972, 247 p.

COURTENAY, Michael : *Sexual Discord in Marriage.* — London, Tavistock publications, 1968, XIV, 137 p.

DAVID, Christian : *L'état amoureux. Essais psychanalytiques.* — Paris, Payot, 1971, 307 p.

DAVID, Christian : « La bisexualité psychique », in *Rev. franç. psychanal.* Tome XXXIX, n° 5-6, sept.-déc. 1975 (XXXVᵉ Congrès des psychanalystes de langues romanes), pp. 695-856.

DAY, J. *Voir :* WYNNE, L. : « Pseudo Mutuality in the Family Relations of Schizophrenics », in *Psychiatry*, 1958.

DEBANNE, E. G. : « La psychiatrie de la famille : une perspective », in *Perspectives psychiatr.* 1972, n° 37, pp. 15-27.

DELPHY, Christine : « La fonction de consommation et la famille », in *Cahiers internationaux de sociologie*. Vol. LVIII, janvier-juin 1975, Paris, pp. 23-41.

DEMANGEAT, Michel : « Développement d'une recherche sur les familles de psychotiques », in *L'Evolution psyhiatrique*, 1975, Tome XL, fasc. II, avril-juin, pp. 397-421.

DICKS, Henry V. : *Marital Tensions.* — London, Routledge and Kegan Paul, 1969, XIV, 354 p.

L'enfant dans la famille (collectif). Publié sous la direction de James ANTHONY, Cyrille COUPERNICK. — Paris, Masson, vol. 1, 1970, vol. 2, 1974.

ENGELS, Friedrich : *Der Ursprung der Familie, des Privateigentums und des Staats.* Trad. franç. *L'origine de la famille, de la propriété privée et de l'Etat.* — Paris, Editions Sociales, 1971.

La Famille, Commissariat général du Plan. Documentation française. — Paris, Hachette, 1975, 301 p.

FERREIRA, Antonio J. *Voir :* WINTER, William B. (Ed.) : *Research in Family Interaction*, 1969.

FLAMINGO, Ante : *L'instruction et le choix du conjoint*, in R. CASTEL et J.-C. PASSERON : *Education, développement et démocratie.* — Paris, La Haye, Mouton, 1967, pp. 137-150.

FLECK, S. *Voir :* LIDZ, Théodore : « Intrafamilial Environment of the Schizophrenic patient. » 1958 in *Arch. of neurol. and psychiatr.*

FOUCAULT, Michel : *Histoire de la sexualité. La volonté de savoir.* — Paris, N.R.F., Gallimard, 1976, 213 p.

FOULKES, S. H. : *Therapeutic group Analysis*, Londres, George Allen Unwin, 1964. Trad. franç. : *Psychothérapie et analyse de groupe.* — Paris, Payot, 1970, 310 p.

FREIHER von GAGERN, Friedrich, E. : « Ehe zwischen Traditionellen Fonktionsgefüge und Partnerschaftlicher Begegnung », in : *Die Zukunft der Monogamie.* — Tübingen, Katzmann, 1972, pp. 29-41.

FREUD, Sigmund : *Trois essais sur la théorie de la sexualité* (1905). Trad. franc. Paris, Gallimard, 1936, 248 p.

FREUD, Sigmund : « Pour introduire le narcissisme » (1914). Trad. franç. in *La vie sexuelle.* — Paris, P.U.F. 1969, pp. 81-105.

FREUD, Sigmund : « Les pulsions et leurs destins » (1915). Trad. franç. in *Métapsychologie.* — Paris, Gallimard, 1952, pp. 25-66.

FREUD, Sigmund : « Deuil et mélancolie » (1917). Trad. franç. in *Métapsychologie.* — Paris, Gallimard, pp. 189-222.

FREUD, Sigmund : « Contribution à la psychologie de la vie amoureuse » (1910-1912-1918). Trad. franç. in *La vie sexuelle.* — P.U.F., 1969, pp. 47-80.

GEAR, Carmen; LIENDO Ernesto : *Psicoterapia Estructurale de la Pareja y del Grupo Familiar*, Nueva Vision, Buenos Aires, 1974.

GEAR, Carmen; LIENDO, Ernesto, César, avec la collaboration de J. PRIETO : *Sémiologie psychanalytique.* — Traduit de l'espagnol. Paris, Les Editions de Minuit, 1975, 389 p.

GEAR, Carmen; LIENDO, Ernesto César : « Psychanalyse, sémiologie et communication familiale », in *L'Evol. Psychiatr.*, 1976, Tome XLI, fasc. II, pp. 239-272.

GIRARD, Alain : *Le choix du conjoint.* Nouvelle édition augmentée d'une préface. — Paris, P.U.F. 1974 (Institut national d'études démographiques. Travaux et Documents, n° 70), XXI, 201 p.

GLICK, Ira D.; KESSLER, David R. : *Marital and Family Therapy.* — New York, San Francisco, London, Grune and Stratton, 1974, 181 p.

GREEN, André : *L'affect.* XXXe Congrès des psychanalystes de langues romanes. — Paris, P.U.F. 1970, 263 p.

GRIFFITH, Edward F. : *Ups and downs in Marriage Life.* — London, Methuen, 1966, XVI, 355 p.

GRONSETH, Erik, LEMAIRE-ARNAUD, Evelyne : « Le partage du travail dans la famille » (résumé) : « Une expérience de l'Institut de sociologie d'Oslo », in *Dialogue*, 1976, n° 52, pp. 6-14.

GRUNBERGER, Bela : *Le narcissisme. Essais de psychanalyse.* — Paris, Payot, 1975, 348 p.

HALEY, J. *Voir :* BATESON, G. : « Towards a Theory of Schizophrenia », 1956 (*Behav. Sc.* 1956).

HELMICK, J. *Voir :* WATZLAWICK, Paul : *Une logique de la communication*, 1972.

HENRYON, C.; LAMBRECHTS, E., sous la direction de P. de BIC : *Le mariage en Belgique.* — Bruxelles, Evo, 1968, 260 p.

HERRCH, S. *Voir :* WYNNE, L. : « Pseudo Mutuality in the Family Relations of Schizophrenics » (*Psychiatry* 21), 1958.

HOCHMANN, Jacques : *Pour une psychiatrie communautaire.* — Paris, Le Seuil, 1971, 265 p.

JACKSON, D. D. : « The Question of Family Homeostasis », in *Psychiatr. Quarterly*, 1957, Suppl. 31, 1, pp. 79-90.

JACKSON, D. D. *Voir :* BATESON, G. : « Towards a Theory of Schizophrenia », 1956 (*Behav. Sc.* 1956).

JACKSON D. D. *Voir :* WATZLAWICK, Paul : *Une logique de la communication*, 1972.

JOHNSON, V. E. *Voir :* MASTERS, William H. : *Les mésententes sexuelles*, 1971.

KAES, René. « L'archigroupe. Puissance et pouvoirs dans les petits groupes », in *Nouv. Rev. Psychanal.* n° 8, 1973, pp. 207-221.

KAUFMANN, Luc : « Considérations sur la thérapie des familles de schizophrènes », in *L'Evolution psychiatr.* 1975. Tome XL, fasc. II, avril-juin, pp. 363-378 (La famille du schizophrène. Séminaire de Lausanne, 11-13 octobre 1973).

KESSLER, David R. *Voir :* GLICK, Ira D. : *Marital and Family Therapy*, 1974.

KHAN, Mazud R. : « L'alliance perverse », in *Nouv. Rev. Psychanal.* 1973, n° 8, pp. 195-206.

KHAN, Mazud R. : « Tric-trac, d'un secret l'autre », in *Nouv. Rev. Psychanal*, aut. 1976, n⁰ 14, pp. 231-240.

KLEIN, Mélanie : *Envy and Gratitude*, 1937. Trad. franç. *Envie et gratitude et autres essais.* — Paris, N.R.F. Gallimard, 1968, 231 p.

KLEIN, Mélanie; RIVIÈRE, Joan : *Love, Hate, and Reparation.* — London, Hogarth Press. Trad. franç. *L'amour et la haine.* — Paris, Payot, 1968, 152 p.

LAFORGUE, R. : « La névrose familiale », in *Rev. franç. Psychanal.* 1936, Tome IX, n⁰ 3, pp. 327-355.

LAING, Ronald D. : *The Divided Self.* London, Tavistock Publications, 1960. Trad. franç. *Le Moi divisé.* — Paris, Stock, 1970, 187 p.

LAING, Ronald D. : *The Politics of the Family.* London, Tavistock Publications. Trad. franç. *La politique de la famille.* — Paris, Stock, 1972, 153 p.

LAMBRECHTS, E. *Voir :* HENRYON, *Le mariage en Belgique,* 1968.

LAPLANCHE, J.; PONTALIS, J. B. : *Vocabulaire de la psychanalyse.* — Paris, P.U.F., 1967, 525 p.

LEBOVICI, Serge : « A propos de la lecture des textes freudiens sur le narcissisme », in *Rev. franç. Psychanal.* 1965, T. XXIX, n⁰ 5-6, sept.-déc., pp. 485-493.

LEBOVICI, Serge : « La théorie psychanalytique de la famille », in *L'Enfant dans la famille,* Tome I. — Paris, 1970, pp. 5-17.

LEMAIRE-ARNAUD, Evelyne. *Voir :* LEMAIRE Jean-G. : *Les conflits conjugaux,* 1966.

LEMAIRE-ARNAUD, Evelyne : « Les conflits conjugaux chez les couples dits « idéalistes » in *Dialogue,* 1970, n⁰ 26, avril, pp. 19-27.

LEMAIRE-ARNAUD, Evelyne. *Voir :* GRONSETH, Erik : « Le partage du travail dans la famille ». *Dialogue,* 1976.

LEMAIRE-ARNAUD, Evelyne : « La crise et la durée », in *Le Couple.* — Paris, Desclée, 1977, pp. 133-147.

LEMAIRE, Jean-G. : *Les conflits conjugaux* (en collaboration avec Evelyne LEMAIRE-ARNAUD). Paris, Editions sociales françaises, 1966, 207 p.

LEMAIRE, Jean-G. : *Les thérapies du couple.* — Paris, Payot, 1971, 268 p., 2ᵉ édition avec postface, 1978.

[Trad. espagnole : *Terapias de Pareja.* — Buenos Aires, Amorrortu, 1974.

Trad. italienne : *Le Terapie di Coppia.* — Assisi, Citadella editrice, 1975.

Trad. néerlandaise : *Echtpaartherapie.* — Rotterdam, Lemniscaat, 1974.]

LEMAIRE, Jean-G. : « Die Ehekrise » in *Die Zukunft der Monogamie.* — Bern, Haupt, et Tübingen, Katzmann, 1972, pp. 80-97.

LEMAIRE, Jean-G. : « Les thérapies du couple », in *Perspectives Psychiatr.* 1972, n⁰ 37, pp. 29-39.

LEMAIRE, Jean-G. : *Transfert et contre-transfert en thérapie du Couple,* 1975, 20 p., non publié.

LEMAIRE, Jean-G. : « Terapia della coppia ». In *Educazione Sessuale false problema?* — Milano, Ediz. Paoline, 1975, pp. 193-209.

LEMAIRE, Jean-G. : « Processus de clivage dans le couple (Perspectives psychanalytiques) », in *Dialogue,* juillet 1977, n⁰ 57, pp. 28-39.

LEMAIRE, Jean-G. : « L'argent et le pouvoir dans le couple », in *Dialogue,* octobre 1977, n⁰ 58, pp. 26-31.

LEMAIRE, Jean-G. : Session de Séville, 3-6 juin 1977. *Rapport introductif à la Commission spécialisée de l'Union Internationale des Organismes familiaux,* 1977, Séville (à paraître).

LEUBA, J. : « La famille névrotique et les névroses familiales », in *Rev. franç. Psychanal.* 1936, IX, n⁰ 3, pp. 360-413.

LIDZ, Théodore; CORDELISON, A.; TERRY, D.; FLECK, S. : « Intrafamilial Environment of the Schizophrenic Patient ». VI. « The Transmission of Irrationality », in *Arch. of neurol. and psychiatr.* 1958, 79, pp. 305-316.

LIDZ, Théodore : « La famille cadre du développement », in *L'Enfant dans la Famille*. Masson, Paris, 1970, Vol. I, pp. 18-35.

LIENDO, Ernesto, Cesar. *Voir :* GEAR, Carmen : « Psychanalyse, sémiologie et communication familiale », *Evol. Psychiatr.*, 1975.

LIENDO, Ernesto, Cesar. *Voir :* GEAR, Carmen : *Psicoterapie estructurale de le pareja y del grupo familiar*, 1974.

LIENDO, Ernesto, Cesar. *Voir :* GEAR, Carmen : *Sémiologie psychanalytique*, 1975.

LORY, Bernard : « Action sociale : engagement personnel et engagement politique », in *Dialogue*, n⁰ 46, octobre 1974, pp. 23-27.

LORY, Bernard : *La politique d'action sociale.* — Toulouse, Privat, 1975, 303 p.

LUQUET-PARAT, C. J. : « L'organisation œdipienne du stade génital », in *Rev. franç. Psychanal.*, Tome XXXI, n⁰ 5-6, septembre-décembre 1967, pp. 743-812.

MAHLER, Margaret : *On Human Symbiosis and the Vicissitudes of Individuation.* Vol. I Infantile psychosis. New York, International Universities Press, 1968. Trad. franç. *Psychose infantile.* — Paris, Payot, 1973, 252 p.

MAINPRICE, June : « Mariage et croissance de la personne. Relations entre le monde intérieur et le monde extérieur dans l'interaction du couple » (condensé), in *Dialogue*, n⁰ 43, pp. 1-8, avril 1974. Texte complet en allemand, in *Ehe*, Zurich, avril 1974.

MAINPRICE, June : *Marital Interaction and some Illnesses in Children.* — London, The Tavistock Institute of Human Relations, 1974, 75 p.

MAIR, Lucy : *Marriage.* Penguin Books Harmonds work, 1971. Trad. franç. 1974 : *Le mariage. Etude anthropologique.* — Paris, Payot, 235 p.

MANDEL, Anita; MANDEL, Karl Herbert; STADTER, Ernst; ZIMMER, Dirk : *Einübung in Partnerschaft durch Kommunikationstherapie une verhaltenstherapie.* — München, J. Pfeiffer, 1971, 488 p.

MANDEL, Karl Herbert; MANDEL, Anita; ROSENTHAL, Hans : *Einübung der Liebesfähigkeit.* — München, J. Pfeiffer, 1975, 240 p.

MANN, Anthony : *The Human Paradox.* — Rugby, National Marriage Guidance Council, 1974, 172 p.

MARCUSE, Herbert : *Eros and Civilisation, a Philosophical Inquiry into Freud.* Trad. franç. *Eros et civilisation. Contribution à Freud.* — Paris, Editions de Minuit, 1963, 239 p.

The Marital Relationship as a Focus for Casework. — London, Institute of marital studies. The Tavistock Institute of Human Relations, 1975, 60 p.

Marriage : Studies in emotional conflict and growth. (Ouvrage collectif). *Family Discussion Bureau.* — London, Methuen, 1960, 259 p.

MASTERS, William H.; JOHNSON, Virginia E. : *Human Sexual Inadequacy*, 1970. Trad. franç. *Les mésententes sexuelles.* — Paris, Robert Laffont, 1971, 413 p.

MICHEL, Andrée : *Sociologie de la famille et du mariage.* Paris, P.U.F., 1972, 222 p.

MICHEL, Andrée : *Statut professionnel de la femme et structure du couple.* — Paris, C.O.R.D.E.S., 1972, VI, 175 p.

MICHEL, Andrée : « Idéologies, groupes de pression et politique familiale en France » in *Perspectives psychiatr.* 1976, I, n⁰ 55, pp. 6-12.

MINUCHIN, Salvador : *Families and Family Therapy.* — London, Tavistock Publications, 1974, 268 p.

MITTELMAN, B. : « The Concurrent Analysis of Married Couples », in *Psychoanal. Quarterly*, 1948, 17, pp. 182-197.

MORALI-DANINOS, André : *Histoire des relations sexuelles.* — Paris, P.U.F., 1963, 128 p. — Que sais-je? n⁰ 1074.

MURSTEIN, Bernard I. : « Stimulus-Value-Role : A Theory of Marital Choice », in *J. Marriage and Family*, 1970, Vol. XXXII, n⁰ 3, pp. 463-481.

MURSTEIN, Bernard I. : « Self Ideal — Self Discrepancy and the Choice of Marital

Partner », in *J. of Consulting and Clinical Psychology*, 1971, Vol. 37, n⁰ 1, pp. 47-52.

MURSTEIN, Bernard I. : « A Thematic Test and the Rorschach in Predicting Marital Choice. » — New London, Connecticut, 1972, in *J. Pers. assesm.* 36, pp. 71-80.

OBERNDORF, C. P. : « Folie à deux » in *J. int. Psychoanal*, 1934, 15, pp. 14-24.

O'DONNEL, Pacho : *Teoria y Tecnica de la Psicoterapia Grupal.* — Buenos Aires, Amorrortu, 1975, 233 p.

PAPP, Peggy : *Voir :* ACKERMANN, N. W. : *Les troubles infantiles et l'engrenage pathologique des relations familiales*, 1970.

PASCHE, Francis : « L'antinarcissisme », in *Rev. franç. psychanal.* 1965, T. XXIX, n⁰ 5-6, sept. déc., pp. 503-518 (Colloque de la Société psychanalytique de Paris).

PASCHE, Francis : *A partir de Freud.* — Paris, Payot, 1969, 285 p.

PASCHE, Francis : « Réalités psychiques et réalité matérielle », in *Nouv. Rev. psychanal.*, automne 1976, n⁰ 12, pp. 189-197.

PASINI, Willi. *Voir :* ABRAHAM, G. : *Introduction à la sexologie médicale*, Paris, Payot, 1974.

PASINI, Willi : « Disfunzioni sessuali » in *Educazione sessuale, false problema?* Milano, Edizioni Paoline, 1975, pp. 171-180.

PASINI, Willi : « La sexothérapie en 1975 », in *Dialogue*, janvier 1976, n⁰ 51, pp. 11-18.

PICHON-RIVIÈRE, Enrique : *Del Psicoanalisis a la Psicologia Social.* — Buenos Aires, Galerna, *Tome I*, 1970, 468 p. *Tome II*, 1971, 353 p.

PINCUS, Lily. *Voir :* BANNISTER, Kathleen : *Shared Phantasy in Marital Problems.* 1975.

PONTALIS, J. B. *Voir :* LAPLANCHE, J. : *Vocabulaire de la psychanalyse*, 1967.

PRATA, Giuliana. *Voir :* SELVINI PALAZZOLI, Mara : *Paradosso e Controparadosso*, 1975.

PRIETO, J. *Voir :* GEAR, Carmen : *Sémiologie psychanalytique*, 1975.

PROSKY. *Voir :* ACKERMANN, N. W. : *Les troubles infantiles et l'engrenage pathologique des relations familiales*, 1970.

RACAMIER, Paul Claude : « Les schizophrènes et leurs familles, du point de vue psychanalytique », in *L'Evol. Psychiatr.* 1975, T. XL, fasc. II, avril-juin, pp. 341-356.

RACAMIER, Paul Claude : « L'interprétation psychanalytique des schizophrénies », in : *Encyclopédie médico-chirurgicale.* 37291. A 10, 1976, 12 p.

RAPPOPORT, R. : « Normal Crises in Family Structure and Mental Health », in *Family Process*, 1963, 21, pp. 58-80.

RAPPOPORT, R. ; RAPPOPORT, R. N. : « New Light on the Honey Moon », in *Human Relations*, 1964, 17, pp. 33-56.

RATHS, Otto W. *Voir :* BELLEVILLE, Titus P. : « Conjoint Marriage Therapy with a Husband and Wife Team » (*American J. of Orthopsychiatr.*), 1969.

REICH, Wilhelm : *L'irruption de la morale sexuelle.* — Paris, Payot, 1972, 237 p.

REICH, Wilhelm : *La lutte sexuelle des jeunes.* — Paris, François Maspero, 1972, 148 p.

REMY, Jean : *Rapports inégalitaires dans une société égalitaire* (Université de Louvain). Cahiers internationaux de sociologie, 1975, Vol. LVIII, pp. 43-62 (Paris, P.U.F.).

REVAULT d'ALLONNES, Claude : « Aspects politiques de la sexualité », in *Dialogue*, juillet 1974, n⁰ 44, pp. 25-35.

RICHTER, Horst-Eberhard : *Eltern, Kind und Neurose. Psychoanalyse der kindlichen Rolle.* Trad. franç. *Parents, enfants et névrose.* — Paris, Mercure de France, 1972, 333 p.

RICHTER, Horst-Eberhard : *Psychanalyse de la famille.* Trad. franç. Paris, Mercure de France, 1971, 245 p.

RIVIERE, Joan. *Voir* : KLEIN, Mélanie : *Love, hate and reparation*, 1968.

ROCHEBLAVE-SPENLÉ, Anne-Marie : *Psychologie du conflit*. — Paris Editions universitaires, 1970, 189 p.

ROCHEBLAVE-SPENLÉ, Anne-Marie : *Les rôles masculin et féminin, les stéréotypes, la famille, les états intersexuels*. — Paris, Editions universitaires, 1971, 346 p.

ROGERS, Carl : *Becoming Partners*. Delacorte Press, 1972. — Trad. franç. *Réinventer le couple*. Paris, Robert Laffont, 1974, 346 p.

Il Rorschach Concordato in una Coppia Nevrotica con Problematiche Sessuale. Communicazione presentata al Congresso Internationale su « Educazione sessuale : false problema ? » Italo CARTA, Francesca CODIGNOLA, Salvatore FRENI, Mario MARINETTI, Max GIORGIO, Chiara MORANDI. — Milano, 11-14 Marzo 1975, 10 p. ronéotypées.

ROSENTHAL, Hans. *Voir* : MANDEL, Karl Herbert : *Einübung der Liebesfähigkeit*, 1975.

ROSOLATO, Guy : « Le non-dit », in *Nouv. Rev. Psychanal*, automne 1976, n° 14, pp. 5-26.

ROUSSEL, Louis : *Le mariage dans la société française contemporaine*. — P.U.F., 1975, 407 p. (Institut d'études démographiques. Travaux et Documents. Cahier 73).

ROUSSEL, Louis : *La famille après le mariage des enfants. Etude des relations entre générations*. — Paris, P.U.F., 1976, 262 p. (Institut national d'études démocraphiques. Travaux et Documents. Cahier 78).

ROUSTANG, François : « Influence du couple parental sur le couple des enfants », in *Dialogue*, n° 44, juillet 1974, pp. 16-24.

RYCKOFF, J. *Voir* : WYNNE, L. « Pseudo Mutuality in the Family Relations of Schizophrenics », 1969 (*Psychiatry*).

SAGER, Clifford J. : *Marriage Contracts and Couple Therapy. Hidden Forces in Intimate, Relationships*. — New York, Brunner/Mazel, 1976, XIII, 335 p.

SATIR, Virginia : *Conjoint Family Therapy*. — Science and Behavior Books, 1964-1967. Trad. franç. *Thérapie du couple et de la famille*. — Paris, L'Epi, 1971, 253 p.

SCHELSKY, Helmut : Sociologie der Sexualität. Hambourg, Ruhwolt, 1955. *Sociologie de la sexualité*. — Paris. N.R.F. Gallimard, 1966, 353 p.

SEARLES, Harold. Divers textes traduits en français sous le titre : *L'effort pour rendre l'autre fou*. — Paris, Gallimard, 1977, 441 p.

SEGAL, Anne : *Introduction à l'œuvre de Mélanie Klein*. — Paris, P.U.F., 1969.

SELVINI PALAZZOLI, Mara : « Le barrage du conditionnement linguistique dans la thérapie de la famille du schizophrène », in *L'Evolution psychiatr.*, 1975, Tome XL, fasc. II, pp. 423-430.

SELVINI PALAZZOLI, Mara : *La famille de l'anorexique et la famille du schizophrène. Une étude transactionnelle*. — Zürich, Institut des Sciences du Couple et de la famille, 14 p. ronéotypées, in *La thérapie de la famille*, 4ᵉ Congrès international, 1975.

SELVINI PALAZZOLI, Mara : BASCOLO, Luigi; CECCHIN, Gianfranco; PRATA, Giuliana : *Paradosso e Controparadosso*. — Milano, Feltrinelli Editore, 1975, 173 p.

SÈVE, L. : *Marxisme et théorie de la personnalité*. Ed. Sociales, Paris, 1975.

SINGLY, F. (de) : « La lutte conjugale pour le pouvoir domestique », in *Rev. franç. sociologie*, 1976, XVII, 1, pp. 81-100.

SMIRNOFF, Victor N. « Pouvoir sexuel », in *Nouv. Rev. psychanal.*, 1973, n° 8, pp. 179-194.

SOLMS, H. *Voir* : CASSELMANN, J. : « Psychopathologie sexuelle des relations conjugales des éthyliques » (*Inform. psychiatr.*, 1971).

STADTER, Ernst. *Voir* : MANDEL, Anita : *Einübung in Partnerschaft durch Kommunikationstherapie und Verhaltenstherapie*, 1971.

STIERLIN, Helm : « Rolle und Auftrage in der Familien », in *Familien-Dynamik*, 1976, 1, pp. 36-59 (Stuttgart, Ernst Klett).

STIERLIN, Helm : « Familientherapeutische Aspekte der Übertragung und Gegenübertragung », in *Familien-Dynamik*, 1977, pp. 182-197.

STOLLER, Robert J. : « L'excitation sexuelle et les secrets », in *Nouv. Rev. psychanal.*, 1976, n° 14, pp. 159-182.

TERRY, D. *Voir :* LIDZ Théodore : « Intrafamilial Environment of the Schizophrenic Patient » (*Archives of neurol. and psychiatry*, 1958).

TORDJMAN, Gilbert : *La maladie conjugale.* — Paris, Denoël, 1973, 318 p.

TORDJMAN, Gilbert : *La sexologie.* — Paris, Seghers, 1975, 308 p.

Le travail psychanalytique dans les groupes (ouvrage collectif) : Didier ANZIEU, Angelo BEJARANO, René KAES, André MISSENARD, Jean-Bertrand PONTALIS. — Paris, Dunod, 1972.

TROST, Jan : *The Family Life Cycle* — *A Problematic Concept.* — Uppsala University, Drottninggetan I A-13th international Seminar of the Committee on Family Research of the International Sociological Association in Paris, September 24-28, 1973, 17 p. ronéotypées.

« Vivre l'amour et la politique », in *Lettre.* Mensuel, n° 204-205. — Paris, Temps présent (s.d.).

WATZLAWICK, Paul; BEAVIN; HELMICK, Janet; Don. D. JACKSON : *Pragmatics of Human Communication. A Study of International Patterns, Pathologies and Paradoxes.* — New York, N. W. Norton, 1967. Trad. franç. *Une logique de la communication.* — Paris, Le Seuil, 1972, 286 p.

WEAKLAND, J. : *Voir :* BATESON, G. « Towards a Theory of Schizophrenia », 1956 (*Behav. Sc.*).

WILLI, Jürg : « Die Hysterische Ehe », in *Psyche*, Heft 5, 1972, pp. 326-356.

WILLI, Jürg : « La situation triangulaire dans le mariage (Psychodynamique et thérapeutique) », in *Dialogue*, octobre 1974, n° 46, pp. 9-15.

WILLI Jürg : *Die Zweierbeziehung.* — Hamburg, Rowohlt, 1975, 286 p.

WINNICOTT, D. W. : *De la pédiatrie à la psychanalyse.* — Paris, Payot, 1975, 372 p.

WINNICOTT, D. W. : *The Maturational Processes and the Facilitating Environment.* — London, Hogarth Press. Trad. franç. *Processus de maturation chez l'enfant.* — Paris, Payot, 1974, 261 p.

WINTER, William D.; FERREIRA, Antonio J. (Ed.) : *Research in Family Interaction.* — Palo Alto, California, 1969, 312 p.

WYNNE, L.; RYCKOFF, J.; DAY, J.; HERRSCH, S. : « Pseudo Mutuality in the Family Relations of Schizophrenics », in *Psychiatry*, 1958, 21, pp. 205-220.

ZIMMER, Dirk. *Voir :* MANDEL, Anita : *Einübung in Partnerschaft durch Kommunikationstherapie und Verhaltenstherapie*, 1974.

Die Zukunft der Monogamie. Analysen und Entwürfe (Collectif) : Gion CONDRAU, Friedrich E. FREIHERR von GAGERN, Guido N. GROEGER, Jean-G. LEMAIRE, Rainer MACKENSEN, Volkmar SIGUSCH, Gunter SCHMIDT, Günter STRUCK. — Tübingen, Katzmann, 1972 (Veröffentlichungen des Instituts für Ehe und Familien Wissenschaft. Zürich), 176 p.

TABLE DES MATIÈRES

Achevé d'imprimer le 5 décembre 1979
sur presse CAMERON,
dans les ateliers de la S.E.P.C.
à Saint-Amand-Montrond (Cher)

N° d'impression : 1214.
Dépôt légal : 4ᵉ trimestre 1979.
Imprimé en France